小学校図画工作の基礎

造形的な見方や考え方を働かせる学び

【編著】樋口一成

萌文書林
HOUBUNSHORIN

まえがき

『造形・図画工作・美術』を学ぶ人へ

2017年3月に告示された新学習指導要領では、各教科において育成を目指す資質・能力を①知識及び技能　②思考力・判断力・表現力等　③学びに向かう力、人間性等の三つの柱で整理している。図画工作科においても、目指す目標として「表現及び鑑賞の活動を通して、造形的な見方・考え方を働かせ、生活や社会の中の形や色などと豊かに関わる資質・能力を次のように育成することを目指す。」とするとともに、上の三つの観点に沿って、より具体的な三つの目標が示されている。これらの目標とともに、各学年の目標及び内容を合わせて、図画工作科を考えていくこととなった。

本書は、将来教職に就くことを目指して、主に教員養成大学・短期大学で学ばれておられる方々のためのテキストとして企画・編集された。したがって、「小学校図画工作」「基礎造形」「造形演習」等の内容はもちろんのこと、それぞれに関わっている造形の材料、道具、技法等について、多くの方々にとってわかりやすい表記や内容を心掛けた。本書では、限られた紙面の中で、できるだけ多様な造形教育や造形表現の具体的な内容や事例がわかりやすくなるように、造形教育の目標と内容に続いて、絵画、版画、彫刻、デザイン、映像メディア表現、工作・工芸の内容ごとに造形教育の方法、教材、実践例等を数多く加えた。さらに鑑賞や社会への広がりといった内容においては、新しい取り組みや動向を盛り込んだ。これらのことを通して、学習者が教職に就くためだけに学ぶのではなく、将来にわたって気軽に表現や鑑賞の活動ができることも目指した。またその一方で、図画工作や美術に興味や関心があり、造形に関する内容を生涯学習として学ぼうと考えておられる方々にとっての手引き書としての役割も意図している。造形・図画工作・美術を学習してみたいと考えておられるより多くの皆さまに、広く活用して頂きたい。

各執筆者は、全国の大学及び短期大学において学生の指導にあたっている者、自ら造形活動に取り組んでいる者、地域と連携して子どもたちのための造形活動を展開している者、学校教育・社会教育・生涯教育に携わっている者など、それぞれが各地で造形・図画工作・美術の教育の実践に取り組んでいる。したがって、本書の中を見て頂くと、生き生きとした子どもたちの真の姿や反応を含んだ実践例、個性豊かな多くの見識が数多く書かれていることを感じて頂けることと思う。本書を参考にして頂くことで、教職に就くことを願っているみなさんが将来出会う子どもたちの造形・図画工作・美術における学びや表現活動がより豊かに、より楽しいものになることを願っている。

2019年7月　　　編著者　樋口一成

小学校図画工作の基礎―造形的な見方や考え方を働かせる学び　目次

第7章 鑑 賞 ……195

第8章 社会への広がり ……211

※本書では、それぞれをご専門とする各先生のお考えに沿って見開き単元ごとに構成しています。そのため、一部教材や用具、また、漢字や平仮名等の表記が節などにより異なる場合がございますこと、ご承知ください。

第 1 章

造形教育の目的と内容

子どもたちは、描いたりつくったりする中で、自らがもっている資質や能力を伸ばし、視覚や触覚などの様々な感覚を働かせながら、形、色、イメージを捉えていく。そして、それらを基にして、考えたり、想像したり、計画を立てたりしながら作品をつくり上げていくとともに、周囲の人々や社会と交流していくことができる。このような過程を通して、思い通りのものや思っていた以上のものをつくり上げた時、ものをつくり出す喜びを味わうことができる。また、自分や友達が制作した作品や、日本・世界の美術作品などを鑑賞する中で、美しいものや優れたものに気づいたり感動したりする。鑑賞によって得られた知識や経験は、その後の描いたりつくったりする活動につながっていく。描いたりつくったり、鑑賞したりすることを通して培われた思考力・想像力・創造力・発想力・豊かな情操は、他教科の学習だけでなく子どもたちの生活に大きな影響を与えるとともに、豊かな人間性を育み、よりよい人生を歩んでいくための基礎となる。

I.造形を学ぶねらい—美術教育に生かす

図画工作科の目標は、子どもたち自身に本来備わっている資質・能力を一層伸ばし、表現及び鑑賞の活動を通して、造形的な見方・考え方を働かせ、生活や社会の中の形や色などと豊かに関わる資質・能力を育成することを目指す観点に立っている。それは、どのような力なのだろうか。

1. 対象や事象を捉える造形的な視点について子ども自身の感覚や行為を通して理解する

図1. 紙のお面づくりを楽しむ子ども

子どもたちは、一人ひとりよさや個性、可能性をもっている。造形教育では、子どもたちが本来もっているよさや個性を発揮し、可能性を伸ばすことを目指している。子どもたちが描いたりつくったり、いろいろな作品を見たりする行為を通して、子どもたちは造形的な感覚や造形活動に必要な知識や技術を自ら獲得していく。それらの経験をさらに積んでいくことによって、子どもたち自身の中に造形活動に必要な対象や事象を捉えるための見方や力が備わっていく。

大人の見方や考え方に引き込み過ぎることなく、また過剰な指導をし過ぎることなく、子どもたちの今の姿をよく見て理解し、子どもたちの本来もっているものや学び取っていく力を信じて、子どもたち一人ひとりのよさや個性を大切にし、可能性をさらに伸ばしていきたい。

2. 素材体験を重ねる

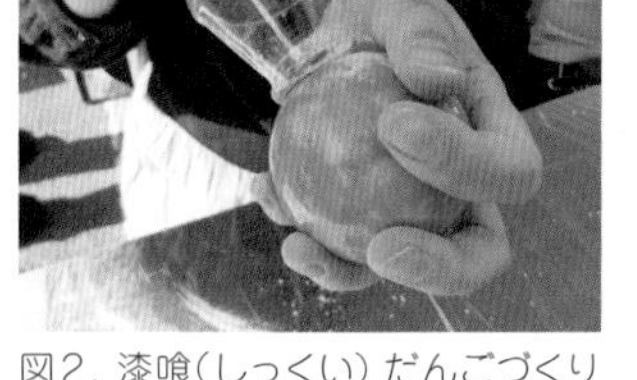

図2. 漆喰(しっくい)だんごづくりを通して新しい素材を体験する。

紙でものをつくろうとする時、材料である紙の特徴を知っておくことはとても大切なことである。紙を切ったり折ったりするとどのような形に変化するのか、また紙に曲げ癖(くせ)をつけるにはどのようにすればよいかなど、材料そのものや材料の加工に関する知識を多くもっていればいるほど、制作する前に、つくり上げようとする作品のイメージをしっかりともつことができ、また制作の計画もしっかりと立てることができる。

この材料に関する知識をもつためには、その材料を実際に扱うことが大切であり、さらにその体験をできるだけ多く重ねることで材料に関する知識をより多く得ることができる。

3. 材料や用具を使い、表し方などを工夫して、創造的につくり表す

図3. フェルトを専用の針(ニードル)で刺す制作を通して、用具の使用を体験的に学ぶ。

木で作品をつくろうとする時、木という材料を加工する用具と、その用具によってどのような加工ができるかといった知識をもっておくことは大切なことである。さらに、木を鋸(のこぎり)で切る時には、木の材種・硬いか軟らかいか、節が有るか無いか、また木目の方向はどうかなどといった木という材料の状態を見極めることができて、その状態に応じた適切な用具を用いたり用具の使い方を変えたりすることができれば、効率よくきれいに加工することができ、けがなどを避けることもできる。

材料を加工する用具をよく理解したり、材料に関する知識を増やしたりするためには、用具を使用する機会を数多く経験し、体験的に学ぶことが近道である。材料や用具を使って、制作する経験を積みながら、表現する中で子どもたち自身が工夫を重ねていくことによって、創造的につくったり表したりすることができるようになっていく。

4. 手の巧緻性を育てる

作品を制作することが苦手な人は、比較的制作することを避ける傾向にある。作品を制作する経験が少なく、材料を手にしたり手を使って材料を加工したりする経験が少なければ、手の巧緻性を十分に育てることができず、いつまでも制作することが苦手な状況が続いていくことになる。カナダの脳神経外科医であるワイルダー・グレイヴス・ペンフィールド(1891 ～ 1976年)が考案した「ホムンクルス人形」や「ホムンクルス人形の平面図」を見ると、感覚野と運動野のどちらも人の大脳皮質と手・唇・口が太く結びついていて、大脳において大きな割合を占めていることがわかる。手と脳はつながっているといわれる所以でもある。

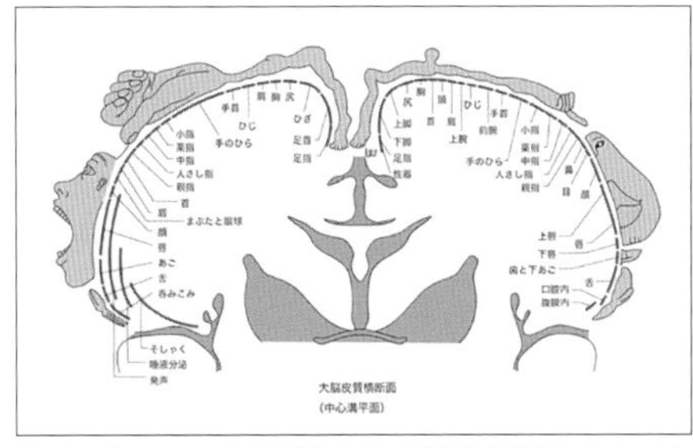

図4. ペンフィールドが表した大脳の分断図イメージ（イラスト作成：彩考／ PIXTA〈ピクスタ〉）

子どもが材料や用具を手にして造形活動を行うことは、脳にも好影響を与えている。子どもにとっては、幼少期から造形活動を通して、手を使うことがとても大切であるといえる。

5. 用具等を整理する習慣を身につける

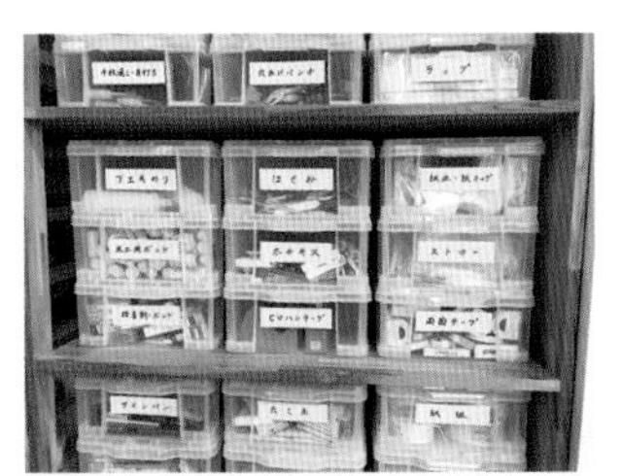

図5. 用具の整理整頓を行う。

造形活動には、材料や用具を数多く使用する場面がある。必要なものだけを机などの上に出し、制作するための場所をできるだけ広く確保し、制作した後は、次に制作する時のために材料や用具を元のあったところに片づけて整理するとともに、制作した作品を指示された場所に置くという習慣を身につけたい。決めた通りに、また、指示された通りに材料や用具をきれいに整理する習慣を身につけるということは、他の教科の学びにもつながっているとともに、子どもたちの普段の暮らしにもつながっている。

6. 工夫したり発想したりして作品をつくる中で自分の見方や感じ方を深める

材料や用具に関する知識や技術を生かして、子どもたち自らが工夫したり発想したりすることによって材料や用具を独自の方法で用いたり実験的に試したりする行為の中から、思いがけない表現が生まれ、子どもたちの中に経験として残る。材料や用具に関する内容や制作のための技術について、子どもたちに伝えたり指導したりすることが必要な内容もあるが、子どもたち自身で発想したり工夫したり、さらには実験したり失敗したりというように、試行錯誤しながら試したり経験したりできる場面をしっかりと確保したい。子どもたち自身が考えて制作する中で、造形的なよさや美しさについて自分ならではの感じ方ができるようになるとともに、表したいことや表し方についても子どもたちが自分自身で決定することができる力が養われる。

このような子どもたち自身の中から生まれる造形に関する感じ方や考え方、思いは、子どもたちが創造的に発想したり構想したり、また作品などに対する自分自身の見方や感じ方を深めたりすることにつながっていく。

7. 想像力を養う

造形活動では、想像力を働かせて色、形、動きなどを予想しなければならない場合がある。そして、材料の硬さや軟らかさを予想した上で加工の環境や用具を選択したり、構造や強度を予想した上でいくつかのものを接着したり組み上げていったりするように、思った作品を制作していくためには、想像力をしっかり働かせて予想を繰り返しながら制作を進めていく。この造形活動の中で必要な想像力や予想する能力を養うためには、いろいろな材料や用具を手にして実際に造形活動を行うことや、普段の暮らしの中においても身のまわりにあるいろいろなものに興味をもって見たり触れたりすることなどが大切である。また、実際にはないものを想像したり、空想の世界を想像したりすることも大切なことといえる。

図6. たくさんの木片を使って木の車を制作する中で、想像力や創造力を養う。

8. 創造力を養う

人間の思考について研究を行ったアメリカの心理学者ジョイ・ポール・ギルフォード[1)]によると、人間の思考には収束的思考と拡散的（発散的）思考という二つの側面があるという。収束的思考は、既知の情報から論理的に思考や推論を進めていって唯一の正解に正しくそして早く到達するための思考であり、拡散的思考は、既知の情報から様々に考えを幅広く巡らせていって新たなものを生み出していく思考である。

造形活動においては、どちらも重要であり必要な思考であるが、新しいものをつくり出すためには拡散的思考の能力が不可欠である。拡散的思考を行うにあたっては、様々に幅広く考えを巡らせることができるように、できるだけ多くのいろいろな情報を獲得しておく必要がある。造形活動に直接関係ないであろうと思われる情報や経験の中にも子どもたちが獲得しておくべきことが含まれているかもしれない。造形活動はいうまでもないが、子どもたちには豊富な経験ができる環境がとても大切であるといえる。

1）ジョイ・ポール・ギルフォード（1897～1987）
アメリカの心理学者。因子分析法を用いて知能、適性、向性、人格などを研究した。特に知能について情報の内容、所産、心理的な操作の三次元で構成された120の因子を考え出し、矢田部－ギルフォード検査の基礎となった。

9. 決断力を養う

造形活動を行う中では、何かを選択したり決定したりすることが繰り返される。例えば、制作しやすい環境を整えたり、用いる材料や用具を考えたりする時に、いろいろな環境、材料、用具の中から最適なものを選択して決定する。それぞれの工程の途中では、次にどのような工程に進んでいくのかといったことを選択して決定していく。このような選択して決定していく際の決断力には、それまでの経験が大きく影響する。

いろいろな経験の中でも決断しなければならないことと同じ経験や似た経験を数多くしていれば自信をもって決断することができるが、まったく経験のない初めてのことを決断する場合にはなかなか自信をもって決断することは難しい。決断力を養うためにも、造形活動を含めた数多くの経験を積んでおく必要があるといえる。

図7. 材料を組み合わせる中で、制作するものを検討して決定する力を養う。

10. 観察力を養う

造形活動では、いろいろなものを見る機会が多い。材料を見る目、制作途中に作品を見る目、加工の良し悪しを見る目、思ったように作品をつくっていくことができているかを見極める目、でき上がった作品を確認する目、自分の作品と仲間の作品を見る目や見比べる目など、造形活動を通じてものを見る目である観察力が養われる。

この観察力とは、全体と部分を、また構造、均衡、強度、仕組み、動きなどを見る力、見極める力、見比べる力である。見る力、見極める力、見比べる力といった観察力を養うためにも、子どもたちには普段から興味や関心をもっていろいろなものをしっかり見る習慣を身につけてほしい。

図8. 材料を手で触れていろいろ試す中で観察力を養う。

11. 説明する力を養う

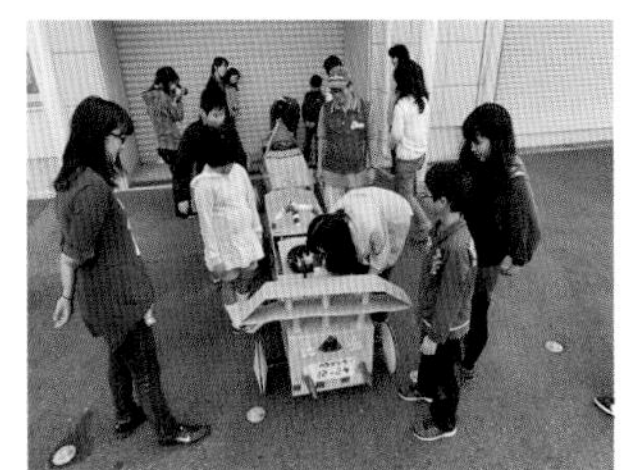
図9. みんなでつくり上げた段ボールカーを見ながら制作を振り返っているところ。

造形活動を通して、子どもたちには作品づくりだけでなく、自らの作品や制作の意図を説明したりつくり上げた作品について説明したりする力も養ってほしい。この説明する行為は、相手が何を聞きたいと思っているのか、相手がどこまで理解してくれたのかといった相手を理解することや思いやることを学ぶ機会となる。同時に、自分の制作や作品について相手にわかってもらうためにはどのように説明するとわかりやすいかといったことについても経験を重ねながら学んでいく機会ともなる。

このような学びを通して、子どもたち同士が相互に理解し合うための方法やその力を身につけることは、造形活動だけに留まるものではなく、多くの子どもたちの学びやその後の暮らし全般に大きく影響する。

12. 学びに向かう力、人間性等を培う

図10. 自分たちでつくった車に乗って喜びを味わう。

ここでいう「学びに向かう力、人間性等」とは、図画工作科の教科の目標である「つくりだす喜びを味わうとともに、感性を育み、楽しく豊かな生活を創造しようとする態度を養い、豊かな情操を培う。」[2)]を示している。

幼い子どもたちは目の前に現れた点や線に興味を示すことから始まって、次第に自ら描きたいものを描き始める。紙などの上に点や線が現れることに喜びを見いだして点や線を何度も描いているうちに、心身の成長とともに描きたいものを描くことができるようになっていく。描きたいものを描くことができるようになると、何かを描くことに喜びを感じるようになっていく。さらに自ら描いたものに満足したり描いたものを褒められたりすると、その喜びがより一層大きなものとなる。その一方で、子どもたちは周囲と比べられたり、また思うように制作できなくなったりする状況下におかれると、ものをつくり出すことに喜びを感じられなくなったり嫌いになったりする。子どもたちがものをつくり出す喜びを味わいながら、自ら楽しく積極的に造形活動ができる環境をしっかりと確保したい。

2）文部科学省『小学校学習指導要領解説 図画工作科編』日本文教出版、平成30年、p.9

子どもたちがものをつくり出す喜びを味わいながら積極的に造形活動を行う中で、知性と感性がともに育まれ、さらに知性と感性を融合させながら対象や事象を捉えることができるようになる。その結果として、楽しく豊かな生活を創造しようとしたり美しいものを取り入れようとしたりする態度が生まれる。このような一連の流れを経て、子どもたちは豊かな情操を培うことができるようになる。

13. 主体的で積極的な姿勢を育てるとともに集中力を養う

図11. フェルトの小さな動物づくりを通して集中力を養う。

子どもたちは、自らが想ったり考えたりした方法や内容にしたがって造形活動を行う。子どもたちは自らの想いや考えを叶えることができる場を与えられると、造形活動に集中して取り組む。さらに喜びを感じながら継続してものをつくり出していくことによって、様々な方法や技能を身につけながらものをつくり上げることができるようになり、つくり出していく行為そのものをさらに続けていきたいと思うようになる。

このように造形活動を通じて育つ主体的で積極的な姿勢と、それとともに養われる集中力は、子どもたちの造形活動面だけではなく、多くの学びや暮らしの中でも生かされていくものであり、大切に育てていかなければ

ならないものである。

14. 子どもたち一人ひとりの個性やよさを伸ばす

図12. 面ファスナーでつくった絵の制作を通して、一人ひとりの個性やよさを伸ばす。

造形教育を通して、子どもたちがもっている個性やよさを伸ばしていきたい。そのためには、子どもたちの成長に応じて、また現状をしっかりと把握した上で、個性やよさを伸ばすことができる教育内容、扱う材料や用具といった物質的な環境、教師や仲間といった人間的なつながり、造形活動を行う十分な時間などを確保する必要がある。

しかし現状では、子どもたち一人ひとりの個性やよさを引き出し切れずに、同じような作品が数多くつくられている光景が見られたり、指導者の考えが優先されたりする状況も生れている。また、現在のように制限が多くて限られた環境下では、材料や用具を十分に確保することが難しく、さらにゆっくり時間をかけて一人ひとりをしっかり把握し、個々に合った造形教育を進めることが難しい状況も見られる。今こそ、基本に立ち返って子どもたち一人ひとりが個性を十分に発揮することができ、子どもたちのよさを思う存分伸ばしていくことができる環境づくりを心掛けたい。

15. 協働性・柔軟性を養う

図13. 大勢で制作する活動を通して協働性や柔軟性を養う。

一人で造形活動を行う中で自ら望むものをつくり上げた時の喜びは大きいものであるが、その一方で、仲間と協力してみんなの意見をまとめながら作品をつくり上げた時の喜びも大きいものである。さらには、その喜びをみんなで分かち合えるというよさもある。子どもたちは、みんなで作品をつくり上げる造形活動を通して、相手のことを思って自分とは異なった意見を受け入れることであったり、また相手のことを思いながらも自分の意見をしっかりと相手に伝えていくことであったりという経験を得ながら、仲間との間での協働性や柔軟性を養っていく。

これらの協働性や柔軟性は、子どもたちの造形活動面だけでなく、子どもたちの学びや暮らしの様々な場面で出会う人々との関係づくりに大きな影響を与えることからも、造形活動を通してしっかり養っていきたい。

16. 計画する力、実行する力を養う

図14. 大きな作品を計画してつくり上げる。

造形活動には、計画する能力が必要な場合がある。つくろうとするものに合った材料や用具をどこからいつまでに用意し、どのような工程でつくるのか、また今日はここまでつくってその後は明日にしようなどと考える力である。最善の計画を立てて、しっかりと準備をし、計画通りに制作していくことによって、目標通りに正確に制作することができるようになる。

このような計画する力や実行する力は、造形活動だけでなく子どもたちの学びや暮らしの多くの場面でも大切な力となる。造形活動をする中で、しっかり養っていきたい。

17. 試行錯誤しながら問題を解決する能力を養う

造形活動を行っていると、多くの試行錯誤する機会に恵まれる。また、失敗をしてもそれを乗り越えていく機会にも恵まれる。このように試行錯誤したり、失敗して乗り越えていったりすることによって、最初に思ってもいなかった作品づくりができたり、想像し得なかった作品をつくり上げることができたりするようになる。制作者本人が最初に想像し得なかった

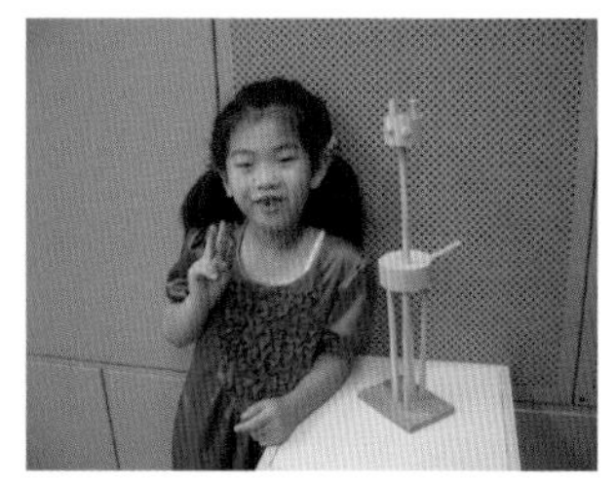
図15. 用意された木の材料を組み合わせる中で、試行錯誤しながら作品をつくり上げる。

作品に到達するためには、造形活動の途中で、常にこれでいいのだろうかという思いを抱くこと、課題を発見しようとすること、発見した課題を乗り越えよう克服しようとすること、失敗しても諦めないこと、自分の力を把握して何ができるのか何をすべきかを考えられることなどが必要であるといえる。これらの経験を数多く積むことによって、制作の途中で上手くいかなかったり失敗したりしても、それらを何としてでも乗り越えようとする意欲をもつことにつながっていって、さらにそのことが問題解決能力を養っていくことにつながっていく。

18. 危険を察知して回避する能力を養う

図16. 火を使うなどの制作を通して、危険を察知して回避する能力を養う。

制作時に材料を加工するための用具や機械を用いていると危険な場面に遭遇することがある。この危険に前もって気づいたり、早めに察知して回避したりすることは、とても大切なことである。何が危険であるのかと理解して、これから危険なことに遭遇するかもしれないと予想できるためには、先述の集中力を養うこと、素材体験を重ねること、用具の使用を体験的に学ぶこと、手の巧緻性を育てること、計画する力を養うこと、想像力を養うことなどが深く関わっている。造形活動を数多く体験する中で、危険を察知して回避することができるようになり、安全で楽しく作品をつくり上げることができたという経験を少しでも多く積んでほしい。

19. 伝統や文化を理解する

図17. 和紙の折り染めの制作体験を通して、和紙や染めの伝統と文化を理解する。

子どもたちは、家庭、学校、地域社会など様々な集団や社会の中で暮らしている。子どもたちが暮らしている家庭、学校、地域社会、さらに自国や郷土を深く理解して愛するために、自分の住む地域や自国の伝統や文化に関心をもって学び、正しく理解することはとても大切なことである。同時に、他国の伝統や文化についても知識を深めて理解し、他国を尊重し、国際社会の平和や発展に寄与する態度を養うことも重要であるということが、教育基本法の中で教育の目標としても示されている。そのための具体的な学びの一つが造形することや美術作品を見ることである。美術教育を通じて国際理解が成され、国際平和につながっていくことは、ハーバート・リード（1893～1963年）やトマス・マンロー（1897～1974年）によって示唆され、その考え方は現在にもつながっている。鑑賞を通して、作品や作家の名前を覚えることも必要ではあるが、作品の特徴に気づいたり、作家がなぜそのような作品を制作したのかといった制作の背景を考えたりすること、また例えば一つの工芸品を見て、その工芸品がつくられた歴史をたどったり、技法を追体験したりすることにより、自国や他国の伝統や文化の理解を深めて、正しく理解することはとても大切なことである。

図画工作科では、子ども自身に本来備わっている資質・能力を一層伸ばし、表現及び鑑賞の活動を通して、造形的な見方・考え方を働かせ、生活や社会の中の形や色などと豊かに関わる資質・能力を育成することを目指している[3)]。子どもは、その過程で本節で取り上げた多くの力や姿勢を獲得していくことで、積極的に他者や社会、世界と関わっていくことができ、よりよい人生をつくり上げていくことができるようになる。［樋口一成］

3）文部科学省『小学校学習指導要領解説 図画工作科編』日本文教出版、平成30年、p.10

2. 幼小接続—学びの連続・幼児期の終わりまでに育ってほしい姿

2017年（平成29年）に学習指導要領は改訂され、幼稚園では2018年度施行、小学校では2020年度から全面的に施行されることとなった。新しい幼稚園教育要領、小学校学習指導要領では、幼児、児童生徒が未来を切り拓(ひら)く力を育むことができるように、学校教育全体を通して伸ばしていくものとして、育成すべき資質・能力の三つの柱が示された。今後ますます幼小の接続や連続性[1)]が重要となっていく。

1）2017年（平成29年）、幼稚園教育要領の改訂と同時に、保育所保育の指針となる保育所保育指針及び、認定こども園教育・保育の指針となる幼保連携型認定こども園教育・保育要領が改訂され、どの園でも同じ質と内容の幼児教育・保育が保障されることが明確化された。幼児教育も幼稚園に限られるものではなく、ここでいう「幼小の接続や連続性」とは、幼稚園・保育所・認定こども園等と小学校の円滑な接続を示すものである。

1. 学習指導要領改訂の背景

2016年12月に公表された文部科学省中央教育審議会による答申「幼稚園、小学校、中学校、高等学校及び特別支援学校の学習指導要領等の改善及び必要な方策等について」では、子どもの未来について、次のように書かれている。

○「（略）…新たな価値を生み出していくために必要な力を身に付け、子供たち一人一人が、予測できない変化に受け身で対処するのではなく、主体的に向き合って関わり合い、その過程を通して、自らの可能性を発揮し、よりよい社会と幸福な人生の創り手となっていけるようにすることが重要である」

○「（略）…様々な情報や出来事を受け止め、主体的に判断しながら、自分を社会の中でどのように位置付け、社会をどう描くかを考え、他者と一緒に生き、課題を解決していくための力の育成が社会的な要請となっている。」

答申にあるこれらの課題を受けて2017年3月に告示された学習指導要領では、豊かな創造性を備え持続可能な社会の創り手となることが期待される児童生徒に生きる力を育むことを目指して、児童生徒の発達の段階や特性等を踏まえつつ、各教科等の特質に応じた「見方・考え方」を総合的に働かせながら、次の三つのことを実現するよう明記された。

①知識及び技能が習得されるようにすること。

②思考力、判断力、表現力等を育成すること。

③学びに向かう力、人間性等を涵養すること。

さらに、目指す理念として「社会に開かれた教育課程」が掲げられた。これは、子どもに「自分の判断や行動がよりよい社会づくりにつながる」という意識をもってほしいという願いとともに、「よりよい学校教育を通じてよりよい社会を創る」という目標を学校と社会が共有し、両者が連携・協働して子どもたちに必要な資質・能力を育むことを意味している。

2.「学びの芽生え」の時期から「自覚的な学び」の時期へ

幼児期の教育が、幼児期の教育の修了までに育つことが期待される生きる力の基礎となる心情、意欲、態度などについて、「～を味わう」「～を感じる」などのように、その後の教育の方向づけを重視するのに対して、児童期の教育は、「～ができるようにする」といった具体的な目標への到達を重視する違いがある。このように、幼児期と児童期における教育課程の構成原理やそれに伴う指導方法等には、発達段階の違いに起因する「尊重すべき違い」のあることがわかるが、このような違いの理解や実践は、あくまでも両者の教育の目的や目標が「連続性と一貫性」をもって構成されているとの前提に立って行われなくてはならない。幼児期から児童期にかけての教育活動においては、発達段階を考慮しながら、人やものといった直接的・具体的な対象との関わりの中で、「学びの芽生え」から「自覚的な学び」への円滑な移行を図る必要がある。

3. 育成すべき資質・能力の三つの柱

今学習指導要領で示された児童生徒に育みたい資質・能力は先述の①～③だが、幼稚園教育要領でも同様に示されている。比較してみよう。

幼稚園教育要領に示される育みたい資質・能力		小学校学習指導要領に示される育みたい資質・能力
①知識及び技能の基礎	➡	①知識及び技能が習得されるようにすること。
②思考力、判断力、表現力等の基礎	➡	②思考力、判断力、表現力等を育成すること。
③学びに向かう力、人間性等	➡	③学びに向かう力、人間性等を涵養すること。

図1. 幼稚園教育要領及び小学校学習指導要領で獲得が目指される三つの資質・能力

図1の通り、幼児教育と小学校教育は異なるものではなく、連続した学びが体系づけられていることがわかる。幼児教育は、その後の生涯にわたる教育の基礎として重要な役割をになっているのである。このように三つの柱にある「資質・能力」は、幼稚園、小学校、中学校、高等学校での学校教育全体を通して伸びていくものであり、それぞれをつなげて捉えていく必要がある。

しかしながら、幼児教育には「遊びを通した総合的な指導の中で一体的に育む」という特性がある。一方、小学校教育は、学年、科目による違いはあるが、その発達に応じて基本的には各教科の内容を習い、普通教育を施すことが目的とされている（学校教育法21条）。このような学びの違いにより、小学校進学時において様々な課題が生じている。今学習指導要領改訂においては、その解消のため円滑な接続を図る内容が盛り込まれている。続く4.で詳しくみていこう。

4. 幼児期の終わりまでに育ってほしい姿

今回の幼稚園教育要領、保育所保育指針、幼保連携型認定こども園教育・保育要領では、共通して「幼児期の終わりまでに育ってほしい姿」が明示された[2)]。この「育ってほしい姿」とは、教育・保育活動全体を通して資質・能力が育まれている子どもの小学校就学時の具体的な姿を取り出したものである。ここで確認しておきたいのは、この姿を目標として教育・保育が行われるものではないということである。教育・保育のねらい・内容に基づく生活を過ごす中で、自然と子どもたちの間に見られるようになるものである。

保育者はこの姿を十分理解し、教育課程や全体的な計画から毎日の指導計画を作成し、教育・保育を展開しなければならない。また、小学校側でも就学前の子どもの姿の認識を正しくもち、その後の授業計画や指導に対応するとともに、スタートカリキュラムの策定にあたる必要がある。

［樋口一成］

2)「幼児期の終わりまでに育ってほしい姿」

1 健康な心と体
2 自立心
3 協同性
4 道徳性・規範意識の芽生え
5 社会生活との関わり
6 思考力の芽生え
7 自然との関わり・生命尊重
8 数量や図形、標識や文字などへの関心・感覚
9 言葉による伝え合い
10 豊かな感性と表現

3. 表現活動と鑑賞活動(えがく・つくる・みる活動)の内容と方法

ここでは、表現活動と鑑賞活動の内容と方法について外観から捉え、大きく「えがく・つくる・みる」という項目で解説を行う。子どもは、周囲をみる、目の前にあるものに触れる、身近にあるものにえがく、といった行動をごく当たり前に行う。それは、人間の本能とも捉えることができる行動であり、人間形成の始まり、学びの始まりともいえる。この行為の延長上にある造形教育「えがく・つくる・みる」が、なぜ必要なのか。この疑問をひも解きながら、各活動についてと、それぞれの関係性について触れる。

1. 造形教育の意義「なぜ、造形教育は必要なのか?」

小学校教育の一教科である図画工作は、子どもの成長に必要不可欠な学びが含まれているということで、教科として位置付けられている。内容としては、感性や想像・創造する力の育成など人間形成が挙げられている。ではなぜ、イメージする力や創造性、感性を育てる必要があるのか。

子どもは、いつでも何かと関係を築こうと周囲を見渡している。興味や関心、知りたいという欲求は、歩く道に落ちているどんぐりの実や木の枝を、自分のものにする力となる。それは、自分のイメージの世界を造形する力、遊びに変える力である。「子どもは、生活の中で、さかんに経験的な分析・総合、一般化を行う。と同時に学校での系統的に組織された教授—学習を通して理論的な分析・総合、一般化の方法を学び、思考操作を次第に理論的にしていく」[1)]。つまり、生活の中での発見は、学びを理論的に捉えるためのきっかけとなり、経験の一部を担うことになる。子どもが見つめる世界と造形との結びつきは、経験を介した表現として具体物を形づくることになる。つくる行為や作品は、「自分」を再認識し、新たな自分との出会いとなる。作品は、様々な条件のもと完成へと至る。現在の自分自身の心境・過去や未来・他者の存在・周辺環境などが総合的に作品を形成する。自分が何を思考し感じているのか。自問自答を繰り返し作品が導き出される。つまり、造形教育では、「自分」を再認識し「心」に触れる瞬間がある。このことが、小学校教育の中で欠かせない教科として位置づけられている要因の一つといえる。

1）坂元忠芳他『岩波講座 子どもの発達と教育5「少年期 発達段階と教育2」』、岩波書店、1979、p.11

図1. 並べる。

図2. 積む。

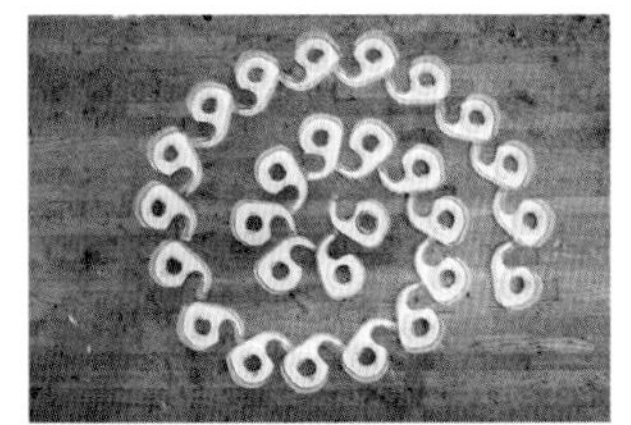
図3. 連続させる。

2. 実体験という価値「体験が経験を形づくる」

図画工作では、子どもの身近にあるものを造形のための材料として捉え直し意識する中で、形の想像が行われる。そして、イメージしていた内容を自らの手で造形することで、創造することを体験する。情報の蓄積は、素材、色、形を組み合わせ、作品として具現化させる。この一連の体験を繰り返すことは、個人の中にしかない経験を形づくることとなる。つまり、体験の経験化である。

たとえば、身近にあるものを色や形などの特徴から、並べる・積む・連続させるなどの造形的な活動がある(図1～3)。これは、「造形遊び」という活動にあたる。子どもは、普段目にするものを造形的な解釈と共に見つめることで、造形する視点を獲得する。この体験を通して造形を日常から意識するようになり、生活と造形との関連性を構築することが可能とな

2）文部科学省『小学校学習指導要領解説図画工作編』フレーベル館、2018、p.11

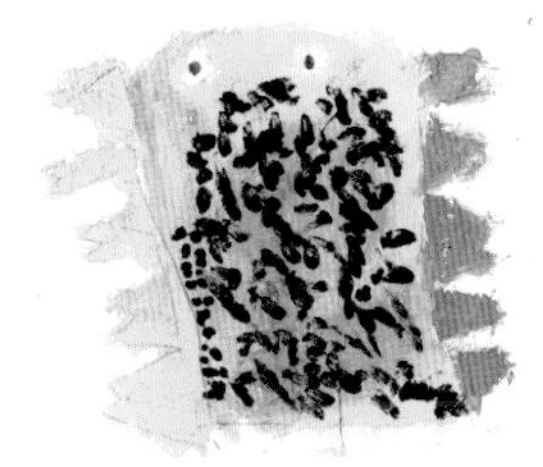
図4．幼児期の子どもの作品

図5．低学年の児童の作品

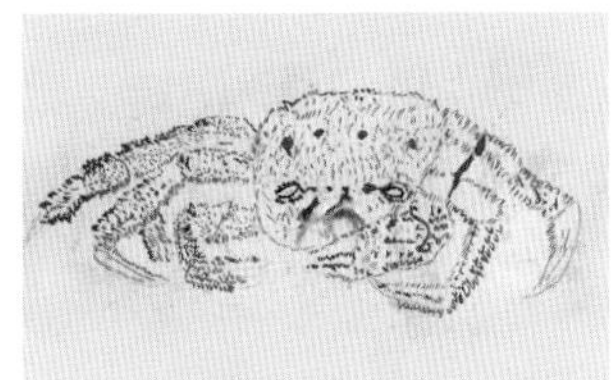
図6．高学年の児童の作品

『カニ』をテーマにした異なる年齢の作品（図4～6）

幼児期の子どもの作品は、印象に残った部分が誇張され、力強くえがかれている。何に興味をもったのかが、はっきりと見て取れる。

低学年の児童の作品は、えがかれた絵の横に次のような文章が書かれている。

「わたしの家のまえのみぞにカニがたくさんいます。ちかづくとにげます。ちいさいのやものすごく大きいのがいます。中にはだっぴしてやわらかいのもあります。」

ここからは、日常生活での興味・関心に観察としての視点を加え、絵画表現に結び付けていることがわかる。

高学年の児童の作品は、カニの特徴を注意深く観察し、細部をえがいている。この作品からは、カニのおかれている状態や空間が意識され、ゴツゴツとしたカニの表面を点描でえがくなど、絵画技法が意図的に用いられ表現されていることが読み取れる。

る。造形としての体験と、それを介した学びへのつながりを体験することで、造形を理論的に捉えることにつながる。小学校学習指導要領解説において「感性」についての説明は、「様々な対象や事象を心に感じ取る働きであるとともに、知性と一体化して創造性を育む」[2)]とされている。つまり、“感性とは感じたことを経験化する必要があり、そのためには、知性が必要不可欠である”と捉えることができる。このことからわかるように、小学校低学年からの体験を蓄積し、小学校高学年においてその蓄積された体験を理論的に活用することで、感性は豊かさを獲得することにつながるといえる。

では、具体的に「えがく・つくる・みる」ことについて触れる。まず、大切なことは、学年が進むごとに課題内容を発展させる必要がある。学年が進むにつれて、材料の性質についても理解度が上がり、それは総合的に作品へと反映される。感覚と理論が、作品のバランスを保つようになる（図4～6）。

⑴「えがく」について

自らの感性、知性を働かせながら、観察・感受・思考・想像を行う。絵には、これまでの記憶を基に想像してえがくことと、対象物を観察してえがく方法がある。遠足の記憶を基にえがくことと、その場で風景をえがくことでは、えがくことの質が異なる。さらに、えがくための画材の選択は、年齢によって、また、えがく内容によって変えることで、表現の広がりを獲得することにつながる。技法的側面から捉えれば、感じたことを直接的にえがくことに対し、技法的側面から題材を決定することもある。モダンテクニックはその一つといえる。たとえば、水彩絵具の水性分とクレヨンの油性分の水と油の反発を利用してえがく方法のバチックなどは、その技法的な学びが入り口にある。その技法を利用して子どもが新たな表現方法と出会い、表現の幅を広げることを目的として図画工作に取り入れられている（図7）。

版を利用した表現も、技法的な側面が含まれている。版は、直接えがくことと異なる点として、版とインクの物質的な強さがある。それは、直接えがくことでは得られない、版画ならではの質感といえる（図8）。

図7．モダンテクニックを取り入れた作品

図8．版の表現（木版画）

⑵「つくる」について

「つくる」とは、主に立体表現や工作のことを指す。粘土を用いた立体表現や、身近にある素材を用いて動く仕掛けを考える工作など、直接手を動かし製作する（図9、10）。もちろん色を使って「えがく」ことと「つくる」ことが同居する場合もあるため（図11）、両者を切り離して捉える必要はない。

図9．粘土立体表現

図10．動く仕掛けのある工作

図11．つくりながらえがく。

作品をつくる時、手で直接素材に触れ製作する。手は、思考と作品（もの）を媒介する役割としてあり、つくる行為を支えている。手が感じ取る「もの」からのアプローチは、製作の展開のきっかけとなる。製作の一連の流れは、観察する・触れる・検討する・実行する、を繰り返し行い、造形物を構築していく。そこには、悩み、積み上げたものを壊す行為も考えられる。理想の形までの築きは、様々なアプローチが想定される。製作環境、周辺の行動、他者の作品、聞こえてくる会話などが、制作者の思考に影響を与えつくる行為に変化を及ぼすことになる。つくる行為は、自己の中だけで進むものではないということになる。

⑶「みる」について

図画工作では、表現と鑑賞があるが、それぞれは独立して働くものではない。お互いに働きかけることが重要である。つまり、作品が完成したら鑑賞がある、といった流れのみではなく、相互に関係を築き活動を進める必要がある。鑑賞することは、つくることの延長上にあり、それは、製作前、製作中、製作後のどの段階においても必要になる（図12）。

また、「みる」ことを視覚のみから捉えてはならない。「みる」行為の際には、同時に他の感覚器官が働いている。何かに触れる、においを感じる、聞こえてくる音など、その他の感覚器官は、「みる」行為に厚みを与えている。たとえば、壁に触れるという直接的体験は、「ごつごつしている」という質感の感受と、それを見ることで得る視覚情報とともに認識される。直接体験によって獲得する感覚器官による感受は、「みる」行為の一部として意識する必要がある（図13）。

図12．製作途中で鑑賞しあう様子

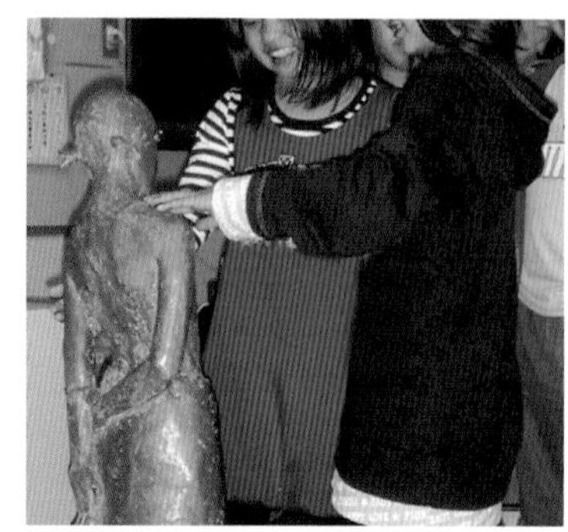

図13．触覚を利用した鑑賞

3.「えがく・つくる・みる」の活動事例

ある活動でのひとこま、子どもの「えがく・つくる・みる」活動の一連の行動が見えた瞬間があった。次の２つの事例から、実際の子どもの活動と、その活動に含まれている学びについて触れる。

事例：生活と作品製作とのつながりが意識された瞬間

夏の暑い日、広い公園の真ん中で強い日差しの中、大きなキャンバスを広げ、そこにクレヨンを用いて自由に描くという活動があった。子どもには、暑さ対策として、ビニール袋に氷を入れたものを持たせていた。ある少年が、カタツムリを描いていた。少年の座る傍らには、円が二重に描かれたものがあり、おそらく少年は、その形からきっかけを得てカタツムリを思いついたものと推察される。そして、描き終わると、暑さ対策で渡していた氷の溶けた水をその絵のカタツムリにかけたのである。少年に「なぜ水をかけたのか」と問うと、少年は「暑いから」と答えた。さらに「雨のときにカタツムリはいるよね」と伝えると、少年は「うん」と答えた。

図14. 生活とのつながり

事例の少年は、カタツムリを雨の時によく見かけることを知っていて、水がないと干からびてしまうという想像から、その絵のカタツムリに水を与えた、と推察できる。

日常生活のみる行為から始まり、カタツムリをえがくこと、そして、カタツムリの生命を認識し水を与えた行為は、造形活動と日常生活とが相互関係によって成立していることを意味している。つくるという意識は、何かをそこに宿すことである。ただの物質としてのものをつくっているのではく、人間が意図して何かを捉え抽出した創造物が、造形表現にはある。これがまさに、個々人の「経験」というものである。

事例：質感の感受から「みる」ことへのつながり

この活動は、小学校１年生に対し「ゴツゴツって聞いてどんな感じがする？」という問いかけから始まった。子どもたちは、擬態語である「ゴツゴツ」という言葉の響きから様々な発想をした。頭を前後に振りながら「あたまでゴッツンゴッツン」と発言。その他にも「ガリガリってかんじ」「かたそうとか、やわらかそうとか」「いし」、歌いながら「ゴッチンゴッチンかたいなー」などの発言があった。一つの言葉をきっかけに得られるイメージは、子どもたちがもつ各々の経験から発想へとつながる。この活動ではさらに、擬態語から感じられるイメージを写真で撮影することで、作品化した。図 15 は、「グチャグチャ」をテーマに、児童によって撮影された写真作品である。撮影前、撮影中、撮影後を一貫して擬態語が基準となり「えがく・つくる・みる」を支えていた。

図15. 質感の感受からの写真撮影

言語化は、個々の内側にある世界と外側にある世界とをつなぐ役割を担っている。「えがく・つくる・みる」活動を支えているのが個々の内側にある感性であり、その感性を表出する意味で、言葉の役割は大きな意味をもつことになる。さらに、他者との関係においては、伝え合い共有する中で、共感、または批判が生まれる。図画工作の中で発生する言語活動には、「学校教育における人間形成の核となる役割がある」と考えている。

〔西園政史〕

4.他教科との連携による造形教育

近年、教科間の関連を図りながら授業づくりに取り組むことが求められている。教科間の連携とは、授業における学びの充実や活性化を目的として、教科間で指導目標及び内容等の相互の関連を図り、協働的に行われる一連の授業過程のことであるといえる。2017年(平成29年)に告示された小学校学習指導要領では、教育目的や目標の実現に必要な教育内容等を教科等横断的な視点で組み立てたり、教科等間のつながりを意識して教育課程を編成したりすることの重要性が新たに示された[1)]。ここでは、他教科との連携による授業づくりにおいて大切にしたいことを示す。

1)文部科学省「小学校学習指導要領(平成29年告示)解説 総則編」平成29年7月、東洋館出版社、p.41

1.他教科との連携による学び

各教科で育成する資質・能力は、単独で切り離されるものではなく、他教科等の学習においても生かされるようにすることで、より効果的に育むことが期待できる。連携による学びの過程では、図画工作・美術科で育む資質・能力を他教科の学びの中で発揮したり、教科性の違いの中で新たな見方・考え方を発見したり深めたりすることを繰り返すことになる。各教科での学びを「点」として捉えるのではなく、関連性をもたせた「線」として俯瞰的に捉え、子どもに育みたい資質・能力を明確にすることが大切である。また、教員にとっては、教科間の連携を通して、図画工作・美術科の意義や特性を改めて自覚し、新しい授業の切り口を考えるきっかけになるといえる。

2.教科性の理解

一般的に、小学校は学級担任制のため、学級担任が学習指導(教科指導)を担当する。そのため、教科担任制の中学校等よりも、教科間の学習を関連づけた授業を構想しやすい。その際、重要となるのが、各教科の教科性の理解である。各教科の教科目標や内容、教科特有の見方・考え方、教科に関する専門性(知識及び技能等)等の理解は、教科間を関連づけた授業づくりの基礎となる。個人で各教科に対する学びや理解を深めることも大切だが、他教員と情報交換をしながら、学び合うことも大切である。図1は、大学生が教科間(美術科と家庭科)の連携による題材開発及び研究に取り組んでいる様子である。題材開発及び研究の過程で、他教科の学生と学び合うことや共に試行錯誤する機会を繰り返し設定したことで、自身の教科観の問い直しや各教科に対する見方・考え方等の視野の拡大及び題材の新たな価値の創造につながった。教科間の連携を考える際、他教員との連携体制の構築も重要な視点となる。

図1.教科間の連携による題材開発の様子

3.育成したい資質・能力の整理

連携による授業では、子どもの実態把握を行うとともに、各教科で育成する資質・能力や教科共通に働く資質・能力を明確にした上で、題材や単元を関連づけながら連続性のある授業を構想する必要がある。単に役割分担をするだけの授業や「教科間の連携」そのものが目的になるのではなく、各教科や教科間で育成したい資質・能力を位置づけた指導計画の作成が重要となる。

4. 授業構想

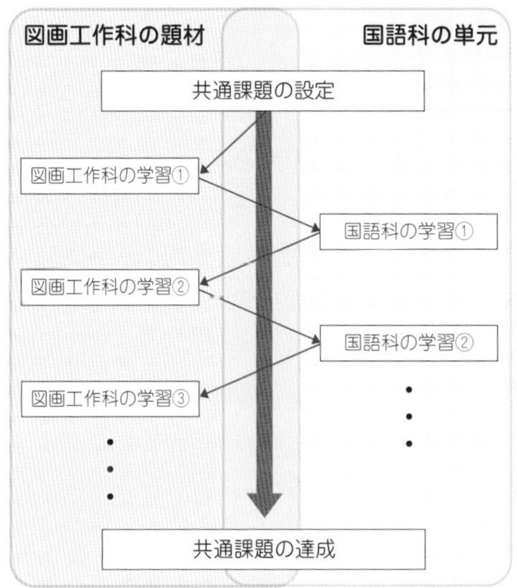

図2. 共通課題を設定した連携授業のパターン

教科間の連携の在り方としては、様々なパターンが考えられる。例えば、図画工作科と国語科を例にあげて考えてみると、各教科に「共通課題」を設定した上で、教科相互の学びを関連させながら連携を行う授業構想である（図2）。図2をもとに構想した実践例を、図3に示した。実践例では、対象を小学校6年生とし、図画工作科と国語科の連携による授業を構想している。共通課題として「町のよさを伝えるパンフレットをつくること」[2)]（図4、図5）を設定し、各教科を往還しながら授業が展開していく点が特徴となっている。また、先述したように、授業構想の段階で子どもに身につけたい資質・能力を3つの視点（図画工作科、国語科、教科共通）で整理し（図6）、連携の意義を明確にした上で、互いの教科の学びや特性を意識して指導することが大切となる。

さらに、図2のように、題材や単元内で各教科の学びを関連させるだけではなく、題材や単元同士の系統性や発展性を意識して、図画工作科や国語科のカリキュラムの中に、他教科との連携による授業をどのように位置づけていくのか考えていく必要もある。

［髙橋智子］

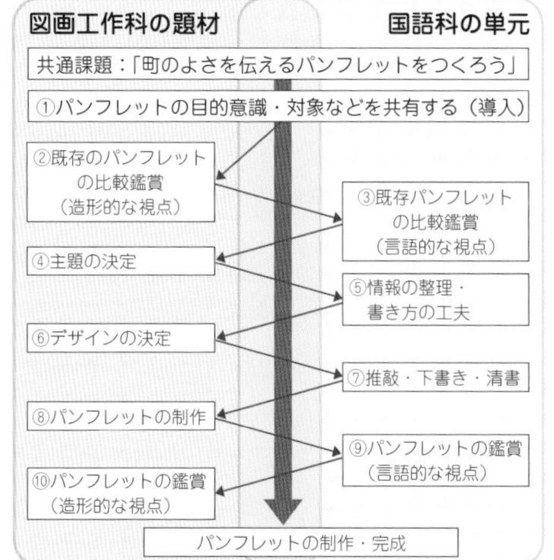

←図3. 共通課題の設定による実践例（工藤・石上・髙橋、2018／工藤、2018）

2）国語の教科書（6年・光村図書：平成27年）には、「町のよさを伝えるパンフレットを作ろう ようこそ、私の町へ」（pp.78-83）が掲載されている。また、図画工作の教科書（5・6年下・開隆堂:平成26年検定）には、「伝え方をたのしもう」（pp.40-41）のページが設けられており、伝えたい相手のことを考えて、イメージを形にしていく内容が掲載されている。

図4. 国語の時間に説明文を考えている様子

図5. 図工の時間にパンフレットを制作している様子

	図画工作科	共通に働く資質・能力	国語科
知識・技能	表したいことに合わせて用具の特徴を生かして使う。		引用したり、写真や図を用いたりして伝えたいことが明確になるように書く。
思考力・判断力・表現力等	•形、色、構成の美しさ等を考えながら、伝えたい思いや相手に合った表し方を構想する。 •パンフレットについて造形的な視点をもとに友達と話し合い、表し方の意図や特徴を捉える。	•目的や意図に合わせて構成や表現の効果を考え、表し方を工夫する。 •具体的な視点をもって構成や表現内容のよさを捉える。	集めた情報を整理し、文章全体の構成や目次、見出し、リード文等を考え、読み手が理解できるよう適切に書く。
学びに向かう力・人間性等	相手のことを考えてつくることを楽しむ。	知識や経験等をもとに伝えたいことを考え、主体的に取り組む。	目的や意図に合う資料を集めたり、構成を考えようとしたりする。

図6. 教科間の連携により子どもに身につけたい資質・能力（工藤・石上・髙橋、2018／工藤、2018）

5.子どもの表現と大学での実技体験

他教科と比較して図画工作科の授業は学校や教師の裁量幅が大きい。たとえば教科書題材は、それぞれの学年で期待する造形の基礎的な能力を育むために十分な吟味を経て扱われている。その題材において期待できる活動で得られる学び、それを実現する指導や評価のあり方を修得するために、大学での実技体験は重要なものとなる。ここでは、材料の準備や評価が難しい印象がある造形遊びと、教室の環境設定や片づけに手間や時間のかかる高学年の版画の題材を例に、大学での実技体験の意味を紹介する。

1.小学校低学年の造形遊び「ならべて、つんで」

本題材は、低学年の子どもがいろいろな形や大きさの木切れや空き箱などを並べたり、積んだりしながら、自分なりにしたいことや、つくりたい形を見つける活動である。

(1)なぜ、木片や空き箱なのか

図1．体で大きさを確かめる。

小学校学習指導要領の図画工作科、第１学年及び第２学年「Ａ表現」(１)ア「造形的な活動を思い付くことや、感覚や気持ちを生かしながら、どのように活動するかについて考えること」に着目したい。これは見通しを立てずに活動し始め、思ったように活動できなくても、何度もつくることを試みたり初めから活動し直したりすることを含んでいる。同（２）アの「並べたり、つないだり、積んだりするなど」は接着や接合を前提としない繰り返しできる行為で、子どもが「つくり、つくりかえ、つくる」ことを促す。子どもがこうした能力を働かせるために、木切れや空き箱が適しているのである。

(2)本題材の目標

- 木切れを並べたり積んだりしてできる形や大きさに気づき、手や体全体の感覚などを働かせ、活動を工夫してつくる（知識及び技能）。
- 木切れを並べたり積んだりしてできる形や大きさを基に自分のイメージをもちながら、木切れを並べたり積んだりすることを基に造形的な活動を思い付き、どのように活動するかについて考え、自分たちの作品の造形的な面白さや楽しさを感じ取ったり考えたりし、自分の見方や感じ方を広げる（思考力、判断力、表現力等）。
- 楽しく木切れを並べたり積んだり、互いの作品を見合う活動に取り組み、つくりだす喜びを味わう（学びに向かう力、人間性等）。

(3)期待する子どもの姿を学ぶために

図２．学生らしい構成的な作品

子どもは思い思いに材料に関わりながら、高さや長さを追求したり、好きな形をつくったりする。やがて集団となったり、つくり直したりを繰り返しながら、目的を発展させていく。学生の場合は初めにつくる形を決めてそれを実現しようとしがちなので、ただ体験するだけでは子どもの意識は学べない。あらかじめ題材の目標を提示し、高く積む、長く並べるなども含めて造形的な活動とはどのようなものか、それはどのようなスケールで行えば楽しいものになるかということを話し合い、共有した上で活動に取り組むようにしたい。一例を挙げると、積み木と違い、いろいろな形や

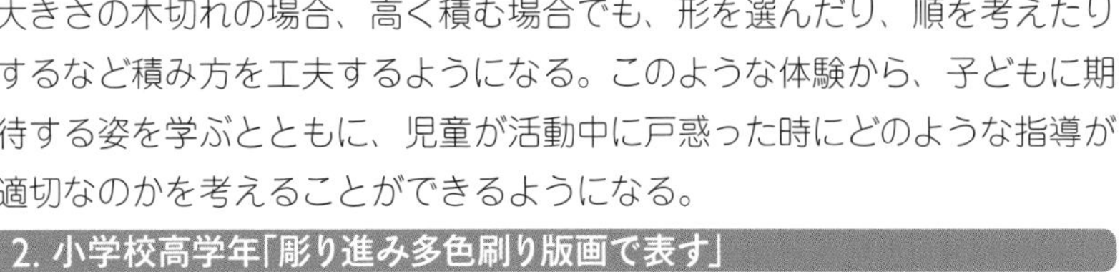
大きさの木切れの場合、高く積む場合でも、形を選んだり、順を考えたりするなど積み方を工夫するようになる。このような体験から、子どもに期待する姿を学ぶとともに、児童が活動中に戸惑った時にどのような指導が適切なのかを考えることができるようになる。

2. 小学校高学年「彫り進み多色刷り版画で表す」

本題材は、表したいことを彫り進み版画に表す活動である。5・6年の教科書では子どもの作品とともに技法の解説も掲載されているが、一見したところではその方法がわかりにくい技法でもある。

⑴なぜ、彫り進み多色刷り版画なのか

彫り進み版画の特徴は、彫りを施す部分が絵の彩色する部分に当たること、彫りと刷りを繰り返すことで作品が次第にでき上がっていくことである。白や黄色など明るい色の部分から順に彫りと刷りを繰り返すおおまかな計画を基に活動を進めるが、活動の過程で刷りを確かめ、彫る部分や使う色を変更することもできる。計画通りに彫り進めるのか、途中で見直すか、発想や構想する能力、鑑賞する能力等を繰り返し働かせることが期待できる活動となる。

図3. 自然のメッセージを込めた装飾的な表現

⑵本題材の目標

ここで紹介する活動では、テーマを「不思議な木」とした。

- バランスや色の鮮やかさなどを理解し、彫り進み版画の材料や用具を活用するとともに、前年度までの版画についての経験や技能を総合的に生かしたり、表現に適した方法などを組み合わせたりするなどして、表し方を工夫して表す（知識及び技能）。
- バランスや色の鮮やかさなどを基に自分のイメージをもち、「不思議な木」というテーマから感じたこと、想像したこと、身近な木等を見たことから、表したいことを見付け、どのように主題を表すかについて考えるとともに、自分たちの作品の造形的なよさや美しさ、表現の特徴等を感じ取ったり考えたりし、自分の見方や感じ方を深める（思考力、判断力、表現力等）。
- 主体的に「ふしぎな木」を表したり作品を鑑賞したりする活動に取り組み、つくりだす喜びを味わう（学びに向かう力、人間性等）。

⑶期待する子どもの姿を学ぶために

一見難しそうに感じる彫り進み版画の技法を、直接体験することにより理解することができる。また、活動の過程で資質・能力の働きがどのように広がったり深まったりするのか、あるいはどのような状況で計画の見直しが必要となるのかを想定することができるようになる。加えて、彫る活動と刷る活動が同時に展開する状況を教室で実現するためにはどのような配慮が必要かについても考えることができる。高学年らしい思考力・判断力・表現力等を繰り返す活動の過程で子どもにどのような配慮をしなければいけないのか見通しをもてるようになることが、彫り進み多色刷り版画の実体験をすることの意義である。

図4. 木を擬人化した表現

［西尾正寛］

column 1 図工・美術科の魅力 ～楽しさを伝える楽しい表し方～

幼児のころ、無心に土を触り、地面に線を書き、石ころを並べて遊んだことを思い出してほしい。石や土の感覚を楽しみ、それに働きかける活動が自然に生まれる。手で生み出すことは、自分というものの存在を一つひとつ残していくことだといえる。そしてそれが、図工・美術科の源泉と考えるならば、こんな魅力的な時間はないであろう。

↑大型かみしばいのキャラクターをつくろう！

つくったキャラクターを置く最適の場所を探して、撮影しよう。→

上記の写真は、大型紙芝居に登場させたいキャラクターをつくる活動である。この活動は、大型紙芝居の制作に取り組んだ大学生が子どもたちにキャラクターの制作を依頼したことから始まった活動である。この活動で行ったように、子どもたちにとってキャラクターを考えることは、ワクワクする時間である。

この活動において子どもたちは、身のまわりの材料を持ち寄り、世界に一つのキャラクターを誕生させる。そして、グループの友達と知恵を出し合い、これまでの経験を思い出し、想像を膨らませてでき上がった時、それは単なるキャラクターでなく、命ある存在となる。さらに、子どもたちは生まれたその子を両手で抱きかかえ、教室を飛び出し、思い思いに一番ぴったりの場所を探す。写真のグループは、野草園に咲いているクローバーの茂みの中に配置した。子どもたちは、思わず拍手が出たほど、お気に入りの場所だと考えたようである。そのあと、デジタルカメラで撮影。その画像は、キャラクター制作を依頼した大学生へ送信された。大学生は、その画像をもとに大型紙芝居につくり上げていった。まさに場所を超え、年齢を超えた発展である。そこにあるのは、一つの表現を共に楽しむ行為である。誕生した大型紙芝居は、地域の子どもたちに公開された。

美術館で、生活の中で、街の中で、山の中で、海辺で、遠い外国で……共に味わう表現の喜び。表現を通し、場所を問わず、さらにはそれは、時の流れも軽々超えて、はるか昔の人々とも身近に交流することができるであろう。表現が、多くのコミュニケーションを生み出す源泉となっているといえる。

本書は、そのような図工・美術科の魅力を、それぞれの題材に込めている。それぞれの筆者が万感の思いを込めて、子どもたちと共に、指導者自身もその題材を楽しんでほしいと提案しているものであり、ぜひ実践に生かしていただきたい。まずは、指導者自身が、源泉に触れるワクワク感をもって、本題材に関わってほしいと願わずにはいられない。

［松﨑としよ］

第2章

絵　画

絵画は、モノの形象を平面に描き出したものである。その表現は、モノを観察することによる表現、モノを想像することによる表現、描画材料からイメージを得た表現などの他に、具象的な表現や抽象的な表現などに分けられる。一方、描画材料には、鉛筆・木炭・クレヨン・パステル・テンペラ・水彩・アクリル・油彩・水墨画・日本画などの種類がある。絵画と一言で言っても、その造形的な視点、表現、材料や用具は様々である。絵画の学習にあたっては、子どもたちが自らの感覚や行為を通してモノを捉えて理解し、材料や用具を適切に扱ったり描き方を工夫したりすることができるように内容や環境を工夫したい。描く活動を通して、子どもたちが描きたい、表現したいという思いを大切にするとともに、楽しく豊かな生活をつくり上げようとする態度を養いたい。

Ⅰ. 絵具の仕組みと特徴

絵具の種類は、その中に含まれている成分の違いから成る。絵具の中身を知ることは、各々の絵具の特徴を理解することにつながり、やがて目的や表現内容によって絵具を選択することができるようになる。ここでは、学校現場でよく使う水彩・アクリル・油絵具を中心に、特徴や基本的な技法を挙げていく。

図1. 絵具の仕組み

1）メディウム
媒剤。広義では展色材や溶剤も含まれる。また、絵具の増量やつやの調節などのために、絵具に添加するものも含まれる。

1. 絵具の仕組み

絵具は、赤·青·黄など色を発する「顔料」と、それを定着させる「展色材」でできている（図1）。各々の絵具を使う時は、絵具に「溶剤」を加えることが多い。水彩絵具の溶剤は水、油絵具の溶剤は油（揮発性油）である（図2）。

色材・絵具名	展色材	溶剤
水彩絵具	アラビアゴムメディウム[1)]	水
アクリル絵具	アクリルメディウム	水
油絵具	乾性油	揮発性油
日本画	膠液	水
卵テンペラ	卵メディウム	水

図2. 主な絵具の展色材・溶剤

2. 水彩·アクリル·油絵具の特徴

⑴水彩絵具

❶透明水彩絵具…透明感が出る。水の加減できれいなにじみやぼかしが可能(図3)。

❷不透明水彩絵具（ガッシュ）…地を塗りつぶすことができる。水を多用すれば透明感も出る。

❸ポスターカラー…不透明水彩絵具の一種。大きな面でもムラなく塗ることができる。

※小学生用の絵具は透明水彩と不透明水彩の中間的性能のタイプが多い。

図3. 水彩画（人物）

⑵アクリル絵具（耐水性水彩絵具）

❶水で薄めると水彩画のような描写、厚塗りで油彩画のような表現が可能。

❷乾燥が早く、さらに乾燥後、再溶解しない。つまり使用した筆やパレットをそのままにしておくと絵具が落とせない。

❸乾燥後、塗り重ねても下層の絵具と混ざらない。

❹アクリルガッシュは不透明のアクリル絵具で、つや消しの画面になる(図4)。

❺油性面以外なら何にでも描ける。金属やガラスなどには専用の下地剤を塗ってから描く。

図4. アクリルガッシュ（人物）

図5. 油彩画（人物）

⑶油絵具

❶薄塗りすると美しい光沢と透明感のある画面になり、厚塗りすると筆

跡（タッチ）や盛り上げを生かした力強い表現ができる（図5）。

❷乾燥が遅いのでぼかしがしやすい。乾燥後、再溶解しない。

❸乾燥後、塗り重ねても下層の絵具と混ざらない。

❹一般的には地塗り済みのキャンバスや板などに描く。

3. 水彩・アクリル・油彩画の描き方

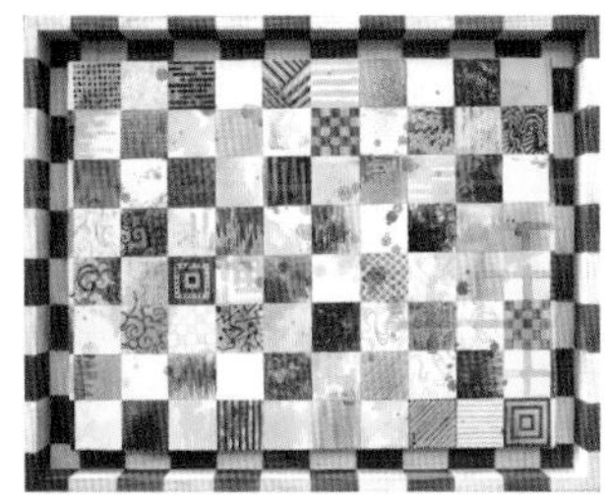

図7. アクリル画（抽象）

図8. アクリル画（人物）

図9. 油彩画（不透明色を多用）

図10. 油彩画（透明色を多用）

⑴水彩画

透明水彩絵具は、原則として用紙の白色地を生かしながら水を多めに加えて描く（図6）。用紙につけた色が乾く前に別の色を置くと混色が、つけた色が乾燥した後に別の色を置くと重色ができる。

図6. 水彩画（静物）

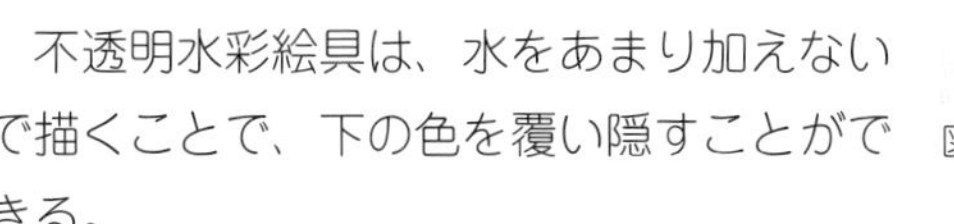

不透明水彩絵具は、水をあまり加えないで描くことで、下の色を覆い隠すことができる。

終了後はパレット、筆洗、筆を水洗いし、乾燥させてからしまう。

⑵アクリル画（耐水性水彩絵具）

キャンバスに描く場合は、アクリル絵具用のキャンバスを用意する。水彩画風に描く時は水を多めに加え、油彩画風にする場合は水を加えずに描く(図7、8)。また、絵具に加えて使う様々なメディウムがあり、その中でもジェルメディウムを加えると光沢と透明感が得られ、モデリングペーストを加えると厚塗りが容易にできるようになる。

アクリル絵具は乾燥が早いので、パレットに出した絵具を霧吹き等で度々湿らす、使用中の筆は筆洗に入れておくなどの措置が必要である。パレットに出して残った絵具は、霧吹きをして食品用ラップをかけておけば乾燥を防ぎ、翌日も使用できる。

終了後はパレットや筆についた絵具を布などでよく取った後、すぐに水洗いする。筆はせっけん等で洗うときれいに落ちる。

⑶油彩画

描き始めは揮発性油（テレピン、ペトロールなど）を多めに混ぜた絵具で描き、徐々に乾性油（リンシード、ポピーなど）の割合を増していく。初心者は、調合油の「ペインティングオイル」のみで描いてもよいが、描き始めは揮発性油を多めにした方が堅牢な画面になる。

厚塗りをする時は油を混ぜず、チューブから出した絵具のみで描く(図9)。その際に使う筆は固くて腰のある豚毛筆がよい。またペインティングナイフを使ってもよい。

絵具の乾燥が遅く、画面上で異なる色同士を混ぜることが容易なため、ぼかしがしやすい。ただし、あまり多くの色を混ぜると濁った色になるので注意する。下層の不透明な絵具が乾燥後、油を多めに混ぜて半透明にした絵具を上層に塗ると、深みと透明感のある色が表現できる(図10)。

パレットに出して残った絵具は、乾燥が遅いので翌日も使用できる。終了後はパレットや筆についた絵具を布などでよく取った後、筆は専用のブラシクリーナーで洗い、さらにせっけん等で洗う。　［桶田洋明］

2. 見て描く①—サカナを描く

観察力を養う課題としてサカナのアジ（鯵）を水彩で描く。サカナはどんな顔をしていてヒレ（鰭）がどこに付いているか、構造を理解し、形、色彩に留意しながら描いてみる。

魚を描く場合、多くが左向きに描くのが一般的である。図鑑などで参考にしたイラストレーションの魚のヒレは、すべて開いて描かれており、標本のような状態で数や形がわかりやすい。また、遊泳している生体ではヒレは常に動いているが、ここでは数や形を認識した上で、実際には実物をよく観察し描き、見た目の印象を大切にした。

1. 実践のねらい

❶サカナの構造（図形的なプロポーションや比率、各部位の数や仕組み）を理解する。

❷実物の色彩を、透明水彩を使って正確に描いてみる。

❸科学的な目を養いながら観察力とデッサン力を身につける。

2. 準備するもの

- スケッチブックF6（画用紙）
- 鉛筆（HB、B、2B）
- 耐水性ペン0.3～0.5㎜
- 透明水彩
- アジのイラストレーション（図1、図鑑等からコピーする[1)]）
- モチーフ：アジ（実物）

1）コピー（私的複製）は、著作物を個人的に、または家庭内その他これに準ずる限られた範囲内において使用することを目的とする場合にのみ行うこと。その場合においても、著作者の権利を害しないように配慮して行うこと。

3. 実践の流れ

○線的要素の抽出

参考資料のコピーを画面にトレースし、線的要素に注意しながら線画を作成する。トレースする際は、コピー用紙の裏に2Bの鉛筆を均等に塗り、線画を描く用紙にマスキングテープ等で留め、上からHBの鉛筆でなぞる(図1)。描く際のポイントとしてはサカナの特徴である線や図形を見極める。全体の体形、口、眼、各ヒレ、側線等を描き出す。各部位の図形、長さ、位置、数を正確に体形に合わせ描いていく。アジの特徴としては側線に沿ってゼイゴと呼ばれる固い鱗（うろこ）がある。写し取った鉛筆の線をたよりにペンでなぞる。魚の種を区別するための特徴として重要な線的要素を抽出して描き、線画を完成させる。ここでは陰影や色彩は考慮せず、構造上重要な要素のみを線画として描き記す(図2)。アジの仕組みや構造がおおよそ理解できる。

2）阿部宗明『魚大全』講談社、1995、p170マアジ

図1. アジのイラストレーション[2)]

図2. 線的要素に注意して描いた線画

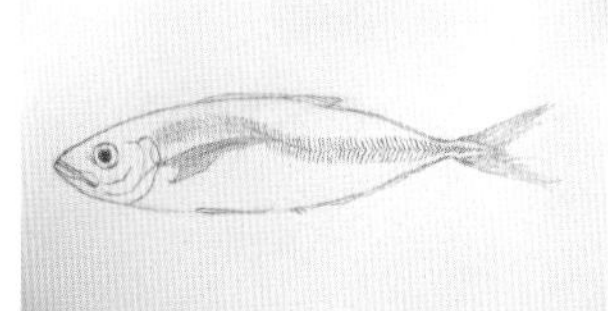

図3. アジのスケッチ①

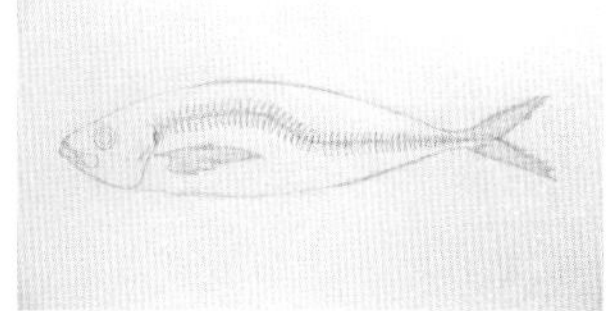

図4. アジのスケッチ②

⑴アジの観察とスケッチ

先に学んだ線画を意識しながら、実物のアジをよく観察し、全体の図形と細部に注意して下描きのスケッチを完成させる。モチーフのアジは、トレイ等に並べ観察しやすい位置に置く。実物を観察して描くので、ヒレは無理に開かず自然の状態でかまわない。線画を作成した際に理解したアジの仕組みやヒレの位置、数等を参考に鉛筆でスケッチしていく。同じ種でも多少の個体差がありプロポーションが違うことがわかる。後に水彩による着色を行うので、鉛筆による陰影は、絵具の発色に影響するので描かない（図3、4）。

⑵着彩

アジの生体は水族館等でも観察できるが、生体の色彩は死んだものとはまったく違う。生体の背部はグリーンを帯びるが、魚屋に並ぶものは、青味のあるグレイである。ここでは購入した実物の色彩を参考に着彩してみる。もちろん新鮮なものの方が生体の発色に近い。はじめに全体の色調を観察し、細部のヒレの黄色味や、腹部の虹のような美しい色彩をどのように描いたら表現できるかを考えながら彩色する(図5)。透明水彩は混色したり塗り重ねたりする程、明度も低くなり彩度も下がるので発色に注意することが大切である。別の紙を用意し、発色を試しながら着彩するとわかりやすい。アジは強烈にカラフルな印象は無いが、よく観察すると明るい腹部には様々な色彩が入っていることに気がつくだろう。彩度は高く水を多めにした淡い色で薄く塗布していくとよい。一方背部は腹部に比べ色彩は深く暗めなので、はじめは淡い色で背部全体に塗布するが、絵具を重ねることにより必要な色相と暗さになるよう絵具を乗せていけばよい。絵具はパレット上で必要な色を作ってから塗るのではなく、画面上で透明色が重なってできる効果を利用したい。透明水彩の発色において大変重要なポイントである。よく観察し着彩することでリアリティーのある色彩にすること。仕上げには、細部の線的な要素を極細い筆で強調するように表現するとよい。また、モチーフのアジは表面が乾くので時々水で濡らしたり、ラップをかける工夫が必要である。

図5. アジを見ながら彩色する。

4. 実践の振り返り

- サカナの線画を制作し、サカナの仕組みが理解できたか。
- サカナの特徴を意識しながら、色彩に関してもリアリティーのある水彩表現ができたか。

図6. アジの着彩完成図①

図7. アジの着彩完成図②

図8. アジの着彩完成図③

5. まとめ

科学的なものの見方を学ぶことで、より深い観察力が得られる。今後、自然物をモチーフとして描く際に、確かな表現力として役立てたい。

［関 俊一］

3. 見て描く②―風景、自然等

写生は、教室から外に飛び出して外気を体で感じながら絵を描く楽しい活動である。しかし、写生を機に図工や美術が苦手だと感じ始める子どもがとても多くなり、大きな関門となることが多いようだ。それは、写生で描く対象が急に複雑になるためだと考えられる。子どもからすれば、卓上で目の前で描いていた対象から、いわば体ごと対象の空間に入り込むことになるためである。身体的に感じているにも関わらず対象は複雑となり距離が生まれ、身体的体験から視覚的体験へと変化し、さらに概念的作業へと萎縮してしまうのである。また、写生大会などが行われることが多く、得てしてそれは優劣を付ける対象となりやすい。写生では、複雑な対象を前に混乱することと優劣を付ける対象になること、この二点を特に気をつける必要があると考えている。それは、視覚を基準とした作品主義になってはならないということも関わり、とても重要になってくるように思う。

筆者は、苦手意識をもってしまった多くの学生と二つの約束をして写生を行う。一つは好きな所から描き始めてだんだん広げていくこと。もう一つは完成しなくてもよいということである。この約束をすることで多くの学生は安心感を覚える。多くの場合、完成とは紙面を埋めることであると勘違いしている。紙面を埋めることが目的とならないように、充実したプロセスを持続させることに注意を払わなければならない。そして、好きな所から広げることで内側から外側への方向が生まれる。もし広がる方向が偏って紙面が足りなくなれば、紙面をその方向に足せばいいのである。充実したプロセスと内側から外側への方向をこの活動では重要視したい。

図1．フェニックスの木

1）色の三原色
C（シアン）・M（マゼンタ）・Y（イエロー）。一般的には、青・赤・黄。すべての色の元になる色。原色。

2）鉛筆を下描きの道具ではなく、黒い線を引くことができる一つの素材として使えるように声かけをする。

1. 実践のねらい

❶身のまわりの何げない風景に目を向け、面白さを発見する。
❷複雑な対象を前にしてもじっくりと取り組むことができるようになる。
❸主体的に完成させたいと思うようになる（この場合の完成は紙面を埋めることではない）。

2. 準備するもの

- 紙…八つ切り画用紙
- 絵具（三原色[1]＋白＋黒）
- 筆洗
- 筆（彩色筆〔中〕、面相筆）
- 鉛筆２B程度
- 画板
- クリップ

3. 実践の流れ

⑴実践までの準備

色の三原色や補色など混色を理解する活動を事前に行い、卓上で観察画を描くなど対象を描く活動をした後に写生活動をするなどしたりして、いきなり写生の複雑さに戸惑わないような流れをつくる。また、鉛筆は下描きのためによく使われるが、下描きを全部してから色を塗ろうとすると風景が変化してしまい難しくなるので色と鉛筆を同時に使うように促す[2]。

⑵導入：ものとの関係の変化を実感する

外に出て一緒に風景を見る。木を離れた所からと真下から見上げて見え方の違いを感じてもらい、同じ風景を見る時に、異なる距離で見た時の変化を感じるように促す。

⑶実践１：描き始め

好きな所を見つけて描き始めるようにする。教員は、子どもたちの描い

図2．フェニックスの木と道路

ているところを見て回りながら子どもたちが描こうと思った動機を聞き、急いで描かないように声かけを行う。

⑷実践2：プロセスを楽しむ

描いている途中に現れる紙の上の現実を肯定する。たとえば、図3は図4の途中過程で、木を描くところから始めたため道路と建物が描いていない状態である。このような途中過程で紙面に現れる世界を見いだしつつ、その際、とても魅力的に見えることが多く有るので、それらを指摘して回る。

図3．並んでいる木を順次描いている。

図4．図3に道と道路が加わった。

また、図5と図6は隣同士で描いている例で、手前にある柱の色と奥の地面の描き方の工夫の違いが見られる。

図7．木の根とツワブキ

図5．手前のポールを白にし、タイルを描いている。

図6．手前のポールを有色化してからタイルを描いている。

図7は細かいタッチで丁寧に少しずつ描いている。じっくりと取り組んでいる実践に気づく。葉の形と色の多様さに工夫が見られる。

4. 実践の振り返り

- 実感から描画の工夫が生まれているか。
- じっくりと対象を感じながら取り組めているか。
- 描くことに熱中し、持続できているか。

図8．木と影

5. まとめ

まずは八つ切り画用紙で始め、画面が小さいと感じるようになったら四つ切りの大きさにし、また、上質な紙に変える。発見する楽しみ、それぞれが発見した風景を共有する喜びを子どもとともに味わう。

風景を描く喜びを感じて描けるようになったら、徐々に紙面全体を意識して部分を描けるようになっていく。どこから、どのように描くのか、どんな色をどのように使うのかなど、自然とにじみ出る子どもの質を発見し、その部分をのばすことを心がけたい。写生を通して、風景に親しみ、自分の視点や好きな場所・時間を見いだす姿勢を育みたい。

図9．街灯と自転車

［石崎誠和］

4. 見て描く③―自画像

人物モチーフは昔から多くの絵画に用いられているが、その形体や構造は複雑なため、制作者の狙い通りに表現することは難しい。ここでは自画像を題材にして、特に頭部の立体感や顔のプロポーションについて、複数の材料での制作を通して理解を深めることで、立体的な人物表現の習得をめざす。

図1. 鉛筆による自画像

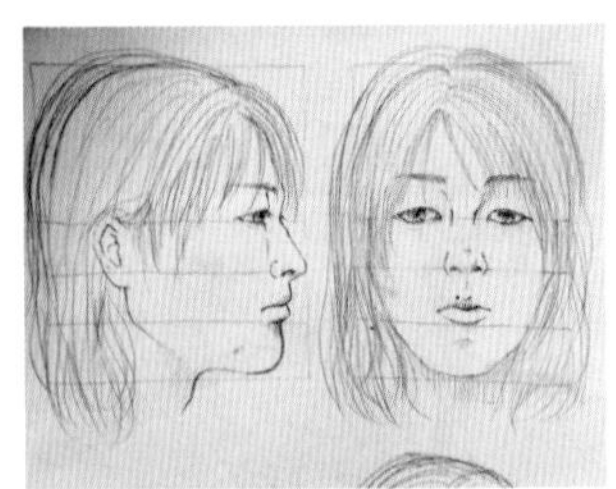

図2. 顔の正面図、側面図

1）クロッキー
対象を短時間で描き留めること。または、その絵。

図5. 人物のクロッキー

1. 実践のねらい

❶頭部や首の骨格と筋肉の形体を知る。

❷頭部のおおまかな面を理解し、明暗表現に生かす。

❸目・鼻・口・耳の形状や配置を理解し、自画像表現に生かす。

2. 準備するもの

- クロッキー帳またはスケッチブック
- 描画材（鉛筆、練りゴム、水彩絵具セット）
- 紙粘土と芯材（球形の発泡スチロール）
- 鏡

3. 実践の流れ

⑴鉛筆による自画像

鏡を見ながら自画像を描き、うまく描けた箇所、描けなかった箇所を理解する（図1）。なお、やや斜めから見た顔を描くようにする。

⑵顔の正面図、側面図を描く

顔のプロポーションの参考資料や頭部の石膏（せっこう）像をもとに、正面の顔、側面の顔を描く（図2）。目・鼻・口・耳の形は、自分や他人の顔をよく観察して描く。

⑶紙粘土で頭部をつくる

参考資料、頭蓋（ずがい）骨の模型、頭部の塑像作品、自分や他人の顔を参考に、紙粘土で頭部をつくる（図3）。芯材は、球形で両端を切断した発泡スチロールを使う。頭髪は表現しない。頭部のおおまかな面を意識して肉付けをして、また頭部と首との関係にも注意する。完成後、一方向から光を当てて、面の境目を確認する（図4）。

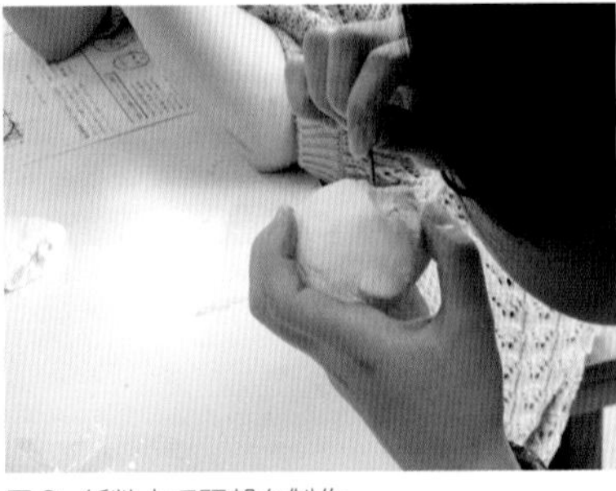

図3. 紙粘土で頭部を制作

図4. 完成作（左）、芯材（右）

⑷人物のクロッキーをする

人物の全身または上半身を、1枚あたり5～8分でクロッキー[1]をする（図5）。クロッキーをすることで、すばやく形を捉えられるようになり、また、人体のおおまかな動勢を把握することができる。

図6．淡彩による自画像

⑸鉛筆や淡彩による自画像

最後にあらためて自画像を描き、最初に描いた自画像と比較してみる。さらに淡彩で表現することで、画面の密度が上がる（図6）。

4. 実践の振り返り

- 頭部の形を立体的に理解できたか。
- 頭部と首のおおまかな陰影を面で表現できたか。
- 目・鼻・口・耳の形や配置が違和感なく、顔が描かれているか。

5. まとめ

人物画は難しいため、苦手意識をもっている人も多い。しかし、基本的な骨格を理解し、各パーツの形や配置を知ることで、初心者でもかなり上達するはずである。さらに人体の表面をおおまかな平面に置き換えて捉えることで、立体的な表現が可能となるであろう。これらの描写力が身につくことで、制作者の想いやねらいを、人物画を通して画面に表現することの一助となるはずである。

以下に他の学生の参考作品を挙げる。

図7は、学生Aの参考作品である。①では頭・首・体のバランスが悪かったが、③では自然な姿で描かれている。

図7．鉛筆による自画像①

図7．顔の正面図、側面図②

図7．淡彩による自画像③

図8は、学生Bの参考作品である。①では鼻や口の位置が低いために顎（あご）が小さくなっていたが、③では改善されている。

図8．鉛筆による自画像①

図8．顔の正面図、側面図②

図8．淡彩による自画像③

［桶田洋明］

5.見て描く④―観察画　パイナップル先生

この授業は、パイナップルを食べて実感してから描くという活動である。描く時には、実感は欠かすことはできない。実感して、そこから工夫（技法）を生み出すことを実践する授業である。「甘かった」「おいしかった」「果汁が多かった」「芯が硬かった」など実感があることで、たとえばパイナップルの黄色を塗る時に、観察が深まり工夫が始まる。いろいろな黄色が有ることや、繊維の方向、身と皮の間の色の変化など、最初は見えていなかったものを発見し、それを描くために工夫し始める。

図1．描いている様子①
パイナップルとの距離が遠くならないように注意する。

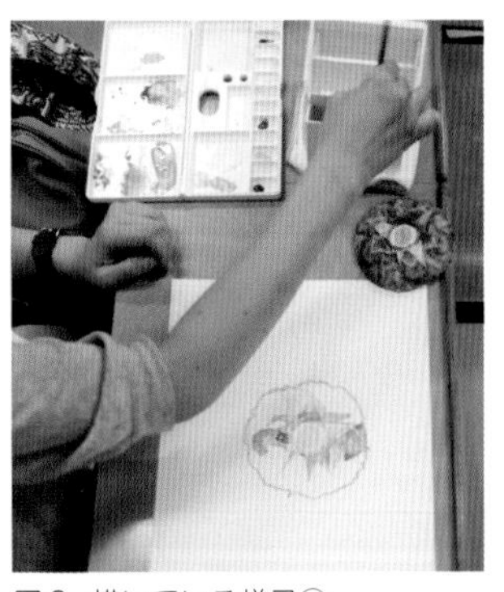

図2．描いている様子②
少しずつ描いていく。

1）描けそうな簡単なものではなく、面白いと思うものを選ぶように声かけをする。

図3．描いている様子③
大きく描くことで描きやすくなる。

1. 実践のねらい

❶自分の実感から観察し、工夫する流れを体験する。
❷ものを多角的な視点で観察する大切さを実感する。
❸観察する対象を前に、自問自答しながら対話する。

2. 準備するもの

- パイナップル…30人クラスで４つが目安。事前に新聞でくるみ、段ボール箱にしまう。
- 包丁（ケース付き）　• まな板　• 爪楊枝　• 紙…八つ切り画用紙
- 絵具（三原色＋白＋黒）　• 筆洗　• 彩色筆（中）

3. 実践の流れ

⑴準備

授業開始前に絵具の準備の指示を黒板で指示する。少し遅れて授業に登場し、今日は講師がいることを伝える。一旦教室の外に出て新聞紙にくるまれたパイナップルを持ってきて前に並べる。

⑵パイナップル先生の登場

新聞にくるまれたパイナップルを、声を出さないように全員に触ってもらう。全員が触ってから中身を言い当ててもらい、新聞紙を破って登場させて、今日の講師はパイナップル先生と紹介する。

⑶パイナップル先生を実践する

子どもを前に集めてパイナップルを切ってみる。一切れずつ食べてもらう。

⑷好きなパーツを選んで描く

食べた跡のいろいろな部分の中で好きな物を選んで、描いてもらう[1)]。断片を描くことで、作品を描かなければならないという気持ちから解放される。

パイナップルはモノであるが、コト（私と対象との関係）を含んだモノとしてのパイナップルを描いている。もしコトを含まない実践を行うと、視覚的な上手下手の価値観が上位にきてしまうことになり、モノを描く技術、対象再現する技術が偏重され、美術の意味が、再現できていることが美しく、そしてそのための技術として成立してしまうと考えられる。そこでコトをいかに豊かにするか、実感を生み出す多様な試みが重要となる。

さらにパイナップルを先生とすることで教員の位置は転位し、教える人から、子どもの実践を気づく人へ変化するべきである。

自分の視点が、対象をわかっていると思ってしまっていることに気づき、

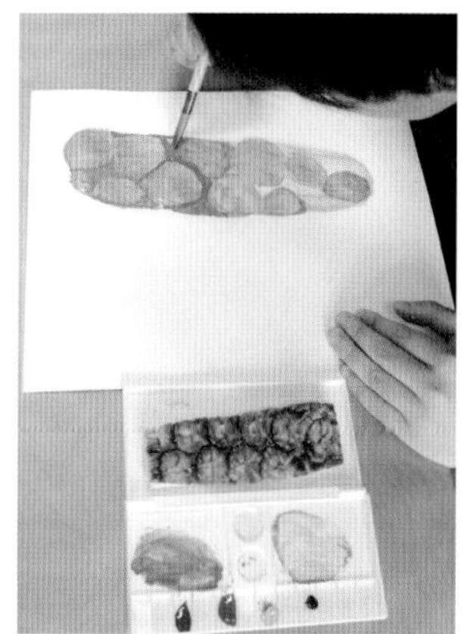

図4. 描いている様子④
　自分なりの工夫が生まれている所。

視覚以外の感覚でも確かめたいと思える実践を心がける。

4. 実践の振り返り

- 自分の実感を工夫に発展させることができているか。
- 観察しようとする気持ちが持続しているか。

5. 発展

　作品鑑賞を行い、多様な観点と工夫を知る。パイナップルの部分を描くことで様々な視点で描いたパイナップルが生まれる。皮の一部の葉だけの断片であってもパイナップルであることを知り、概念的なパイナップル像から各自が見つけたパイナップルを鑑賞し、作品からコト、つまり、私と対象との関係の多様なあり様を見いだす。

　また、パイナップルを先生としたことでいろいろなものを先生として観察をする機会を与える。いろいろなものを八百万（やおろず）の先生と名づけ、自分で先生を見つけてくる活動も有意義であり、松ぼっくりや落ち葉や落ちている椿の花などを拾ってきて観察して描く活動につなげる。

　以下は学生の作品である。

図5. 図3の完成作品

図6. 図2の完成作品

図7. 完成作品

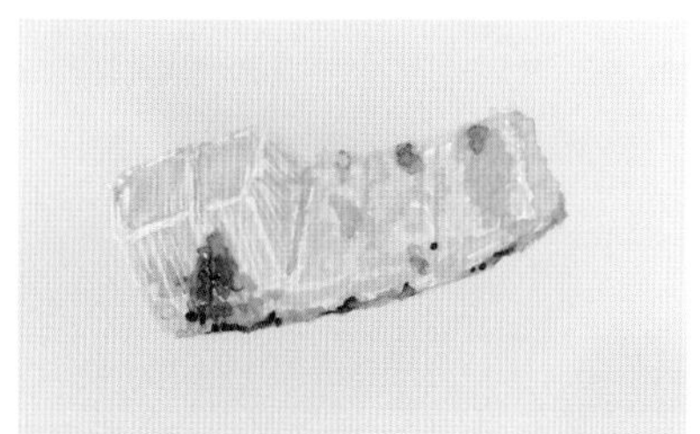

図8. 完成作品

図9. 完成作品

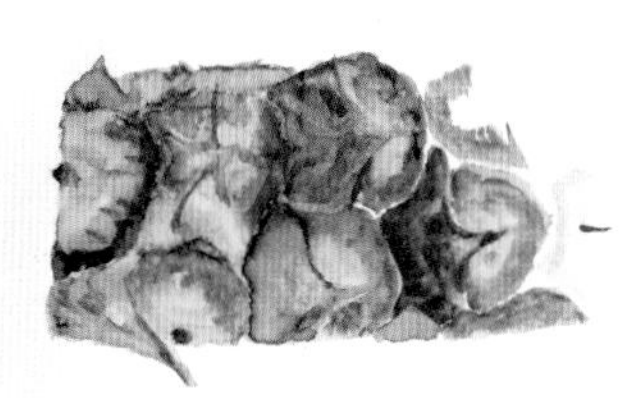

図10. 完成作品

図11. 完成作品

図12. 完成作品

［石崎誠和］

6. 思いを描く—心象表現

「不思議な世界」「不思議な生物」という言葉をキーワードに、自分の心に浮かぶイメージを自由に表現する。また「不思議」な形や色を友達と話し合い、自分の思いを伝え合う。パスの簡単な技法を知り、効果的に使うことでより自分の表現に近づけることができる。

1. 実践のねらい

❶「不思議」という抽象的な言葉のイメージについて友達と話し合い、自分なりに「不思議」な形や色を想像する。

❷パスの技法を知り、試してみたい技法をいろいろ使って「不思議な世界」「不思議な生物」を表現する。

❸「不思議な世界」「不思議な生物」について感じたこと、考えたことを自由に表現する。

2. 準備するもの

- 画用紙1/8切サイズ、1/16切サイズ
- パス（16色）
- 割り箸・竹串…スクラッチ技法の際、太さを変えて削るために使う。
- ペインティングナイフ…スクラッチ技法の際、全体的に削るために使う。
- ティッシュ…絵具をぼかすために使う。
- ハサミ、のり

図1. 重ね塗り

3. 実践の流れ

(1)「不思議」という言葉、「不思議な世界」「不思議な生物」について話し合う。

「不思議」という言葉はどんな色を想像するか、どんな形を想像するか話し合う。また「不思議な世界」はどんなイメージかという質問に対して「宇宙」「虹色の世界」「暗闇」「海の底」など様々な答えが返ってくる。

同様に、そこに生きる「不思議な生物」についても質問し、「宇宙人」「フワフワした形の生き物」「微生物」「深海魚」など自由に発想して作品のイメージを広げる。

図2. 薄塗り

(2)パスの技法を知る

ぼかし技法やスクラッチを主に使って表現する。

- 重ね塗り…色を重ねて塗り、指やティッシュでこすると色が混ざって見える（図1）。
- 薄塗り…色を軽く塗り、塗ったところを指やティッシュでこすると淡い色になる（図2）。
- 線ぼかし…描いた線を指やティッシュを使ってぼかす（図3）。
- 面ぼかし…塗り込んだ面を指やティッシュを使ってぼかす（図4）。
- 内ぼかし…形を切り抜き、外枠の周りにパスを塗って指やティッシュを使ってぼかす（図5）。
- 外ぼかし…形を切り抜き、切り抜いた形のまわりにパスを塗って、指やティッシュを使ってぼかす(図6)。
- スクラッチ…赤、黄、橙、黄緑などの明るい色をしっかり塗り込み、

図3. 線ぼかし

図4. 面ぼかし

図5. 内ぼかし（葉、花弁）

図6. 外ぼかし（光の環）

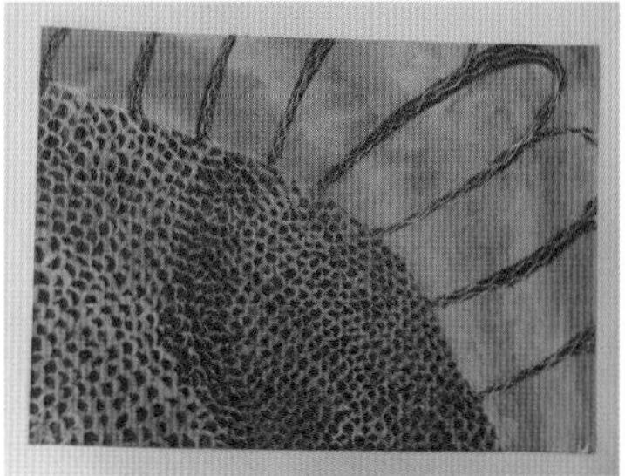

図7. スクラッチ

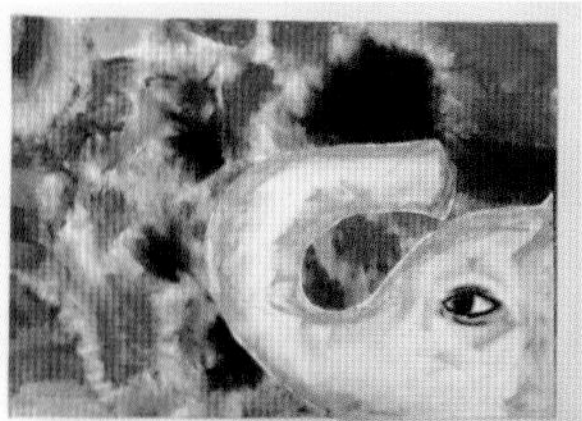

図8. 線ぼかしと面ぼかし図

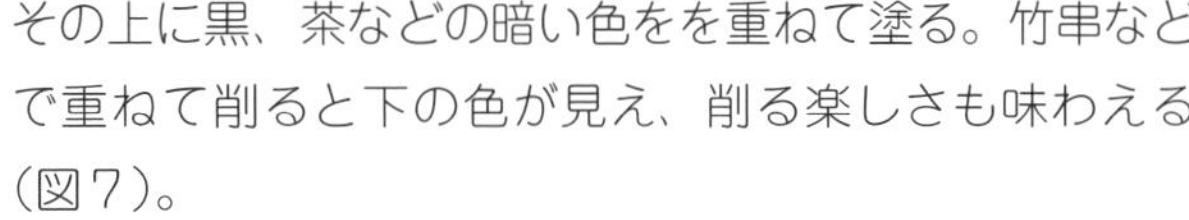

その上に黒、茶などの暗い色をを重ねて塗る。竹串などで重ねて削ると下の色が見え、削る楽しさも味わえる（図７）。

これらの技法を合わせて使うことで、より効果的な画面が描けることを知る。やり方がわからない時は、小さな紙でいろいろな技法を確かめる。

⑶描く

「不思議な世界」1/8切画用紙、「不思議な生物」1/8切画用紙のどちらから描いてもよい。ただしどちらか、もしくは両方にパスの技法を使用する。

何も思いつかない場合は、パスの技法を1/16切画用紙に試し、「不思議な世界」をつくる。描き進む中で「不思議な世界」に「不思議な生物」をのりで貼る位置を決める。その際、すでにパスで描き込んでいれば、ペインティングナイフでパスを削り取るとのりがつきやすい。また、不思議な生物が一つでなく複数いても構わない。

図9. 線ぼかしとスクラッチ

「不思議な生物」を貼った後、さらにパスで描き込み、自分のイメージを広げる（図８～12）。

⑷友達の作品を鑑賞する

でき上がった作品を黒板や壁面に貼り、自分や友達の工夫やよさを発表する。その際、どのような技法を使って描いているか、「不思議な世界」「不思議な生物」を表現するためにどのような工夫をしているかを考える。

図10. 面ぼかしとスクラッチ

4. 実践の振り返り

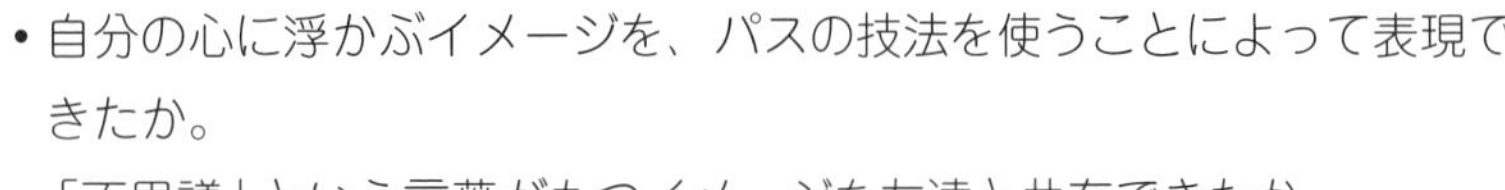

- 自分の心に浮かぶイメージを、パスの技法を使うことによって表現できたか。

- 「不思議」という言葉がもつイメージを友達と共有できたか。
- 楽しんで活動に取り組めたか。

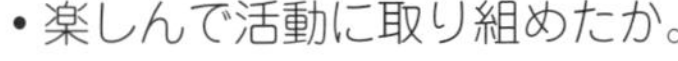

5. まとめ

「不思議」という言葉のイメージについて考え、それが個々に異なることを理解し、心に浮かぶイメージを形や色で表現する楽しさが十分に伝わる活動になった。また、パスの簡単な技法を使うことにより、絵具で描くような重厚な表現を、短時間で効果的に演出できた。一枚の画用紙に何度も重ねて描けるため、それぞれの思いを十分に引き出して満足のいく作品になった。

［角地佳子］

図11. 内ぼかしとスクラッチ

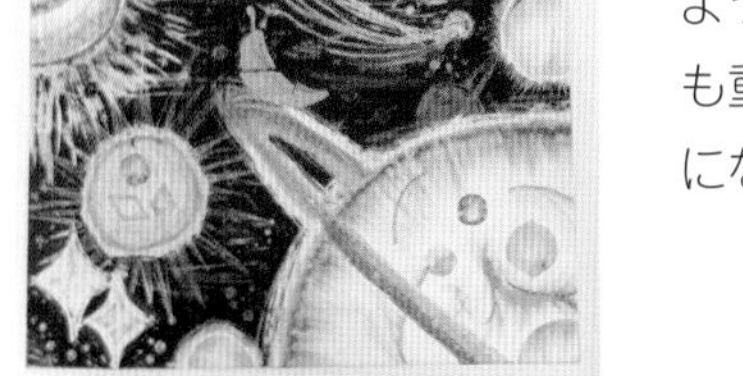

図12. 内、外ぼかしとスクラッチ

7.抽象的に描く①—形や色を探る

抽象的に描くということは、私たちのまわりに広がる様々な形や色の視覚的情報から自分の表現に適したものを抽出し、構成することである。私たちが絵を描く時、その内容は様々であるが、視覚的な効果としての形や色を操作する。視覚に訴える画面づくりのために形や色を探ることは造形活動の基本である。

1. 実践のねらい

❶形の配置や組み合わせから画面に像（意味）が生まれることを楽しむ。

❷色の扱い方によって、制作物に好みや感情などに関連付けられた雰囲気が生まれることを知る。

❸感じたり考えたりしたことを、まだ見たことのないものにつくり変え意味付けることを楽しむ。

2. 準備するもの

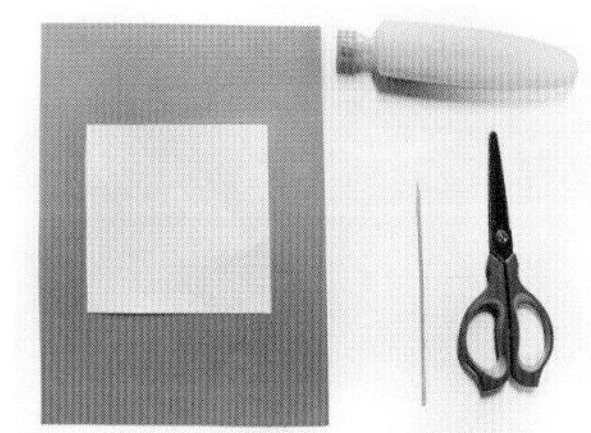

図1. 形を探ることに使うために準備するもの

○形を探る（図1）

- 10㎝四方の白紙　• ハサミ　• のり　• 竹串
- カラーケント紙…台紙用

○色を探る

- 画用紙　• パス、絵具セット等

3. 実践の流れ

(1)形を探る

❶練習

正方形の紙１枚を切ってみよう。紙をハサミで切る際、「まっすぐに」、「曲がって」、「ジグザグに」など様々な切り方を試そう（図２）。１枚の紙をいくつかのパーツに切り分けた後、切ったものをパズルのように組み合わせ、元の正方形に戻す（図３）。これらのパーツを左の❶ルールの※１～３に沿って動かしてみよう。

❶ルール

※１　少しだけずらす…切ったところを竹串等を使い少しだけずらすと、切り離した形と形の間に線が生まれる。隣り合う紙をずらす加減で線の太さが変わることを確認しよう（図４）。

図2. いろいろな切り方で

図3. 正方形に戻す。

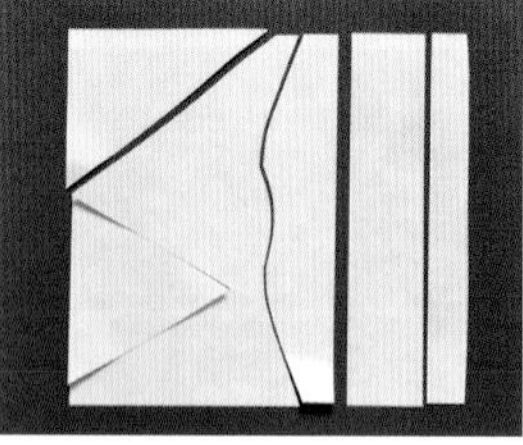

図4. 少しだけずらす。

図5. 反転・回転させる。

※２　反転させる、あるいは切り口を支点に回転させる…正方形から切り離された形を、辺を軸に反転させると、反転させた形が元々あったところに面が生じる。反転させるだけでなく、切り口を支点に回転させることでも面が生じることを確認しよう（図5）。

※３　遠くに移動したり、重ねたりしてはいけない。

❷自由制作

次頁の❷のルール（図６）を守って新しい紙で自由に制作しよう。形が決まるまでは、竹串などを使って紙を動かし、形が決定したらのり付けして作品を完成させる（図７）。作品ができ上がったら、自分がこだわりをもったこと、見えてきたものや印象などをきっかけに作品のタイトルを考えよう。最後にタイトルと完成作品を最後に発表し合い、鑑賞する(図８)。

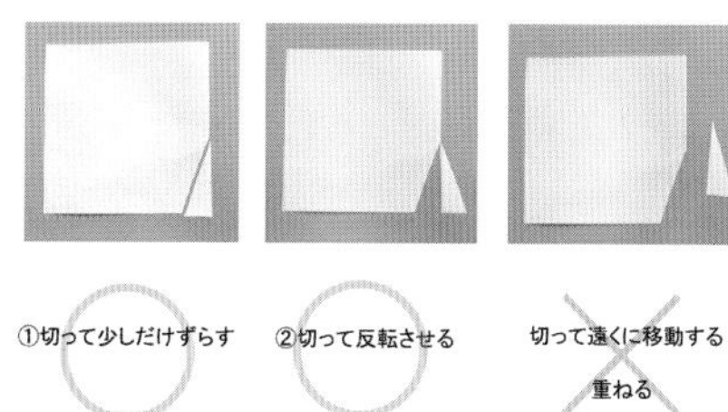

図6. ❷ルール

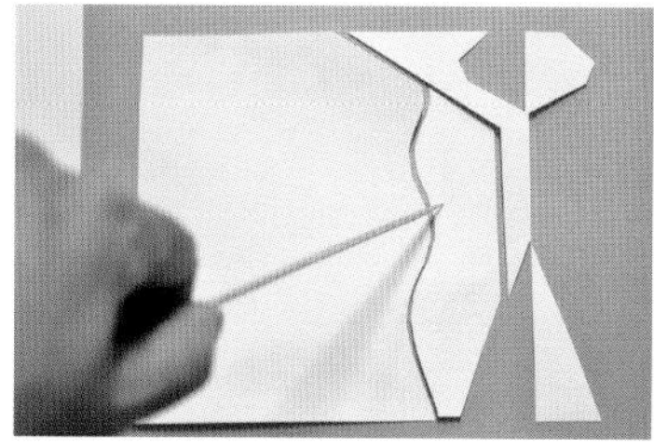

図7. 自由制作

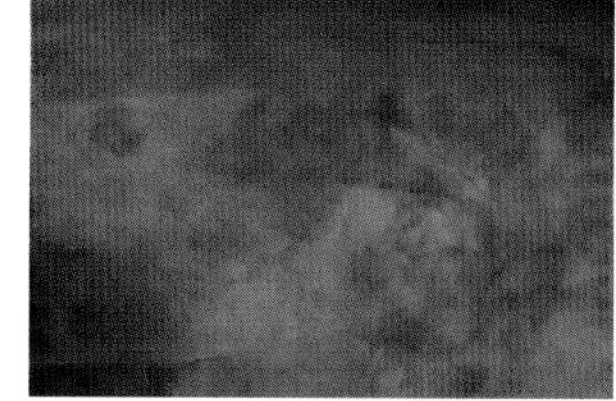

図8. 発表会

(2)色を探る

叙情的な詩を10文用意した紙を配布する（ここでは、尾崎翠の詩集より集めたものを使用）。その詩の中から、自分の気に入ったものを一つ選び、その詩の内容を色のみで表現してみよう。パスや水彩絵具など発色の良い画材を使って、画用紙に描いてみよう（図9、10）。

図9. パスを使って

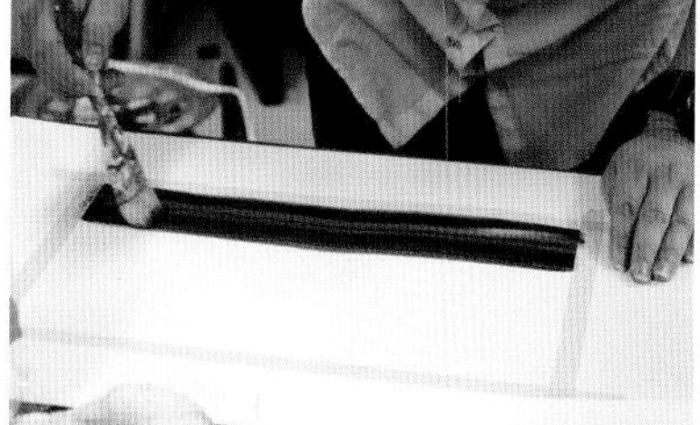

図10. 水彩絵具を使って

でき上がったら、それぞれの作品を見て、どの詩をもとに描いたのか当ててみよう。同じ詩を選んでも描く人によってまったく違う絵になったり、色の微妙な変化で多種多様な雰囲気が生まれたりする。色のみの絵画は、抽象表現主義の作家の作品に見ることができるので参考にしてみよう。

図11. 学生作品①

4. 実践の振り返り

- 切り離した線や面の組み合わせにより画面に像（意味）が生まれることを楽しめたか。
- 色の扱いや画材の工夫を通して、感じや雰囲気を表すことを楽しめたか。

図12. 学生作品②

5. 発展

今回は、形、色の造形要素に焦点を当てた実践を紹介したが、絵画には絵具のマチエール（絵肌）や光沢・マットなどの質感、支持体となる画面の大きさなど様々な要素が関わる。モチーフを見ることや、何かの衝動から思いを強くしたことなど、絵の描き始めのきっかけや内容は人それぞれである。感じ取ったことを形や色にすることは、私たちが感じ取ったことを印象などとして言葉にすることと大差はない。言葉のボキャブラリーが豊かであればあるほど、その印象が鮮やかになるのと同様、色彩や形の種類や効果の引き出しが豊かであるほど、抽象的な絵画は奥深いものとなる。言葉には限りがあるが絵画の要素は無限にあり、自分の感じ取ったことを表す方法を自分の納得のいくまで探ってみよう。目の前の作品を見て、「いいな」と思う瞬間を大切にし、新たな造形の可能性を探ってほしい。

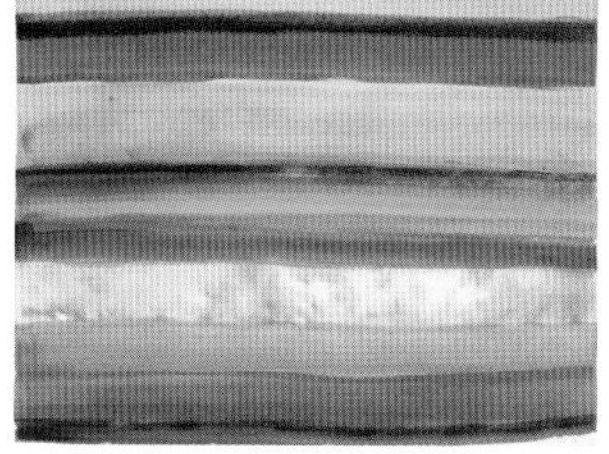

図13. 学生作品③

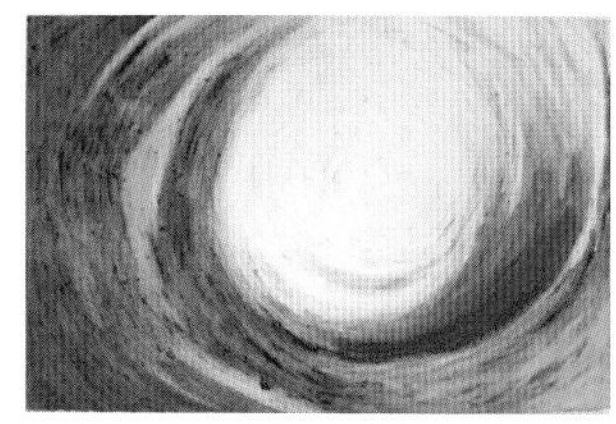

図14. 学生作品④

8. 抽象的・装飾的に描く②―技法を使って

絵具の技法には簡単で魅力的な表現がたくさんある。さらに技法を重ねると、自分でも思っていなかった形や色の世界が広がる。また、その世界から感じたこと、想像したことをさらに画面に描き加えることで、自分の思いを容易に表現できる。

図1. にじみ絵

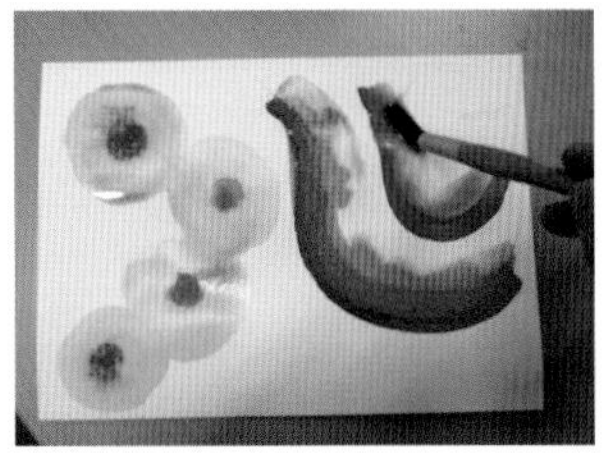

図2. ぼかし絵

図3. デカルコマニー

図4. 吹き絵

図5. スパッタリング

1. 実践のねらい

❶絵具の技法を知る。
❷技法を使って自分なりの表現をする。
❸描き加えることで自分の世界をつくる。

2. 準備するもの

- 画用紙1/8切サイズ、1/32切サイズ
- 黒画用紙1/8切サイズ…同じ技法で違う印象に仕上げる際に使う。
- 水彩絵具…12色
- 筆、筆洗バケツ、雑巾
- ハサミ・のり…スパッタリングでステンシル（型抜き）を行う際に使う。
- 割り箸…絵具をつけて、箸ペンとして使う。
- ストロー…吹き絵の際に使う。
- 歯ブラシ…スパッタリングの際に使う。
- サインペン…描き加える際に使う。

3. 実践の流れ

(1)いろいろな絵具の技法を使って画面をつくる

- にじみ絵…多めの水を画用紙に塗り、水が乾かないうちに絵具を落とすと絵具が水に溶けて広がる。
- ぼかし絵…濃いめの絵具を画用紙に塗る。絵具に重ねて、水をつけた筆でなぞると、絵具が水に溶けて広がる。
- デカルコマニー…画用紙を半分に折り、折った面の半分に、数色の絵具を塗る。画用紙を閉じて手のひらでしっかりこすってから画用紙を開く。
- 吹き絵…多めの水で溶いた絵具を画用紙に数滴、垂らす。絵具をストローで吹く。
- スパッタリング…多めの水で溶いた絵具を歯ブラシにつける。歯ブラシを親指や人差し指で弾くようにして、画用紙に絵具を散らす。

これらの技法を使って（自分のイメージをもとに）画面をつくる（図1～5）。また、黒画用紙を使うことでまったく違った表現になることもあるので、試すとよい。

(2)技法と技法を重ねる

一つの技法の上に別の技法を重ねることで、より効果的な画面をつくる。例えば、にじみ絵の上に吹き絵を重ねることで柔らかな表現と激しい表現が混在する画面ができ上がる（図6）。

図6. にじみ絵と吹き絵を重ねる。

図7. スパッタリングとステンシル

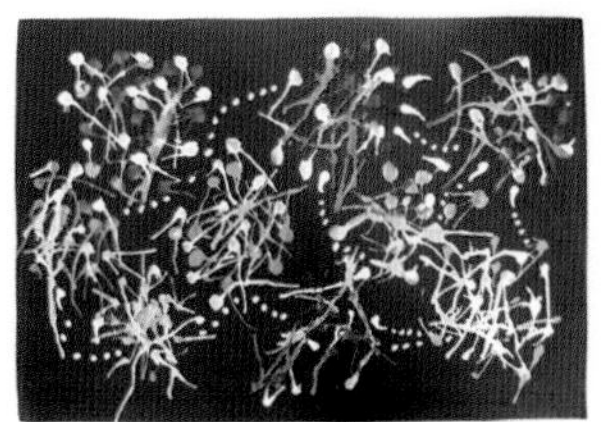
図8. 吹き絵と箸ペン

図9. にじみ絵と吹き絵に描き加える。

図10. デカルコマニーに描き加える。

スパッタリングとステンシル（型抜き）を合わせて使うと輪郭がはっきりとして色の濃淡ができる（図7）。

また、黒画用紙を使ったり、絵具の色を吟味したりすることで、技法が効果的に表現される（図8）。

⑶でき上がった画面に自分なりの表現を加える

あらかじめ完成作品を予測して、画面のどの部分に技法を使うか考えて表現する。例えば、にじみ絵と吹き絵で明るい背景を表現した後、同じ色合いで技法の効果を妨げないよう、人物を細筆で丁寧に描く（図9）。または偶然にでき上がったデカルコマニーの形を何かに見立てて、箸ペンで描き加える（図10）。にじみ絵、ぼかし絵などで全体的に技法を表現して、描き加えが難しい場合は、色サインペンで塗りつぶしたり、技法の上に描き加えて見立て遊びをしたりするのも楽しい（図11）。また、絵具の色を吟味して技法で表現した画面を塗り狭めると、調和のとれた配色になる（図12）。

⑷友達の作品を鑑賞する

でき上がった作品を黒板や壁面に貼り、自分や友達の工夫やよさを発表する。その際、どのような技法を使って描いているか、技法の重ね方についての工夫などを考える。さらにその表現から何を感じて、描き加えたかも想像する。

4. 実践の振り返り

- 絵具の技法を楽しめたか。
- 技法を重ねることで自分なりの工夫ができたか。
- 技法による画面に描き加えることで自分なりの表現ができたか。

5. まとめ

絵具の技法を十分に楽しみ、技法と技法を重ねることで新しい発見ができた。偶然にできた形や色に触発され、「もっとやってみたい」「描き加えて自分の表現にしたい」と主体的に活動に取り組もうという気持ちが大きくなった。また、見立てることで画面をしっかり見ることができ、技法による形や色の変化を敏感に感じ取ることができた。

次回は自分の表現を深める手段として、イメージを先にもち、どの技法を使うと思いどおりに表現できるかという活動に移行できるはずである。

［角地佳子］

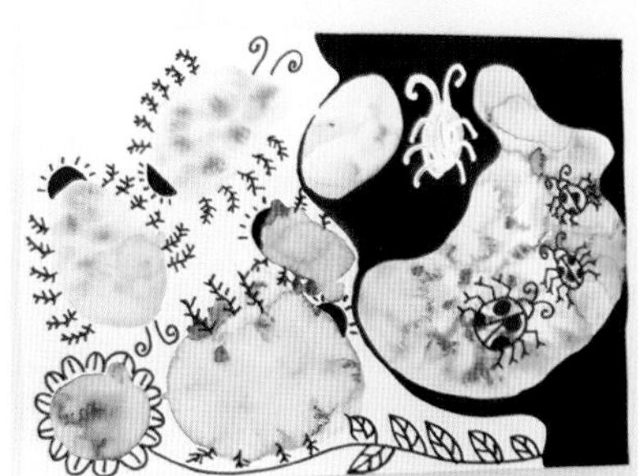
図11. にじみ絵を塗り挟め、描き加える。

図12. 絵具で塗り挟める。

9. 絵画の材料・技法①―鉛筆等による描写

人間の「手」は、機能的な形の美しさに加え、様々な感情を表現することができる。そのため、ルネサンス[1)]以降、多くの画家たちによって描かれてきた。

ここでは、手のもつ形の美しさや、ポーズによって変化する表情の豊かさを鉛筆で描いてみたい。

1)ルネサンス
14～16世紀イタリアからヨーロッパにかけて広がった、芸術や学問の革新運動。キリスト教による世界観から人々を解放し、人間の視点から世界を見つめることで、近代科学や文芸の発展のきっかけとなった。

1. 実践のねらい

❶ポーズを変えることで、手に様々な表情があることに気づく。
❷親指や人差し指などの関節の位置関係を観察して手の構造を理解する。
❸鉛筆の様々な使い方を工夫して、豊かな表現をめざす。

2. 準備するもの

・画用紙(八つ切り)　・鉛筆(2Hから6B)…3種類以上必要。
・カッターナイフ　・練り消し

3. 実践の流れ

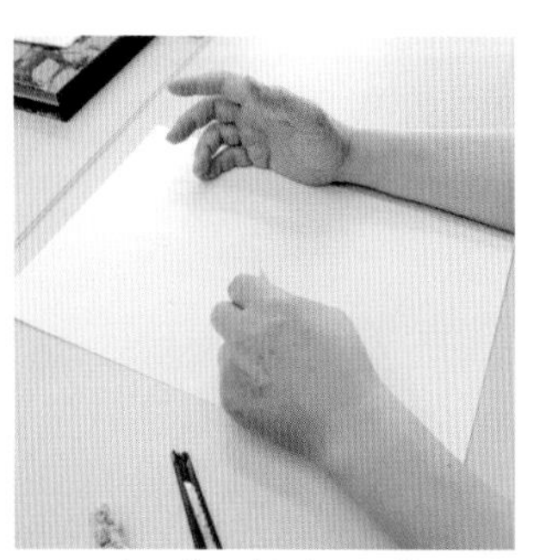
図1. 手のポーズを決めて描き始める。

⑴描きたい手のポーズを考える

光の方向が安定していて、陰影が美しく表現できる自然光のもとで描くのが望ましい(図1)。多くの指が美しく見えるポーズを探すことと、親指の付け根も観察できることが重要である。

⑵構図を考える

手のポーズを決めたら、画面におおまかな線で手の形を描く(図2)。手のひらだけでなく、手首も入れるのがポイント。この時、画面のどのあたりに手を配置するかを想定して、バランスのとれた構図を考える。使用する鉛筆は2B。

⑶立体的に描く

光の方向を想定して、手の面的な構造を、鉛筆の斜線による明暗表現で描き分ける(図3)。細部よりも、おおまかな明暗の変化を重視する。使用する鉛筆は、2B～4B。

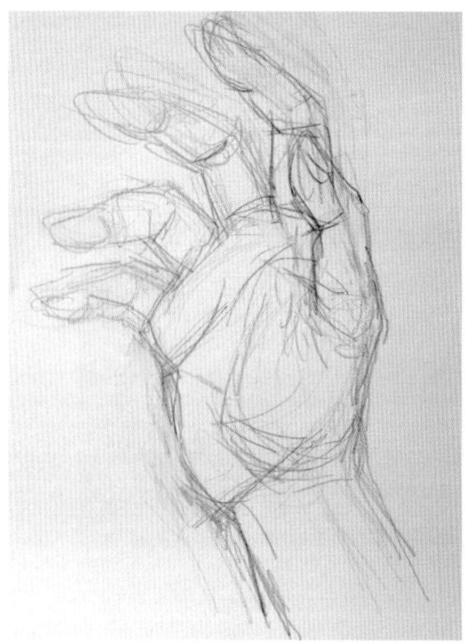
図2. 構図を考えておおまかな形を描く。

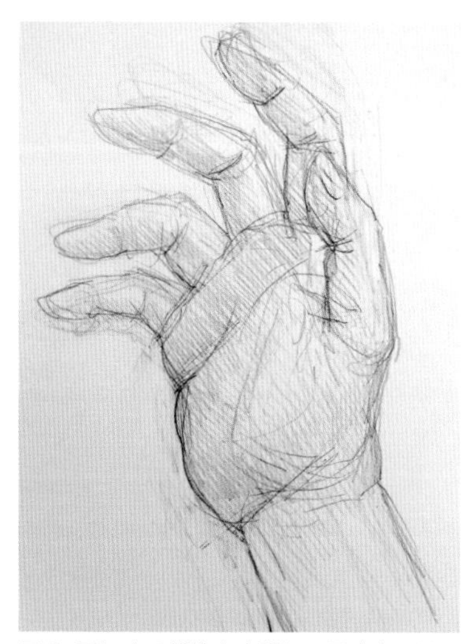
図3. 面による構造を意識して明暗をつける。

(4)細部を描く

指の付け根や関節の位置を確認しながら、それらがつくり出す調子の変化を描き込む（図４）。使用する鉛筆は２Ｂ～４Ｂ。

(5)仕上げ

全体の明暗のバランスを確認しながら、先端を尖らせた４Ｂの鉛筆で、手のひらのしわや関節などの細部を描き込み完成（図５）。

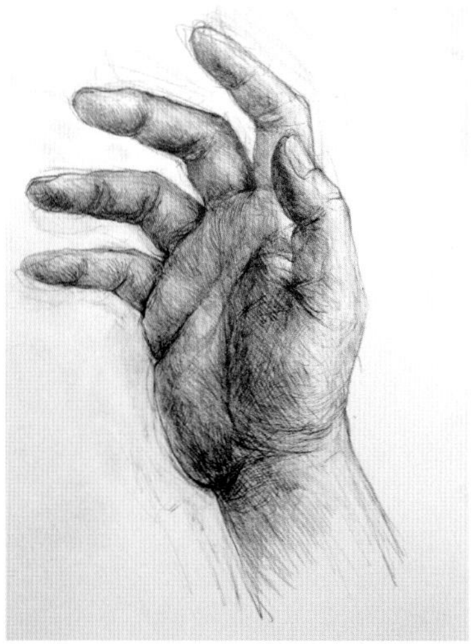

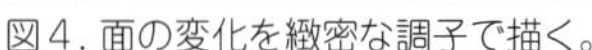

図４. 面の変化を緻密な調子で描く。

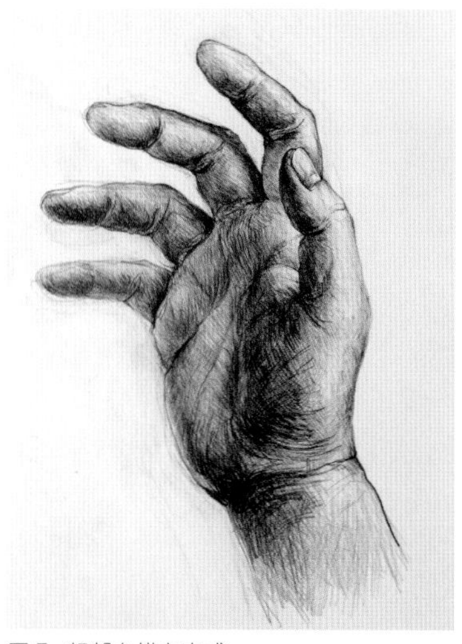

図５. 細部を描き完成。

4. 実践の振り返り

- 構図について、描く対象がバランス良く画面に配置されているか。
- 形について、それぞれの指の大きさや関節の位置、指と手のひらの大きさの関係が正しいか。
- 鉛筆の調子について、灰色から黒までの鉛筆の調子が緻密で美しいか。輪郭線にぼかしを入れるなどして、あまり目立ちすぎないようにする。

5. まとめ

今回は自分の手を一つ描く課題を取り上げたが、図６は手と紙をモチーフにした作品である。背景も取り込んで描いているため、複雑な画面構成となっている。質感の違いや紙の白さも描き分けられて、より豊かな表現となっている。図７は両手を描いている。向かい合った手と指の隙間がつくり出す美しさを考えて描いている。図８は、植物やカニなどの複雑な形態を伸びやかな曲線で描いている。

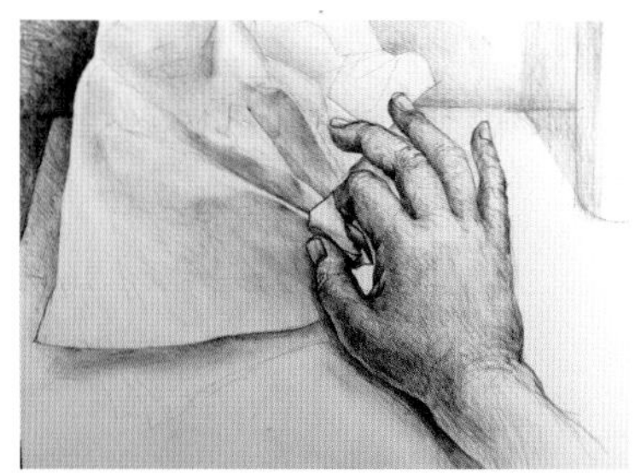

図６. 手と紙による構成

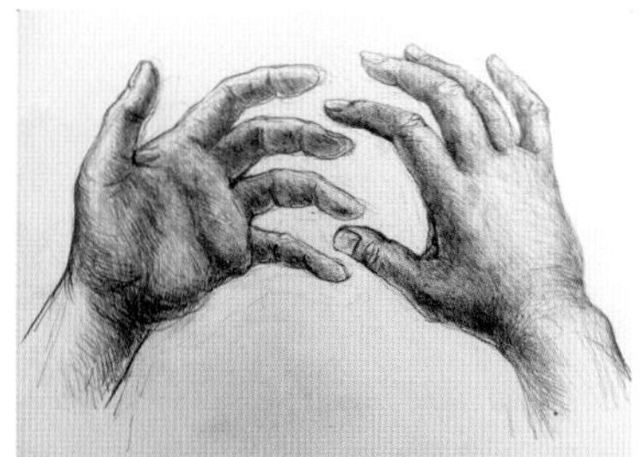

図７. 両手のデッサン

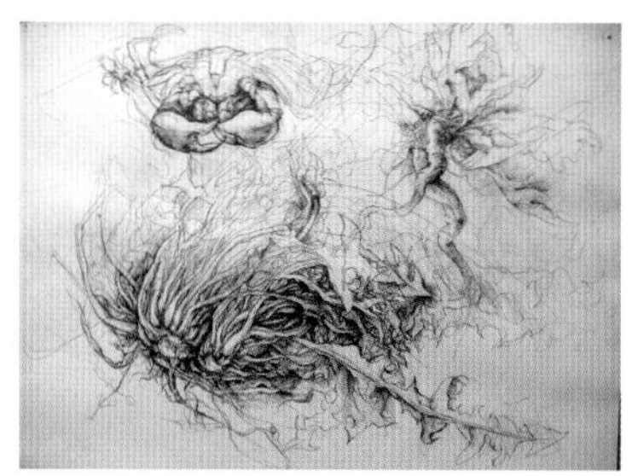

図８. 植物とカニ

［佐藤昌宏］

10. 絵画の材料・技法②―水彩画

水彩画は、水に溶ける絵具で紙などに着色する技法。水彩絵具は、主に顔料と水溶性の展色材（アラビアゴム等）からなり、溶剤である水の量を調整することにより、色の濃淡が生まれる。乾くと色が定着する。紙は適度に水分を吸い、この紙の状態と水の量の調整が水彩画の技法の基本となる。

1. 実践のねらい

❶水の量を調整し、絵具の状態をよく見て水彩絵具の様々な扱い方を試す。

❷混色、色の重ね方を工夫して楽しい形や色を見つける。

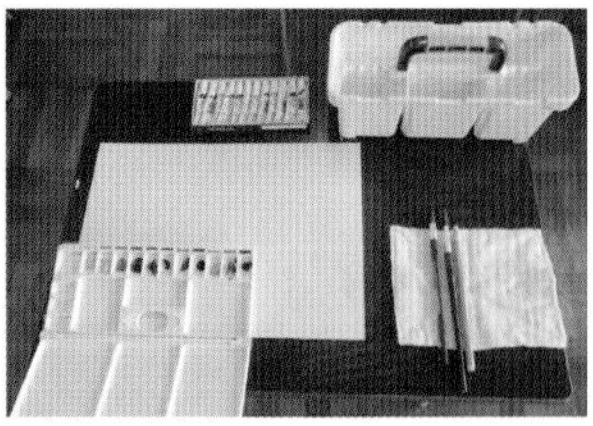

2. 準備するもの

- 四つ切り画用紙　• 水彩絵具…不透明水彩など12色程度
- パレット　• 筆洗
- 筆…馬毛、羊毛、ナイロン、ポリエステル等合成繊維の筆が一般的。丸筆の大（12～15号）／小（4～6号）。
- タオル　• 水　• クレヨン
- その他…ストロー、金網、歯ブラシ、ビー玉、紙皿

図1. 準備（水彩絵具の基本セット）

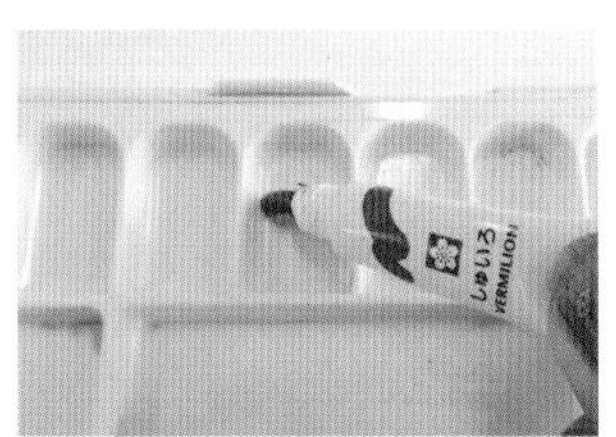

図2. 絵具の出し方

図3. 絵具の動きを見る。

図4. 吹き流し

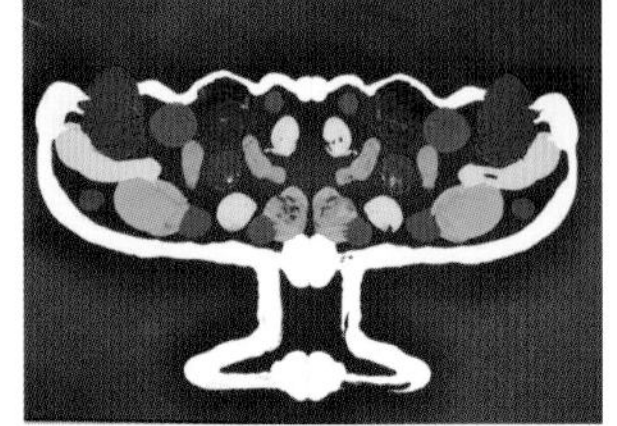

図5. チューブから出した絵具で「世界一おいしそうなパフェ」

3. 実践の流れ

⑴水彩画の準備

パレットの小部屋に水彩絵具全色を箱に並んでいる順序を基準に出す。絵具は、チューブの下の方をつまみ、押し出すようにして大豆粒くらいの量を出す（図2）。筆洗は、筆を洗う場所、すすぐ場所、絵具を溶くためのきれいな水を入れる場所を分けて使用し、各部屋に水を半分ぐらい入れる。筆を筆洗で軽く洗い、筆洗のふちで穂先を軽くしごいて水を落とす。タオルに軽くつけて余分な水分を吸い取らせ、穂先を整え、パレットの絵具をつけるようにする。筆洗の水は、汚れたら取り替える。机上に新聞紙を敷くと片づけが簡単。

⑵水彩絵具の技法

❶絵具の動きを見てみよう

水を多めに溶いた絵具を画用紙にのせる。画用紙を様々な方向に傾けてみよう（図3）。絵具の動きを目で追いながら、形ができていく様子を楽しもう。ストローを使って、絵具を「フッ」と勢いよく吹き飛ばすと面白い形状の線ができる。このような方法は「吹き流し」と呼ばれる（図4）。長時間吹いていると頭が痛くなるので気をつけよう。一方、絵具に一切水をつけずチューブから直接出した絵具を動かしてみよう。絵具をのせた画用紙の上に紙をのせて押し当てると面白い形が生まれる。発色の強さも水で溶いた絵具と比較してみよう（図5）。

❷色の混ざり合う様子を見てみよう

パレットの大きな部屋に絵具をたっぷり溶く。ビー玉を入れ絵具を絡め、スプーンですくいとる。円形に切った紙を紙皿の中に納め、ビー玉を転がす（図6）。

図6. ビー玉を転がす。

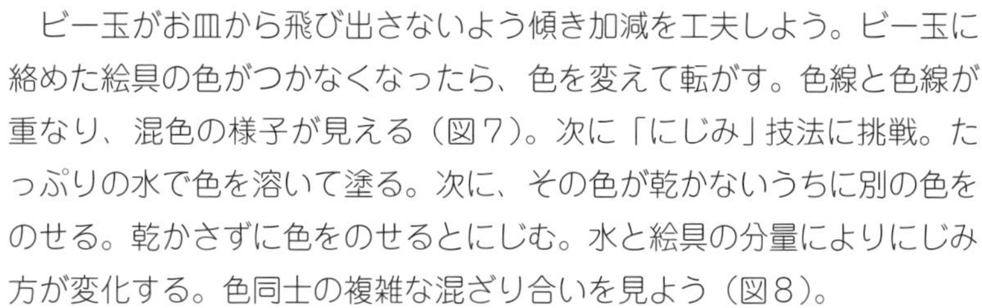

ビー玉がお皿から飛び出さないよう傾き加減を工夫しよう。ビー玉に絡めた絵具の色がつかなくなったら、色を変えて転がす。色線と色線が重なり、混色の様子が見える（図7）。次に「にじみ」技法に挑戦。たっぷりの水で色を溶いて塗る。次に、その色が乾かないうちに別の色をのせる。乾かさずに色をのせるとにじむ。水と絵具の分量によりにじみ方が変化する。色同士の複雑な混ざり合いを見よう（図8）。

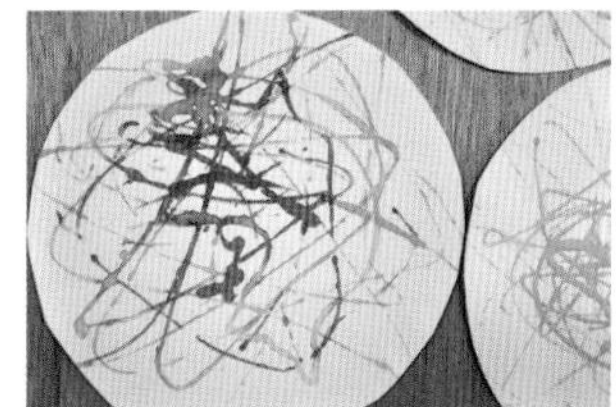
図7.「ビー玉の大冒険」

❸色を重ねてみよう

下の色が完全に乾いた状態で別の色を塗り重ねてみよう。筆に含ませる水の量を少なくし、筆のかすれを生かしたり、素早く動かしたり、タッチを重ねたりして筆跡を生かしながら色を重ねるのも面白い（図9）。水の量を調整して、網の上でブラシをこすり、細かな色の粒子を飛ばすスパッタリング技法なども参照。この時、ブラシには絵具をあまり多くつけないこと（図10）。色を変えてグラデーションをつくったり、型紙を置いて模様を浮かび上がらせたりするのも面白い（図11）。型紙の変わりに、マスキング液や蝋（ろう）など水をはじくものを塗り、水彩絵具を上から重ねても同じような効果が得られる（図12）。

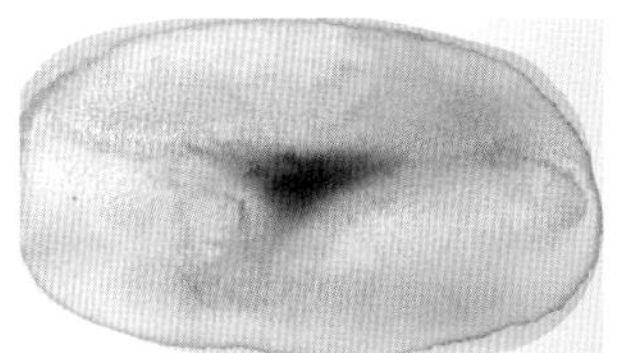
図8. にじみ

水彩絵具を扱う際、筆は豊富な表情を生み出す有効な道具であるが、筆の代わりにローラーやスポンジ、ブラシなど様々もので描くことが可能である。水の特性、絵具の特性、紙の特性を生かし、道具を工夫することで、豊かな水彩表現を楽しむことができる。

図9. ドライブラシ

図10. ぼかし網で

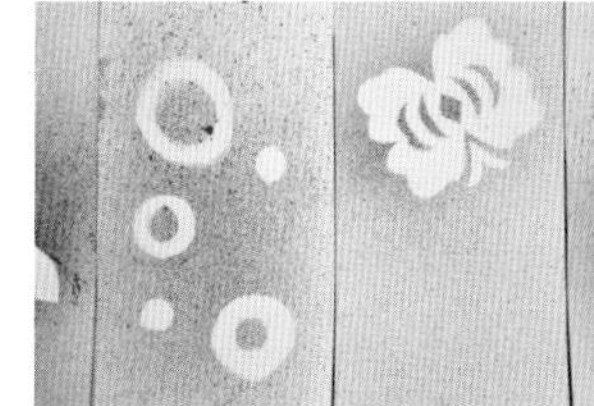
図11.「すてきなしおり」

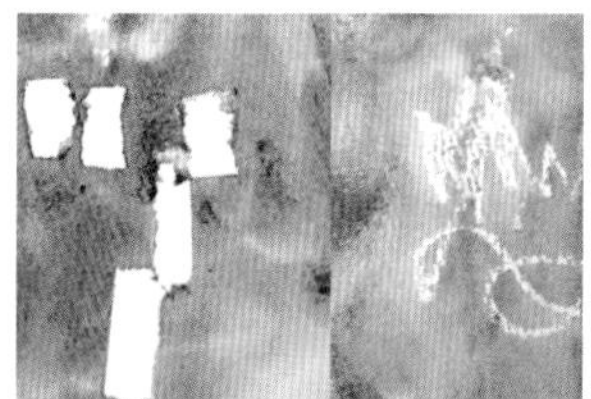
図12. 白抜き

4. 実践の振り返り

- 水彩画技法や道具の扱いを工夫し、魅力的な形や色を探ったか。
- 絵具の状態に着目し、色の混ぜ方や重ね方に工夫が見られたか。

5. 発展

図13. 学生作品（前川詩緒梨）

図14. 学生作品（梅原綾奈）

水彩画に適したモチーフは様々あるが、空、野、山など自然の風景は、フラットな部分や複雑な形、いろいろな色が混ざり合う様子など多様な要素を含むモチーフである。風景から感じ取った形や色をなんとか描こうとするうちに、絵具の扱いに工夫が生まれる。着彩前に線で形をとる場合、鉛筆で薄く下書きするか、油性ペンや墨など水に溶けにくい材料で描くと色に影響が出ない。混色でより複雑な色を生むには、オリジナルの色相環を作成して補色を確認し、補色同士混ぜるのも一つの方法である。微妙な色の変化が絵の魅力になる（図13、14）。

［渡邉美香］

11. 絵画の材料・技法③—アクリル表現

アクリル絵具は水性のため、水で溶くことができる。乾燥は速く、さらに乾燥後は耐水性をもつので、様々な技法を用いて描くことができる絵具である。また絵具に添加するメディウム類も豊富なため、絵具の厚みや透明度などを自由に変えることができる。ここでは支持体づくりを経て、その後アクリル画に適した技法を用いて表現する。

1. 実践のねらい

❶アクリル絵具の特性を理解する。

❷メディウム類を使って変化に富んだマチエール[1)]をつくる。

❸磨き出しなどによる効果を画面に生かす。

1）マチエール
素材や材料のこと。絵画においては「絵肌」を表す。

2. 準備するもの

- 支持体材料（ベニヤ板、綿布、紙ヤスリ、膠水（にかわすい）またはグロスメディウム）
- アクリル絵具
- グロスメディウム
- モデリングペースト
- 面相筆または蒔絵（まきえ）筆
- その他の筆、パレット、水差し、霧吹き、ラップなど

図1．綿布を膠水で貼る。

3. 実践の流れ

⑴支持体制作

❶F６号、厚さ10㎜のベニヤ板に、綿布を膠水で貼る（図１）。本来グロスメディウムで貼るのが望ましいが、膠水作成の実習も兼ねている。

❷下地材を塗る。下地材はムードン、チタニウムホワイトの顔料を膠水で溶いたもの。３回以上塗る（図２）。

❸アクリル絵具を塗って有色地にする。絵具の最下層色としてふさわしい色を選ぶ。

図2．下地材の塗布

⑵背景地の制作

今回は背景を先につくり、後から手前のモチーフを描く方法をとる。

❶下層の色が透けない程度の濃度で、背景に適した色を全体に塗る。

❷指触乾燥[2)]後、濡らした布で磨いて下層を表出させる。

❸以上を繰り返し、好みの背景をつくる（図３）。

2）指触乾燥
指で触っても絵具が指につかない状態のこと。

図3．完成した背景地（部分）

⑶モチーフの転写

トレーシングペーパーに描かれたモチーフの輪郭線を、画面に写し取る。紙の裏に白チョークを塗った後、極細ボールペンなどで線をなぞるときれいに写すことができる。

⑷様々な技法による描写

アクリル絵具を使って描き進める（図４）。ここからはモチーフや作品様式、制作者の意図などから適した技法を選択する。背景は先に完成しているので、モチーフと背景が遊離しないように制作を進める。

❶磨き出し

⑵で用いた技法と同様。上層の絵具を濡らした布または紙ヤスリで磨き出し、下層を表出させる（図５）。アクリル絵具の場合、特に純度の高い色の表出が可能である。

図4．肌の中間色を塗布

図5．上層の青色を磨き、下層の明るい緑色を出す。

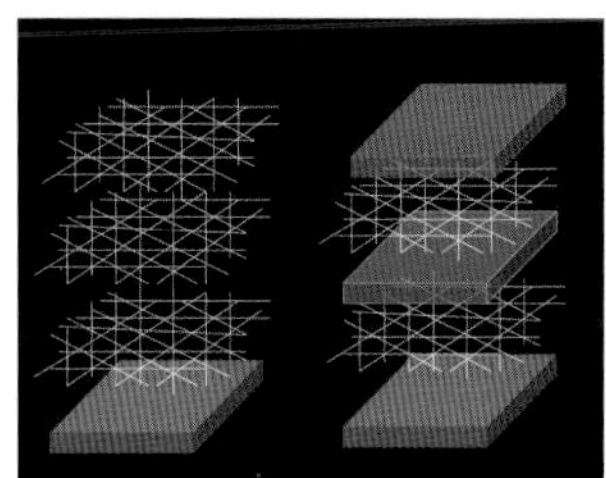
図6．半透明色のハッチング（左側、右・不透明色のハッチング＋グレーズ（右側）

❷メディウム類の活用

絵具にモデリングペーストを添加して描画すると、厚塗りがしやすくなる。また、絵具にグロスメディウムを添加して描画すると、半透明でつやのある被膜をつくることができる。

❸ハッチング

アクリル絵具によるハッチングは、細くて長い線の描写が可能であるが、乾燥後は絵具の体積減少により、線の色が薄くなる傾向がある。今回は、この傾向を利用した半透明色の線を重ねて表現するハッチングを肌の表現などに取り入れた（図6）。

❹マスキング

強いエッジを出したい時はマスキングテープなどを利用する。乾燥の速いアクリル絵具には向いている技法である。

4. 実践の振り返り（図7）

- アクリル絵具の特徴を生かした表現ができたか。
- 色褪せによる弊害が見られないか。
- 背景と遊離せず、ヴァルールの合った画面になっているか。

図7．完成作品

5. まとめ

アクリル画は油彩画と比較しても作品そのものに大差はないが、展色材の違いから、表現技法は異なる部分もある。絵具の乾燥後の体積減少による色痩せを筆頭に、その特性を生かした技法を使うことで、油彩画にはない魅力をもった作品をつくり出すことができる。アクリル表現はメディウム類の進化とともに、今後ますます多くの作家や学校現場で用いられていくであろう。

以下、他の学生の完成作品を挙げる。

図8．その他の完成作品①

図9．その他の完成作品②

図10．その他の完成作品③

図11.その他の完成作品④

［桶田洋明］

12. 絵画の材料・技法④―クレヨン・パス・コンテの表現

クレヨン・パスは、画面にはっきりと色がのり、イメージの定着が容易なことから、小学校低学年の時期に利用が多く見られる。コンテは、線や面で色の調子をつくりやすいことから、クロッキーやデッサンで使用される。

子どもにとって何を描くかというモチーフの選択以外に、どう描くかという技法的側面から表現の広がりを考えることも、表現力を身につける意味で重要な要素の一つといえる。そこで、ここではクレヨン・パス・コンテの特徴について解説し、画材から生まれる様々なマチエール（絵肌）と描画表現の具体例を提示する。結果として、子どもの表現の広がり、創意工夫のきっかけへとつながることを望んでいる。

1. クレヨン・パス・コンテの特徴

(1)クレヨン

クレヨンは、自由画教育[1)]の広まりと共に、日本全国に普及していったもので、着色顔料、体質顔料[2)]、固形ワックス、液体油を混ぜ、棒状に固めたものである（図１）。本来は、顔料を固形ワックスのみで練り固めたものであったが、現在は、顔料と固形ワックスだけでなく、その他に体質顔料と液体油を混ぜ、滑らかさを加え描きやすくしている。この体質顔料、液体油、固形ワックスの量の違いが、パスとクレヨンの違いの一つとなる。クレヨンはパスに比べ若干硬めのつくりになる。

(2)パス

この「パス」という呼び名の正式名称は、「オイルパステル」である。オイルパステルは、クレヨンと同様、着色顔料、体質顔料、固形ワックス、液体油を混ぜ、棒状に固めたものである。それに対し「パステル」は、着色顔料を水性メディウムなどで練り固めたものにあたる。オイルパステルとパステルでは、質感がまったく異なる[3)]。

(3)コンテ

コンテは、顔料を粉末状にしメディウムを加え棒状に固めた描画材である。クレヨンやパスと比べると硬い印象がある。材質の硬度は、鉛筆と木炭の中間程度で、主にデッサンや短時間で形を捉えるクロッキーに利用される。クロッキーを行う際には、力の加減で線に強弱をつけたり、コンテを横に寝かせ面を意識して塗ったりすることができる。また、描いた部分を指でこすることで、色の調子をコントロールすることもできる。コンテには、支持体となる紙に定着させる成分が含まれていないため、描いた部分は取れやすい状態にある。そのため、画面への定着のために、フィキサチーフを用い定着させる必要がある。

2. 描画材料としての特徴

クレヨン・パス・コンテは、水彩絵具のように水を用意するなどの準備が必要ないためその場でスケッチできるなど、場所を選ばず使用できる画材として活用されている。その手軽さから、短時間で描くことや思い立った瞬間に描ける画材として、造形教育において広く活用されている。

クレヨンなどのスティック状の画材は、手で握ることで描く体勢が整い、

1）自由画教育
自由画教育は、山本鼎（かなえ）（1882～1946年）によって提唱された教育方針の一つ。手本の模写を中心としたそれまでの教育方針に対し、子どもの内側にある自由な発想に着眼し、そこから得られる創造性に重きを置いた教育方法のこと。

2）体質顔料
他の顔料を増量する役割、また、着色性や強度などを改善するための混合剤として用いる顔料のこと。

3）クレヨン・オイルパステル・パステルの質感の違い
クレヨンとオイルパステルは、原材料の量に違いはあるが使用する感覚に大きな違いはない。グラデーションやバチックの際に、多少の差が表れる。オイルパステルの方が色同士の混ざりがよく、クレヨンの方が水分をしっかりとはじいてくれる。そして、オイルパステルに比べパステルは、画面上で色を混ぜ繊細なグラデーションをつくることができる。

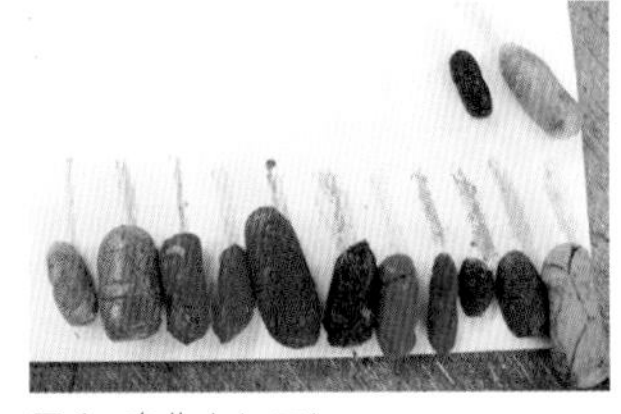

図１. 自作クレヨン
本来のクレヨンのつくりを基にして、粉状にしたチョークと蝋（ろう）を耐熱容器に入れオーブンで溶かすことで、簡易なクレヨンが自作できる。

図2．クレヨンでこすりだしたフロッタージュ

図3．クレヨンを用いたバチック

図4．クレヨンを下地にしたスクラッチ

図5．パスを重ねたグラデーション

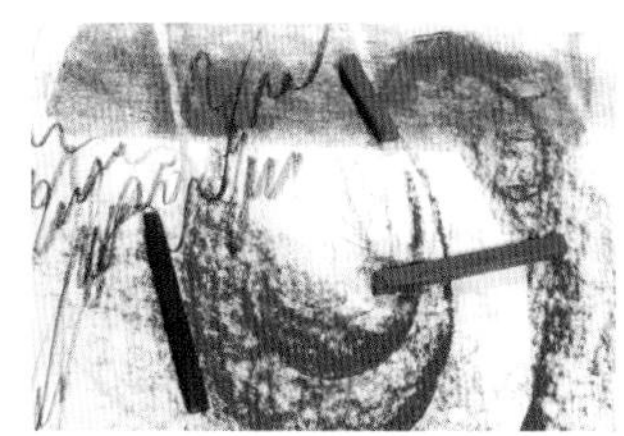
図6．コンテを横にして描く。

図7．パスを用いたハッチング

画材すべてが紙などの支持体と接するため、どのような使い方であったとしても描画が可能なことが特徴といえる。特に幼児期、小学校低学年の時期における画材利用の特性には、「筆圧」という要素を外すことはできない。幼児の描くことへの興味・関心は、描く行為に現れる。それは、色と形の他に、濃淡の意図的なコントロールが上げられる。指導者に言われた通りに塗る行為では、興味の現れが薄く、必然的に単調な筆圧で塗られることがある。モチーフやイメージに自らの興味・関心があると、自然と力が加わる部分ができ、画面全体に強弱がつくことになる。このことは、力のコントロールという点において、子どもの身体を通した学びにとって必要不可欠な要素といえる。クレヨン・パス・コンテは、画材の特性である細い線から広い面の描き分け、色の強弱が画面に表れる。このことは、色鉛筆のように色を重ねながら複雑にしていく画材とは異なり、子どもの大胆かつダイレクトに想いをぶつける行為を可能にさせる。

3. クレヨン・パス・コンテによる様々な表現方法

⑴**フロッタージュ**…クレヨン（図２）／パス／コンテ

コインや木目、壁など凹凸のある物の上に薄めの紙を置き、その上からクレヨンでこすって凹凸の表情を写し取る技法。たとえば、いろいろな場所でフロッタージュを行い、それを組み合わせてコラージュ作品をつくるなど、発展させることも可能となる。

⑵**バチック（はじき）**…クレヨン（図３）／パス

油分を含むクレヨンの上から水彩絵具で描くと、クレヨンの塗られている部分は水彩絵具をはじき、それ以外のクレヨンの塗られていない紙の部分に色が定着する技法。この現象は、白い紙に、白いクレヨンで図像を描いておき、上から白以外の色で水彩絵具を塗ると、わかりやすい。

⑶**スクラッチ**…クレヨン（図４）／パス

あらかじめ、クレヨンなどで下塗りをしておく。その上から下塗りした色以外の色のクレヨンを塗り重ね、釘や針などでひっかき、下の色を表面に浮き上がらせる技法。釘などの細い素材でひっかくため、クレヨン等で直接描くことでは表せない表情を獲得することができる。

⑷**グラデーション**…パス（図５）／コンテ

グラデーションは、隣り合う色が混ざり合い、中間の色が徐々に変化する現象のことをいう。クレヨンよりも粘りのあるパスの方が色同士の混ざりがよく、グラデーションがつくりやすい。

⑸**画材を横にして面で描く**…コンテ（図６）／パス／クレヨン

コンテなどを横に寝かせて幅広の状態をつくることで、広い面を均一に塗ることが可能となる。帯状の表現を利用して、動きのある様子や模様をつくることが可能となる。クロッキーでは、線と面とを組み合わせることで、人体のプロポーションを捉えたり、動きを探究することにつながる。

⑹**ハッチング**…クレヨン／パス（図７）／コンテ

細かな線を重ね、面や質感をつくる技法。数色をハッチングすることで濁らずに色を見せることが可能となり、一色でベタ塗りをした時とは異なる表情、質感を獲得することができる。

［西園政史］

13. 絵画の材料・技法⑤—油彩の表現(1) プリマ技法

半透明な絵具を何層も重ねて仕上げるグレーズ技法（glaze〔英〕、glacis〔グラッシ、仏〕）に対して、プリマ技法は直描きといって、主に不透明な絵具を直接画面に置いて仕上げていく技法である。透層技法の平滑で均一なマチエールとは異なり、プリマ技法は絵具の盛り上げなどによって不均一な画面になることが多い。これらの画面を効果的につくり出すための、様々な道具や技法を取り入れて表現する。

1. 実践のねらい

❶プリマ技法とグレーズ技法の相違点を理解する。

❷絵具を積極的に使い、変化に富んだマチエールをつくる。

❸色彩分割や視覚混合の表現に適した描画技法を取り入れる。

図1. 木炭による下描き

2. 準備するもの

- F15号キャンバス
- 油彩画道具一式、ローラー
- サンドマチエール材、耐水ペーパー、マスキングテープ等

3. 実践の流れ

(1)下描き、おおまかな彩色

キャンバスに木炭等で下描きをする（図1）。背景の処理も決めておく。細部まで描く必要はないが、画面の配置に注意する。その後、おおまかに彩色する。なお、今回は白色地塗りとしたが、有色地塗りから描いてもよい。

(2)色相の変化を意識して

グレーズ技法では明暗表現がベースとなるが、今回はプリマ技法を用いるため明暗を色相の変化に置き換えて表現することも心掛ける（図2）。色の明度を上げる＝白を混ぜる、色の明度を下げる＝黒を混ぜる、といった明暗の変化だけの階調表現にならないよう注意する。

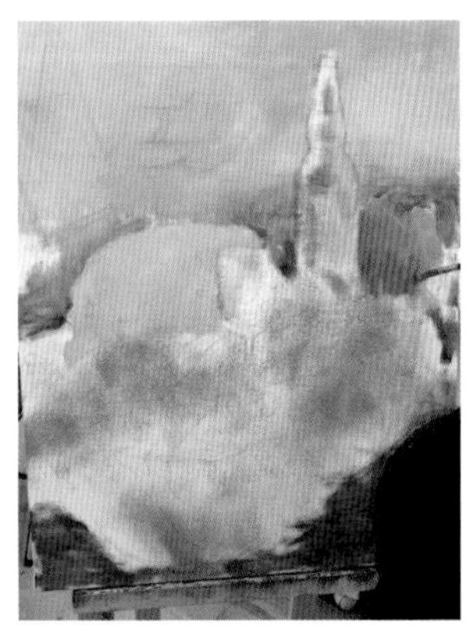

図2. 固有色にとらわれない彩色

(3)絵具の盛り上げ

初心者は画面に絵具を厚くのせることが苦手である。ここでは意識的に厚塗りをするよう心がける。その際、筆以外にペインティングナイフやローラー（図3）など、厚塗りがしやすい道具を使ってもよい。ただし、画面上の絵具の厚さやマチエールが均一になりすぎないよう注意する。

(4)サンドマチエール材の使用

ざらざらのマチエールにしたい箇所に、サンドマチエール材を混ぜた絵具を塗る。マチエール材と専用のメディウム、または調合性油等を混ぜたものを塗ることも可能である。塗らない箇所をマスキングテープ等で覆っ

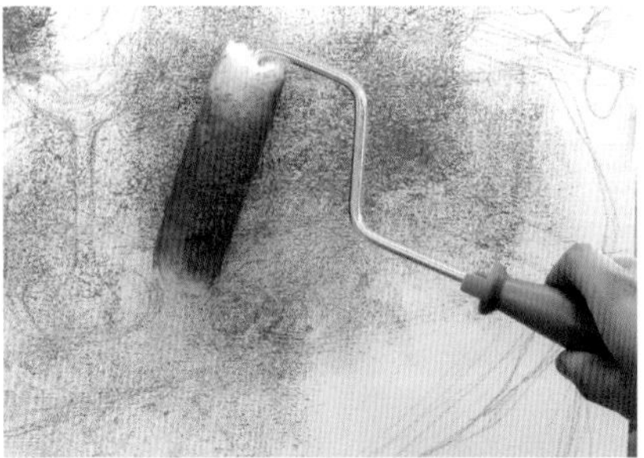

図3. ローラーで厚塗りをする。

図4. 瓶の部分は型紙を使い、マチエール材を混ぜた絵具で塗る。

ておけば、強いエッジを表現することができる（図４）。

⑸視覚混合の表現

視覚混合とは、隣り合った色を遠くから見ると混じり合って見える現象のことである。印象派の作品に見られる、色彩分割や筆触分割による絵具の並置によってこの現象は生まれる（図５）。また、上層の絵具層を削り、下層を出すことにより２色以上の絵具の並置をつくることで、同様の効果が得られる。ここではサンドマチエール材を混ぜた絵具層の乾燥後、上層に別の色を塗り、その後耐水ペーパーで削る方法を用いる。下層のサンドマチエール材によるドット状の色面が表出することで、筆による表現とは異なる、絵具の物質感のない滑らかな色面の並置をつくり出すことができる（図６）。

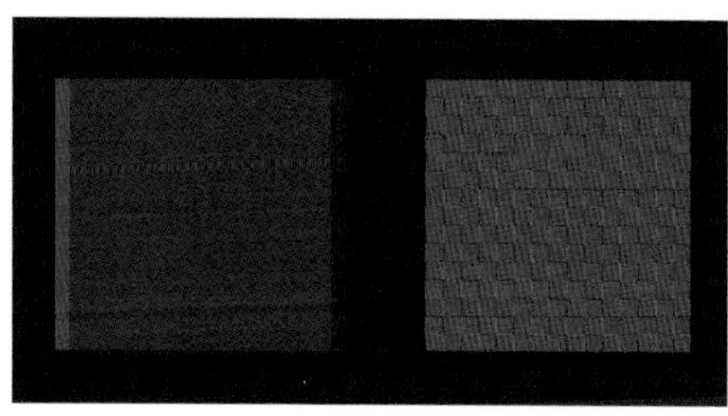

図５.【透過混合】赤の上に半透明の青を重ねる（左側)、【視覚混合】赤と青を並置する（右側)。

図６. 瓶は緑色を塗った後、削って下層の茶色を出す。

4. 実践の振り返り（図７）

- 色相の変化による表現を多く用いることができたか。
- 絵具を積極的に乗せて様々なマチエールをつくり出すことができたか。
- 視覚混合を意識し、それを効果的に表出することができたか。

図７. 完成作品

5. まとめ

初心者がモチーフを見ながら描く場合、色の階調が明暗中心のため単調になりがちである。プリマ技法を使って色相の変化を意識して描くことで、視覚混合の効果や色の組み合わせについても理解することができる。また、積極的な絵具の盛り上げやマチエール材の添加は、大胆な筆致や変化のあるマチエールを生み出し、生き生きとした魅力的な作品に仕上げることができる。

以下、他の参考作品を挙げる。

図８. 参考作品①

図９. 参考作品②

図10. 参考作品③

［桶田洋明］

14. 絵画の材料・技法⑥—油彩の表現(2)　グリザイユとグレージングによる効果

絵画技法の一つであるグリザイユを学ぶ。グリザイユとは、モノクローム（グレイ）で描く技法のことである。撮影した画像を資料として、画像のピントのぼけ具合や図形を忠実に表現し、カメラのレンズを通して見えた表情を作品に生かす。

1. 実践のねらい

❶描きたいモチーフのセッティングあるいは情景の撮影を通し、絵画制作を行う上でのテーマの重要性を学ぶ。

❷油彩の特性と制作プロセスを体得し、技法とその効果を考察する。

❸制作において、よく観察し慎重かつ丁寧な作業を心掛け技術の向上をめざす。

2. 準備するもの

- F８キャンバス　　• ジェッソ[1]（白にアクリル絵具の黒を混色）
- 油絵具グリザイユ用（白：パーマネントホワイト・シルバーホワイト、黒：ピーチブラック・アイボリーブラック・マースブラック）各１色
- 油絵具グレージング[2]用（イエローオーカー・クリムソンレーキ・ウルトラマリン）　　• 刷毛（ジェッソ塗布用）
- 油彩用筆（豚毛４、６、10番平筆・セーブルかナイロン細丸筆）
- 溶き油（テレピン・リンシードオイル・速乾性メディウム）
- 鉛筆HB・２B・３B　　• 撮影画像（白黒コピー）

1）ジェッソ
いろいろな素材に塗る際に、発色と定着がよくなるようにして作品を仕上げるために使う下地剤のこと。

2）グレージング（グレーズ）
絵の表面に色味のある透明な層をつくる技法。グレージングした層の表面で反射する光と、下の層まで潜って反射する光が複雑な混色効果を生み出す。

3. 実践の流れ

(1)モチーフを撮影した資料をもとにグリザイユによる油彩表現を行う。実際に目の前にあるモチーフを観察して描くのではなく、撮影した資料を参考に描く。モチーフは、静物、風景、人物等各自選択し、デジタルカメラによる撮影を行う。光によるコントラストに注意し、明暗がはっきりした画像になるよう心掛ける。

(2)資料の準備のため、撮影した画像の中で構図・明暗のバランス・有彩色をグレーズする際の効果を考慮し資料を検討する。プリントアウトした資料をF８画面サイズに合わせ、拡大コピー等で寸法を合わせる。

(3)下地をつくるため、支持体に下地として、ジェッソにアクリル絵具の黒かブラックジェッソを少量混ぜた明るいグレイを塗布する。キャンバスはアクリル用が最適である。刷毛で均一に塗布するが、ジェッソに加える水を10％程度と少量にすれば１度塗りでよい。

(4)トレースの準備としてコピーした用紙の裏に２Bか３Bの鉛筆で白地がなくなるよう全面を塗りつぶす(図１)。鉛筆を一様に濃く塗り、ティッシュでこすり、紙の地をなくす。マスキングテープを使ってコピーをキャンバスにしっかり貼り、トレースする際に線がずれないようにする。必要と思われる図形をシャープペンシルもしくはHBなど固めの鉛筆で写す（図２)。どれくらいの濃さで写っているかコピーをめくって確認し、筆圧を調整する。

図１．トレースの準備

図２．鉛筆でなぞる。

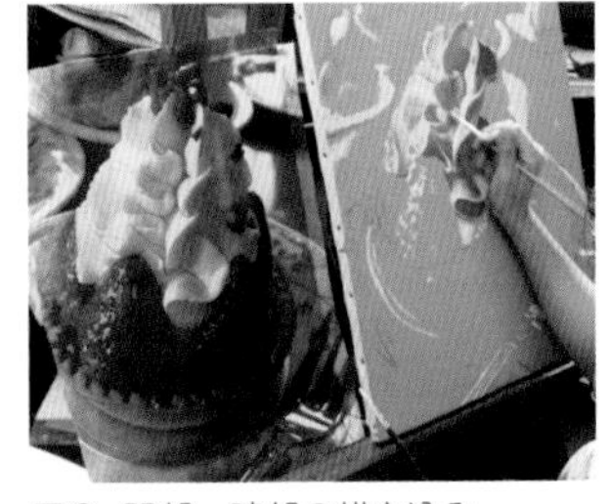
図３．明部、暗部の描き込み

図4．グレイの完成画面

図5．有彩色によるグレージング

図6．完成作品①

図7．完成作品②

図8．完成作品③

⑸油彩による塗布を行うため、油絵具の黒と白を準備する。黒はピーチブラック・アイボリーブラック・マースブラックなどどれでもよい。白はパーマネントホワイト・シルバーホワイトのどちらかを選択。後に有彩色をグレーズすることを考え、ひび割れしにくい白を選ぶとよい。

オイルに関して、グレイの塗布では絵具の伸びが良ければそのまま描ける。あまり薄めると透明感が出てしまい被覆力が弱まる。使用する際は、揮発性油のテレピンかペトロールと乾性油のリンシードと速乾剤を少量混ぜるか市販のペインティングオイル等を使う。

⑹グレイによる下塗りを行う。まず黒と白を混色し、グレイを明部と暗部の数段階用意する。はじめ、画面に塗布した明るいジェッソのグレイより明るいグレイと暗いグレイをつくり、下地と同じ明度はそのまま残す。白黒コピーの明度を参考にグレイのみで描いてゆくが、後に有彩色のグレーズをすることを考慮し、明部はやや明るめにすることがポイントである。絵具を塗る際には、隣り合うグレイを乾いた筆でぼかして混ぜ、馴染ませること。カメラのレンズを通して見えた光や図形、ピントのぼけ具合を忠実に拾い、写真のような効果を表現する（図3）。

大きな面から細部に至り、筆の太さを使い分け効率よく塗布していく。一般的な豚毛の筆か、しなやかなマングース筆があれば平滑に塗りやすい。細部、線的な部分はナイロン、セーブルなど柔らかな細筆を用いる。密度が上がると画面から強い立体感と空間を感じるようになり、白（明部）は飛び出して見え、黒（暗部）は引っ込んで見えるようになる。ここでグリザイユによる一層目の制作を終了し、充分に乾燥させる（図4）。

⑺有彩色によるグレージングを行う。授業では実際のモチーフの色彩にこだわらず、フェルメールが用いた色調を参考にグレーズしてみる。よって完成作品は落ち着いた、彩度の低い画面になる。

グレージング用に準備した絵具で色相を表現するが、発色の良いグリーンを出すためにビリジアンを用いることもあり、補助として必要な色を使用してもよいだろう(図5)。使用するオイルは、揮発精油のテレピンかペトロール＋乾性油のリンシードなどを基準として使用し、塗布してはじかない程度に調合する。

グレイで制作した画面にごく薄く溶いた絵具をグレーズするが、下地が透けるように塗布し、下地の明度の階調を壊さないように注意する。明部のホワイト下地の効果で、グレージングによる発色があがることを理解できる。ハイライトの表現として、グレージングした後、オイルが乾かないうちに慎重に光の点を置く。ホワイトの縁がぼかさずとも自然に馴染むだろう(ベネチアテレピンを用いるとエマイユ効果でより効果的)。

4. 実践の振り返り

この課題を通し、古典絵画技法の制作プロセスの一つとその効果について学ぶことができた。絵画表現においては、過去に完成された巨匠たちの制作プロセスを学ぶことでその技術と効果を理解することができる。表現のバリエーションを増やし、個々の制作に役立てていきたい（図6～8）。

［関 俊一］

15. 絵画の材料・技法⑦—油彩の表現(3)　ミクストメディアの表現、実践例

ミクストメディア表現[1]の実践として、アクリル絵具・アクリルメディウムを使用し「痕跡」というテーマで制作する。アクリル絵具の特徴を理解し、様々なメディウムの質感をふまえ、ミクストメディア（混合技法）による表現を行う。

1. 実践のねらい

❶テーマの「痕跡」をモチーフとして、はじめに資料となる対象を探す。

❷人為的な「痕跡」、自然現象による「痕跡」等、様々な現象の中から図形・質感・色彩に留意し普段見過ごしがちな物の中に美を見いだす。

❸さびた鉄・朽ちた板・苔生（こけむ）したブロック塀など、各自が興味をもった対象を選ぶ。

※表現する際の注意点として、この課題は平面に絵を描くのではなく、実物とまったく同じ物を同じ大きさでモデリングし質感を再現することにポイントを置き、アクリルメディウムや素材を利用し制作する。

2. 準備するもの

選択した対象にもよるが、おおよその素材を記す。

- アクリル絵具…透明色・つやありとして扱う。
- アクリルガッシュ…不透明色・つや消しとして扱う。

※絵具は24色程、各色相をカバーできる色数

- アクリルメディウム（種類と特徴）

ゲルメディウム……透明・つやあり。

コースパミスゲル…軽石の粒子をアクリルエマルジョンに混合したものでザラザラした質感が得られる。

モデリングペースト…盛り上げ効果があり、ライトは乾燥後の目減りも少なくソフトで軽い。

※他に様々な特徴のメディウムが多種あるので、制作に合わせ準備する。各メーカーが様々な種類を販売しているが、ここではターナー色彩株式会社のGOLDENを使用。

- イラストボードB３×２枚（プレゼンテーション用と制作用）
- スタイロフォーム／発泡スチロール（モデリングのかさ増し）
- 紙粘土　　・紙・糸・紐（ひも）など…選択した対象に合わせ用意する。

3. 実践の流れ

(1)実験

事前に必要な素材を検討する。何をどう使用すれば対象の質感が表現できるか、様々なアクリルメディウムや素材との組み合わせを試す（図１～３）。ここでメーカー（ここではターナー色彩株式会社の講習会の実践）の協力が得られれば多種多様な絵具やメディウムを使用する体験ができる。画材店のサンプルや商品カタログから選択するのが一般的であろう。

スケッチブックや台紙を用意し、メディウムを塗布した上に絵具で塗装などをして実物の質感を表現する方法を探していく（図４）。

1）ミクストメディア
美術において、１つの作品あるいは制作にあって、複数のメディア：媒体を用いた技法のことである。いわば、媒体の合成であって、その作品も指す。

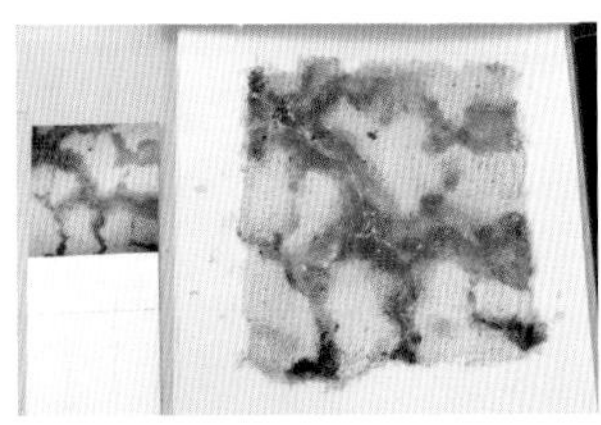

図１．実験：コースパミスゲル（細かな軽石粉入りでざらざらとしたテクスチャーが付けられる）によるコンクリート表現

図２．紙粘土による砂利の表現

図３．厚紙とメディウムによる鉄板の表現

図４．アクリル絵具による着彩

2）モデリング
明暗法（キアロスクーロ）や色面調整法等によって、2次元の平面に事物の立体性を表現することである。

⑵制作

実験して得た感触、データを基に本制作に入る。

画面作りの意識として、絵を描くのではなく、モデリング2)による下地作りから塗装まで実物とまったく同じ物を再現する意識で制作する。メディウムの質感を生かしたり、適した素材との組み合わせで、より実物らしい表現方法を見つけていく。はじめにモデリングを施しベースとなる基盤を作り、塗装前に充分乾燥させる。必要に応じスタイロフォーム等のかさ増しに紙粘土などを盛りつける、あるいは直接メディウムを塗るなど的確なプロセスで進める。彩色に関して、自然の微妙な色彩の再現は容易ではない。市販されている絵具は高彩度なので、発色が良すぎて生々しくなる場合がある。透明色を何度も重ねて出したり、一度塗装した面にさらに違う色をかけるなどし、汚しを施す等工夫する。

⑶プレゼンテーション

Ｂ３イラストボードに完成画面を貼り付ける。レイアウトは作品の見栄えを良くするために大変重要であり、平行・垂直などに留意する。貼り付けには強力な両面テープを使用する（図５、６）。

図５. 鉄板の完成作品

図６. 板や砂利の完成作品

図７. 地面と落ち葉の完成作品

図８. 樹木の表皮の完成作品

図９. 鉄錆の表現の完成作品

4. まとめ

見過ごしがちな日常の生活空間にも、見方によればモチーフとなる魅力的な情報があるということを理解する。

単なる２次元の平面作品とは違う、質感と触覚的にも面白い作品に仕上げることが目的である。

［関 俊一］

16.絵画の材料・技法⑧―日本画の表現

小学校で日本画を体験できる活動は準備に多くの時間を費やすことからなかなか難しい。しかし、日本ならではの絵画を理解する上で、その素材に触れることができないのはとても残念である。日本画ならではの技術、たとえば濡れた画面に絵具を加えるたらし込みの技法や、箔の腐食と水墨の技法など水溶性の絵具を生かすことで成立してきた技術は、重力など自然の法則に寄り添った考え方を感じることができる。ここでは日本画の簡単な絵具体験を紹介したい。

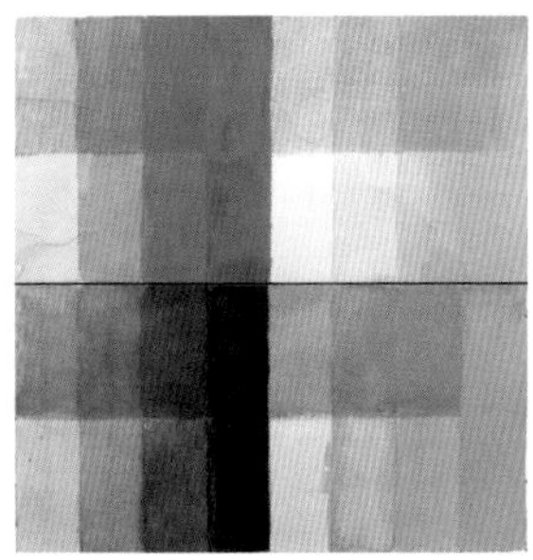

図1.(参考)膠の濃度の差による色の違い…下100cc、上200ccの水に溶かしたもの。
　膠の濃度が高い方が膠の黄みを帯びる。

1. 実践のねらい

❶日本画の絵具、素材に触れてみる。
❷水性絵具の特性と膠(にかわ)の特性を理解して工夫する。

2. 準備するもの

- 画用紙(一辺20cm)
- 水干(すいひ)絵具(群青、赤黄、洋紅)
- 胡粉(ごふん)[1]
- 方解末(ほうかいまつ)[2](13番、7番)
- 墨
- 硯
- 筆洗
- 膠[3]…三千本膠1本を100ccと200ccの水で湯煎(ゆせん)したもの(図1)

3. 実践の流れ(全8週)

(1)水張り[4]するために画用紙に霧吹きで水を吹き、マスキングテープで4辺を簡単に袋張りする。

(2)黄土で下塗りする。まず黄土に水を数滴加え指でなじませて、その後、水と同量の膠で溶く。その後、塗りやすいように水を加える(図2)。

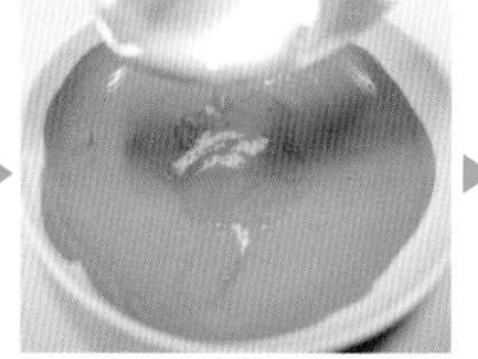

図2.黄土は、水を数滴加えて指でなじませ、水と同量の膠を加えて溶いて塗っていく。

(3)墨を塗る。墨を塗ってムラをつくる。硯に2～3滴水を垂らし、墨を塗り、揉んだ紙や新聞紙、ビニールなどを押し当てて変化をつける(図3)。

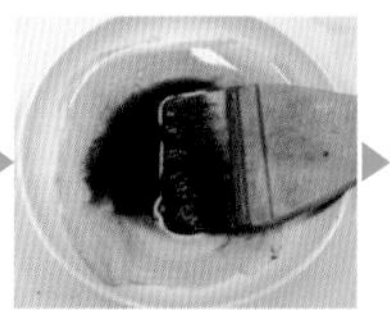
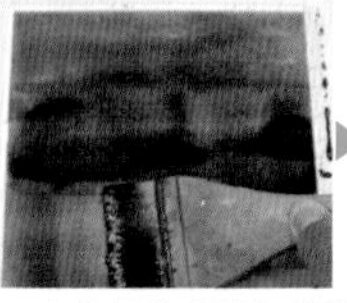
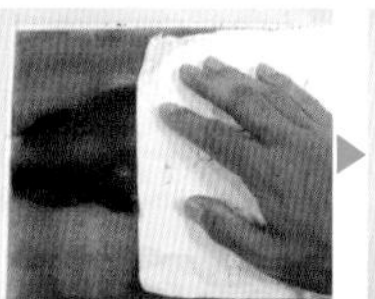
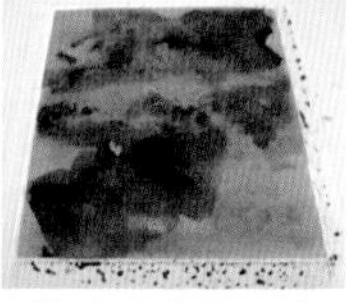

図3.硯に水を少量入れる。墨を前後に動かしすり下ろす。絵皿に移し、水を加え任意に調整して塗る。もみ紙を押し当て、むらをつくる。

(4)色を作り、混色する。一色ずつ好きな色をつくる。膠を加える前にしっかりと中指で細かく砕く(図4)。

図4.中指で細かく砕く様子。指の腹で均一な粒子を感じるまで、皿にこすりつけるように砕く。

⑸膠で絵具を溶く。まず膠を２〜３滴入れて、しっかりと練っていき、さらに２〜３滴加えて皿にこすりつけるように溶く（図５）。

図５. 膠を少量加え皿にすり込むように溶かす様子。

⑹方解末を混ぜる。任意に方解末を入れて、膠を⑸と同じ要領で入れて溶いていく（図６）。

図６. 粒子の大きさが違う13番と７番を任意で混ぜる。

⑺着色できた色を共有し教室を回りながら紙面にのせていく（図７）。最初は適当に絵具をおくことから始めなければならないため少し戸惑うが、しばらくすると自分で絵具をおくリズムが定まっていく。

図７. 回って色をおいている様子。描くというより色をおいていく。

1）胡粉
牡蠣（かき）・蛤（はまぐり）・ほたて等の貝殻からつくられた日本画の白色絵具。

2）方解末
方解石の粉末。主に下地や盛り上げに使う半透明白色の比較的安価な天然岩絵具。

3）膠
獣や魚の皮・骨などを水で煮出した溶液からコラーゲンやゼラチンなどを抽出し、濃縮・冷却し凝固させた物質で、接着剤・写真乳剤・染色などに用いる。

4）水張り
一旦、紙を水でのばして、４辺をのりや水張りテープで貼る方法。

5）ドーサ
膠にみょうばんを加えた目止め液。画材店でも購入可能。

4. 実践の振り返り

- 絵具の素材を感じながら実践に取り組めているか。
- 水分量等を調節するなど工夫が見られるか。
- 作品に愛着をもって取り組んでいるか。

5. 発展な取り組み方

- みんなが制作した作品を組み合わせて一つの画面にして鑑賞する。
- 地元の美術館などに行き、素材感に興味をもって鑑賞する。
- 素材と素材の使い方に込められた意図について意見を出し合う。
- 木の表皮など具体的なものの部分を描く活動に発展させる。
- 画用紙をドーサ[5)]した木に変えても可。絵馬制作を行うこともできる。

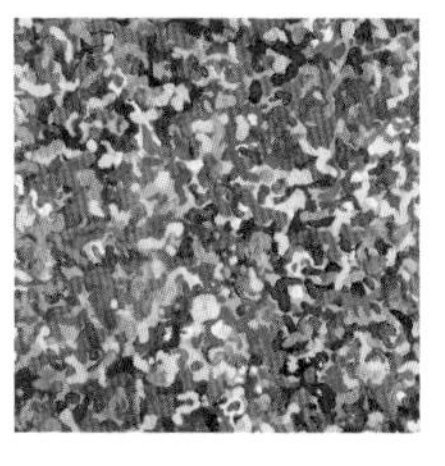

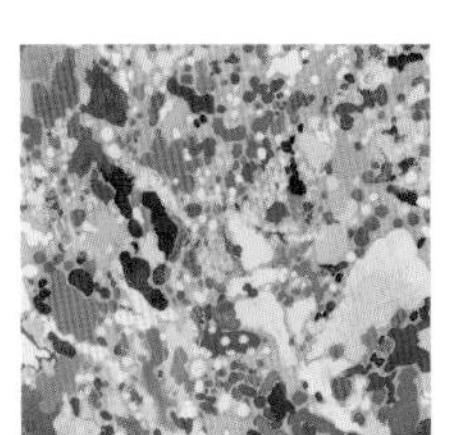

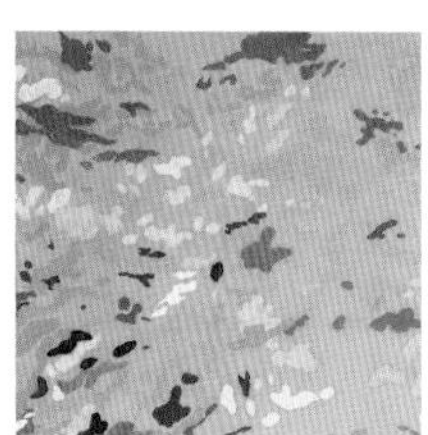

図８. 実践例

［石崎誠和］

17.絵画の材料・技法⑨—墨の表現「基礎編」

平成23年度からの全国の小学校図画工作科の教科書には、墨アートが題材として取り上げられた。墨アートとは、墨を画材として使った美術表現活動の総称と位置づける。墨を文字を書くだけのものと捉えるのではなく、絵画の描画材として、さらには墨の特性を生かした表現活動へと、豊かに捉えようという考え方に基づいている。「墨から感じる形や色」「墨のうた」「すみのぞうけい」といった、教科書に記載されている題材名からも、その意向がうかがえる。

これは、日本の伝統・文化を伝え、国の文化を誇りに思える子どもたちを育成することが重要だとした施策の表れである。水と、墨と、紙が織り成すハーモニーの妙。墨の美しさや、不思議さを幼い頃から体験し、さらには現代感覚で新生させていく。外国の人びとにも紹介できる文化として、育てていくことは、将来への希望でもある。そんな思いを込めて、本題材を教育現場で実践してほしい。

1. 墨染の実践(墨アートの分類)

❶墨染め(墨の特性を生かして模様づくりを楽しむ活動)

❷ドローイング(墨の特性を生かして線描を楽しむ活動)(図1)

❸マーブリング(水に浮かぶ液体墨の特性を生かし模様をつくる活動)(図2)

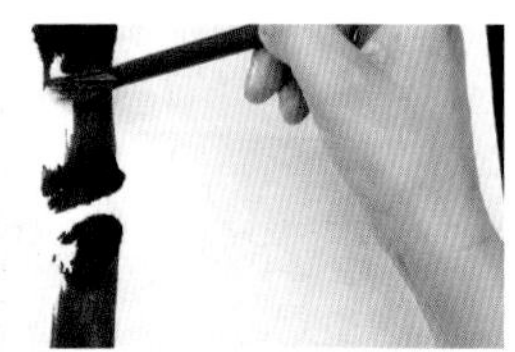

図1. ドローイング

2. 準備するもの

- 和紙…にじみ止めのしていない、よくにじむ紙
- 書道セット…下敷き、硯(すずり)、墨または液体墨、習字の小筆2本、文鎮(ぶんちん)
- 刷毛…平刷毛
- 水入れ
- パレットまたは小皿
- 筆拭き布

図2. マーブリング

3. 実践の流れ

はじめに墨について学ぶ。墨は1300年以上前からあるわが国の誇れる文化であること。平城京の遺跡などから発見された木簡の文字にも墨が使われていること。墨は煤(すす)と膠(にかわ)(獣や魚の皮・骨などを水で煮出した溶液からコラーゲンやゼラチンなどを抽出し、濃縮・冷却し凝固させた物質で、接着剤・写真乳剤・染色などに用いる)を練り合わせて作られることなどの基礎知識を知らせる。その後、墨染め模様のいくつかを体験する。

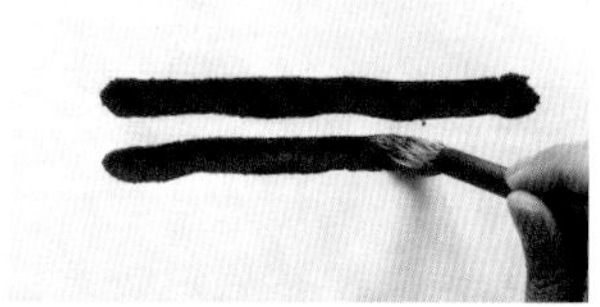

図3. フリル模様①

和紙の上の墨に水を落すと、墨は水に押されて紙の繊維の中に浸透していく。その時、美しい模様ができる。それが墨染めである。いくつかの模様の例を以下に示す。墨の置き方や、水の落し方で、他にも様々な模様が浮かび上がるので、各自の工夫で多様な模様を編み出すことができる。

(1)フリル模様

❶墨で2本の線をすきまをあけて引く(図3)。

図4. フリル模様②

❷2本の線の隙間に水を含ませた筆で線を引くことを繰り返すことで、にじみが外に向かって広がる(図4)。

❸フリルのような模様が浮かび上がる(図5)。

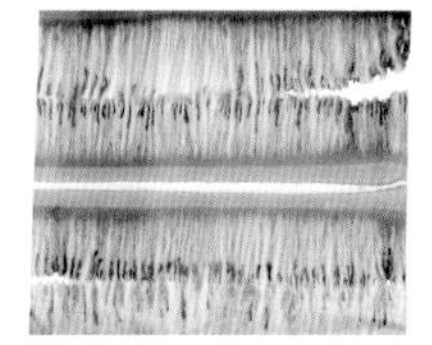

図5. フリル模様③

上記❷を数度繰り返すことで、水が墨を外側に押していく。その結果、フリルのような模様ができる。この活動は、墨線が生乾きの間に行うことがポイントである。できた模様は、フリルのようにも、海草のようにも、水に映った岸辺のようにも見える。各自、模様が何に見えるか見立てる。

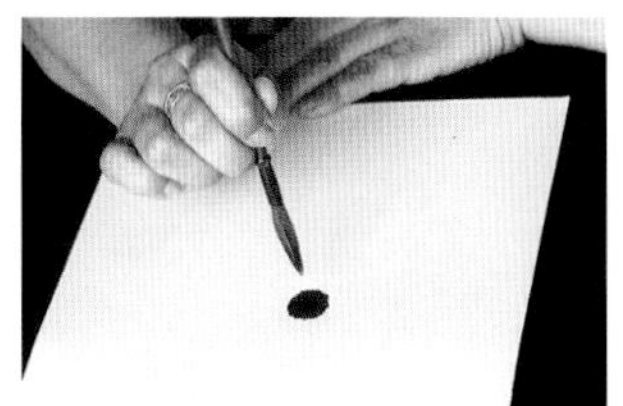
図6. 傘模様①

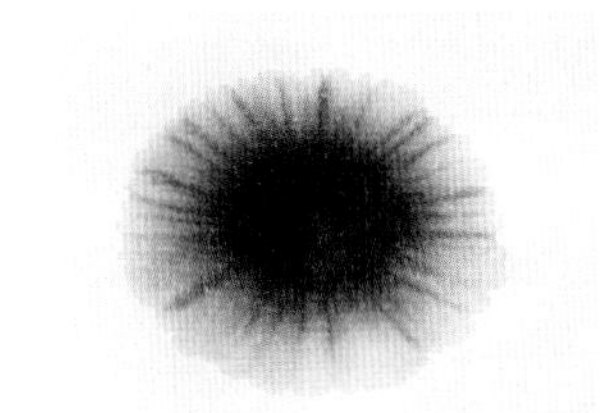
図7. 傘模様②

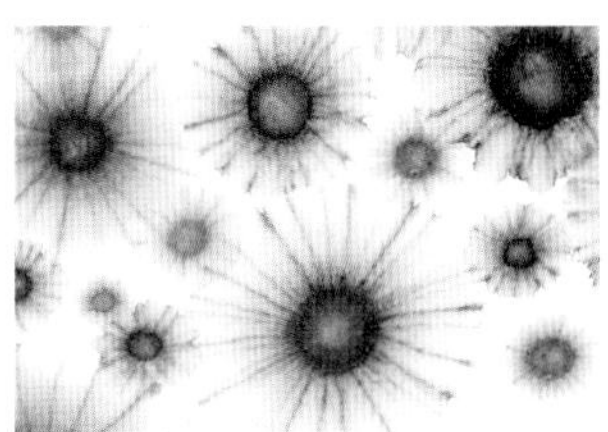
図8. 傘模様③

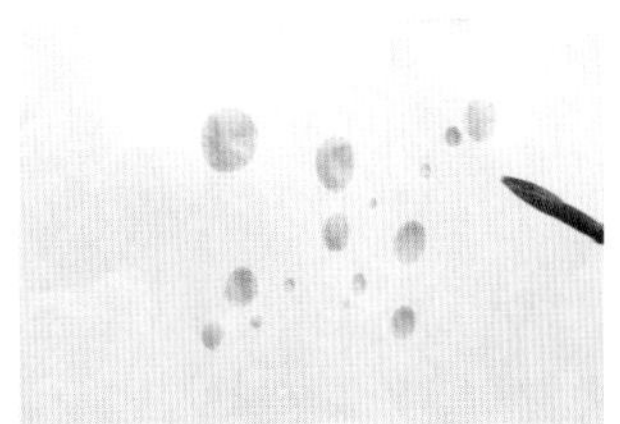
図9. 水玉模様①

図10. 水玉模様②

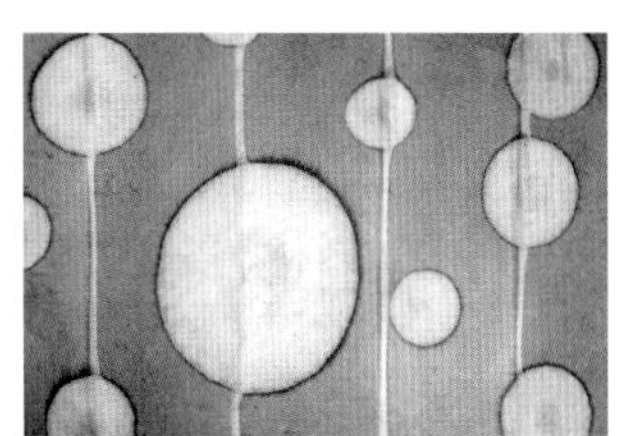
図11. 水玉模様③

その模様に加筆し1枚の作品にしていくと、より個性的な表現となる。

⑵傘模様

❶濃墨で●を描く（図6）。

❷●の中央へ、筆先でごく少量の水をつけることを繰り返すと、墨が外側に向かってにじむ（図7）。

❸上記❷を数度繰り返すことで、傘のような模様が浮かび上がる（図8）。

最初に描いた●の中心に、水を繰り返し置いていくことで、水が墨を外側に押していく。その結果、傘のような模様ができる。フリル摸様と原理は同じである。墨の置き方、水の置き方で、まったく違う模様になることがわかる。この活動も、墨が生乾きの間に行うことがポイントである。できた模様は、傘のようにも、花火のようにも、花のようにも見える。この模様に子どもたちは、夢中になる。

模様からの見立ても、いろいろに広がる。模様から発展した作品も多様性にあふれる。

⑶水玉模様

❶和紙の上に水滴を落す（図9）。

❷落とした水滴が生乾きの内に、刷毛で薄墨を和紙の上に塗る（図10）。

❸乾いていくにしたがい、落とした水滴が水玉になって浮き出す（図11）

水に濡れたところには、墨は入っていかないという墨の特性が、生み出した模様である。したがって、水滴を落すのではなく、水で字や絵を描いても、同じ反応が起きる。乾くと、字や絵が浮き出すのである。子どもたちは、自分のサインを浮き出させたり、雪を浮き出させたり、蛍の灯りを浮き出させたりすることで、自分らしい表現を楽しむことができる。抽象的な表現にも適した模様である。

⑷立体交差

❶はじめに縦線を引く（図12）。

❷縦線が生乾きの内に横線を引く（図13）。後で引いた横線が、縦線の下にもぐり、立体交差したように見える（図14）。

水玉模様と同じ原理が生み出した立体交差である。これも子どもたちを夢中にさせる。たとえば蝶を描き、虫かごをその上に描くと、虫かごが蝶の下にもぐるので、蝶は虫かごの外に出たように見える。虫かごを描いてから、蝶をその上に描くと、蝶は虫かごの中に入る。本原理が実感できる楽しい実践である。

図12. 立体交差①

図13. 立体交差②

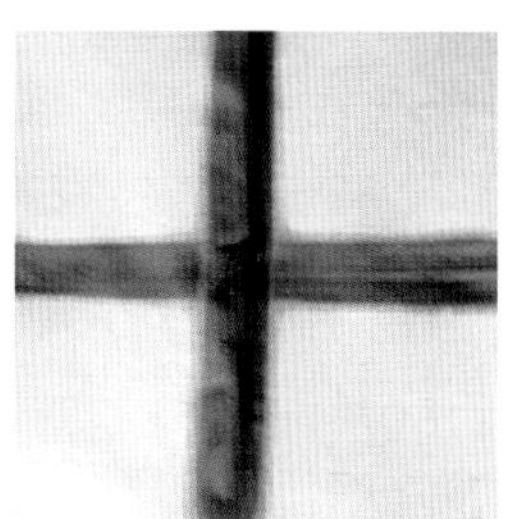
図14. 立体交差の拡大図

⑸刷毛模様

刷毛の使い方を工夫すると、いろいろな面白い模様が楽しめる。刷毛模様は、半紙や画用紙、模造紙などどんな紙でもよい。舞台背景などの大きな作品も楽にできる。刷毛は羊毛の平刷毛が使いやすい。

刷毛模様の基本的ないくつかを以下に示す。刷毛の動かし方や、動かす速さによって、異なった模様ができる。

❶円や半円

刷毛を回転させてつくる（図15、16）。本模様は、扇や車輪などに見立てることができる。

❷木目模様

刷毛の水分を拭き取り、刷毛を軽く動かしてかすれを出す（図17）。樹の幹や、風が吹く様子などに見立てることができる。

図15. 刷毛模様①（円）

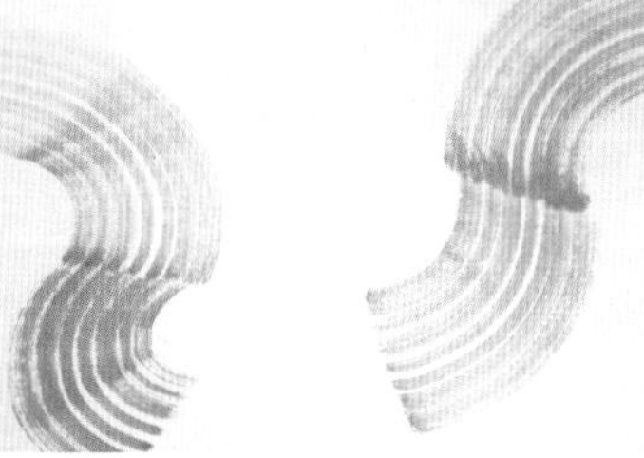

図16. 刷毛模様②（半円）

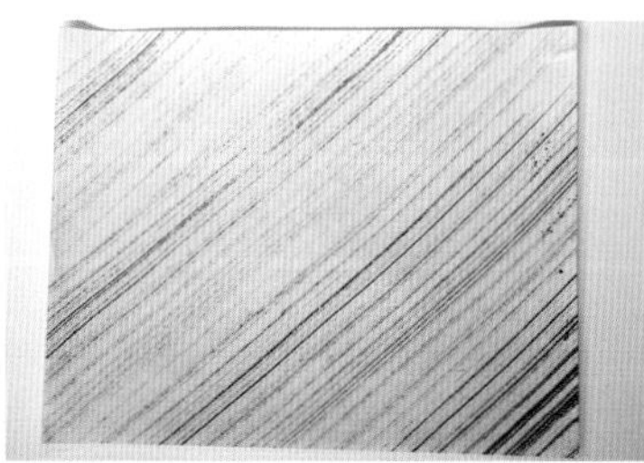

図17. 木目模様

❸ちりめん模様

ⅰ. 紙を手の中でクチャクチャに丸める（図18）。

ⅱ. そっと広げ、刷毛の穂先で、薄墨を軽く塗る（図19）。

ⅲ. ちりめんのような模様が浮き出る（図20）。

図18. ちりめん模様ⅰ

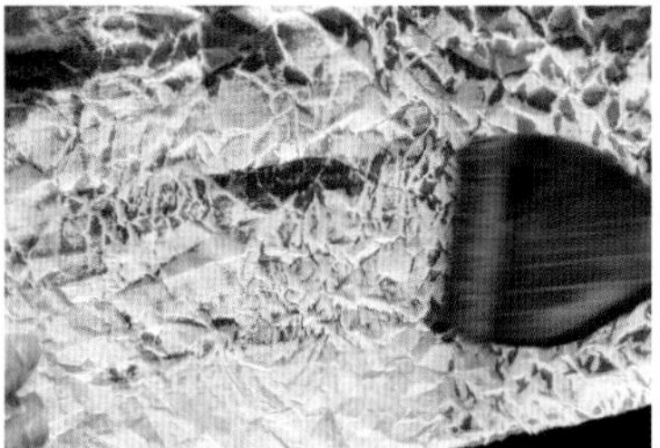

図19. ちりめん模様ⅱ

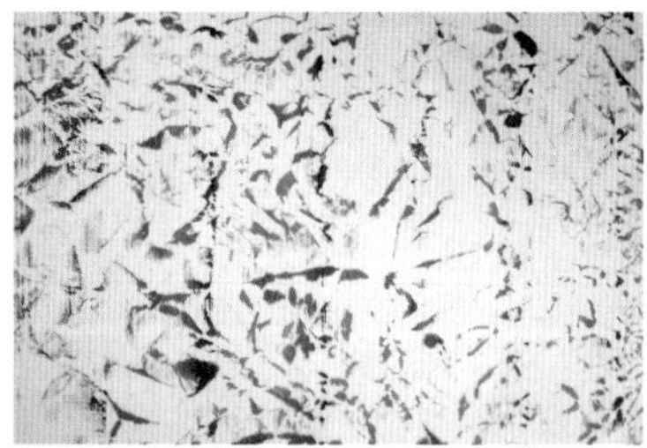

図20. ちりめん模様ⅲ

❹スタンピング模様

ⅰ. 薄墨で湿らせた穂先を曲げて形をつくる（図21）。

ⅱ. 穂先で軽くスタンピングする（図22）。

ⅲ. 連続模様ができる（図23）。

図21. スタンピング模様ⅰ

図22. スタンピング模様ⅱ

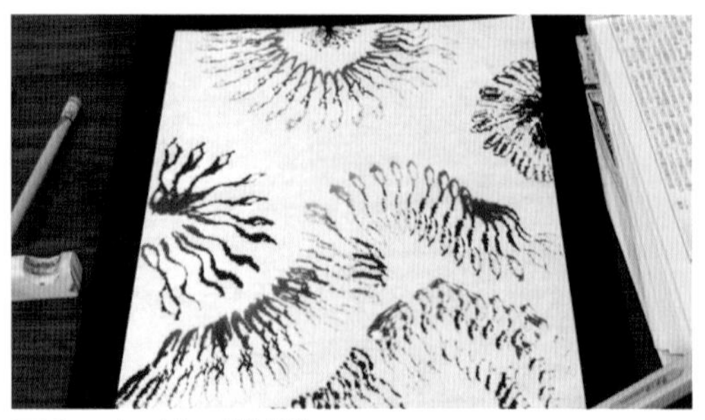

図23. スタンピング模様ⅲ

❺刷毛の動かす方向やスピードによる違い

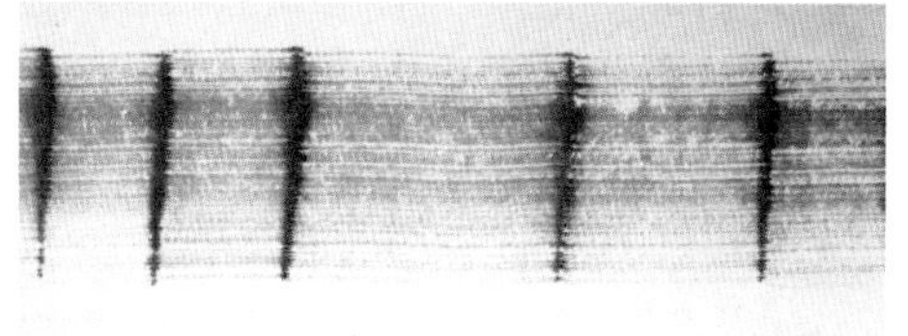
図24. 刷毛を止めると節ができる。

図25. 刷毛をはらう。

4. 実践の振り返り

- 墨の特性が理解できたか。
- 特性を生かした模様づくりができたか。
- 墨染めの紙を生かした表現を工夫できたか。

5. 発展

基本的な模様のごく一部を紹介した。墨を水が押していき、紙の繊維の中に浸透していくことで、美しい墨模様ができること。濡れた上には墨は入っていかないことなどを、体験的に理解することで、様々な模様が工夫できる。偶然の可能性に満ちていることで、年齢を越え、誰でも安心して楽しめる。

さらには、墨染めをした紙を使って暮らしを彩る様々な作品ができる。作品例の左側のランプシェードは、しわになった和紙の味わいを生かしたいと考え、墨染めした和紙をクシャクシャにした後、広げて輪にしたものである（図26）。その右側は、墨染めした和紙をラミネートした後、筒状に立たせている（図27）。灯りを中に入れて、墨模様が浮き出す美しさを体験させたい。現在は教材に、様々なＬＥＤランプ[1)]がある。何色にでも色が変わるものや、明かりがろうそくの炎のように、揺れるものなどもある。

ブックカバー・鉛筆立て・ランチョンマット・コースター等、身近な品物に和紙の暖かさと墨模様のオシャレさが加わり、世界に一つの作品が誕生する。海外の方へのプレゼントとしても非常に喜ばれる（図28、29）。

今後、指導実践を通し、墨の魅力を子どもたちに体験させ、自国の文化・芸術を大切に伝える力の育成を図ってほしい。

1）LEDランプ
発光ダイオード（LED）を使用した照明器具。

墨染めした紙を生かした作品

図26. 刷毛模様を生かしたランプシェード

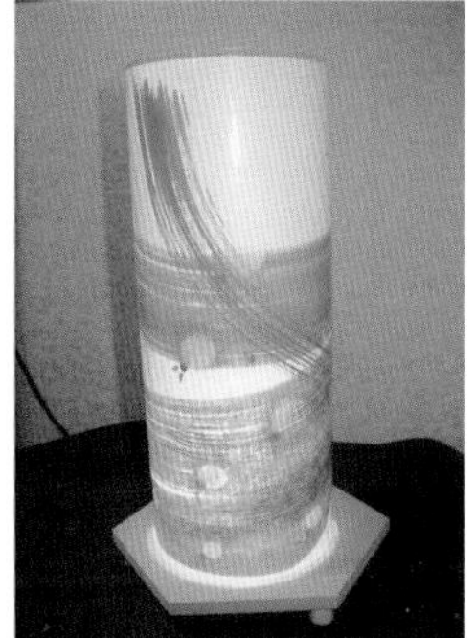
図27. 水玉模様を生かしたランプシェード

図28. 傘模様を生かした包装紙

図29. 傘模様・刷毛模様を生かしたうちわ

［松﨑としよ］

18. 絵画の材料・技法⑩―墨の表現「発展編」

前項に記載した墨の表現（基礎編）において、墨の特性を体験する実践として、墨アートの「墨染め」の指導法について記述した。そこでは墨の粒子が水に押されて、紙の繊維の中に浸透することで生まれる模様の面白さを体験し、墨の不思議さや魅力に触れた。

本節ではその実践を基礎知識とした上で、ドローイングの指導法を示す。ドローイングとは、線を引くこと、線描、スケッチ、デッサンなどの意味である。

点が集まり、線になる。さらには線が集まり面となる。本項では、墨を使ったドローイングの魅力とその指導法、作品例を示すことで、墨アートの発展編とする。

1. 墨を使う意義

❶筆に墨をつけて描くと、鉛筆やペンでは表現しきれない変化に富んだ様々な線を表現できる。線描の面白さは大切に伝えたい表現である。

❷墨は伸びがよいため、線を速くなめらかに描くことができる。短時間に大きな作品を楽に表現できる。

❸墨は、にじみやかすれなどが効果的に働き、造形的にも面白い表現ができる。

2. 準備するもの（図1）

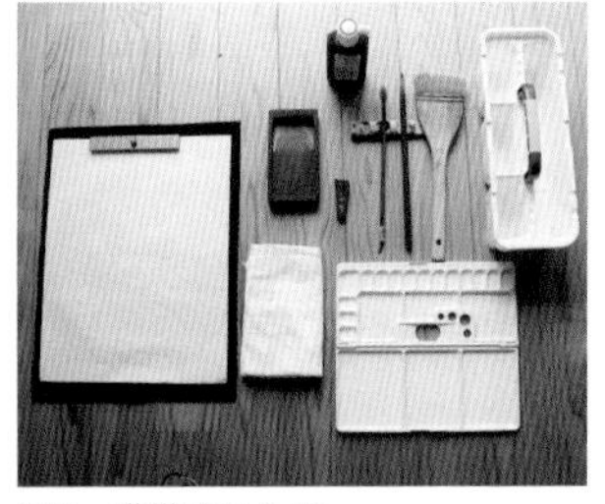

図1. 準備するもの

- 和紙…作品によっては画用紙や半紙、版画紙、障子紙などでもよい。
- 書道セット…下敷き、硯（すずり）、墨または液体墨、習字の大・小筆各1本、文鎮（ぶんちん）
- 刷毛
- 水入れ
- パレットまたは小皿
- 筆拭き布

3. 線描の練習の基本

❶いろいろな点を打つ（図2）。

❷細線・太線・ギザギザ線・曲線などの線を自由に描く（図3）。

❸筆の水気を拭き取り、穂先をカサカサに割る（図4）。

❹かすれ線で、北風や台風などイメージの表現をする（図5）。

図2. 線描①

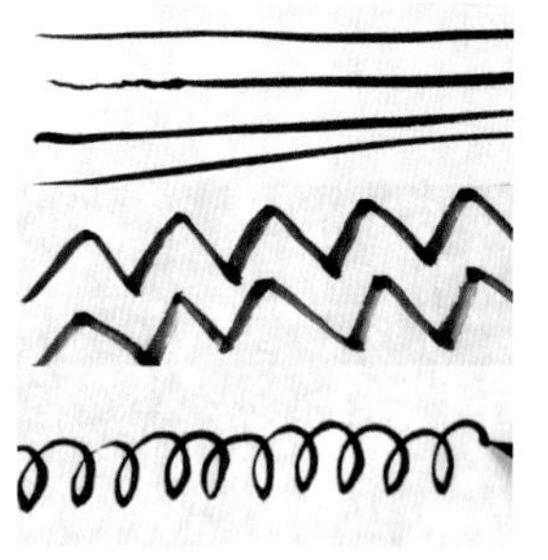

図3. 線描②

図4. 線描③

図5. 線描④

様々な点や線を引いてみることで、筆の使い方、墨のつけ方、水を含ませる量、筆のスピード、線の太さ等の違いによって、表現に変化が出ることを体験でき、墨・水・和紙のハーモニーが生み出す表現の理解につながる。

4. 墨線を下書きの線として活用した実践例

図6. かさこじぞう

(1)低学年「お話の絵：かさこじぞう」の心に残る場面を墨線で描く（図6）

❶心に残った場面を考える。

❷濃い目の墨をつけて、好きな場面を線描する。

❸薄墨で地蔵、雪の窪みなど、影の部分を塗る。

❹墨が乾いてから水彩絵具で彩色しても楽しい。

大きく描く時は、ひじを動かして体全体で線描する気持ちで。細かい部分は、筆の穂先を使って、線描するといい。

⑵中学年「写生：育てたヘチマを描こう」(図7)

❶育てたヘチマのスケッチをする。

❷スケッチをもとに墨線でヘチマを描く。

❸墨が乾いたらサインペンで、ヘチマにぶら下がって遊ぶ子どもたちを小さく描く。

❹水彩絵具で彩色する(図7)。

ヘチマの曲がった線や、つる、葉などを墨線で描く。のびのびと描くように助言することで、ヘチマの形の面白さが線の太さ、細さに表われ、生き生きした線となる。奥のヘチマを薄く、手前のヘチマを濃く描くことで、遠近感が出ることを知らせる。

⑶高学年「クラブ活動：はがき絵にトライ！」(図8)

❶はがきを出したい相手を考え、墨線で表すことを知る。

❷墨線の伸びやかさを生かし、筆先を使って線の面白さを出して一気に描く。

❸薄墨で影をつけたり、水彩絵具で色をつけたりする。

筆を使った線描は、柔らかさや、自由さが魅力である。太さが一定のサインペンなどでは表現できない楽しい線が生まれる。自分のその時の気持ちが、線に表れるといえる。東洋画の面白さともいえる。そこに墨と水が合わさり、ハーモニーが加わる。墨線のはがき絵は、もらった人の気持ちも温めることだろう。

⑷特別支援学級①「だいこん」(図9～11)

❶収穫しただいこんの感覚を体感する。葉っぱに触ったり、匂いを嗅いだりする。

❷大きな紙に、のびのびと墨線でだいこんを描く。好きなところから描いていく。実物大に描ける和紙に描く。

❸水彩絵具で彩色したりまわりに描きたいものを描き足したりする。

筆をうまく動かしにくい子どもにとっても、墨は伸びがよいので、ひじを動かし、大きく表現することができる。図11の絵は、子どもたちみんなで描いた絵を合わせて展示し、図工展に出品したものである。

図7.「育てたヘチマを描こう」

図8.「はがき絵にトライ！」

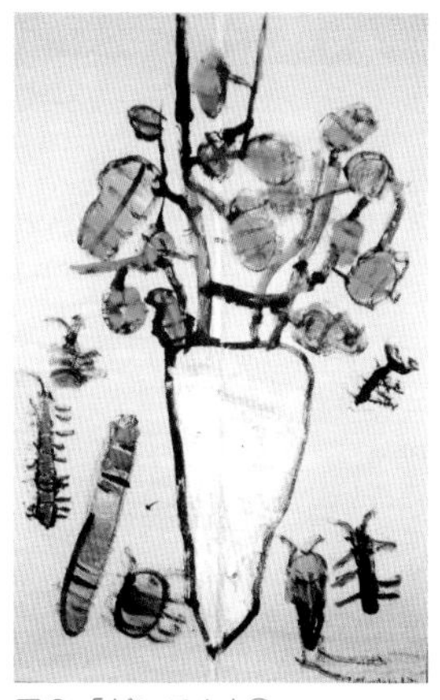

図9.「だいこん」①

図10.「だいこん」②

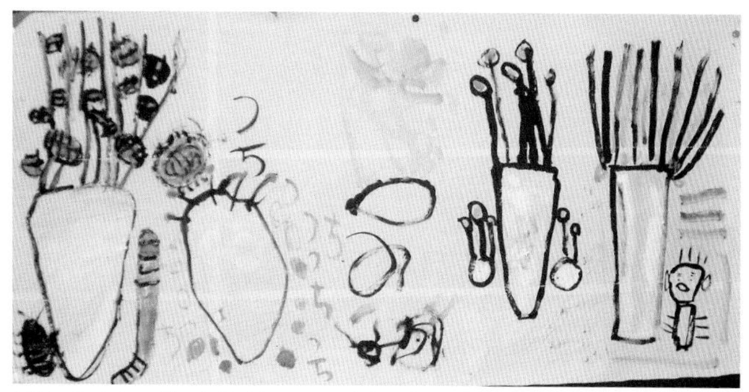

図11. みんなで描いた絵を図工展に出品したよ。

図12. 指筆を使って①

図13. 指筆を使って②

図14.「ねっこは生きている」

(5)特別支援学級②「指筆を使って」

❶指筆を指に装着する（図12）。

❷穂先に墨をつけて、線を描く。

❸線を描くことに慣れたら、自分の描きたいものを線で表す（図13）。

❹水彩絵具をつけて使用することもできる。

指筆を使った実践。指筆とは、筆を握れない、握る力がない子どもでも、指に装着して使用できる筆である。指の先に筆の穂先がついている感じである。子どもは、自分の指が延長した感覚で、指筆を使用できる。

5. 線の面白さを生かして（図14）

(1)低学年「線の面白さを生かして：ねっこは生きている」

❶墨でねっこを描くことを知り、濃さの違いや、線の違いを知る。

❷絵に描いた種を、全紙の上部に置く。

❸モップ・刷毛・ローラー・スポンジなどを使って、自分のイメージの地中に伸びるねっこを、自由に描く。

❹ねっこのまわりを想像し、地中の虫などを描き足す。

本題材では全紙の和紙を使用し、全身で線表現に取り組む楽しさを体験させた。墨の濃淡によって線の表情が違う楽しさや、筆・ローラー・モップなどの道具によって面白い線ができることも作品の多様性につながった。

6. 一筆で濃淡を出す工夫の実践

墨アートのドローイングには、一筆で描く際に、穂先に段階的に水・薄墨・濃墨と３種類の濃さをつける。そして筆の傾きや、動かし方で１本の線にも濃淡の変化を出す技法がある。小学校高学年や中学校・高等学校でのドローイングの実践の際に、その基礎技法を教える指導法を示す。

(1)基本技法（点描）の手順

❶濃墨と濃墨を薄めた中墨を作る。

❷筆の穂の根元から水→中墨→濃墨と３段階の濃さの穂となる（図15）。

❸上記の穂で点を打つと１つの点にも、濃淡が出る（図16）。

❹点が集まり、花や草や木に見える表現を知る（図17）。

❺自分なりに独自の表現で作品にする（図18）。

日本に古くから伝わる水墨画の技法に、様々な点による表現の違いを知り、自分の表現に取り入れる方法がある。これは中国の米点（べいてん）[1)]がルーツである。感覚的描法としての米点を知り、表現に取り入れることは、気軽に楽しく表現の幅を広げるのに役立つ。たとえば水面に点を打てば浮き草に、岩に打てば苔に、壁や道端に打てば古びた情景の表現につながる。点１つから様々な展開を考えさせるのも面白い。

1）米点
水墨山水画の技法の一つで、山や樹木などを水墨の横点を連ねて表すもの。

図15. ３段階の濃さの穂

図16. １つの点の濃淡

図17. 点の集合①

図18. 点の集合②

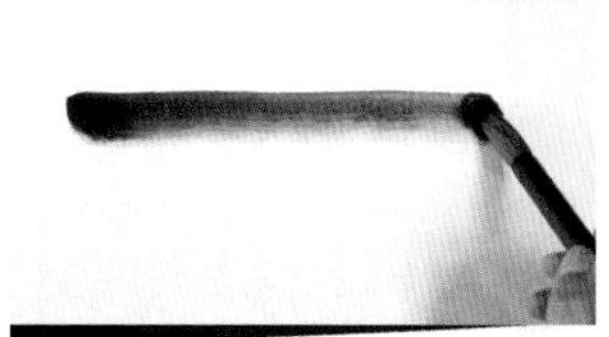

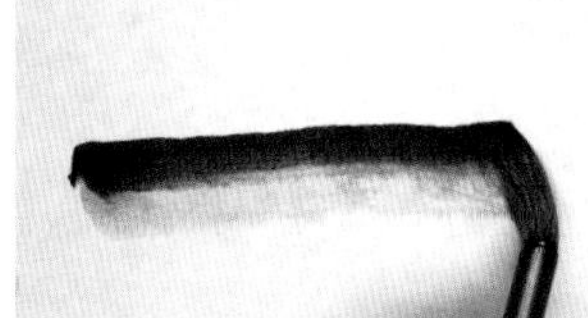

図19. １本の線の濃淡

⑵基本技法（線描）の手順

❶濃墨と濃墨を薄めた中墨を作る。

❷筆の穂の根元から水→中墨→濃墨と３段階の濃さの穂となる。

❸筆の傾け方、動かし方で１本の線にも濃淡が出る（図19）。

❹濃淡を生かした表現を知る（図20）。

❺自分なりに独自の表現で作品にする（図21 ～ 23）。

線に濃淡が出ることで、光の当たった感じが表現できる。たとえば、１本の竹の濃淡で、白く残った方から光が差している表現となる。

また、濃淡の線で円を描くとする。円の内側が濃い場合、外はぼんやりとした線となり、空に浮ぶ月の朧が表現できる。１本の線の濃淡が、明暗や立体感を出し、表現に深みが加わる。

図20. 上：外ぼかし、下：内ぼかし

図21. 濃淡を生かした表現①

図22. 濃淡を生かした表現②

図23. 濃淡を生かした表現③

7. 国際交流と墨アート

東洋が誇る墨の美は、国を超え多くの人びとの心をつかむ。濃淡の妙や、余白の効果。にじみやかすれ。この魅力を知るには、まず体験することである。授業の中でまず実践する。基本を知り、そこに自分なりの工夫を入れていく。そこには無限の可能性がある。そして、それを国際交流の場所で伝えられる力を子どもたちにつけてほしいと願う。

文化による交流は、大きな力である（図 24、25）。

国際交流

図24. 国際交流の様子

図25. アボリジニーアートを生かしたメルボルンの子どもの作品

［松﨑としよ］

column 2　形や色の冒険

美術、または図工の大きな醍醐味の一つとして色や形の豊かな結実がある。それは無作為な行為の蓄積だったり、小さな思索の積み重ねだったりする。それらは等身大の冒険ともいえるものであり興味深い。この冒険が小中学校の図工と美術で体験できた場合、生涯にわたって美術とは良い関係がもてるだろう。

しかし残念なことに、小学校の先生をめざす学生に聞くと、美術に苦手意識をもつようになったという学生が多くいるようである。筆者は、大学の授業を通してこのような多くの学生と出会ってきた。そして特に絵を描くことに関して苦手意識をもつ学生が多い。その大きな理由として上手に描けないということがあるように思う。描く対象に対して上手か下手かという観点はなぜ生まれるのかということについてじっくり考えてみる必要がある。そもそも紙面に描くという行為は、対象のコピーを紙面に描くという対象再現を目的とすると認識されてしまう。対象再現は一つの方法であり、近代以降の美術の歴史を鑑みると、コピーとしての作品からいかに脱して、そのものとして現前するかという命題にたっていた歴史を思えば、コピーとしての描写、そしてそれが上手く描かれているかどうかは美術のほんの一部の価値観であることは自明である。にもかかわらず、コピーとしての絵画観にとらわれてしまう背景があるとしたら、コピーとしての描画から新たな多様な価値観を見いだしていく描画へとシフトすることが必要に思える。また、限定された矩形（長方形）の紙面に描くこと自体が一つの価値観にすぎない。近代以前の形式、空間の中に不可分に結びついていた絵、日本に限定しても、障壁画、掛け軸、ふすま絵などがあるし、世界に目を向ければラスコーの洞窟壁画をはじめ、ショーヴェ洞窟壁画までさかのぼれば興味深いヒトの営みが壁面に積層されている。限定された矩形の紙面を前提にしている歴史はとても短いのである。

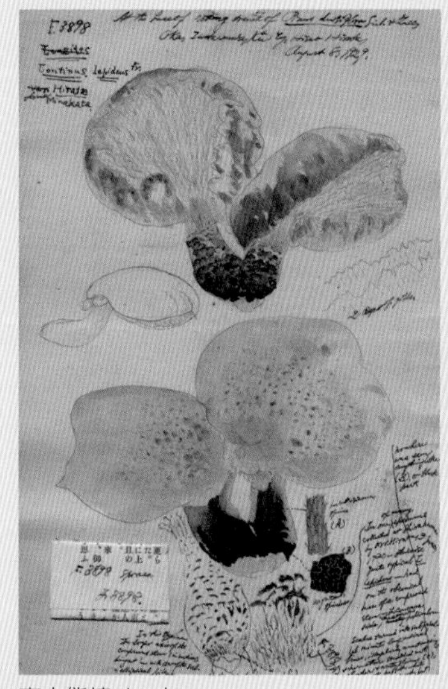

南方熊楠ノート
写真提供：国立科学博物館

もちろん限定された矩形の紙面を前提とすることを否定する訳ではない。たとえば、南方熊楠の菌類を調査した膨大な図を見たことはあるだろうか、Ａ４の画用紙に調査した菌類を描写し、そのまわりには文字が描かれている。文字と絵の調和が不思議と心地よい。調査する熱意が響いてくる。作品観に紙面を合わせるのではなく、知りたいわかりたい気持ちを紙面に蓄積しているのである。このような現れ方もあるのである。表現することそのものの変化と多様で柔軟な作品観をもたなければ豊かな世界に出会うことはできない。上手に描くことの価値観で描けば、技術的に描けるようになったら見ることをやめて上手に見えるけれど、ダメな絵になってしまうことも考えられる。色や形の冒険とは、まずは知りたい、わかりたいという気持ちの蓄積の上にあり、多様な価値観で世界を見いだし続けていくことにほかならないと思うのである。

［石崎誠和］

第3章

版　画

　版画は、彫刻や細工を施した版の絵柄・模様・色を、絵具やインクを転写・透写することによって、絵画などの平面作品を複数枚制作したもの、またはその技法のことである。版画は版の仕組みから、凸版（紙版画・木版画・消しゴム版画・芋版画など）、凹版（エッチング・ドライポイント・メゾチント・アクアチントなど）、平版（リトグラフ・オフセットなど）、孔版（シルクスクリーン・ステンシルなど）の4つに大きく分けられる。また版の材料によって、紙版画・木版画・銅版画・石版画などに分けられる。版をつくる工程では、材料選びから版をつくるための技法まで、また版画を刷る工程では、絵具やインクを選ぶことから色や形を写すための技法まで、体験的・主体的・積極的に版画に関する知識や技法を学ぶことができるように内容や環境を工夫したい。さらに子どもたちが複数枚版画をつくり上げる中で、より深い学びができるように心掛けたい。

1.版を用いた表現①―いろいろな版について

平成29年告示小学校学習指導要領図画工作の第3－2－(7)には、「児童が工夫して楽しめる程度の版に表す経験ができるようにすること」と記載がある。子どもの頃、小・中学校で図画工作・美術の時間に版画の制作をしたことがある人も多くいるだろう。ここでは、いろいろな版の紹介を行い、紙版画や木版画などの詳細については、これ以後のページで解説することにする。

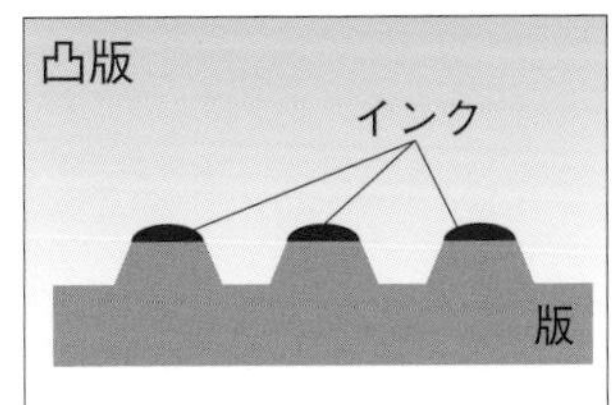

図1．凸版の仕組み

図2．平圧プレス機

1リノカット
凸版の一種で、リノリウム（天然素材でできた床材）を版に用いた版画技法。彫刻刀で彫る際に、木版画と違い、木目の方向の制限が無く彫りやすいため、美術教材としてもよく使われていた。

1. 凸版について

版画の歴史の中で、最初につくられたのは木版画とされており、この凸版である。小・中学校の図工・美術の時間には、教材としての扱いやすさから、紙版画や木版画などの凸版での版画制作が多く行われている。

凸版とは、画像として刷り取る部分が凸状になっている版のことで、画像となる部分以外は削り取り、残った凸部にインクを付着させ紙に刷り取る（図1）。刷りの方法には、バレンという伝統的な刷り用具が日本にはあり、紙の上からバレンでこする方法がよく知られている。他には、平圧プレス機（図2）を使って刷りを行う場合、印章のように版を手に持ち、紙などに押しつけて刷る場合もある。凸版の仲間には、木版、紙版画以外に、印章、リノカット[1)]、スタンピング、コラグラフなどがある。

- 紙版画…厚紙を切って接着剤で貼り重ねる。版の出ている凸部分にインクがついて、まわりの凹んだ部分に紙の白地が残る。ローラーでインクをつけて、バレンでこする。図案と刷り上がった作品とは左右が反転する。
- スタンピング…野菜や木の葉などの表面の形を写す、型押しの版画。
- コラグラフ…コラージュのように台紙に紙・布・ひもをはじめいろいろな材料を貼り合わせて、その表面の素材感を写し取る版画。

2. 凹版画について

凹版は、凸版とは逆に絵や文字の部分が凹状になっており、その凹んでいる溝にインクを詰め込んで、平坦なところのインクを拭き取り、プレス機で圧力をかけて詰め込んだインクを紙へ転写させる（図3）。凹版には、エッチング、ドライポイント等のくぼみをつくる方法があるが、版の材料は金属が最もよく使われる。版の材料としての金属には、銅がよく使われるため、凹版といえば銅板を用いた「銅版画」と呼ばれることも多い。刷りの際にプレス機を用いたり、エッチングの制作では薬品液が必要であったりするため、小・中学校の図工・美術の授業では扱うことがなかなか難しい。

- エッチング…「腐食法」。版となる銅板の表面にグランドと呼ばれる防触剤を塗り、薄い防触膜をつくる。ニードルなどの針のような描画材で描画をすると、描画をした部分だけグランドが削り取られ、銅が露出する。その状態で、数分間、酸溶液に浸けると露出した銅の部分だけが酸溶液に触れて腐食し、凹み部分ができ上がる。

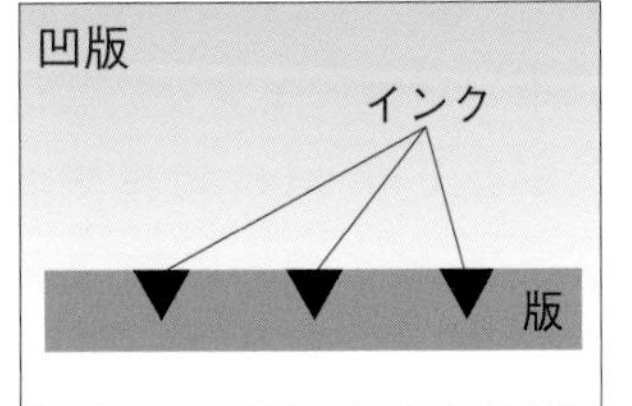

図3．凹版の仕組み

図4．塩化ビニール板を使った凹版

・ドライポイント…「直刻法」。金属板や塩化ビニール板をニードルやスクレーパー（ヘラ状で削り取る用具）などの鋭利な用具でひっかく、刻む、彫ることで、直接凹み部分をつくる。

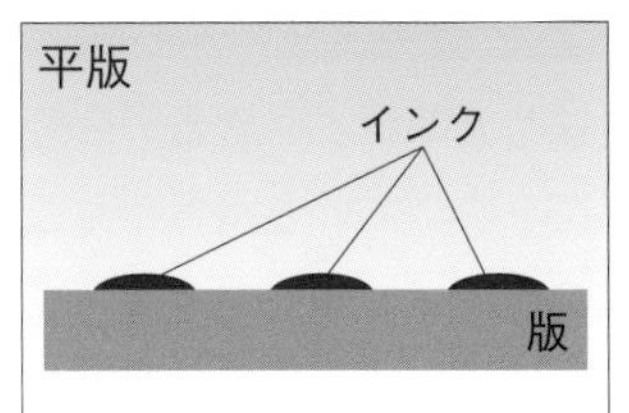

図5．平版の仕組み

3.平版について

凸版、凹版とは違い、版の表面に凹凸がない版を平版と呼ぶ。凹凸がないのに版画が刷れることを不思議に思う人も多くいる。平版は、版の表面に化学的な処理を施し、油と水が互いに反撥（はんぱつ）する性質を利用している（図5）。そのため、彫ったり、削ったりする必要がない。平版の中の石版画は、リトグラフとも呼ばれる。かつては、版材に石灰石が使われていたが、現在は、持ち運びのしやすい、アルミ版が用いられる。石版とアルミ版とでは扱いが異なり、扱いによっての表現効果にも違いがある。ただし、作品を見ただけでは石かアルミの版かを正確に判断することは難しい。また、印刷枚数の多い印刷物などの主流印刷方式は、平版のオフセット印刷である。

図6．石版

2）オフセット印刷
金属の反面からは直接印刷せずに、一旦ゴム材などへ転写し、それを紙に印刷する方法。版が紙に触れることがないため、大量部数の印刷が可能である。

・リトグラフ…版材に油性の描画材を使って直接絵を描き、その上から化学的な処理を施す。描いた場所にだけインクを盛り、紙に刷り取る版画。リトグラフは、製版過程の化学的処理が作品の仕上がりのほとんどを決めるといわれており、せっかく描画をしても、製版が正確に行われていなければ、画像を刷り取ることができない。このことが、版画の技法の中で、リトグラフが一番難しいとされる理由である。

・デカルコマニー…画用紙などの支持体に絵具をつけてから二つ折りにしたり、互いを貼り合わせたりしてから広げる。学校での教材としてよく用いられる技法。

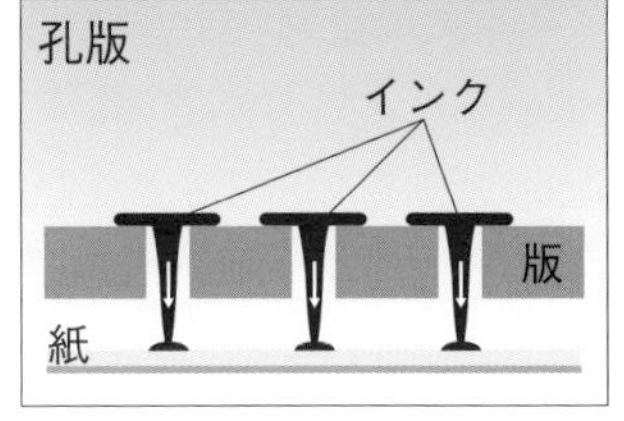

図7．孔版の仕組み

4.孔版について

「孔」とは「上から下へと突き抜けた穴」の意味であり、布や紙の支持体にインクが透過する部分としない部分をつくり出して版にするものである（図7）。「孔版」という名前より、シルクスクリーンという技法の名前の方が一般的によく認識されている。シルクスクリーンでも、本来製版のためにいろいろな材料や用具を用意する必要がある。ただし、学校教材としては、スクリーンにカッターで図案を切り抜いたフィルムを貼りつけて刷り込む方法で簡単に扱うことも可能である。シルクスクリーン以外には、古くからある技法として、型紙を使った合羽板、ステンシルなども孔版である。孔版は、凸版、凹版、平版と違って写し取った画像が左右反転しない。

図8．図案を切り抜いたフィルムをスクリーンに貼ったスクリーンプリント

・シルクスクリーン…アルミなどの枠に張った紗（しゃ）[3]、及び、紗を貼った面をスクリーンといい、かつてはシルクが使われていたことから「シルクスクリーン」と呼ばれる。ただし現在は、シルクはほとんど使われずに、テトロン（ポリエステル繊維で織られた紗）を一般的に使用するため、スクリーンプリントと呼ばれつつある。

［山本辰典］

3）紗（しゃ／さ）
薄くて目の粗い絹織物を意味し、布にまつわる言葉に使われる。

2. 版を用いた表現②—紙の版「紙を切る・貼る・刷る」

紙による凸版は用具の用意や制作の工程が非常に容易で、版画の入門として適した題材といえる。一般的に版画の特徴として、刷り上がった時の図案が原版と左右が反転するため、笛を吹いている持ち手や、箸を持つ手、文字など、左右が反転してしまうとおかしくなってしまうものについては原版(げんばん)をつくる時点で反転した図案をつくらなくてはならない。しかし、紙版画においては切ったものをひっくり返して貼っていけば反転した図案をつくることができるので、鏡像を考えたり、転写をしたりといった必要がない。

図1. パーツごとに切り分ける。

図2. ヤマメの原版

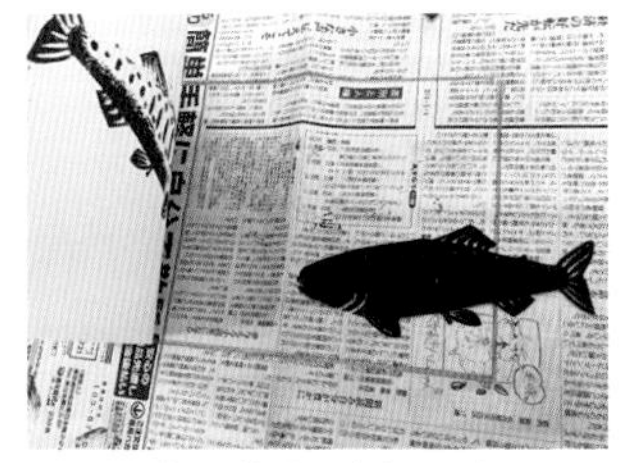
図3. 原版の位置を変えて刷る。

図4. 台紙に貼らない原版の作品

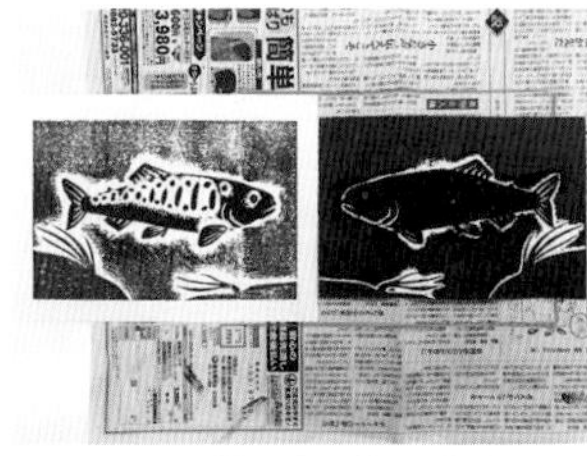
図5. 台紙に貼った原版の作品

1. 実践のねらい

❶完成をイメージしながら原版をつくることができる。

❷手の動きが直接残る鉛筆や絵具などとは違った表現を楽しむことができる。

❸一つの版で、同じ絵を複製できることを理解する。

2. 準備するもの

- 画用紙（厚口）、ハサミ、カッターナイフ、カッティングマット、木工用ボンド、版画ローラー、練り板、バレン、新聞紙
- 版画インク…水性がよい。黄色は、単色で刷った場合に図案の輪郭が見えにくいので、他の色に混ぜて使うとよい。

3. 実践の流れ

⑴授業準備

教室内には原版をつくるスペース、版を刷るスペース、できた版画作品を乾かすスペース（乾燥棚）を確保しておく。特に版を刷るスペースは、新聞紙を敷き、作業がしやすいよう広く取っておきたい。

⑵原版をつくる

版を刷った時に余白があるといいので、原版は刷る紙よりも小さくしたい。刷る紙も原版も画用紙で構わないが、紙版画は紙の重なりによって凹凸ができ、それが線として現れることを理解する。そのため、例えば魚の原版をつくる時には、体のパーツ、目のパーツ、ヒレのパーツ、模様のパーツというように、パーツごとにバラバラに紙を切らなくてはならない（図1、2）。

切ったパーツは原版となる台紙に、順にボンドで貼っていく。ボンドはヘラで余分を取り、薄く広げてから貼ることで接着時間を短くする。台紙の余白には、ヤマメを題材とした今回のような場合、例えば川の流れや岩といったモチーフなどを入れるとよい。しかし、台紙を使わずに刷ることで、余白を強く意識した広がりのある作品に仕上げることもできる。また、一つの版で何度も同じ絵をつくることができるという、版画としての醍醐味を味わうこともできる（図3～5）。新聞紙などを揉んで、シワにした模様も面白い。原版に新聞紙を貼る際は、あまり厚くしすぎないことと、ボンドを内側にもしっかりと塗ることに気をつけてほしい。インクの水分で新聞紙が破れることがあるためである。

文字などをつくる際にはそのままの文字列を紙に書き、切っていけばよ

い。そして、それらを台紙に貼る時にひっくり返して貼るだけである。鏡文字をイメージして書く必要はない。これが紙版画の特徴的な利点の一つだといえる（図6）。

図6. 文字はひっくり返して貼る。

⑶版を刷る

原版ができたら新聞紙を２枚用意し、版を刷るスペースに移動する。１枚の上でインクをのせ、もう１枚の上で版を刷る。

まずは練り板にインクを出し、ローラーを使ってインクをよく練る。チューブの中で成分が分離していることもあるので、ローラーを縦横に転がし、インクが均一にローラー全体をまとうようにする。ローラーを押して、インクから浮かして戻して、また押すというように一方向に回転させる動きをするとよい。ローラーをインク上で行ったり来たりさせているだけでは、インクののり方が偏ってしまう。

図7. セロハンテープで原版を作成する。

原版にインクをのせる時も、ローラーは縦横に動かし、スジが入っていたり、ゴミがついていたり、ムラができていないか、きれいにインクがのっていることを確認する（図8）。

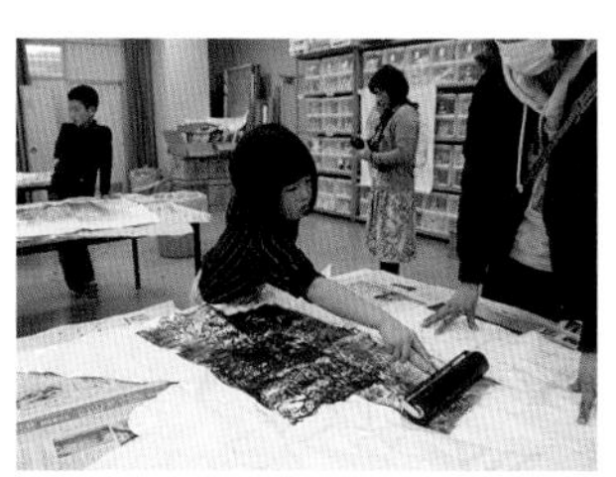
図8. 手早くインクをのせる。

原版をもう１枚の新聞の上に移し、その上に画用紙をのせる。この時、あらかじめ新聞紙の上に画用紙の輪郭をなぞっておくと、原版をどこに置けばいいか、画用紙をどこにのせればよいかがわかりやすい。バレンでこする時は、画用紙の中心から、外に空気を逃がすイメージで、小さな円をクルクル描くようにする（図9）。バレンにインクがつくと、後から刷る人の作品が汚れるので拭き取っておく。

4. 活動の留意点

紙版画は原版をつくるまでは工作的な内容であり、それが完成するとある種の達成感を味わってしまう。版画は刷るところまでが活動であるため、最後まで集中してもらいたい。また、刷る作業も手順が多いため、混乱しやすい場面である。こうしたことから手順の説明をしっかりとすることはもちろんだが、初めに小さくて単純な作品をつくり、一通り版画制作の活動を体験するのもよい。

図9. バレンでこすって完成。

5. まとめ

レース、ネット、布、毛糸、プチプチシートなど紙以外のものを原版に貼り、刷ることを、コラグラフという。紙版画では原版をつくるために、切った紙にボンドを塗って貼って、切って、貼って…といった作業があるが、これをセロハンテープに置き換えることもできる。コラグラフの一種になるが、台紙にセロハンテープを切って貼っていくだけで原版ができあがる。

より早く作品を形にできるため、大きな作品にも挑戦することができる。もちろんセロハンテープは薄いので、線がちゃんと出るか心配するかもしれないが、その時は布ガムテープでやるのもよい。ただし、テープを貼る時にピンと張り過ぎると、縮んで台紙にシワが寄ってしまうことには注意したい。図はすべてセロハンテープによる作品である（図７～10）。

図10. 大きな樹をつくった親子

［加藤克俊］

3. 版を用いた表現③―木版画の技法

木版画は版技法の一つで、版となる平らな木に彫刻刀を用いて凹凸をつくる。その凹凸の効果により、インクののる部分とのらない部分をつくり印刷する方法である。日本では、浮世絵に用いられた技法として知られている。版木を彫刻刀で彫りインクをのせ刷ることで、版木のもつ物質的な強さを画面に加えることが可能となる。自らがイメージした内容は、彫刻刀で彫ってできた痕跡によって、直接筆を用いて描く手法では得られない視覚効果を含むこととなる。さらに、彫った版は、刷ってみなければどのように描かれているのかがわからず、イメージの獲得は、紙に版木の図像が刷られた時、初めて目にすることになる。

ここでは、木版画の具体的な方法と使用道具の解説を行う。

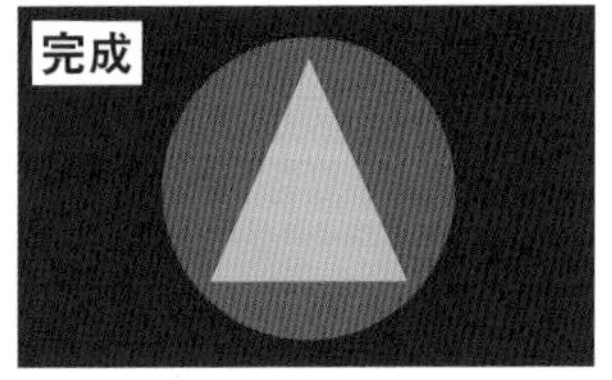

図1．彫り進み版画

上の①～③は版木を彫って色をのせた状態で、完成は最終的に刷ったものである。

まず、版木に円と三角の輪郭線を彫る。そして、版木全体に黄色をのせ刷る①。インクのついた版木を洗い、次の彫りの準備をする。この工程を色ごとに繰り返し行う。次は、黄色の三角を残したいため、三角の中を彫り、版木全体に赤をのせ刷る②。続いて、円の中を彫り、版木全面に緑をのせ刷る③。最終的には、円の外側は黄、赤、緑の三色が重なっていることになる。

刷る、洗う、彫るを繰り返す。

Ⅰ. 木版画の種類

木版画には、いくつかの方法がある。最もシンプルな方法が、一版単色で刷る方法である。その他、一版多色、多版多色、彫り進み版画があるが、学年に合わせ教材化する必要がある。版木には、サクラ・カツラ・ホオノキなどが使われるが、小学校では、簡易的で扱いやすいシナベニヤを用いることが多い。刷るための絵具は、透明水彩絵具や不透明水彩絵具、版画用水性インク、油性インクなど、幅広く利用可能である。刷る紙は、和紙、洋紙どちらも可能だが、バレンで刷る場合、紙に厚みがあると圧がかかりにくいことから、薄めの和紙が扱いやすい。最も一般的に使われているのは、「鳥の子」という和紙である。試し刷りには、コピー紙を使用することも可能である。プレス機を使用する場合は、紙の厚みをあまり気にせず、刷ることができる。

版木のその他の使用方法として、スタンプの要領で紙以外の素材に刷ることも可能である。そのため、他の表現媒体と合わせるなど、技法の応用を視野に入れ展開することで、表現の広がりを獲得することにつながる。

以下、それぞれの特徴をまとめる。

- **一版単色**…使用する版が一版なのに対し、刷る色も１色となる。応用として、１色で刷りインクが乾燥した後、絵具で直接、着彩する方法がある。
- **一版多色**…使用する版が一版なのに対し、刷る色は多色となる。版に絵具をのせる際に、部分的に異なる色を塗り刷ることで、多色になる方法である。乾燥の早い水彩絵具の場合、版木に絵具を塗る作業に時間をかけられないため、部分的に塗っては刷る、を繰り返し行う。乾燥の遅い版画用インクの場合は、部分的に異なる色を塗り分けた後、一度に刷ることができる。
- **多版多色**…浮世絵で用いられる手法である。使用する版がたとえば三版であれば、刷る色は３色以上となる。一版多色と同様、一つの版の中で色を数色に塗り分けることもでき、３色以上も可能となる。
- **彫り進み版画**…１枚の版木から彫っては刷りを繰り返し、色を重ねる方法である。「残したい色を彫る」ということがポイントとなる方法である。具体的には左の図１で説明する。

2. 木版画の道具について

⑴彫刻刀

図2. 彫刻刀の種類

図2の左から、丸刀（小）・丸刀（大）・三角刀・切り出し刀・平刀となる。彫刻刀を使用する際には、第一に安全が大事になる。一般的には、掘りたい方向に版木を動かしてから身体の正面に向かって彫るが、熱中すると、そのまま続けて身体をひねりながら横に向かって彫ることがあり、版木を支えている手に刃が当たってけがする恐れが出てくる。彫る際には、姿勢の維持が大事になる（図3）。

図3. 姿勢を維持して版木に向かう。

⑵インクについて

木版画で使用する絵具やインクは、基本的に油性か水性で分かれる。また、水性の中でも、水彩絵具と木版画用水性インクで分かれる。水彩絵具の場合、刷毛で薄く均一にのばすなど、技術が必要となる。しかし、淡く透明感のあるイメージを獲得することができる。それに比べ、木版画用水性インクは、ローラーを使い版木にインクをのせるため、均一に塗ることが容易である（図4）。油性インクのようにはっきりとした力強い印象となる。ローラーで塗る場合、インクをバットの中でまんべんなく均一にのばしてから版木にのせることで斑（むら）が抑えられる。

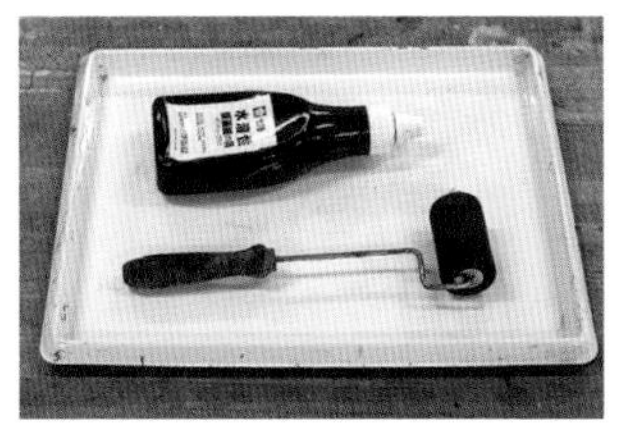
図4. インク、ローラー、バット

⑶その他の使用道具について

木版画では、完成の図柄と版木に彫られる図柄とでは、反転（鏡に映し出された状態）した状態になる。そこで、下描きした用紙を版木に反転させて写し取るために、トレーシングペーパーとカーボン紙を使用し、版木に転写する（図5）。まず、下描きの上にトレーシングペーパーを重ね、なぞる。トレーシングペーパーは半透明のため裏から見ることができるので、トレーシングペーパーの表裏を反転させ、カーボン紙を使い版木に写す。これで、下描きと版木に写し取られた図柄は反転した状態となる。

図5. トレーシングペーパーとカーボン紙

3. 印刷時の留意点について

⑴見当合わせについて

印刷する紙の中心に版を配置したい場合、見当板を用いる。見当板は、版木と同じ厚みにする必要がある。シナベニヤなどで作ると長期に渡って使用できるが、入手しやすい段ボールで代用可能である。段ボールは、押し潰すことができるため、版木の厚みに合わせ厚みを調整することができる。L字の角に版木を合わせ、紙の角を見当板に印した線に合わせ刷る。刷る紙と版木のサイズから中心を割り出し、余白部分の長さを見当板に印すことで、中心に紙を配置することができる（図6）。多版多色の場合には、重ねる版のずれを防ぐことが可能となる。

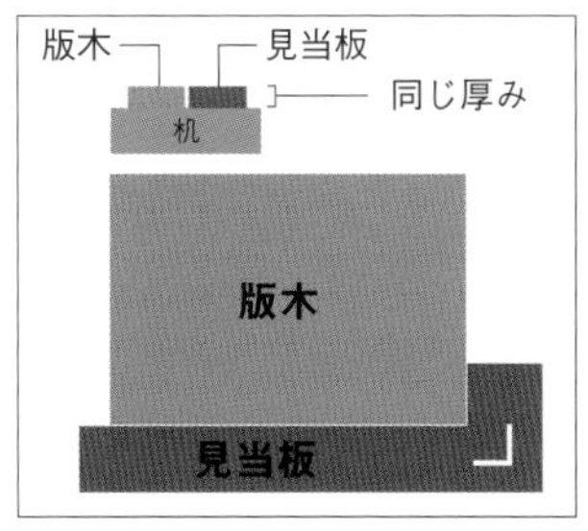

図6. 見当板

⑵版画用水性インクの片づけについて

使用したバットについたインクをヘラで取り除く。多く残ったインクを保存したい場合には、元の容器に戻す。口が狭く戻せない場合は、サランラップに包み保管することもできる。しかし、空気に触れるため、徐々に乾燥は進む。ローラーについているインクは、新聞紙の上で転がして取り除く。バットとローラーから大部分のインクが取り除けたら、水洗いする。これは、環境への配慮となる。

［西園政史］

4.版を用いた表現④—スチレン版画

版画の活動では、技法の種類やつくり方を覚えるだけではなく、写し取る喜びを味わうことを大切にしたい。特定の題材をもって版づくりに望むだけではなく、様々な素材を版にして写し取る遊びの中で思わぬ形や色を発見し、素材の特性を感じながらイメージを膨らませる活動にしたい。本節で取り上げるスチレン版画は、版に使用するスチレンボードが木版画などとは異なり軟らかく、簡単に版をつくることができるため、すぐに版表現の楽しさを味わうことが可能である。

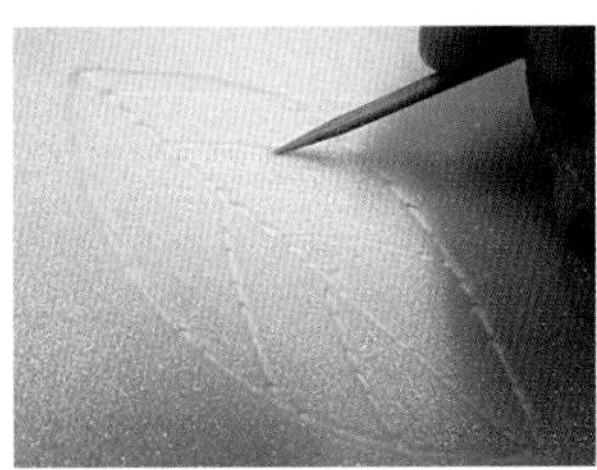
図1. 尖ったもので描いた跡

図2. 油性ペンで描いた跡

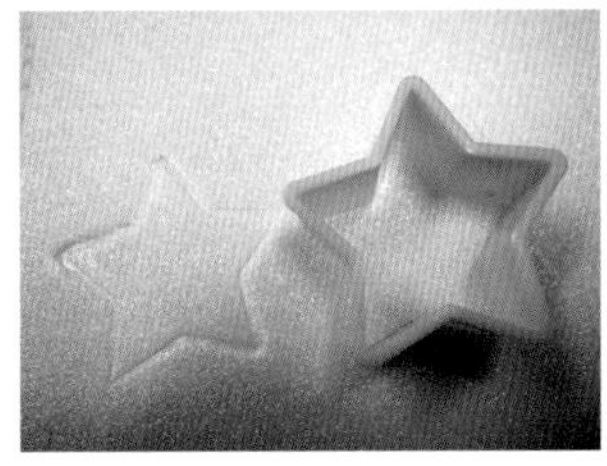
図3. 型押し

図4. ローラーで着色する。

1. 実践のねらい

❶素材の特性を理解して、版づくりや刷りを楽しむ。
❷様々な方法で型押しし、形や色の面白さを発見する。
❸刷り上がりを予想したり、刷り上がったものから想像を広げたりする。

2. 準備するもの

- スチレンボード　• ハサミ　• ローラー　• 筆　• バレン
- 刷り取り紙　• インク…簡単に洗い流せる水性インク
- 描く素材…油性ペン（インクでスチレンを溶かす）・鉛筆・釘・ニードル・竹串・ドライバー（ひっかいて描く）
- 型押しに使える素材…料理用各種型押し・ビンなど各種ふた・洗濯バサミなど各種プラスチック製品・ビー玉等

3. 実践の流れ

⑴描く

先の尖った鉛筆や釘などで、線や跡をつけて絵を描く。油性ペンの油性インクはスチレンを溶かして跡になり、同じ効果が得られる（図1、2）。

⑵型押し

いろいろな材料や用具を使ってスチレンに跡をつけて型押しする（図3）。⑴と組み合わせて、様々な模様をつくり出そう。

⑶版に着色する

筆やスポンジローラーで刷りたい色の水性インクをスチレンボードにつける(図4)。耐水性のスチレンボードはインクを吸い込まないので少量つければよく、また、水性インクは簡単に洗い流せるので、何度もいろいろな色の版を刷ることができる。

⑷版を刷る

刷り取り紙を版の上に重ねてバレンでこすり、版を刷る（図5、6）。

図5. 刷り取ったスチレン版画

図6. いろいろな色を塗って刷った版画

⑸多色刷り版画をつくる

図7. 多色刷りの原版

❶版の図柄の形に沿って、ハサミやカッターナイフを使って切り抜く（図7、8）。切り抜く時は、カッターマットを使用し、スチレン版画をしっかりと押えて手を切らないようにゆっくりと切る。

❷切り出したそれぞれのパーツに異なる色の版画インクをつける（図9）。

図8. 切り出した各版

図9. 各版に色を塗る。

❸色をつけたらそれぞれのパーツを元の版の形に戻す（図10）。⑷と同様に版を刷る。この時、切り取ったパーツがずれないようにバレンでしっかりと押しつけながら刷る（図11）。

❹❸でパーツを元の版とは別の形に構成したり、色のつけ方を工夫したりしてみることもできる。

図10. 各版を原版に戻したところ

図11. 刷り取った多色版画

4. 実践の振り返り

図12. 直接インクをつけて版にしたスタンピング

- 様々な素材を用いて版づくりを工夫し、形・色を発見できたか。
- 素材の特性を理解し、版づくりをすることができたか。
- 刷り上がった形や色から、新たに連想するイメージを膨らませることができたか。

5. まとめ

図13. スチレン版画を使って制作したカレンダー

スチレンボードは軟らかいため、身近にある素材の形や特性を生かして線や跡をつけて絵を描いたり、ハサミやカッターナイフで版を切り分けたりして、多色刷りも容易に挑戦することができる。さらに、スチレン版画の版製作で使用した瓶のふたやクッキーの型押しなどに直接インクをつけて版にするスタンピングも、スチレン版画に合わせて楽しみたい。何度でも刷ることができる版の特性と、容易に版ができるスチレン版画の利点を生かし、写す前の想像と、写し出された形や色から想像を膨らませるなどして、版画の写す喜びを味わいたい。

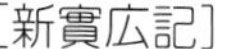

［新實広記］

column 3 自分の作品にエディションナンバーとサイン、タイトルを書こう

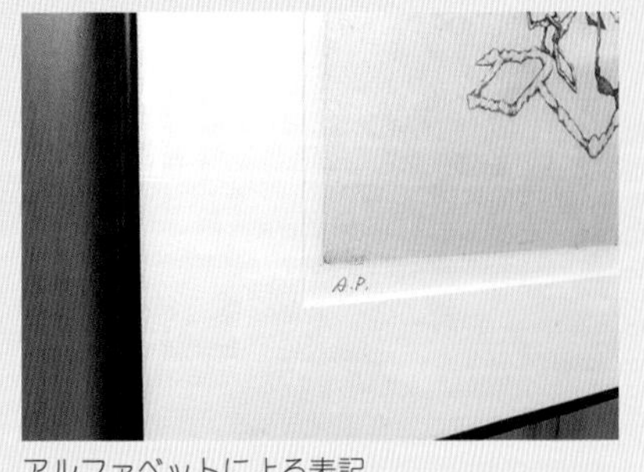

アルファベットによる表記

美術館などに展示してある版画作品の下部に、数字やアルファベットなどが書き込まれているのを見たことがあるだろうか。ほとんどの版画作品には、左下に分数のような数字が書かれており、その数字のことをエディションナンバー（限定番号／限定部数）という。エディションナンバーは、作品の合計枚数を管理する通し番号で、分母には作品の合計、分子には通し番号を書き入れる。50枚作品がある場合には、1/50、2/50……　49/50、50/50というように表記する。作品の枚数を管理するための番号であるため、分子の数字は刷り上がった順序や作品の質とは関係がない。刷った版画作品の中から作家が作品だと認めたものをエディションナンバーの分母数とする。分母が50だからといって、50枚しか刷らなかったとは限らない。作家はエディションナンバーの分を一度には刷らずに、後から刷り足すこともある。

また、数字ではなくアルファベットが略式的に表記されていることがあり、その場合には「A.P.」「E.P.」など多くの表記の種類がある。いくつかについて下記に解説しておく。

A.P. ／ Artist's Proof（英語）………作者保有用として制作されたものを表す。

E.P. ／ Epreuve d'artiste（仏語）……「A.P.」と同じ。

T.P. ／ Trial Proof（英語）……………試し刷りとして表す。

P.P. ／ Present Proof、Printer's Proof（英語）……寄贈用や刷り師贈呈用として表す。

サインは、作品下部の右あたりに書かれることが多い。油絵や日本画などの絵画作品の場合は画面の中へ制作後に記入することが多い。版画作品では、余白にエディションナンバーやタイトルとともに書き込まれる。絵画作品とは違い、一つの作品の枚数が多くなるため、作品のオリジナル性を保つためにも自分のサインを書き込むことが必要である。

タイトルは、作品下部中央あたりに書かれることが多い。他の美術作品と同様で、日本語や英語など表記は、多種多様である。タイトルだけでなく、エディションナンバーもサインも控えめに小さな文字や数字を書くことが、作品としての雰囲気を崩さない条件のようである。

エディションナンバーを書き入れるところ

小・中学校の図工・美術で版画制作を行う場合にも、エディションナンバーなどを書き込んでみるのもよい。作家が同じ環境のもとで50枚や100枚を刷るようには当然できないが、子どもの作品の場合には、一枚一枚刷り上げていくたびに刷った順番を余白の下部左下あたりに分子として書いておき、刷った枚数分の数字を分母に書き入れていけばエディションナンバーの書き込みが完成である。子ども自身も黒のインクのみで刷った版画の場合、何枚目に刷った作品なのか認識できない場合が多い。刷り上がるたびに通し番号を書かせることで、何枚目に刷った作品なのかを自分で確認することができる。分母の数字を見れば、全部で何枚刷ったのか、努力の跡を自分で確かめることができる。

版画制作は、図案のアイデアスケッチに始まり、版への転写、版づくり、刷りと他の図工、美術の課題の中でも作業工程の多い課題である。根気のいる制作過程の先で、エディションナンバーとタイトルとサインを記入することは、作品の輝きと制作者に愛着をもたせるために必要な行為ではないだろうか。

［山本辰典］

第4章

彫　刻

彫刻は、モノの形象を立体的に表したものである。様々な材料を用いて立体的に制作した作品のことだけでなく、モノの表面に書画や模様などを彫り込むことも彫刻という。その材料の違いによって、木彫、石彫、金属彫刻などに分けられ、立体作品を制作する素材や工程の違いによって、カービング（彫刻）やモデリング（彫塑）、さらに型に材料を流し込んでつくるキャスティングに分けられる。また対象の違いによって、具象彫刻や抽象彫刻に分けられる。現在では、「空間表現」「インスタレーション」と呼ばれる表現も含むなど、彫刻は多様化している。子どもたちが、彫刻作品の制作を通して、身近で扱いやすい材料や用具に十分に慣れることができるようにしたい、また制作を通して、並べたり、つなげたり、積んだりするなど手や体全体の感覚などを働かせることができるように心掛けたい。さらに立体としての量感・空間性・均衡・質感・動勢といった造形的な内容を表現や鑑賞の活動を通して学習できるようにしたい。

1.彫刻の材料・技法①―土、モデリングとカービング等

土（粘土）は可塑性があり造形をしやすい素材である。これらを使用して形を作ることは古代より人類が行っており、彫刻制作の最も原点となるものである。そのため、様々な材料や道具がある。ここでは、その材料や道具についてと、技法（モデリング・カービング）の解説を行う。

1. 実践のねらい

❶様々な材料や道具の使用方法を学ぶ。

❷材料や道具を知ることによって更なる塑造の表現効果を考える。

2. 準備するもの

- 塑造用水粘土
- テラコッタ粘土
- 針金
- シュロ縄
- 柘ヘラ
- 鉄ヘラ
- 石膏ヘラ
- かき出しヘラ
- やすりヘラ

3. 実践の流れ

［材料及び道具の解説］ 材料及び道具を触らせながら一つずつ解説を行う。

❶塑造用水粘土（図1）…岩石が自然現象の中で風化され細かく砕かれたものが主な原材料であり、彫刻の塑造には粘り気が多くきめの細かいものが使用される。また、形の確認をしやすくするために、色はグレーの場合が多い。土に含ませる水分の比率により軟らかさを調節することができ、自由な造形表現をするのに適している。しかし、制作を行ったものは乾燥による形の変形などにより、そのままの状態で長期保存はできない。そのため、石膏やブロンズ、FRP（硬化プラスチック）などのほかの素材に置き換えることが一般的である。

❷焼き物用粘土（図2）…焼成を行うために作られた粘土であり、基本的には陶芸で使われるものである。粘土の種類の違いによって様々な色に焼き上がる。テラコッタ粘土においては焼き上がりが赤いレンガ色の場合が多く、乾燥時の収縮を少なくして、窯で焼成する際に割れづらくするために、シャモット（一度焼いた粘土を粉にしたもの）を混ぜて作られている場合が多い。

❸針金（図3）…金属を糸状に細く伸ばしたもので、アルミ・鉄・真鍮・ステンレスなど様々な素材のものがある。粘土は軟らかく、自身で形を支えらず崩れることが多いため、丈夫で加工のしやすい鉄製のなめしていない焼きの入った硬い種類のものを心棒として使用する。水粘土は強い支持体を必要とするため、８番線や10番線などの太いものにシュロ縄を巻き付けて使用することが望ましい。

❹垂木・小割り（図4）…主に建材として使用されている材木である。安価で入手しやすく、加工しやすいため、彫刻の心棒として使用する。のこぎりで使用したい長さに切断をして使用する。

❺シュロ縄（図5）…シュロ皮の繊維を使用して作られた縄。シュロ縄は水に浸かっても腐りづらく、主に庭園や建築に使用される。塑造で使用する心棒は長期間粘土の中に埋まるため、心棒を固定する際には腐りづらいシュロ縄を使用する場合が多い。心棒に使う針金や垂木・

図1. 塑造用水粘土

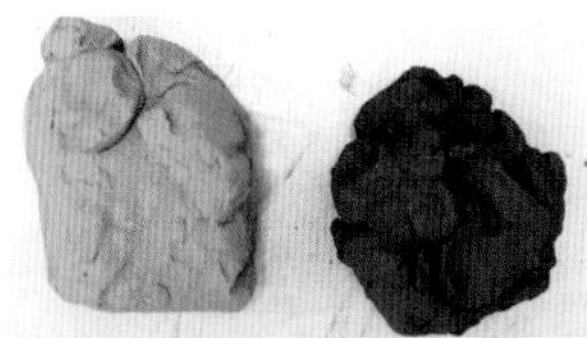

図2. 焼き物用粘土

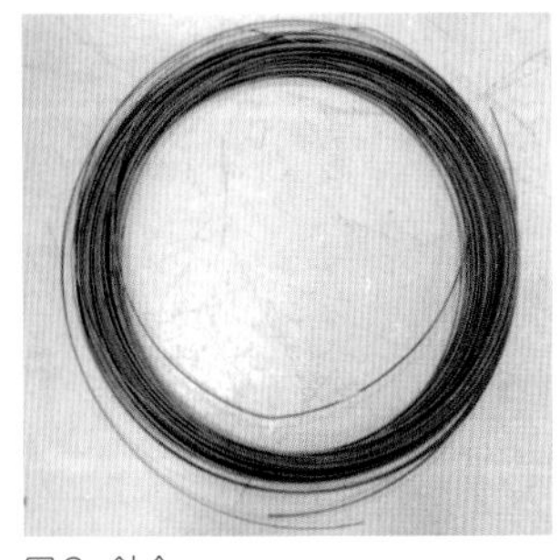

図3. 針金

図4. 垂木・小割り

図5. シュロ縄

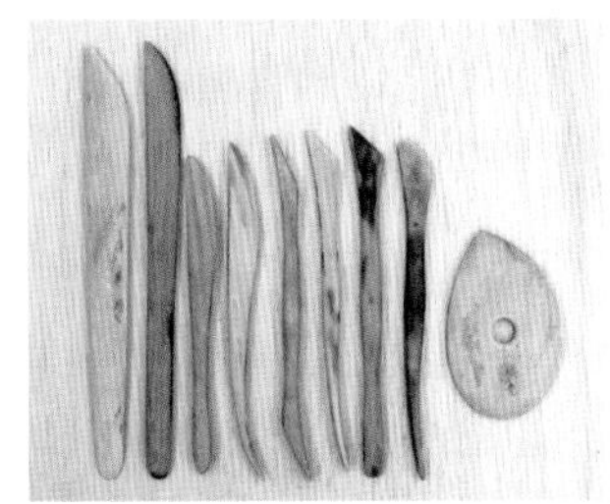
図6. 栯ヘラ

図7. 鉄ヘラ（左）
図8. 石膏ヘラ（右）

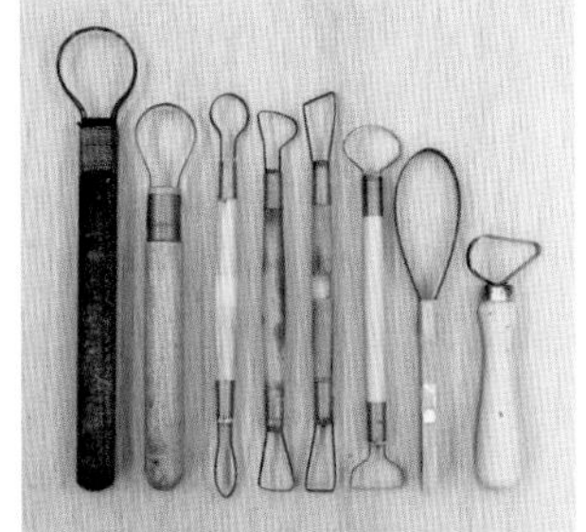
図9. かき出しヘラ

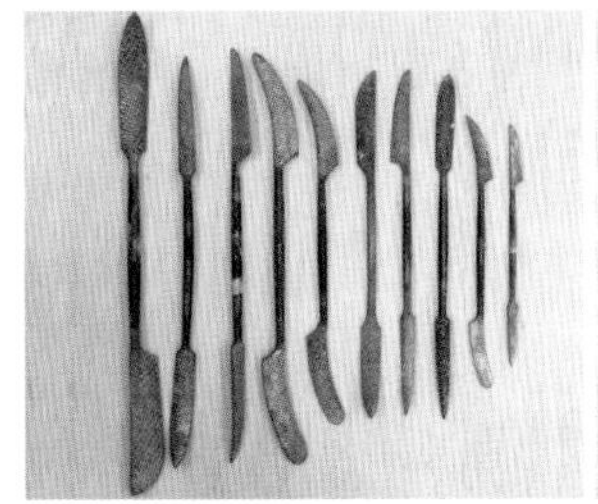
図10. やすりヘラ

図11.「風のあぶく」奥田真澄

図12.「秋月」奥田真澄

小割りの組み立てや、粘土に馴染ませるために巻き付けて使用する。

❻栯ヘラ（塑造用栯ヘラ）（図6）…栯材を使用して作られたヘラである。様々な形のものがあり、作りたい形に合わせて使用する。また、使用する人の好みに合わせてヤスリなどで削り、形を変えて使うことが望ましい。また、金属製のものに比べると木は柔軟な素材のため、柔らかいタッチや質感の表現に適しており、指で作る表情との違和感が少なく、塑造制作に一番使われるヘラである。

❼鉄ヘラ（図7）…鉄でできたヘラである。栯ヘラに比べると素材の特徴から重く丈夫である。形態が鋭利なため、シャープで鋭角なタッチを表現することに長けている。丈夫で変形しづらいため、固い粘土を成形する際や大きく量を削る時や、塑造作品を崩すのに適している。

❽石膏ヘラ（図8）…石膏を水と攪拌（かくはん）したり、石膏の硬化途中で盛り付けたりする時に使用する金属製のヘラである。石膏は酸性のため、鉄製のものはさびやすく、ステンレス製の場合が多い。硬化した石膏が付着しづらいように、表面をよく研磨してあるものが好ましい。

❾かき出しヘラ（図9）…先端に輪状の細い金属を取り付けており、そこを使用して粘土を削ったり、くりぬいたりして使用する。様々な形状のものがあり、造形したい形に合わせて使用する。主に陶芸制作用に作られたものが多いが、彫刻制作においてもよく使用される。

❿やすりヘラ（図10）…鉄でできたヤスリの表面がヤスリ状になっており、乾燥した粘土やテラコッタ、硬化した石膏などを削って作るなどカービングに使用する。大小様々な形状のものがあり、作りたい形に合わせたものを選んで使用する。

［技法の解説］ モデリングとカービングの技法についての説明を行う。

❶モデリング（図11）…粘土を足して形を作ることを示し、塑造制作の最も基本的な技法である。手を使って形を作るだけではなく、栯ヘラや鉄ヘラを使って制作を行う。

❷カービング（図12）…削って形を作る技法である。通常、粘土以外の素材の際に用いられる技法である。粘土制作の際は軟らかい状態の時は、栯ヘラや鉄ヘラ、かき出しヘラを使って制作を行うことが多い。粘土が乾燥した時や焼成してテラコッタにした時は、やすりヘラや紙ヤスリを使って制作を行う。

4. まとめ

自分で使いやすいヘラを作ることも考えられる。栯ヘラに関しては切り出しナイフなどで大きな形を作り、紙ヤスリで仕上げ、金属製のヘラはグラインダーなどで形を作る。

また、塑造制作はほかの実材制作（石・木・金属）などに比べると短時間で成形できて量感を合わせやすい彫刻技法であるが、それがゆえに同じ繰り返しの安易な制作内容になったり、形の探求に終始した結果、作品の密度が上がらず物足りない内容で終わる場合も多い。そのため、各制作プロセスにおいて綿密なプランニングを立てて行うことが大切であることを併せて伝えるとよい。

［奥田真澄］

2. 彫刻の材料・技法②―木・石と材料・用具・基本技法

木や石を彫る制作（カービング）では、材料・用具・技法と、表現される作品に密接な関係がある。木彫と石彫では、同じものを彫ってもまったく違う作品となり、それぞれにその素材ならではの魅力が生まれる。同様にどのような用具や技法でつくったかによっても、様々な味わいが現れる。表したいイメージやテーマに合った材料・用具・技法を選びたい。ここでは木彫・石彫の材料・用具と基礎技法を紹介する。

1. 木彫の材料…木

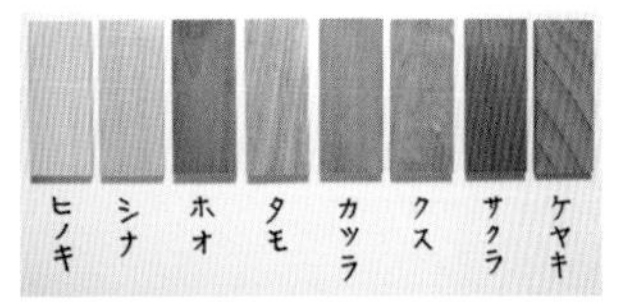

図1. 木彫りに適した木

彫刻に適した木にはたくさんの種類があり（図1）、木肌の色、木目の模様、硬さ、香りなどの特徴にそれぞれ違いがある。専門家が使う木は、ヒノキ、カツラ、クス、ケヤキなどが主である。

丸太の年輪が見える部分を木口（こぐち）、木目の中心を芯という。芯がある材は割れが入りやすいので、小さな彫刻をつくる場合には、芯を外して製材した角材や丸太を縦半分にした材など（芯去り材）を用いるとよい。芯を通る断面をもつ板面を柾目（まさめ）、芯を通らない面は板目（いため）という。板目材の丸太の表面側を木表、芯側を木裏という（図2）。

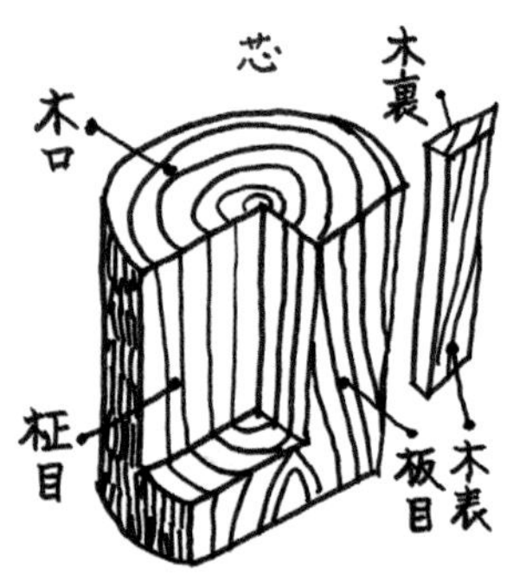

図2. 丸太の各部分の名称

木には順目と逆目（さかめ）がある。木は繊維が集まった構造をしており、ストローを束にしたようなものである。ノミなどで彫る時には、この繊維の向きを考えなければいけない。木目の外側から内側へ向かう方向、順目に向かって彫るときれいに彫れる。あるいは繊維に横向きの方向で彫るのもよい。

逆に、木の中心から外側、つまり木口面から彫ろうとすると繊維に沿って割れてしまう。この方向を逆目という。しかし、粗彫りではこの性質を利用して、大胆に割りながら彫り進めることもできる。また、意識的に割れ跡を作品の完成面に生かすこともできる。円空（えんくう）などが良い例である。

彫刻は複雑な形の制作となるため、順目・逆目がわかりにくいが、木が割れそうな手応えの時には、ノミの方向を変えて彫ってみるとよいだろう。

2. 木彫の用具・技法

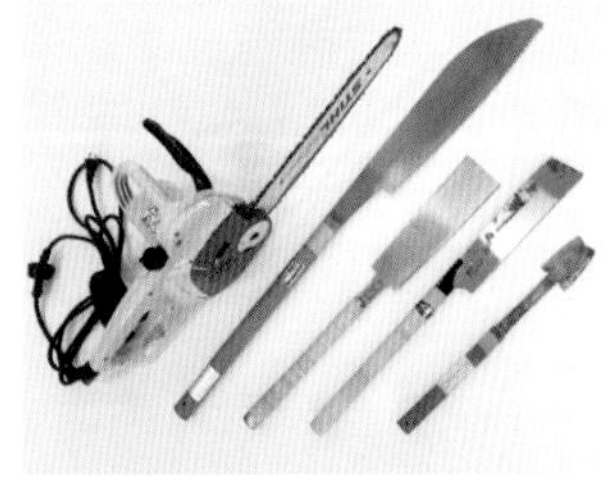
図3. 木を切る用具
左から、電動チェンソー、のこぎり9寸（片刃）／6寸（両刃）／4寸（片刃）、あぜ挽きノコ（両刃）

⑴**切る**（図3）

- **鋸**（のこぎり）…両刃のこぎりには、縦挽（び）きと横挽きの刃、片刃のこぎりは横挽きの刃が付いている。縦挽きは刃が大きく、繊維に沿って切る時に使用する。横挽きは刃が細かく、繊維に逆らって切る時に使う。材料を手や足で押さえるか、万力やクランプ（固定金具）を使い、しっかり固定する。刃の先から元まで全体を使い、手前に引く時に切れることを意識し、押す時は軽く、引く時はしっかり力を入れて、リズミカルにまっすぐ前後に引いて切る。
- **チェンソー**…チェーン（ソーチェン）の上と側面に刃が付いており、電気やガソリン等を使い、チェーンを回転させて木を切る。電動チェンソーは、扱いが簡単で中型以上の彫刻制作に便利な用具である。チョークなどで線を引いてから、切り口がねじれないように気をつけてまっすぐ切ることで正確な作業となる。

図4. 木を彫る用具：木彫ノミ・彫刻刀

図5. 右上：木鎚、右下：金鎚、左上：砥石（荒砥）、左下：砥石（中砥）

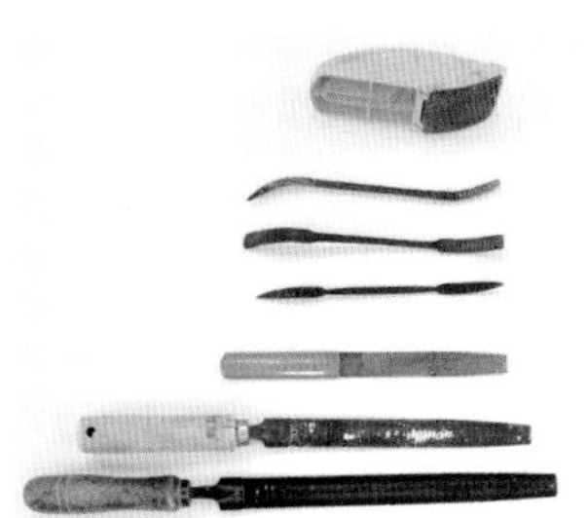
図6. 木を削る用具　サーフォーム・棒ヤスリ

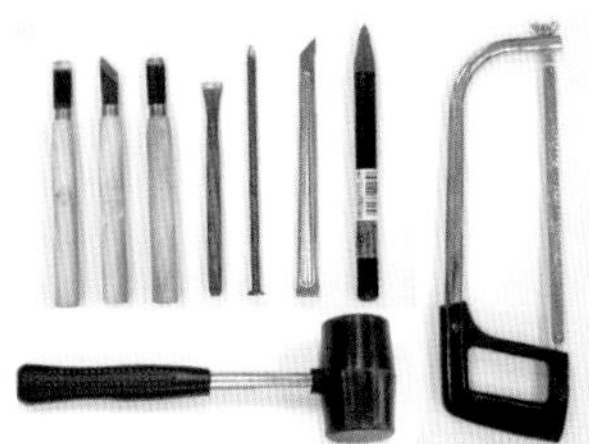
図7. 石材用彫刻刀、タガネ、釘、チス、金属用のこぎり、ゴム槌

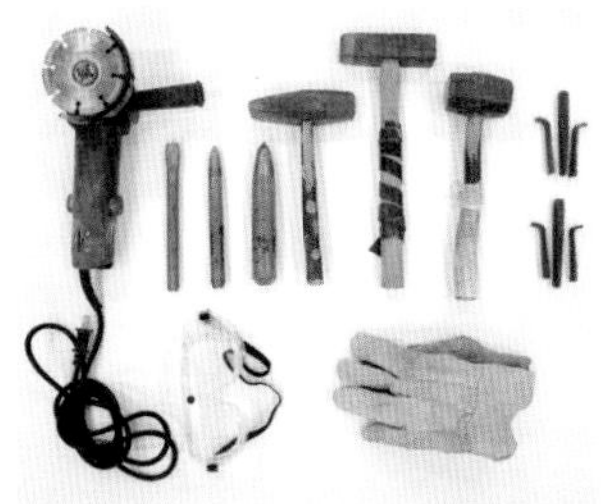
図8. 石を切る・彫る・割る用具（専門家用）
　ダイヤモンドカッターの刃をつけたグラインダー、タンガロイ、コヤスケ、ビシャン、ハンマー、セリ矢、防塵メガネ、皮手袋

⑵**彫る**

- **鑿・彫刻刀**…木彫では、様々な種類のノミや彫刻刀が用いられる（図4）。柄に鉄の環、冠が付いているノミを叩きノミといい、木槌や金鎚で叩いて彫る（図5）。銀色に光っている側を刃裏、黒い鉄と先端に銀色が見える側を刃表という。彫刻では、刃裏を上にして使う。使用後は、金属部分がさびないように、椿油を布につけて拭く。定期的に水に浸した砥石で刃を研ぎ、よく切れる状態を維持したい（図5）。

⑶**削る・磨く**

木を削る・磨く用具（図6）には、サーフォーム（ヤスリと鉋が一緒になったもの）、棒ヤスリ、紙ヤスリなどがある。これらは、教材用の軟石や大理石などでも使用できる。金属の棒ヤスリの削り跡は、独特な表面の魅力（テクスチャー）となる。紙ヤスリは、目の粗さ、細かさで数字が決められている。初めは60～120番程度の粗いヤスリを使い、順に240、400、600と番手を上げて磨くと、滑らかな表面にすることができる。

3. 石彫の材料…石

学校教材用の軟石や疑似石材としては、滑石（雲南石）や、大理彫石（Gロック）、石膏ブロック、パラフィン（蝋）、発泡セメントなどがある。専門家の石彫材料は、黒みかげ石と大理石が主であるが、他にも小松石などの安山岩や赤みかげ石などの花こう岩も用いられる。石は石理という年輪のような層により割れやすい方向があるので、注意して彫り進め、石理を見極める必要がある。

4. 石彫の用具・技法

⑴**切る・彫る・削る（教材用用具）**

教材用軟石や疑似石材を切る・彫るための用具を図7に示した。金物用のこぎりで切り込みを入れ、タガネやチスなどを木鎚で叩いて彫り進める。細部は石材用彫刻刀（使い古した木彫用の物でもよい）で彫り込んだり、図6の金ヤスリや紙ヤスリなどで削る。滑石や大理彫石は、細かな目の耐水ペーパーに水を付けて磨き、布でこするとつやが出る。

⑵**切る・彫る・割る（専門家用用具）**

黒みかげ石や大理石の切断には、ダイヤモンドカッターを使う。彫る用具には、タンガロイとハンマーを使う。木彫では、ノミを木に斜めに当ててしゃくるように彫るのに対し、石彫では、垂直にノミを当てて叩いて彫っていく。

コヤスケは、大きな塊で石を割る時に用いる。コヤスケを石の割りたい部分に当て、ハンマーでコヤスケの頭を叩いて割っていく。ビシャンはタンガロイの刃先をまとめたような構造で、叩き面に9本～16本程度の尖った刃先がある。両手で柄を持ち石の面を繰り返し叩くことで、平らな整った面にすることができる。この他にも、穴を開けるロータリーハンマードリルや、石割る時に使うセリ矢、石を磨く砥石や電動工具、エアー工具などがある。

［河西栄二］

3.彫刻の材料・技法③—多様な材料、表現の方法

彫刻制作における題材と材料との関係は、まず表現したいテーマや題材があって、それにふさわしい材料や制作方法を選ぶのが理想的である。学校現場では、時間や教材費、処分方法などの制約もあるが、通常の授業の枠を越えた特別な機会においては様々な材料を使用する可能性もあるので、基本的な材料は以下の表に示しておきたい。

また、ミクストメディアといって、これらの材料を複数組み合わせたり、以下の表には無いビニール、鉄、布、電気、紙、廃材、光など色々な材料を使っている現代美術作品もある。すべてを紹介することはできないので、ここでは塑造で扱う材料に絞って紹介する。

Ⅰ.塑造制作に使用する材料とその特徴一覧[1)2)]

制作終了後の作品処理			材料名	材料の硬化方法または融解温度	心材や胎[3)]を必要に応じて補強に使用する繊維等	削りやすさ	付け足しやすさ
作品を残さない場合			彫塑用粘土	乾燥	木材、針金など	◎	◎
			油粘土	なし	木材、針金など	◎	◎
作品を残す場合	型を取らない方法	成形後に自然乾燥	紙粘土	自然乾燥	アルミ線　ひもなど	◎	◎
			石粉粘土	自然乾燥	アルミ線　ひもなど	◎	◎
			樹脂粘土	自然乾燥	アルミ線　ひもなど	○	◎
		直付け	パテ（小品向け）	二液混合による化学反応	アルミ線　ひもなど	◎	○
			漆（直付け）	高温多湿環境での自然硬化	木、ウレタン（胎）など、麻布、蚊帳	△	×
			木工用ボンドなど（直付け）	自然乾燥や化学反応	木、ウレタン（胎）など 麻布、園芸テープ	○	○
			セメント(直付け)	水と反応し硬化・水を与えつつ養生	鉄筋、砂、砂利、金網ポリプロピレン繊維	×	×
			石膏（直付け）	水と混合	アルミ線,ひもなど,麻スタッフ	△	○
		焼いて固める	オーブン粘土	低温焼成	不要	△	×
			テラコッタ粘土	高温焼成	フラックスファイバー	×	×
	型を取る方法	石膏型に貼り込む	テラコッタ粘土	高温焼成	フラックスファイバー	×	×
			FRP	二液混合による化学反応	角材、ガラスクロス、針金	×	×
			漆	高温多湿環境での自然硬化	角材、麻布、蚊帳	△	×
			蝋	常温で硬化	石膏など	△	△
			シリコン	二液混合による化学反応	FRP（胎）などガーゼ		
		石膏型に流し込む	石膏	水と混合	角材、麻スタッフ	△	△
			セメント	水と反応し硬化・水を与えつつ養生	鉄筋、砂、砂利、金網、ポリプロピレン繊維	×	×
		石膏型または耐火シリコン型に流す	低融点金属（小品向け）	230℃以下で融解	耐火石膏（胎）など	×	×
		シリコン型に流し込む	レジン(小品向け)	二液混合による化学反応	不要	△	×
			蝋	常温で硬化	石膏（胎）など	△	△
		耐火鋳型に流し込む	ブロンズ	約1200℃で融解		×	×

1）1．の表の中で、◎○△×で標記しているものは、制作環境や作者の習熟度によっても変動する。今回は小中学生が制作に関わる前提で判断した。

削りやすさの項目では、カッターナイフを使ったと仮定して、子どもにとって削りやすいものを◎・○、困難なものを△、×にした。材料硬化後の付け足しやすさについては、付け足しやすいものが◎・○で、付け足しにくいものが△や×である。

2）2．の表について、石膏、FRP、セメント、乾漆（かんしつ）などの作業手順などは、現在出版されている彫刻の技法書やDVD教材により詳しく解説がなされている。巻末の文献を参考にしてほしい。

2. 塑造制作に使用する材料とその安全対策一覧

学校教育において彫刻の制作を考える場合に忘れてならないことは、子どもに対する安全面での配慮である。彫造の場合は刃物の扱い方や削った粉塵に対する配慮が必要だが、塑造の場合は化学物質も使うことがあるので、以下の表に挙げたことについては最低限知っていてほしい。

材料名	制作時の安全性への配慮事項	材料保管時の留意事項
彫塑用粘土・テラコッタ粘土	安全	長期未使用の粘土は天日でカラカラに干して殺菌し、その後水につけて戻す
油粘土	安価な粘土は油分の劣化に注意	油分の劣化に注意
紙粘土	安全	密封し乾燥による硬化を防ぐ
石粉粘土	安全	密封し乾燥による硬化を防ぐ
樹脂粘土	安全	密封し乾燥による硬化を防ぐ
石膏	石膏粉を肌につけたままにしない／必要に応じ防塵マスクを着用	空気中の湿気により硬化するため密封保管する
オーブン粘土	焼成時の火傷に注意	ホコリを防ぐ保管
FRP・パテ・レジン・シリコン	有機溶剤系のため要換気／有機溶剤用マスクゴーグル、長袖、手袋を着用	有機溶剤が発散しない状態にして冷暗所に保管、火気厳禁、教室保管を避ける
乾漆（かんしつ）	うるしかぶれに注意／有機溶剤用マスクゴーグル、長袖、手袋を着用	残った漆は密閉し自然硬化を防ぐ
蝋	融解時の火傷に注意	火気厳禁
セメント	アルカリ性のため直接皮膚につけないよう注意、防塵マスク、ゴーグル、長袖、手袋を着用	空気中の湿気により硬化するため密封保管する
低融点金属	融解時の気化ガスや火傷に注意	鉛分を含むものは厳重管理
ブロンズ	融解時の高温注意	教室保管を避ける

3. 表現方法について（繊維とのり・そして胎）

3）胎
胎は、芯といってもいい。リンゴに例えるなら作品が皮で、胎は実の部分といえる。完成すれば胎は皮の強度を保つ重要な役割をもつ。胎として使う材料は、発砲スチロールやウレタン、木、FRP、石膏など様々である。

塑造で取り扱う材料は、繊維をのりで固めるという方法をよく使う。紙粘土は、紙の繊維をのりで固めるものだ。のりを垂れにくくするために、粉を混ぜるし、のりや繊維の量を節約するために胎（たい）（芯）を入れる。例として、ここでは木工用ボンドと胎と繊維を用いた直付け法を紹介する。

直付け法の場合は、まず胎を完成時の大きさよりもやや小さめにつくる。木工用ボンドに砥（と）の粉（こ）を混ぜ、垂れない程度の硬さに練ったものを園芸テープのような安価な麻の繊維に塗り、なじませる。湿布状になった麻布を貼りつけて胎を覆う。一度しっかり固まるのを待って、その上から砥の粉の量で硬さ調整したボンドを盛ったり削ったりして表面の造形を行う。形が整ってきたらボンドをカシューに変え、着色や表面のつやを意識した仕事に切り替えていく。この方法で作ると、FRPほどの強度は無いが、３ｍほどの巨大な作品でも、比較的軽量に作ることができる。

欠点は、一度作業をすると、ボンドが乾くまでは次の工程に進めないことと、厚塗りすると内側のボンドがいつまでも乾かない恐れがあるので、薄塗りを徹底しなくてはならないことである。

［徳安和博］

4. 具象彫刻①―手や顔の表現、野菜や果物の表現等

粘土を使った子どもの造形活動は、行為そのものに意義がある。行為とは粘土の感触を全身で味わうこと（入力）と、内触覚性を意識しつつ表現活動を行うこと（出力）である。

人は言葉の獲得が進むほどに観念的にものを見ることができるようになり、日常の膨大な視覚情報も単純化し、一瞬で認識できるようになる。だが一方で、造形活動も観念化が進み、本人も気づかぬうちに観察不足、表現不足の作品になってしまうことが多い。観念にとらわれず、素直にものを観察することの大切さを体験的に学ばせるためには、子どもが具体的にどのような観念的表現を行うのかを教師が知っておく必要がある。

ここでは、人物や動物、野菜などの表現の際に起こる観念的単純化の具体例を示す。しかし、発達段階、年齢、単元の目標など、いろいろな条件があるので、単にポイントを教えればよいものでもない。個々の状況を見て、慎重に気づきに導くことが大切である。

1. 実践のねらい

❶モデルを何度も触って観察し、触った形と見た形との違いに気づく。
❷粘土の触感と、モデルを触って感じた形を立体に表す楽しさを知る。
❸人や植物の生命感や生命力を感じ取る。

2. 準備するもの

- 紙粘土、石粉粘土など…制作後に自然乾燥させることで、移動・保管が可能になる。よって、石膏（せっこう）などを使って型取りする必要がない。
- 心棒…アルミ線、シュロ縄、ベニヤ板、角材、釘、新聞紙など。
- ヘラ…市販のヘラ、割り箸や竹をカッターナイフで削った自作のヘラ。

3. 具体的な留意事項

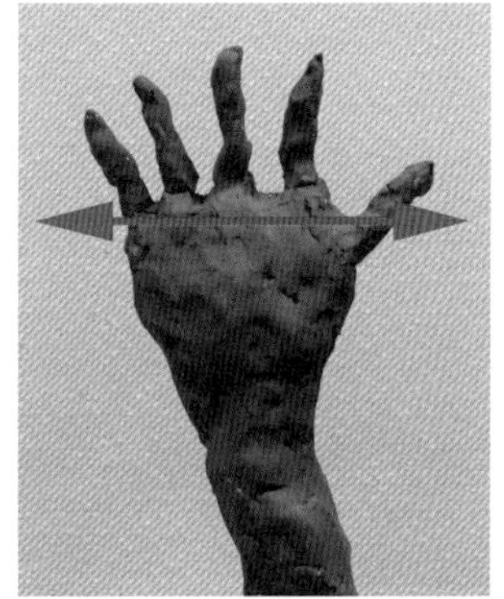
図1．第三関節の並びが不自然な例

図2．第三関節の並びが良好な例（児童作品）

(1)手の表現

子どもたちは、図1の左手のように指の付け根（各指第三関節、親指のみ第二関節）をまっすぐに並べて作ってしまうことが多い。実際は、図2のように関節が円弧上に並ぶほうが自然である。

また、掌（てのひら）側から見て指先から3番目のしわのところに関節があると勘違いする例もよくある。図3では赤い矢印のどちらに関節があるか把握できていないため、人差し指の第三関節の位置があやふやである。手首から伸びるはずの親指も第二関節から先が不自然な方向に折れ曲がっている。図4のように、自分の手をしっかり触って特徴を観察し、関節の場所や指同士の位置関係などをしっかり把握させたい。

(2)顔（頭部）の表現

子どもたちが作る人間の頭部の作品は、顔が上方を向き顎（あご）を突き出したポーズになっているものが多い。一見すると感情表現のためのポーズに見えなくもないが、これは作者の意図とは無関係に上を向いてしまった場合がほとんどである。人の顔は向き合う位置からが一番作りやすいためにそうなっている。制作台が低いほど結果的に顔が上を向いた像になりやすい（図5）。これは単に制作環境の問題である。作者が作品と水平に向き合って制作できる高さに制作台（机）かイスの高さを調整するとよい（図6）。

図3．第三関節の存在の意識が足りない例（学生作品）

図4．関節の位置が意識された例（図3と同じ学生作品）

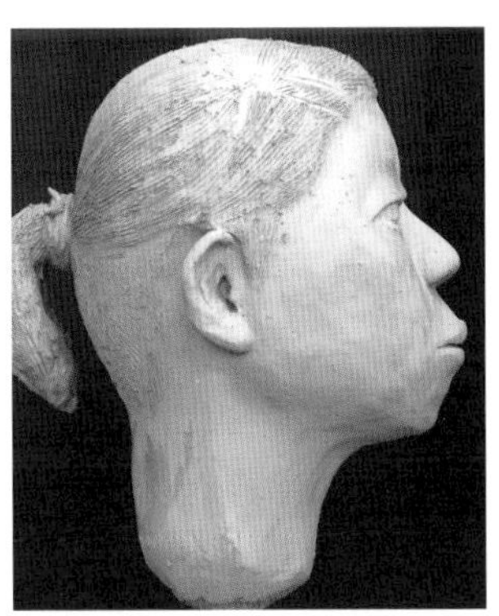

図5．作品を見おろす位置から作ったために顎がせり出した例（学生作品）

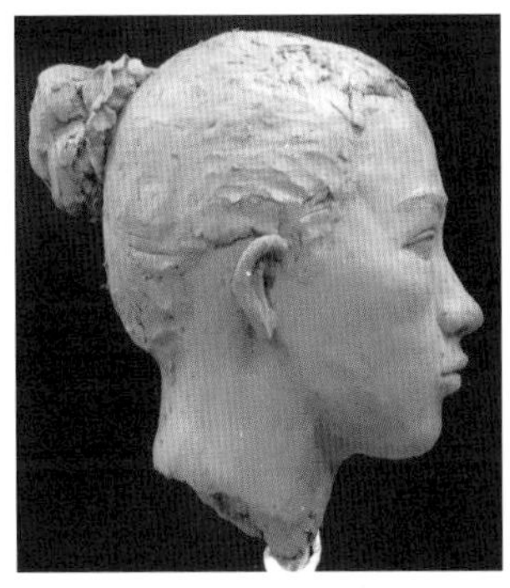

図6．作品と水平に向き合って作ったことで顎の位置が正常になった例（学生作品）

⑶野菜や果物などの表現

モデルの野菜や果物を手でしっかり触ってみると、見た目以上に凸凹があることがわかる。普段何げなく見ている形には色や質感、言葉による観念的な情報などが重なっているため、触覚的な情報は自覚されにくい。たとえば、新聞紙の下にリンゴと粘土を隠したまま、手の感覚だけで制作させると、見た印象とは違う凸凹を発見することができる。

図7の写真は、同一の学生がリンゴを観念だけで作ったもの（左）と、リンゴと粘土の塊の上に新聞紙をかぶせるなどして視覚を遮断し、触覚だけで形を確認しながら作ったもの（中）、そしてリンゴを自由に観察しながら作ったもの（右）である。モデル無しで作ったリンゴ（左）は単純化され、模型のような感じだ。触覚に頼って制作したもの（中）は凸凹が増え、面が込み入った結果、より量感や生命感が高まった。モデルを見て触って制作したもの(右)は、バランスのとれたリアルな表現になった。野菜や果物も命をもっていたものである。張りのある量感や、形のらせん状の連なりを触覚的に実感させることは、模型のような表現ではなく、心を揺さぶる造形的魅力を内包する表現へ向かう第一歩である。

図7.（左）リンゴを想像で作った作品、（中）リンゴと粘土に新聞紙をかぶせるなどして視覚を遮断し、両者を触覚だけで形を確認しながら作った作品、（右）リンゴを視覚・触覚的に観察しながら作った作品（三つとも同一の学生作品）

4. 実践の振り返り

- 粘土の触感やモデルの触感を味わえたか。
- 積極的にモデルを手で触り、触覚的に形を感じ取ろうとしたか。
- 形の再現だけでなく、テーマをもった表現活動ができたか。

5. 発展

制作する時もそうだが、完成作品を展示する時にも人の目線の高さに気をつけたい。たとえば頭像を床に放置するとただの物体にしか感じないが、目線が合う高さに展示すれば、作品から性格とか人格のようなものを感じやすくなる。観賞する目線の高さは、作品の感じ方を大きく左右することも知っておきたい。

［徳安和博］

5. 具象彫刻②—人体の表現、動物の表現等

手や顔の表現もそうだが、人体や動物の表現は、再現力を問う課題ではない。人体の場合は特に『触覚を狭い意味での触覚だけではなくて筋肉感覚や運動感覚をも含んだ感覚（体性感覚）としてとらえる』[1)] ことそのものが重要で、スポーツ選手の写真を見ながら単なる動作の説明をするような制作ではなく、自分の実感に基づいた表現に向かうことが理想だ。

動物を制作する場合は、動物園で観察するなど、取材による学習が欠かせない。もし自宅に犬を飼っているのならば、一般的な犬の表現ではなく、世界でただひとつのこだわりある表現になるだろう。しかし、身近に動物と触れ合う環境があっても、先入観（観念）によって体のつくりなどを勘違いしてしまうことはよく起こる。指導する子どもの実態に合わせて事前学習をさせるなどして、気づきに導く指導を行いたい。

図1．観念的に立たせようとした例（気づきの前、学生作品）

図2．重力を意識してモデル各部の傾きを観察した例（気づきの後、学生作品）

1. 実践のねらい

❶実物をよく観察し、骨格などを取材することによって、知っている形と実際の形の違いに気づく。

❷粘土の触感と、モデルの観察や実体験から感じ取った形を立体に表す楽しさを知る。

❸作品のある状況（5W 1H）[2)] を明確に想定することで、自分にしか作れないこだわりの表現にする。

2. 準備するもの

- 紙粘土、石粉粘土など…制作後に自然乾燥させることで、移動・保管が可能になる。よって、石膏（せっこう）などを使って型取りする必要がない。
- 心棒…アルミ線、シュロ縄、ベニヤ板、角材、釘、新聞紙など。
- ヘラ…市販のヘラ、割り箸や竹をカッターナイフで削った自作のヘラ。

3. 具体的な留意事項

⑴動きのある人物像

たとえばスポーツをする人物を制作する場合、経験がないスポーツよりも自分が日頃がんばっているスポーツや、興味のあるスポーツをテーマにさせたほうが、創作意欲や完成までぶれることのないこだわりを引き出しやすい。また、単にスポーツの場面の写真を参考にするだけではなく、実際に体を動かして体のどの部分にどんな力が働いているかを確認させたり、詳しく想像させたりすることで、前節（p.87）で取り扱ったリンゴの例のような作品の変化が期待できる。

⑵動きの少ない人物像

一方で、激しい動きの表現を好まない子どももいることだろう。ただ立っている、座っているだけの像であっても、動きの表現はできる。地球の重力や、自分の心臓の鼓動、呼吸の際に胸部や腹部が広がる感じや、肩や足にかかる自分の体の重さの感じなどをしっかりイメージさせ、像の姿にも反映させたい。

⑶ジグザグな形の流れ

図２でもわかるように、ただ立つ形であってもその中にジグザク（また

1）中村雄二郎『共通感覚論』岩波書店、2000、p.109

2）5W 1H
Who（誰が）、What（何を）、When（いつ）、Where（どこで）Why（なぜ）、How（どのように）したのかを表す情報伝達のポイント。

3）制作のヒント
彫刻制作を進めていく中で、技法面における彫刻の要素は、量、面、動勢、比例などいろいろある。だが、作り始めて間もない作品に対して、教師がこれらの要素を求めることは早急である。大事なことは子どもが彫刻に興味をもち、楽しかった、また作ってみたいと実感して終わることだ。作家を育てるよりも美術を楽しめる人材を育てる。そのための技法であると考えたい。

はS字状）に揺れる形の流れがある。姿勢の中にもジグザクはあるし、腕だけ、足だけをとってみても単純な棒状の形ではないことがわかる。衣服にできる皺（しわ）も斜め方向にジグザクになっていることが多い。いずれも重力との密接な関わりによるものである。このことを逆手に取れば、単調な表現に不満をもっている子どもには、モデルの中のジグザグを探させることが制作のヒント[3]になるかもしれない（全員に強制するノウハウではない）。

⑷動物の表現

肉食、雑食動物は獲物との距離を正確に把握する必要があるため、目は頭部の前についていることが多い、草食動物は敵を早く発見するために目が頭部側面にあるものが多く、全体を見渡しやすい。人間は首の上に頭が乗っている構造だが、四足歩行の動物のほとんどは背骨の延長上に首と頭が水平に並んでいる。そして、犬や猫などの四足歩行の動物（鳥も含む）のほとんどは、つま先立ちで歩いている。図３の赤の部分は人間でいうと踵（かかと）であるが、子どもは膝（ひざ）だと勘違いしてしまい、本来とは逆方向に曲げて作ってしまうことがある。四足歩行の動物の足首は高めのものが多いのが、草食動物と肉食動物でも差がある。動物ごとに調査が必要だ。関節の各部が人間に置き換えた場合、どこに相当するかも教師は知っておくとよい。

図３. 動物の後ろ足の例（筆者作品）

4. 実践の振り返り

- 粘土そのものの触感を楽しめたか。
- 積極的にモデルを観察・取材し、全身で形を感じ取ろうとしたか。
- 形の再現だけでなく、テーマをもった表現活動ができたか。

5. 発展

○風景などの表現

たとえば人物彫刻の台座が、徐々に広く、厚く変化すると、ある大きさを境に、台座はただ人物像が倒れないようにするための板という役割から、大地のような存在感を自ら発するようになる。するとそれまで主役だった人物は脇役に変化して、大地という空間の一部になってしまうのが想像できるだろう。風景彫刻においては、人物などの要素と、大地との大きさのバランスがとても重要であることがこれでわかる。

大地の上にある物、場所、数でも雰囲気は一変する。人物や動物や家がたくさんあれば物語性が強くなるし、少なければ、心象表現的な傾向が強くなる。これまで学んできた人や動物をはじめとして、建物、山、川などいろいろな要素を効果的に配置させることで、子どもたちが独自の世界観を表現できるようにしたい。

［徳安和博］

6. 抽象彫刻—思う形・感じる形

人や動物などを具体的（写実的）に立体で表したものを「具象彫刻」と呼び、具体的な形を用いず、本質などの要素を引き出して立体で表したものを「抽象彫刻」と呼ぶ（図１）。したがって、抽象彫刻を扱った題材では、形が与えるイメージについて深く考えることや、量感や動勢といった造形要素について、より重点を置いた学びが可能となる。思ったり感じたりしたことを直感的に表現するだけでなく、形（立体）と抽象的イメージを結びつけるプロセスや工夫についても学ぶことができる領域である。

図１. 参考作品①
「ケムリ」大瀬直之

抽象彫刻—思う形・感じる形　シンキングシート①

所属：　学籍　ふりがな 氏名：

(1)オノマトペを挙げ、それに関連する「物」「行為など」「抽象的イメージ」を書きましょう。
(2)できるだけたくさん挙げた中から、表現してみたいものを１つ選び、左側の数字に○をしましょう。

	「オノマトペ」	「物」	「行為など」	「抽象的イメージ」
例	パリーン	ガラス	割れる	はかない
例	ピョンッ	うさぎ	はねる	かわいい
1	ドーン	砲丸	とぶ	強い
2	ドロドロ	幽霊	出てくる	怖い
3	キラッ	星	光る	希望
4	ポカポカ	太陽	照らす	平穏
5	ピチョン	水	落ちる	寂しい
6	ヨロヨロ	病人	歩く	心配
7	ガラガラ	積木	崩れる	絶望
8	サラサラ	川の水	流れる	美しい
9	ドンブラコ	桃	流れる	期待
10	トボトボ	敗者	歩く	悲しい
11	ゲラゲラ	友人	笑う	楽しい
12	スヤスヤ	犬	寝る	安心

図２. シンキングシート①

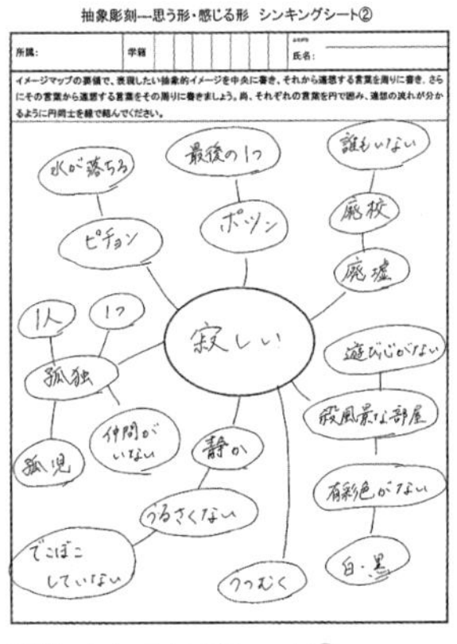

抽象彫刻—思う形・感じる形　シンキングシート②

所属：　学籍　ふりがな 氏名：

イメージマップの要領で、表現したい抽象的イメージを中央に書き、それから連想する言葉を周りに書き、さらにその言葉から連想する言葉をその周りに書きましょう。尚、それぞれの言葉を円で囲み、連想の流れが分かるように円同士を線で結んでください。

図３. シンキングシート②

1. 実践のねらい

❶思ったり感じたりしたことを、抽象的イメージとして深めて発想する。
❷抽象的イメージを形（立体）で表現するため、要素を抽出し構想する。
❸量感や動勢などの造形要素を用いて表現することを工夫する。
❹自他の作品から、形と抽象的イメージの関係性について感じ取る。

2. 準備するもの

- 粘土…紙粘土やオーブン粘土など。形と抽象的イメージとの関係性について追及するために、取ったりつけたりすることが簡単であり、様々な形を試行錯誤できる硬さや粘り気の粘土がよい。
- ヘラ　• 粘土板　• 心棒

3. 実践の流れ

⑴抽象的イメージをつかむ

抽象となると、「難しい」「よくわからない」となる人が少なからずいる。そこで、まずは抽象的イメージをつかむため、思ったり感じたりする抽象的イメージを、シンキングシート①（図２）にできるだけたくさん列記することから始める。

シンキングシートでは、具体的事象と抽象的イメージをつなぐ言語である「オノマトペ」を軸に、具体的事象例としての「物」と「行為など」と、それらから連想される「抽象的イメージ」を書く。例えば「ピチョン」というオノマトペを軸として、「水」が「落ちる」という具体的事象例と、「寂しい」という抽象的イメージなどである。普段使っている言葉を足がかりに、自身の生活に溶け込んでいる抽象的イメージに目を向けるようにしたい。

⑵イメージを膨らませる

シンキングシート①（図２）に挙げた抽象的イメージから、表現したいものを１つ選び、関連する言葉をシンキングシート②に列記する（図３）。

なお、言葉を列記する際は、イメージマップの要領で、表現したい抽象的イメージを中央に書き、それから連想する言葉をまわりに書き、さらにその言葉から連想する言葉をそのまわりに書くようにする。また、それぞれの言葉を円で囲み、連想の流れがわかるように円同士を線で結ぶ。

例えば、前述の「寂しい」であれば、「ピチョン」以外にも、「ポツン」「孤独」「廃墟」「静か」などが連想され、その内「孤独」であれば「１つ」、「静か」であれば「うるさくない」「でこぼこしていない」などの言葉が連想される。その他、言葉からの連想だけでなく、硬さや重さ、温度、湿度、粘り気、

図4．参考作品②
「寂しい」柴田茜

図5．参考作品③
「トルク」田上万豊

図6．参考作品④
「ざわざわ」大杉知里

図7．参考作品⑤
「とぷん」永江智尚

質感、激しさなど、いくつかの性質についても列記するようにしておくと、造形する際にイメージがもちやすくなる。多角的に見つめ直し、表現したいイメージを形（立体）として表すための構想の素（もと）を多く集めておくとよい。

⑶イメージを整理する

形として表現するにあたって、シンキングシート②（図3）に挙げた言葉から、必要な言葉を選択し、整理する。

まず、形につながる言葉を主に選び、サインペンなどで囲む。前述の例であれば、「1つ」という具体的個数について言及している言葉や、「でこぼこしていない」という表面の滑らかさについて述べている言葉などである。もし、形に関する言葉が少ない場合は、「廃墟はどんな形？」「中が空洞の箱型」など自問自答し加筆するとよい。

次に、選んだ言葉を組み合わせたり精選したりして、自分自身の思う抽象的イメージが表現できそうか吟味する。例えば、もがくような情動的寂しさに関わる言葉と、静かでもの悲しい寂しさに関わる言葉は、相反する点が多く、そのまま組み合わせて表現することは難しい。その場合、いずれかの語群を選択するか、双方の共通性を見いだして新たな言葉を列記するか、イメージの整理が必要となる。並行してラフスケッチをすることも効果的である。

⑷粘土により表現する

膨らませたイメージを基に粘土で表現する（図4）。その際、重さや膨張感に関わる量感や、激しさや生命感に関わる動勢など、造形要素を用いてイメージに近づけられるように工夫をしてほしい。一例としては、粘土の塊の形状、寸法、位置、方向と、塊同士の組み合わせについて留意するとよい。どのような形が硬く見えるか、どのくらいの大きさが控えめに見えるか、どこに置くと浮遊感がでるか、どの向きに傾けると動いて見えるか、そして、どの組み合わせで構成すると安定して見えるかなど、実際に粘土の塊を配置しながら試行錯誤することで、形と抽象的イメージの関係性を学ぶことができる。

⑸鑑賞

自他の作品を鑑賞し合う。シンキングシート②を合わせて鑑賞し、形と抽象的イメージの関係について、自分と異なるアプローチを味わうのもよい。

4. 実践の振り返り

- 抽象的イメージを多角的に捉えることができたか。
- 抽象的イメージを形（立体）で表現するための要素を整理できたか。
- 塊の形状、寸法、位置、方向、組み合わせなどを工夫できたか。
- 形と抽象的イメージの関係性について述べることができたか。

5. 発展

本実践を、木彫など異なる材料で行うことも可能である（図5、6）。また、培った能力を応用して、空想的表現や、イメージに合わせた具象表現へと生かしてほしい（図7）。

［永江智尚］

7. 環境彫刻―野外彫刻の活用、パブリックアートを提案してみよう！

環境彫刻というと難しく思われるかもしれない。野外に彫刻作品が置かれた時、特に、まわりの環境（自然や都市空間、建築など）と関連付いてその作品が成立する場合、環境彫刻と呼んでよいだろう。本節では、参考作品を取り上げつつ環境作品についてみていく。

1. 環境彫刻の作品例

環境彫刻については先述しているが、図1、2の「エレクトリックドラゴン」は、筆者が2007年にドイツで現地の造形作家と制作した野外作品である（2009年に大阪でも実施）。写真は、ダム湖の堤防から下流側ゲレンデに設置した野外インスタレーション[1)]作品を撮影したものである。

1）インスタレーション
　現代美術において、空間や場所に発想を生かしながら、造形物を設置し、作品を生み出す手法のこと。

図1. エレクトリックドラゴン（昼間）[2)]

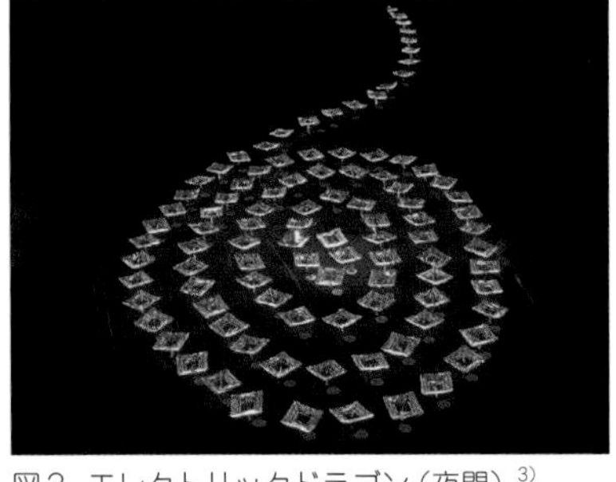
図2. エレクトリックドラゴン（夜間）[3)]

2）3）出典
エレクトリックドラゴン（Elektrisierte Wäschespinnen auf Ton）、2007、ドイツ・ヘッセン州

ここでは、ダムそのものが人口の巨大な造形物でもあるが、それを取りまく大自然の中での環境彫刻の作例といえよう。ギャラリーや美術館といった人工的な限られた空間とは違い、自然（太陽の運行、天候など）によって作品の表情も変化し、同時に鑑賞する側も様々な状況を体験できる。また、だれもが鑑賞できる公共的な作品といえるので、いわゆるパブリックアートとも呼ばれる。

図3. 野外彫刻案内マップ

2. 環境彫刻の活用例

⑴野外彫刻ミュージアムを活用しよう

各地の美術館や野外彫刻が置かれた場所には、案内マップやパンフレットなどがある場合が多い（図3）。作品鑑賞の手助けとなるので積極的に利用しよう。

野外での鑑賞は、室内の展示鑑賞とは違い天候に影響されることもあるが、何より、広い空間の中に置かれた作品を、五感を働かせながら鑑賞できる点が特徴である。校外学習などの機会を利用して実施してみよう。

図4. 探検マップ

⑵ワークショップで体験しよう

地域の市民や子どもたちを招き、見学会や彫刻鑑賞の探検ワークショップ、さらには関連した造形体験活動を行う。

◎彫刻鑑賞の探検ワークショップ

図画工作の時間などで、子どもたちの鑑賞活動を想定し、「探検マップ」を学生が作成し（図4）、実際に地域学校園の子どもたちと一緒に野外彫刻の鑑賞活動を行ってみる（図5）。マップ制作に先立って、学生たちは、子どもたちの目線に立って彫刻作品の鑑賞をするところから始める（図

図5. 子どもたちとの鑑賞活動

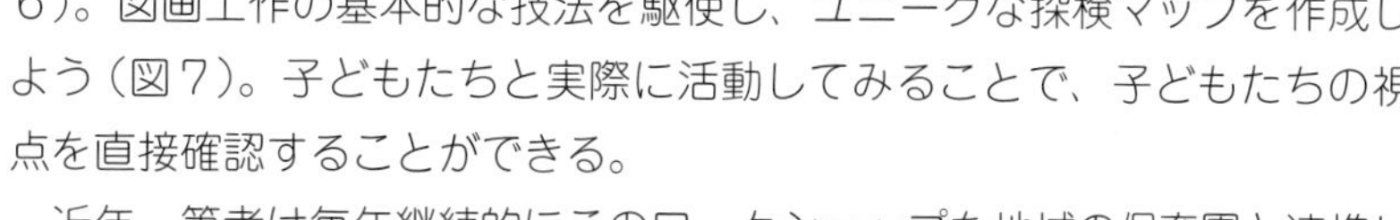

6）。図画工作の基本的な技法を駆使し、ユニークな探検マップを作成しよう（図７）。子どもたちと実際に活動してみることで、子どもたちの視点を直接確認することができる。

近年、筆者は毎年継続的にこのワークショップを地域の保育園と連携して実施しているが、学生、子ども、保護者、保育士のそれぞれから喜ばれ、有意義な機会となっている。互いの連携関係と同時に立地条件なども影響するが、工夫して実施したい。

その他に、関連した造形体験活動として２件紹介する。一つは、彫刻家を招き２ｍ以上あるハート形の大理石を学生や地域の方や子どもたちと一緒に磨くというものである（図８）。これは、Love Stoneプロジェクトの一環で、「人がみな、自然の一部となれば、世界はひとつになる」というアイデアで世界各地で実施されている[4]。また、中学生による粘土使った大型作品制作を紹介する。野外彫刻を鑑賞し、各々のテーマを考える。粘土の重さを考えた心棒つくりのサポートなど大学生も一緒に制作することで協働制作の楽しさを共有することができる（図９、10）。

図６. 実際に野外彫刻を鑑賞してみる。

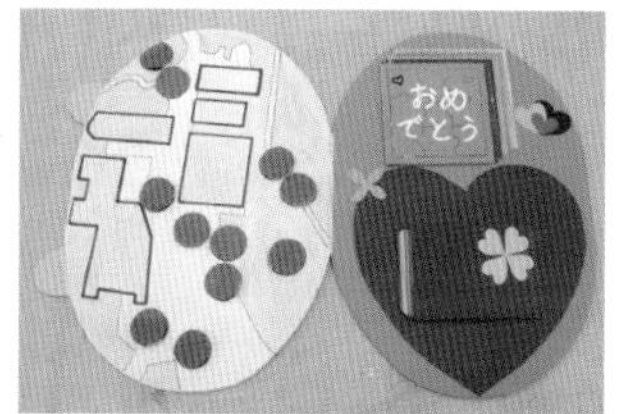

図７. ユニークな探検マップのアイデア

4）Tominaga Atuya『Love Stone Project』

図８. 石の彫刻をみんなで磨く。

図９. みんなでつくった大きな作品

図10. 学生のサポートによる協働制作

3. 環境彫刻の実践　「パブリックアートを提案しよう！」

～アイデアから模型、実物制作へ～

授業での、大学キャンパスや地域の公共空間を対象に、野外彫刻（パブリックアート）の提案をしてみる。公園や河川敷、駅前広場、商店街など様々な場所を想像してみよう（図11、12）。

まず、提案する場所に行ってみて、スケッチをする。次に、「こんな彫刻やオブジェがあったらいいな！」というアイデアを、デッサンしてみよう。そして、アイデアが固まったら、手のひらサイズでもよいので、実際につくってみたい素材や大きさを考えながら、粘土などを使って立体的に具体化してみる。たとえば10分の１などの大きさの模型制作を行ってみる。その際、可能であればその素材を使ってみる。グループ制作でイメージした実物大の作品をつくることができれば感動は大きい。卒業制作などへの展開として考えることができるだろう（図13）。

［加藤可奈衛］

図11. 多田美波『旋光』（強化ガラス・鉄・アルミニウム）、1978、大阪教育大学所蔵、写真掲載許諾：多田美波研究所

図12. 筆者制作『絆（庵治石）』2009、ＪＲ柏原駅前ロータリーモニュメント

図13. 協働制作の作品例

8. 土で表現する―人物、動物のテラコッタ等

土（粘土）は可塑性に富んだ自由に造形のしやすい素材であり、彫刻の材料としては非常に便利なものである。ただし、その性質がゆえに破損しやすく、他の素材に置き換えるなどの工夫をしなければ彫刻作品として保存することは困難である。ここでは土（粘土）を焼成して耐久性のあるテラコッタの素材にする技法の紹介を行う。テラコッタは日本でもなじみ深い素材であり、古代から土偶など人物や動物をモチーフにした彫刻が造られている。

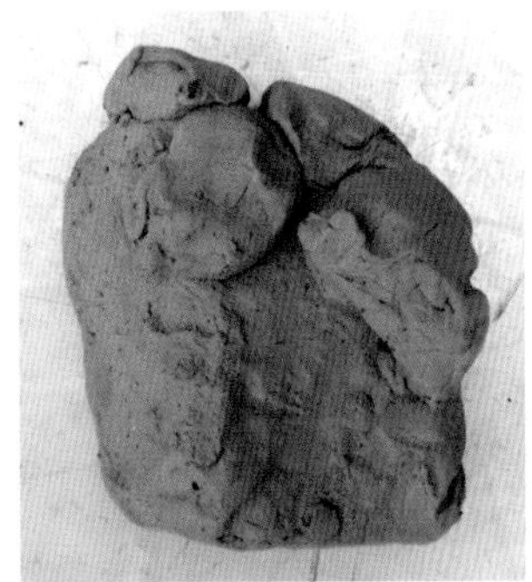
図1. テラコッタ粘土

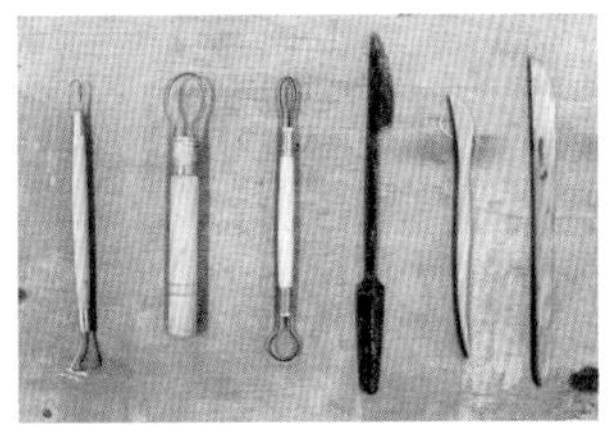
図2. 塑像用ヘラ

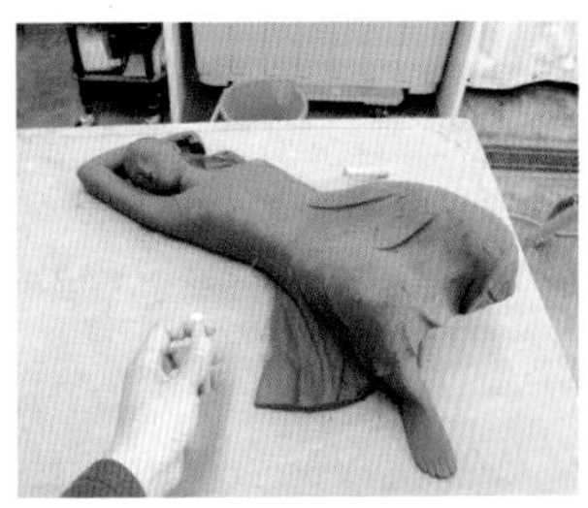
図3. 金属ワイヤーで粘土を切る。

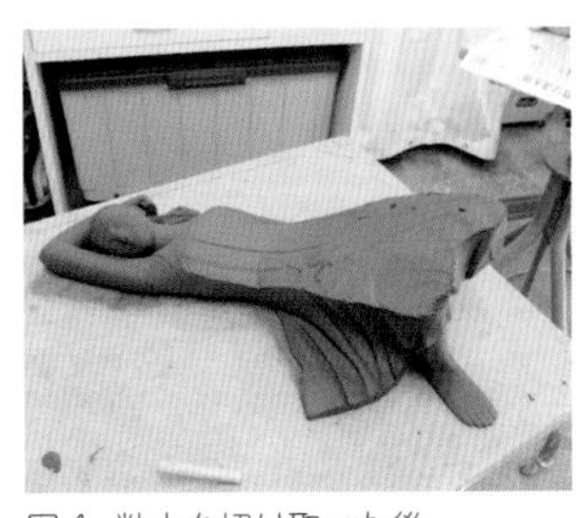
図4. 粘土を切り取った後。

1. 実践のねらい

❶テラコッタの素材を用いて彫刻制作を行い、柔軟な造形技術を身につける。
❷テラコッタ粘土の素材に慣れ、その魅力を味わう。
❸テラコッタの基本技術（かき出し法）を修得する。
❹焼成によって材質が変化する造形効果を体験する。
❺着色を行うことによって、彫刻における形と色の関係性について考える。

2. 準備するもの

○道具（図1、2）
- 人物や動物などのモチーフにしたいスケッチや写真などの資料
- テラコッタ粘土　• 塑像用ヘラ（柘(つげ)ヘラ、鉄ヘラ、かき出しヘラ等）
- 細いワイヤー　• ボウル　• 絵具　• 筆

○材料

テラコッタ彫刻に使われる粘土は、基本的には陶芸に使う粘土と同じ物である。しかし、器などの制作に比べて複雑な形の造形を行ったり、粘土に厚みがあったりする場合が多いため、造形しやすい粘りのあるものや焼成時に割れづらい種類を選ぶ。テラコッタ粘土としての名称で売られているものはこれらの条件を満たしているため、それらを使うことが好ましい。

3. 実践の流れ、作業手順、（全8週）

各自が自由に選んだ人物や動物をモチーフにして、テラコッタ粘土を用いて彫刻制作を行う。彫刻の中身が無垢のままだと、乾燥時や焼成の際に割れるため、中を空洞にしなければならない。ここでは、基本的なテラコッタの技法である「かき出し法」を用いて中を空洞にし、焼成を行う。焼成後、着色を行い完成させる。

⑴原型制作・窓切り

❶テラコッタ粘土を用いて作品原型を制作する。
❷窓を開ける位置に薄く墨で印を入れる。
❸窓の数が多いとかき出しの作業行程が増えるため、できるだけ少ない蓋(ふた)の数で素早く粘土をかき出せるよう、蓋の大きさや位置を考える。
❹窓の形は、修正がしやすいように、なるべく大きな面で、原型の形に対して、直線的になるように気をつける。
❺細い金属のワイヤーを両側にしっかりと張りをもたせ、粘土を切る（図3、4）。

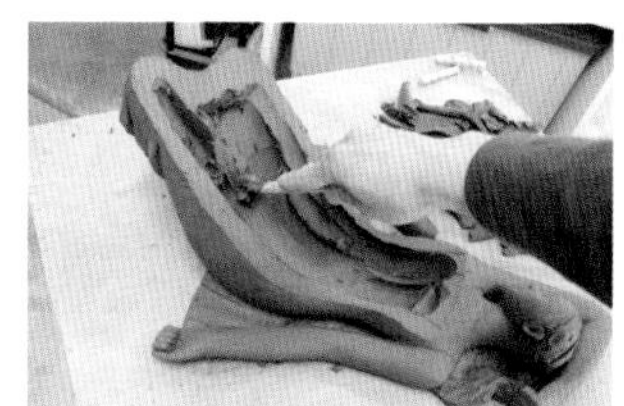
図5. ヘラで粘土をかき出す。

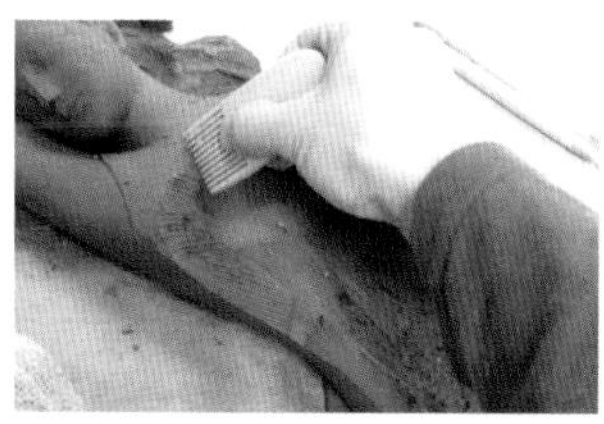
図6. 切り口に櫛ヘラで筋を入れる。

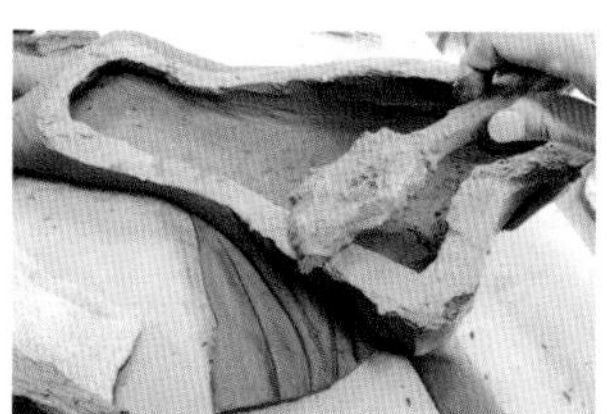
図7. ドベを塗って蓋を接着する。

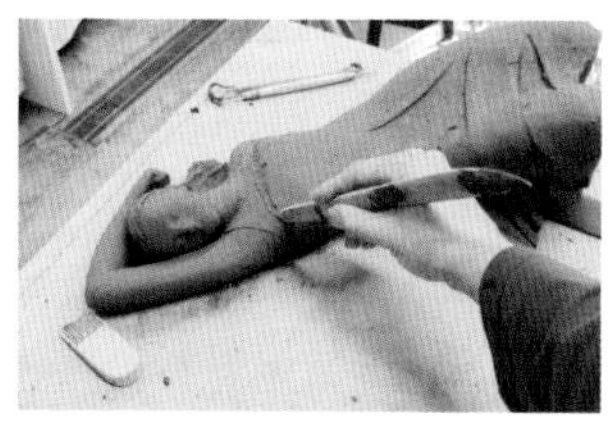
図8. 継ぎ目をヘラで押さえてつなげ、元の形にする。

図9. 完成像
「途切れた夢の続き」奥田真澄

⑵**窓開け**

❻ワイヤーで切り離した蓋を取り外し、柔らかい毛布などの上に置き、形が変形しないように気をつける。

⑶**かき出し**

❼かき出しヘラを使い、均一の厚みになるよう少しずつ粘土をかき出していく（図5）。

❽一度に薄くするのではなく、粘土がへたりそうになったら、木などで支え、粘土が乾燥して少し固くなるまで待つ。その時は切り口が固くならないようにラップや濡れた布などで、切り口を巻く。

❾最終的には全体が２㎝位の厚みになるようにくり抜く。

❿目で見ても厚さはわからないので、手で触って厚さを確かめる。

⑷**蓋閉め**

⓫ドベを作る（とろみのある水分の多い粘土水を作る）。

⓬櫛（くし）ヘラで、切り口に筋を入れ、ドベが馴染みやすいように切り口の表面を荒らす（図６）。

⓭接着する切り口の両面にドベを塗る（図７）。

⓮蓋を合わせて端から順番に切り口を押さえ、しっかりと接着する。

⑸**修正・乾燥・焼成・着色**

⓯蓋の継ぎ目をヘラの後ろの丸い所などで押さえてしっかりと形をつなげる（図８）。

⓰ヘラで押さえてできた溝を、糸状の粘土にドベを塗って埋めていく。

⓱作品の表面のマチエールを考えながら、継ぎ目をヘラや手で修正する。

⓲かき出した直後に急激に乾燥させると、ひびが入る可能性があるため、ビニールや紙などで軽く覆いながら乾燥の速度を遅らせる。完全に乾燥をしたら窯で焼成を行い、着色をして完成させる（図９）。

4. 実践の振り返り

粘土が乾燥する過程や焼成におけるテラコッタ粘土の変化を作品に取り込んで制作を行っていた。また、焼成後、素材が変化することによって、素材と表現の関係性の大切さを理解した。

5. 発展

異なる素材を組み合わせることにより、テラコッタの素材としての特徴に気がつき、さらなる魅力を引き出すことができる。また、台座に展示することにより、彫刻作品を見る視点についての思考を深めることができる。

図10. 学生作品例（パグ）

図11. 学生作品例（ネコ）

図12. 学生作品例（イグアナ）

［奥田真澄］

9. 木を彫る―木彫の表現　実践例「鳥をつくる」

木や石などの塊を彫ってつくる技法をカービングという。カービングでは、外側から中心に向かい彫り進めていく。木は、日本では古くからなじみ深い素材であり、仏像や建築などに用いられてきた。その中で、木を扱う技術や道具は発展してきた。ここでは、木彫制作「鳥をつくる」の実践例を紹介する。

1. 実践のねらい

❶木の感触を味わい、素材の魅力を感じる。

❷鋸や鑿で、切ったり彫ったりして用具の扱いを楽しむ。

❸形を面で捉えていく木彫の基本的な制作方法を知る。

❹表したいテーマに合わせて、デフォルメした形を考える。

❺全体と部分の関係に注意し、彫刻としての形の良さを感じながら、根気強く最後まで完成させる。

2. 準備するもの

図1．木（クス）にデッサン

(1)用具について

- デッサン用具（墨汁、筆、チョークなど）
- のこぎり（目の細かなもの：片刃あるいは両刃のこぎり）
- 電気チェンソー　• ノミ（平ノミ、浅丸ノミ、中深丸ノミ）
- 彫刻刀（切り出し刀、丸刀）　• 木槌　• 金鎚
- 砥石…中砥1200番程度のもの　• 椿油　• ぼろきれ
- 電気ドリル　• 鉋　• 万力　• 各種ヤスリ

(2)材料について

木彫に使われる木はたくさんある。針葉樹だとヒノキ、イチョウ、広葉樹ではクス、カツラ、ホオ、トチ、サクラ、ケヤキなどがよく使われる。小学生には、軟らかい桐やバルサも適している。木の色や木目の模様、硬さ、香りなど、それぞれの木の味わいがある。

図2．粗彫り（正面）

- ヒノキ…軟らかく彫りやすい。建築材やヒノキ風呂などが有名。
- クス…木目が入り組み割れにくく彫りやすい。木材や葉を切るとハッカのような清涼感のある香りがする。欄間や木魚にも用いられる。
- カツラ…軟らかく彫りやすいので彫刻材としてクスとともによく用いられる。学校教材用の角材などがあり入手しやすい。

3. 実践の流れ

スケッチをもとにして、クスの丸太から、直彫りで制作する。

図3．粗彫り（側面）

(1)デッサン（図1）

木材の各面に、鉛筆などでデッサンをする。

(2)粗彫り（正面／側面）（図2、3）

側面から型抜きをするように切る。デッサンの線に沿って、ぎりぎりまでのこぎりやチェンソーで切り込みを入れ、ノミで不要な部分を削りとる

(3)粗彫り（斜め）

斜めの面を切る。上から眺めたり、全体の関係に注意したりしながら思い切って大きな面で切り出す。これがうまくいかないと、いつまでも柱状

図4. 小造り

の形から抜け出せない。

⑷小造り（図4）

ノミや彫刻刀で部分の形を彫り進める。それぞれの部分を塊で捉えることが重要。全体と部分の関係に注意し、根気強く彫り進める。

木彫用ノミは、さびを防ぐため、使用後に刃物油をつけた布で刃先や金属部分を拭くこと。

小学校低学年では、いくつかの木材を木工ボンドで貼り合わせて形をつくるとよい。木目の方向をそろえること。

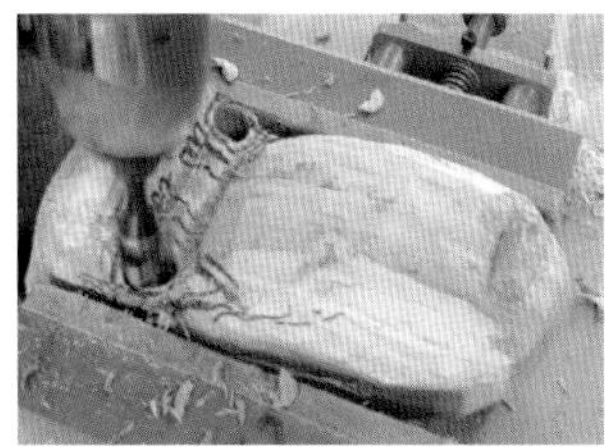
図5. ドリルで足のすきまに穴を開ける。

⑸仕上げ（図6）

完成となる作品表面のテクスチャー（彫り跡や磨いた表面の模様、木材の質感）を考えながら仕上げる。彫刻刀で細部を彫り込んだり、金ヤスリや紙ヤスリで磨いたり、ノミ跡を残したり、様々な表現方法がある。

⑹着色

砥の粉、顔料、絵具などで仕上げる。

4. 実践の振り返り

- 具体物の形を写すだけでなく、彫刻としての魅力的な形態になったか。
- 造形的なイメージを膨らませ、自分なりのデフォルメができたか。

図6. 完成の形が見えてきた。

5. 備考

以下の彫刻の造形要素を意識して制作に取り組みたい。

- **量感（ボリューム Volume）**…彫刻は、量感の芸術といわれる。量感とは物体の容積（マッス）が人の心に働きかける力、感覚量のことをいう。中身が詰まった力強い塊をめざしたい。
- **面（プラン Plane）**…立体は、おおまかには上下左右前後の6面に囲まれ成り立っている。さらに、稜線や谷線によって細かな面に分かれる。面は、量感（塊）の向き、動き、関係を決める。
- **比例、均衡（プロポーション、バランス Proportion、Balance）**…全体の比率やつり合い。彫刻では感覚的なものに加え、力学的にも重要な要素。
- **動勢（ムーブメント Movement）**…彫刻に生命感を与える。静かなポーズの中にも動きがある。
- **地肌（テクスチャー Texture）**…作品表面の彫り跡などの凹凸や、木や石など素材の質感、表現されたモチーフの質感などのこと。

［河西栄二］

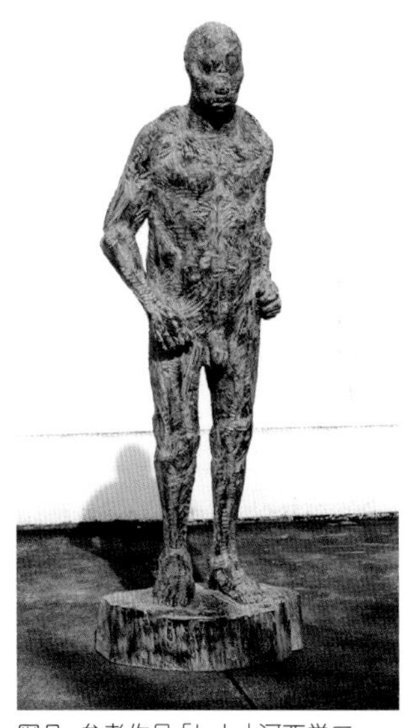
図7. 参考作品「ヒト」河西栄二

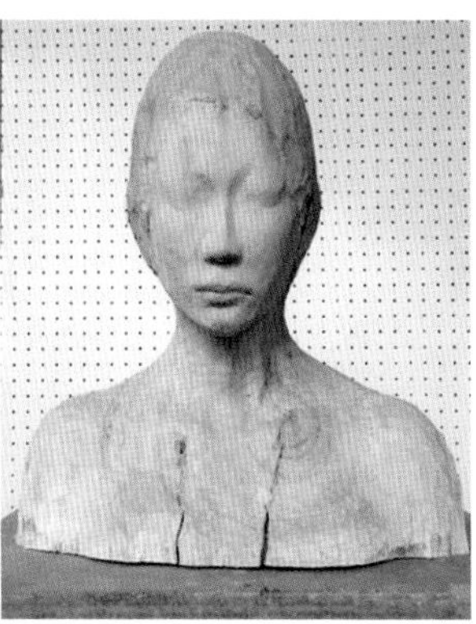
図8. 参考作品「そっと」林和貴子

図9. 参考作品「いじけんぼ」大橋実央

10. 彫刻・レリーフ—凹凸で表す　塊や質感の表現、実践例

レリーフ（浮き彫り）とは、彫刻（丸彫り）を平面に圧縮し、一方向から鑑賞するものである。木や石、粘土など様々な素材のものがあり、古くから建築壁面、墓石、器物などの装飾に用いられてきた。

レリーフの種類は、線彫り（陽刻・陰刻）、肉彫り（薄肉彫り・半肉彫り・高肉彫り）、沈み浮き彫り、肉合い彫りに分けられる。ここでは大学生への基礎実習として、テラコッタ粘土でつくる自刻像レリーフの制作（薄肉彫り、図１）について紹介する。

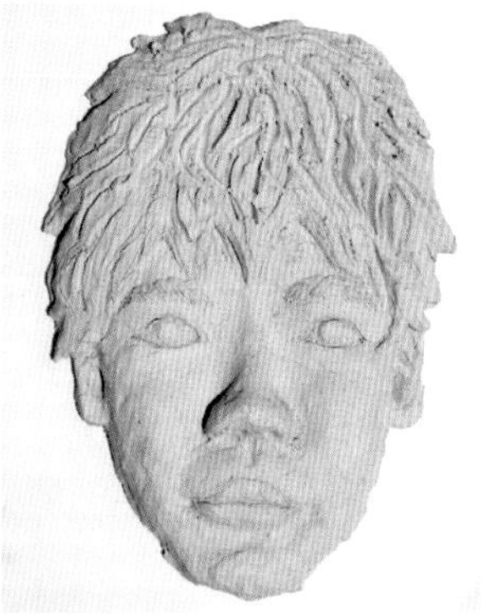

図１. 実践例　自刻像レリーフ

1. 実践のねらい

❶凹凸で表すレリーフ制作の表現方法を理解する。

❷面の変化や奥行きを意識して立体的に表す。

❸おでこや目、頬、口などを塊で捉える。

❹頬や顎などの硬さや、髪の毛の軽やかさなど質感の違いに気づく。

❺土粘土の手触りを楽しみ、焼成までの工程を知る。

2. 準備するもの

- 鏡　• 画用紙（A４判）　• デッサン用具　• カッターナイフ
- テラコッタ粘土 …１人1.5kg　• 制作板（A４判、６㎜合板）
- ビニール袋（小）… 制作板が入る大きさ
- トレーシングペーパー、カーボン紙、コピー用紙… 転写用（各A４判）
- ビニール袋（中）２枚　• タオル２枚 … 保管用　• 粘土へラ
- 竹串　• 新聞紙　• 汚れてもよい服装（エプロンなど）

3. 実践の流れ、作業手順、（全７週）

⑴第１週目　顔のデッサン

鏡をよく見て、画用紙いっぱいに自分の顔を大きく描く。観念的にならないよう、形をよく見て丁寧に表す。

⑵第２～３週目　自画像のトレース・制作板準備・粘土粗付け

❶デッサンにトレーシングペーパーを重ね、鉛筆でなぞる（線のみ）。

❷コピー用紙にカーボン紙とトレーシングペーパーを重ね転写する（図２）。

❸ビニール袋（小）に制作板と転写したA４の紙を入れる（図３）。

❹ビニール袋の上から転写した顔の輪郭に沿って粘土を付ける。

立体の前面だけではなく、全体を圧縮し奥行きを表す。

※片づけ（レリーフと粘土の保管方法）…粘土の部分のみを、水で湿らせて絞ったタオルで覆う。制作板ごと保管用ビニール袋に入れ、乾かないようにしっかり口を閉じる。余った粘土も同じくタオルで包み、ビニール袋に入れる。

図2. トレーシングペーパーを使って転写する。

図3. ビニール袋（小）に制作板とA4の白紙を入れる。

⑶第４～５週目　塊をつくる

卵形の基盤の上に鼻や目、口をつくる。トレーシングペーパーを当てて、鼻や目、口の位置に竹串で印を付け、粘土を置いていく。まぶたと目、口のまわり、頬、顎など、塊で表す。鏡をよく見て奥行きの違いを探す。

一番手前の部分はどこか（おでこ？）。次に手前の部分はどこか、（鼻？）。おでこや鼻は手前にある。目の辺りは首や耳よりも手前にある。

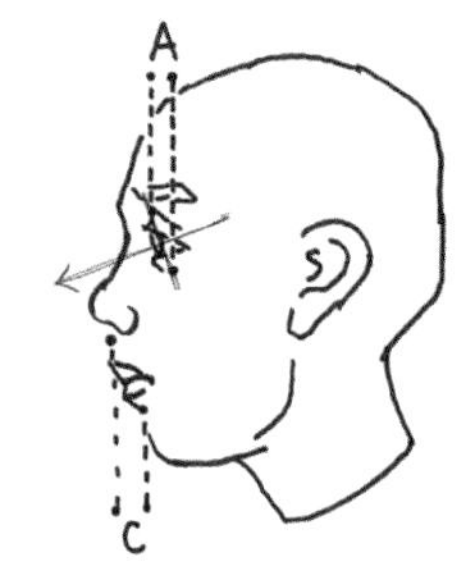

図4．目の奥行きの違い（A）
口の奥行きの違い（C）
目の塊は下を向いている。

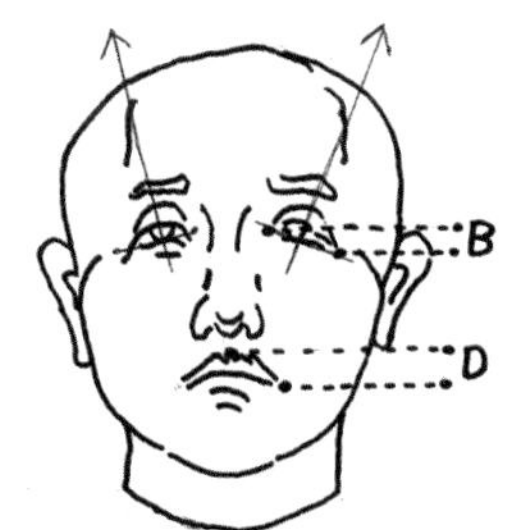

図5．目の奥行きの違い（B）
口の奥行きの違い（D）
目の塊は外を向いている。

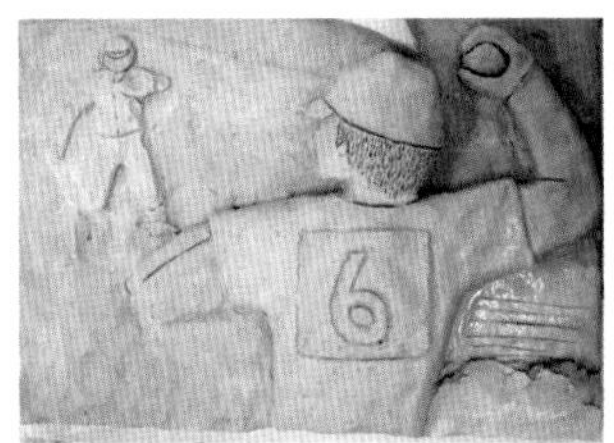

図6．参考作品：中学生の作品（塑造）

1）柴田善二、「彫刻の制作」、福岡教育大学美術科、『図画工作・美術科教育　制作編』、葦書房、1985、p.48

奥行きの違いや面（正面・側面・上面・下面）をつくると、塊に向きが現れる。目の塊は外と下の方向を向いている。この方向は、まぶたの上と下の奥行きの違い（A）と、目頭と目尻の奥行きの違い（B）に表れている。同じように口の周辺でも（C）、（D）の奥行きに違いがある（図４、５）。

⑷第６週目　仕上げ・完成　目玉や髪の毛について

目玉にも丸みを付ける。まぶたの奥まで丸みが続くようにつくる。黒目は、線描や穴を開ける、膨らませるなどするとよい。髪の毛は、紐つくりや線描、塊で捉える技法などを組み合わせてつくる。

⑸第７週目　くりぬき・乾燥・焼成

粘土の厚みが３㎝以上だと焼成中に割れやすいので、裏側からくりぬいて粘土の厚みを調整する。くりぬき作業の前日に、ビニールを外し、作品を半乾きの状態にする。作品の表面は硬く、裏側は軟らかい状態の時にかき出してヘラや彫刻刀で削り取る。

１週間～１か月程乾燥させ、窯で焼成する。はじめに150℃程であぶりを行い、次に800℃で素焼きをする。

素焼き後は、茶系などの顔料や白化粧土をこすり込んだり、水彩絵具で塗ったりしてニス塗りをしてもよい。1200℃で焼しめると、違う味わいの作品になる。

4. 実践の振り返り

- 立体を圧縮してつくることを理解し、奥行きの表現ができたか。
- 土粘土の感触・手応えを感じ、味わいながら取り組めたか。
- 焼成後のテラコッタ作品の素朴な魅力を感じ取れたか。

5. 発展

「彫刻とは、感動を基盤とした立体造形である。」[1] モデルの形をまねるだけだったり、観念だけが先走りした形に陥ったりすることなく、自身の感動から生まれる形をつくり出していきたいものである。

図7．参考作品「雲中供養菩薩南４号」写真提供：平等院

図8．参考作品：掛井五郎「南アルプス」静岡市民会館 蔵

［河西栄二］

11. 石を削る—石彫

石（石材）は、太古より住居などの建築や街づくりなどに 広く使われ、わたしたちの暮らしに深く関わり役立ってきた。

まずは、石に触れてみよう。河原で石を積んで遊んだ経験をもつ人も多いだろう。私たちは、魅力的な石ころをつい手に取ってみたくなる。河原の石は、長い年月を経て上流からころころと転がりながら角が取れ、表面もきれいに滑らかになり、とても美しい。

図１. 2004年頃、黒御影石（加藤可奈衛 作）

「石を削る」というと大変そうに思うかもしれない。左の図１の少年の頭部の作品は、花崗岩（かこう）（黒御影石（みかげ））による作例（筆者）である。古代エジプトの彫刻にも使われている種類の石でとても硬いが、基本的にはノミとハンマーがあれば制作できる。初めて石を彫る場合は、比較的軟らかい砂岩や、ライムストーン（石灰岩）、大理石などがよいだろう。意外とシンプルな道具で制作することができるので、一度挑戦してみよう。

1. 実践のねらい

天然の石の素材に触れ、その性質を理解する。あまり細部にこだわらず、大きな形、シンプルな形を大切に彫刻してみよう。

2. 準備するもの

図２. ノミ

- ノミ…図２の左側はタンガロイという特殊な金属を刃先に使用していて、主に花崗岩のような硬い石を彫る場合に使用する。砂岩などの軟らかい石の場合は、右側の一般的なタガネでも十分制作できる。
- ハンマー…ノミの太さにもよるが、少し大きめのものを用意しよう。小さいものだと、ノミの力がうまく伝わらなかったり、ノミを打ち損ねて危険である。

※長時間作業をしているとノミの頭がめくれた状態になってくることもある。必要に応じ、めくれをグラインダーで軽く削っておく。

図３. コヤスケ

- コヤスケ（図３）…ノミでの作業の前に大きく角を落とす場合に用いる。
- ビシャン（図４）…肉叩きのような形状のこの道具は、ノミである程度平らにした石の表面に残るノミ跡を取り、均一な面を出すのに用いる。
- 砥石（といし）や研磨道具…形ができ上がったら、表面の仕上げを行う。

図４. ビシャン

3. 実践の流れ

(1)線彫で描こう

石屋さんなどで、磨いてある材料を用意する。黒御影石など色の濃い目の材料がよい。大きさは、５～10㎝角程度でも十分楽しめる。石の磨かれた面を、小さめのノミで点を打ち、線彫をしてみよう。

磨かれた石の表面は、石固有の色味が現れている。そこに、石材用のノミで軽く一撃を加える。すると、ノミの先が当たった石の表面は僅かに粉砕され白い点となる。この動作を繰り返し行うと、図５のように、線や文字が描ける。発展として、この作業を繰り返していくとレリーフ（浮き彫り）作品をつくることもできる（図6、7）。

図5. 線や文字を描く。

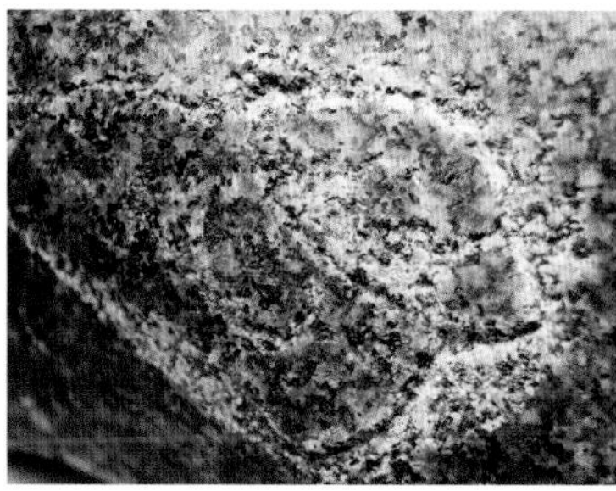
図6. 小鳥のレリーフ（陽刻）

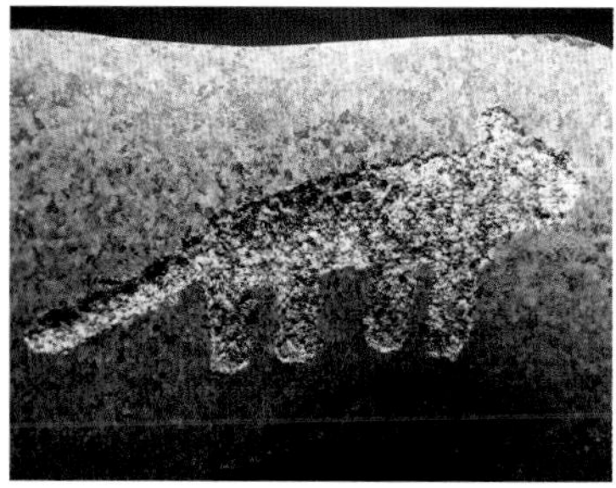
図7. 動物のレリーフ（陰刻）

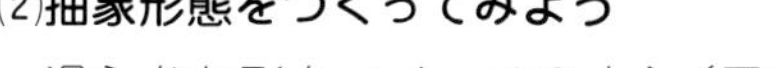

⑵抽象形態をつくってみよう

図8. 滑らかな形をつくってみよう。

滑らかな形をつくってみよう（図8）。まずは、ノミでだいたいの形を削り出す。

❶石材の正面を決める。石材の形をよく見て、これからつくってみようとする形を、墨汁や朱墨などで、石の表面にデッサンをする（図9）。

❷ノミとハンマーを使って、図10のように、各面で形のポイントとなる突端部が現れるまで石を彫っていく。

❸突端部から突端部へと、形が滑らかにつながるように彫り進める。

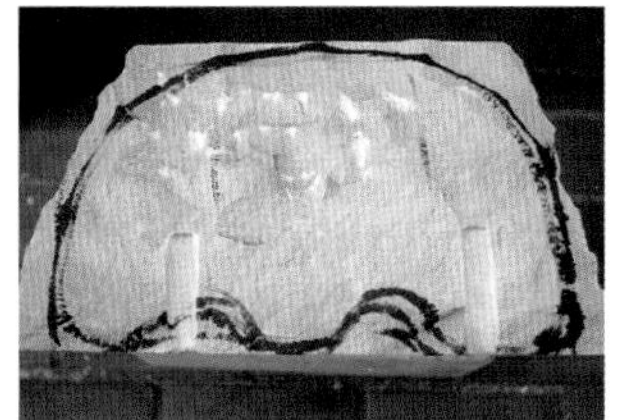
図9. 石の表面にデッサンをする。

❶～❸の工程で大方の形ができた後、ビシャンを使って平らにし、砥石（荒目、中目）で表面の凹凸が無くなるまで磨く（図11）。砥石の工程が終われば、表面は耐水ペーパーでも仕上げることができる。まず、60番などの荒いものから、水をつけながら研磨していく。グリースペンシルなどで研磨する場所全体に格子状などの印をつけ、ペーパーを当てた場所を確認しながら作業するとよい（図12）。

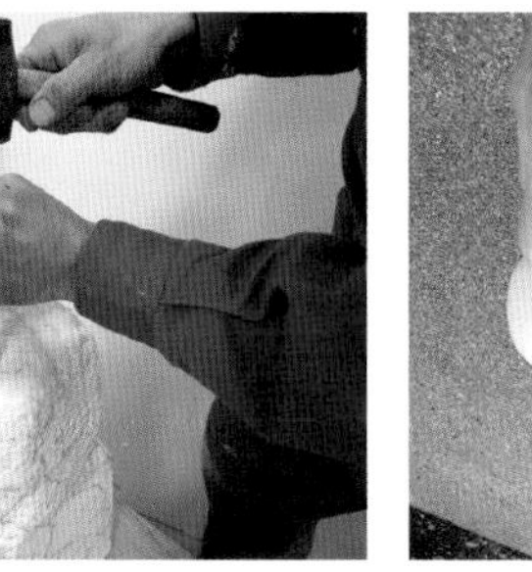
図10. ノミとハンマーで石を彫る。

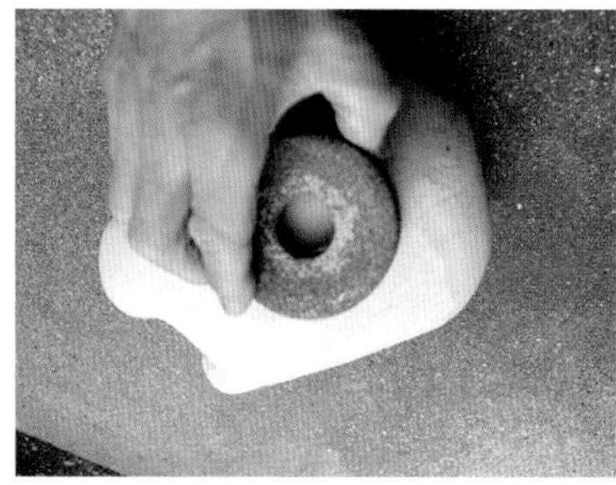
図11. 砥石で凹凸を取る。

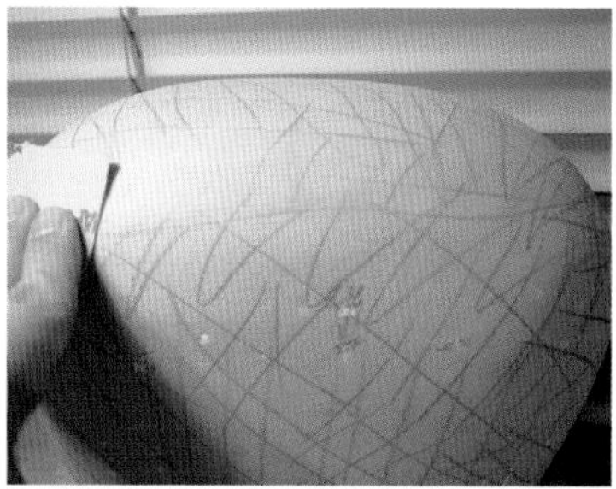
図12. 磨いたところを確認する。

4. 実践の振り返り

図13. 参考作品

- 制作を通じて「石」の性質を体験し、大地からの恵みや自然の力を感じたか。
- 道具の使い方を習得できたか。
- 石を「彫る」、「磨く」等の工程ごとの石の表情や言葉を味わえたか。

5. まとめ

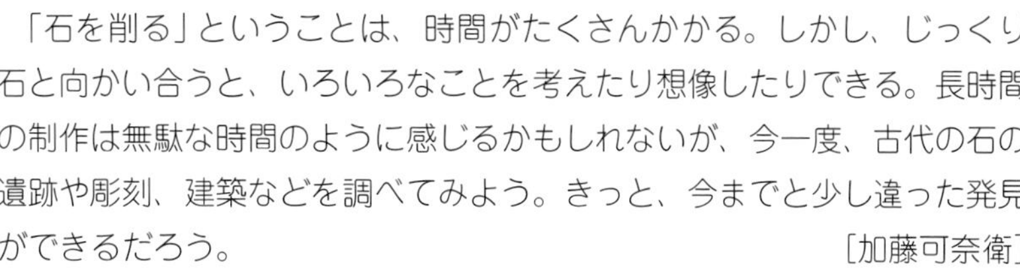

「石を削る」ということは、時間がたくさんかかる。しかし、じっくり石と向かい合うと、いろいろなことを考えたり想像したりできる。長時間の制作は無駄な時間のように感じるかもしれないが、今一度、古代の石の遺跡や彫刻、建築などを調べてみよう。きっと、今までと少し違った発見ができるだろう。

［加藤可奈衛］

12. 石膏(せっこう)でつくる—型取り

石膏は、水と混ぜることにより水和(すいわ)反応を起こして固まる自然の鉱物である。数十分で硬化し、収縮はしないため、大変扱いやすい素材である。そして、硬化途中の様々な硬さの段階で使用ができ、硬化後も削ったり量を付け加えたりすることが可能であるため、多様な状況下の造形表現に使用することができる。また、仕上がりも美しく丈夫な素材であることから、古くから建築材料や彫刻用材として使われている。ここでは、石膏という素材の特質を生かした比較的簡単な技法を用いた彫刻制作を行う。

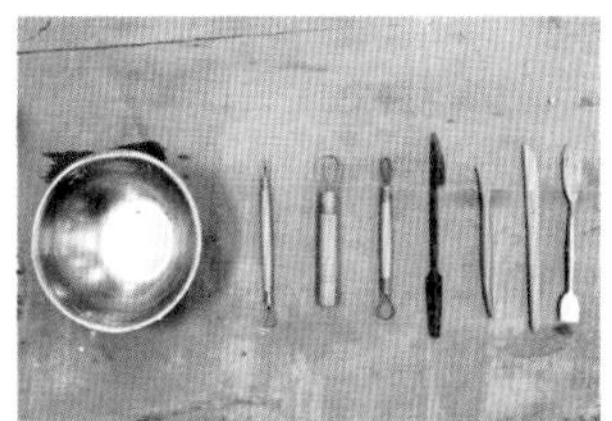
図1. ボウルとヘラの種類

1. 実践のねらい

- まわりの空間を意識した形の捉え方を身につけ、空間造形の感覚を高める。また、制作における意外性を表現することを目的とする。

彫刻はいかに魅力のある形を制作するかといった芸術分野である。しかし、頭で考えただけの形には固定概念があり、説明的な形の羅列になるおそれもある。ここでは、まわりの空間を意識した形の捉え方や、制作における偶然性を取り入れることで、彫刻の経験が浅くても魅力あるフォルムをつくり出す機会を与えることをねらいとしている。

図2. 水粘土を練る。

2. 準備するもの

- 水粘土
- ヘラ
- 石膏
- ボウル
- 作業着

3. 実践の流れ

まず、つくりたい形のまわりの空間（外側の形）を粘土で作り、そこに石膏を流し込むことにより形（内側の形）を造形する。以下、実際の制作手順を見ていく。

図3. 水粘土を四角くして作った土台

❶水粘土にしっかりと粘りが出るまでよく練る（図2）。その際に、水を加えながら自分の作りやすい軟らかさに調節をしておく。

❷作品の大きさや形を意識しながら、それがしっかりと入る土台の塊を水粘土で作る。多少のプランの変更に対応できるように、少し大きいサイズに作った方がよい（図3）。

図4. かき出しヘラで中の粘土をかき出す。

❸指やかき出しヘラで粘土を掘り込みながらつくりたい形の空間を作る（図4）。細い形は、粘土を剥がす際に壊れることも考慮しながら造形を行う。作業終了後には石膏が側面から漏れないように、穴が開いている所がないかよく確認をする。

❹石膏と水を攪拌(かくはん)する。まずボウルに水を入れ、石膏を少しずつ入れていく（図5）。水面と沈んだ石膏の上面がそろうまで入れて、よくかき混ぜる（水と石膏の比率は1対1）。その際、底面に石膏が沈んでいるので、下からすくい上げるように混ぜるのが好ましい。

図5. 石膏を準備する。

❺彫り込んだ空間全体に石膏が流れるように気を使いながら、ゆっくりと石膏を流し込んでいく（図6）。その際、できるだけ気泡ができないように気をつける。場合によっては、硬化途中のクリーム状の時に石膏ヘラを使って、入り口付近の流れきらない場所に盛り付けるなどする。

図6．溶いた石膏を流し込む。

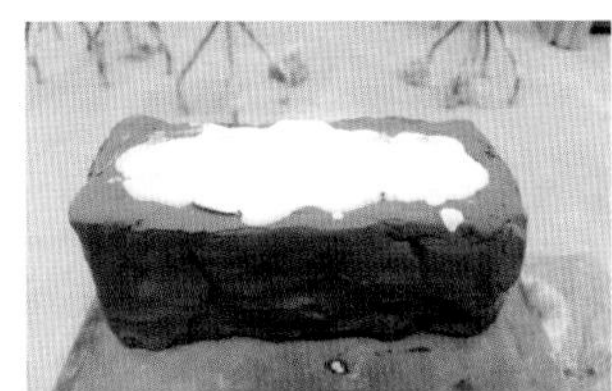
図7．流し込んだら石膏を硬化させる。

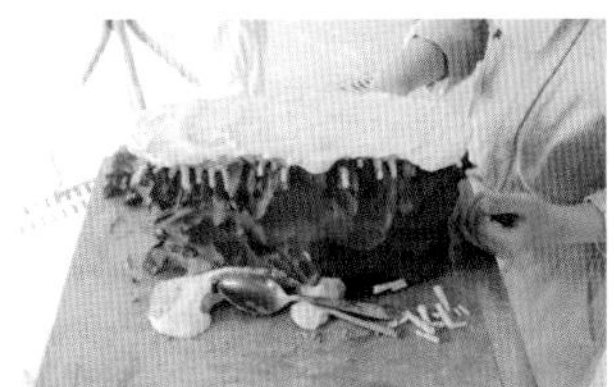
図8．粘土を外す。

図9．修正や追加の造形を行って完成

❻石膏の硬化が完全に終わるまで待つ。急ぐ場合は塩を入れると硬化が早くなる。硬化の目安は石膏面に爪を立ててへこまなくなる時である（図7）。作業を中断して次の行程まで時間を空ける場合は、ビニールなどで覆い、粘土と石膏が乾燥しないようにする。乾燥が進むと粘土が硬くなって壊しづらくなるばかりではなく、石膏の水分が粘土に吸われ剥がれづらくなる。

❼端から粘土を外す。壊れやすい形の所は慎重にゆっくりと外す。厚みのある場所は、かき出しヘラなどを使いながら薄くした後に外すとよい（図8）。

❽粘土を外し終わったら、水で洗う。その際、たわしなどでこすると表面の表情が消えてしまうので、ホースなどで水流を強くしてきれいにする。その後、粘土を外す際に壊れた形を修正したり、石膏直づけで造形をさらに行い完成させる（図9）。

4. 実践の振り返り

- 凹凸の表現が逆になるため、粘土を剥がした後の変化が新鮮で、造形の意外性についての魅力に気がつくことができたか。
- 彫刻の形とまわりの空間との関係についての思考を深めることができたか。
- つくりたい形のまわりを作ることで形を表現することにより、普通に作ることとどのような違いがあるのかを考えることができたか。

5. 発展

パーツで作り、組み立てることによってより複雑な形を作ることができる。また、様々な道具を押し付けることによって形を作ることができるため、身近な物の形に対する興味や関心を高めることにつながる。

図10．サカナの形の土台

図11．取り出したサカナの形の石膏

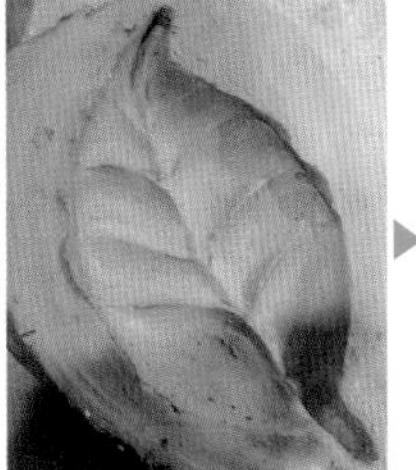
図12．葉の形の土台

図13．取り出した葉の形の石膏

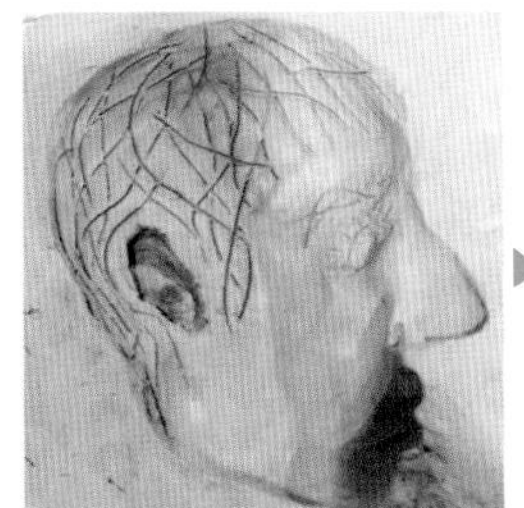
図14．横顔の形の土

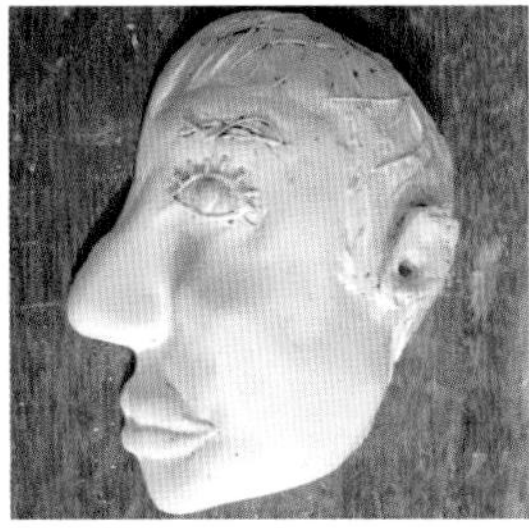
図15．取り出した横顔の形の石膏

図16．衝動をテーマとした形の土台

図17．取り出した衝動をテーマとした形の石膏

［奥田真澄］

column 4　塑造の楽しみ

わたしが塑造をする時にいちばん楽しいと感じるのは、掌の小指側を使って、粗く大きく動かしながら粘土を延ばしたり、グイグイと押しつけたりしている時だ。使っている粘土はごく一般的な彫塑用粘土だが､その軟らかさにはこだわりがある。それは強く押しつければその分だけ大きく変形し、しかもあまりベタつかず手離れのよい状態のものだ。

題材には人物をよく選ぶ。粘土の塊に掌を当て、粘土の塊の中に皮膚や筋肉や骨格があるようなイメージを描きながら触感を楽しむ。力加減をしながら時には素早く、時にはゆっくりと掌を動かす。掌が通り過ぎた後には次第に人間の皮膚や骨格の感じがぼんやり見えてくる。

ある程度形が見えてきたら、今度はその塊を少しでも良い彫刻として成立させるために部分的に強調したり省略したり、量感を強める仕事や、細部の作り込みを行う。この段階になると掌ではなく指先やヘラなどの道具を使っている。出来上がった彫刻はこう見せたい、こう見てもらいたいと考え始めているのだろう。厳密に言えば既に私にとっていちばんの彫刻の楽しみからは少し外れた状態だ。感覚だけを楽しみたいのならば、具体的な形は作らず、ひたすら粘土と戯れていればいい。しかし、わたしは何かの形も作らずに、いつまでも粘土と戯れ続けることはたぶんできないだろう。難しいことに挑戦するのも悪くないと思っているようだ。出来上がりが良ければそれはそれで嬉しいし、苦労を乗り越えて完成した作品ほど愛着もある。めったに無いが、家族や友人から「いいね！」と言われて、それまでの苦労がその瞬間どこかへ飛んでいった経験もある。

コツコツ作っていると、また形にこだわらず粘土の感触を味わいたくなる。それで触感を味わっているとまた形を追求したくなる。その繰り返しだ。ひとつの塑造作品を作る中にいろんな楽しみが待っている。今回は具象彫刻の指導ポイントについて述べてきた。彫刻制作を通じて学べることはたくさんあるが、その中でも彫刻でしか学べない触覚体験的な内容については、ぜひ授業に取り入れ、子どもたちにその楽しさを伝えて頂きたい。日常生活における視覚の優位性や擬似的な体験の割合が増している今日だからこそ、余計にそう願うところである。

図1. 筆者作品

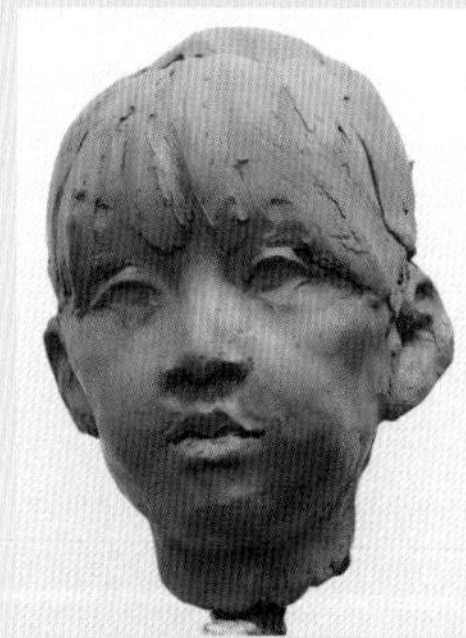
図2. 筆者作品

［德安和博］

第5章

デザイン・映像メディア表現

デザインは、広い意味をもつ言葉である。関連する言葉として、意匠、図案、計画、設計、企画、意図、目的、模様、仕組み、構造などがある。これらの言葉からもわかるとおり、デザインとは見えるモノだけを表す言葉ではなく、ある課題を実現しようとする行為や問題を解決する行為そのものを意味する言葉でもある。教育の現場では、文字・イラスト・マーク・装飾・配色・ポスター・錯視や自然物の色や形等を学ぶことが多いが、情報を集めたり試行錯誤したりする中で造形的な思考を巡らすことも大切にしたい。

映像メディア表現は、写真・ビデオ・コンピュータ等の映像機器を使って生まれた、写真・アニメーション・コンピュータグラフィックス等の表現のことである。デジタルカメラ・ビデオカメラ・コンピュータ・プロジェクター・モニター・音響機器等の発達により、表現の幅が広がっている。これからは、教育の場でも映像メディア表現が新たな独自の造形分野となっていく。

1.木材を用いた形の発見

木材を用いた制作は、厚み、硬さ、割れやすい方向、接着しにくい面、香りといった材料の特徴を体感することが大切といえる。そうした材料の特徴に合わせた用具の使い方を学ぶためには、子どもの習熟度に合わせた指導者の準備も必要になる。また、木材によって空間を構成する楽しみは、紙などのように慣れた材料では味わうことができない重量感や硬さ、達成感などを得ることができる。形に曲線を出すことは難しいが、そうした材料から発生する制限の中で、様々な形を生み出そうとする工夫がそれぞれの作品を光らせる。

ひとつの形からうまれるカクカクワールド

1. 実践のねらい

❶同じ形の平面的な材料のみで、活動を繰り返しながら様々な形を立体的につくり出すことができる。

❷規則性（または、不規則性）をもった配置による空間構成を楽しむことができる。

2. 準備するもの

- シナベニヤ（合板）（9 × 27 × 81mm）…厚さ9mm のシナベニヤを、丸ノコによってひたすら切りそろえる。今回は高さと縦、縦と横をそれぞれ3倍にしたことで、組み立て方の幅を広げようと試みた。寸法は、この通りでなくてもよい。
- 木工用ボンド
- 紙ヤスリ（# 240）

3. 実践の流れ

(1)シナベニヤを同じ形にカットする

テーブルソーなどがあれば、作業がはかどるが、電動丸ノコだけでも付属のソーガイドフェンスにより、同じ幅で板を切ることができる。30mm程度の幅であれば、中高学年であれば手引き鋸でも容易に切ることができる。加工の工程は年齢や時間に合わせることが大切で、棒状のままにしておくのもよい。

(2)切り口を磨く

板の切り口はバリが出ていたり、角が尖っていたりするため、紙ヤスリを別の木片に巻いて磨く。平らな面は平らに磨くことが仕上がりのポイントでもある。角の部分は、安全のために、紙ヤスリを巻いた木片を当てて削るか、机に紙ヤスリを貼り、そこに木片の角を押さえるようにしながら面取りをする。

(3)組み上げる

板を組みながら立体作品を考える。同じ形の材料を渡されると、制作者は自然と規則性のある形をつくろうとする。この課題ではいかにして立体的な膨らみのある形をつくることができるかが、作品の魅力につながる（図1～3）。図4のような3つのピースを立体的に組み、それを積んでいくという形は、非常に面白いといえる。また、接着の際はボンドが早く乾くよう、ヘラで余分なボンドは取り除くようにしたい。

図1. 等角度でずらして積む螺旋

図2. 脚の高さを揃えて貼っている。

図3. 台座がモチーフと合っている。

図4. 立体的なユニットの繰り返し

さして、つなげて、なにつくろう？

図5．木材を手に取り構想を練る。

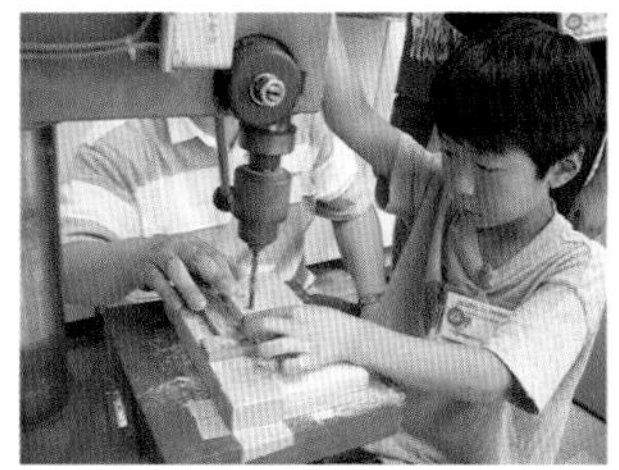
図6．木材をしっかりと押さえる。

図7．丸棒が動かないよう押さえる。

図8．とにかく木材をつなげた作品

図9．お花の部分が回る作品

1. 実践のねらい

❶接着剤を使わずに、木の棒とドリルによって木材同士をつなげ、立体的に組み上げていくことができる。

❷鋸と、ドリル（旋盤）の使い方を体験し、学ぶことができる。

2. 準備するもの

- 25mm角の棒（角材）…今回は子どもの年齢を考慮し、あらかじめ高さを25mmと50mmのものを切って用意してきた。穴を開けておいたものも入れておく。子どもの技能に応じては、この準備も行わせたい。
- 6mm φの丸棒　• 6mm φのドリルビットと旋盤　• ガムテープ
- 鋸　• 紙ヤスリ（♯240）　• 木づち　• 旋盤に置く木の台

3. 実践の流れ

⑴材料を配布する

接着剤を使わず木材同士を木の棒でつなげることを話し、材料を配布する。どのように組み上げるか、手に取ってイメージを膨らます（図5）。

⑵ドリル（旋盤）の使い方を説明する

配布した木材は25 × 25 × 25mmと小さいため、そのまま回転したドリルを挿すと、木材ごと回転し、押さえることができない。また、中心に穴を開けるには、定規で測って、印をつけてと、手間が増える。そのため、木の台に直角の当て木を貼りつけたものを旋盤の台に置き、ドリルビットが木材の中心にくるようにガムテープで固定するとよい（図6）。

⑶丸棒を切る

子どもたちが木材を切る時は正しく固定してから切らねばならないが、万力やクランプがない場合、座面の一辺が少し出ている角イスがあれば、寝かして使うことで木材を固定する作業台になる。6mm φの丸棒であれば、子どもたちでも簡単に切ることができ、何度も切ることで、正しい体の位置や、力の入れ方が身につく（図7）。

⑷組み上げる（図8、9）

穴に丸棒を差し込むのがきつい場合は、木づちを使って叩き、差し込んでいく。接着剤を使わずに何かを組み上げるという体験は、子どもたちにとって新鮮であり、「つなげていく」という行為に没頭していく子もいる。

4. 活動の留意点

最終的に何かの形にならず、つなげるだけつなげてみたといった作品になる子もいるかもしれないが、指導者からは「何かの形にしよう」といった指示は極力避けてもらいたい。子どもが、ただただ挿してつなげていくことの楽しさに没頭できれば、活動として成功である。図9の作品は、「回るお花をつくった」と子どもは言っていたが、おそらくお花をつくろうと思って組み上げたのではなく、幾何学的な配置が花に見え、たまたま軸の丸棒がゆるかったことで「回る」という機構を付加させることを思いつくことができた。そうした見立てや、偶発的なことから新たな発想ができることも、制作における評価のポイントといえる。

［加藤克俊］

2. カタチがうつる・カタチをうつす

「うつす」という言葉には、「写生」「転写」「投影」「移動」「伝染」など、様々な意味が含み込まれている。私たちは日常的に「うつす」という営みに触れ、また「うつされた」ものがあふれた生活空間で生きている。たとえば、写真や映画、ダウンロードされた音楽、身近な日用品から印刷物がそうであるように、「うつす」という行為で生み出された創造物は多種多様に存在している。子どもたちの表現活動においても、描画によるイメージの「うつし」、版や型を媒体にした「うつし」、映像メディアを用いた光学的な「うつし」等、様々な手法・メディアを横断的に扱うような新たな表現も取り組まれている。ここでは、「うつす」という行為から、カタチが生成される表現の広がりを見てみよう。

1.「落消し」(リバース・グラフィティ)

～ ガンコな汚れを磨いて、型を「うつす」グラフィティ・アート ～

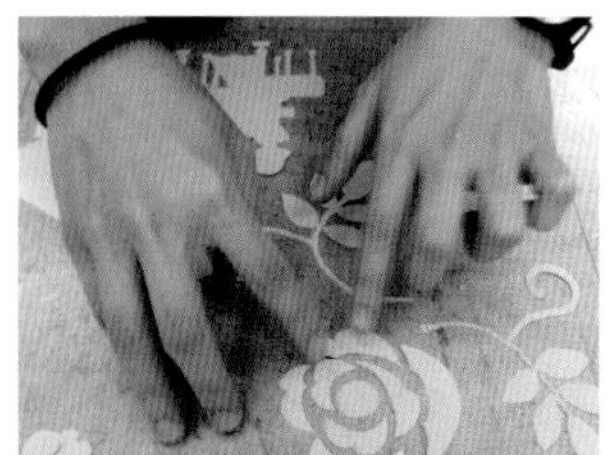
図1. 型紙のシートを床タイルに貼り付ける。

図2. スポンジたわしで汚れを磨く。

図3. 落消し完成作品①

図4. 落消し完成作品②

「落消し（リバース・グラフィティ）」とは、「落書き（グラフィティ）」の逆で、絵具や塗料などの画材を使わずに床や壁の汚れを掃除用具で磨いたり洗い流したりして、汚れを落としてカタチを生み出す表現手法である。つまり、直に描いたり塗ったりするのでなく、汚れを消し去ることでカタチを写しとるのだ。版画で「ステンシル版画 」という技法があるのをご存知だろうか。「ステンシル版画」は、型紙を用いて切り抜いた絵柄に絵具などを塗ったり、こすり込んだりすることで型を写しとる転写技法で、着物や布地への型染めなどにも使われている。「落消し 」はその逆発想で、型紙を汚れた床面などに重ねて、切り抜かれた絵柄部分を磨き、汚れを落としてカタチを写すグラフィティ・アートなのである。身のまわりにある「汚れ」が「うつす」という行為により「ただの汚れ」でなくなり、「素敵な汚れ」へと変身させる表現なのだ。型紙は、カッティングシートを使って切り絵の手法で制作する。カッティングシートは塩化ビニール製の薄いシートで、裏にはのり（粘着材）が付いたシール状になったものである。シートに写しとりたいデザインを描き、それをカッターナイフやハサミで切り抜いて型紙を作っていく。次に型紙のシートを汚れている面に貼り付ける。ここでは教室の床タイルの汚れを素材に「落消し」をやってみよう。普段は「汚れ」に好奇心を注ぐことはないかもしれないが、変身させたい床の汚れた箇所をじっくり選んで、型紙を丁寧に貼り付ける（図1）。デザインによっては、シートを分割しておくと貼り損じなく貼り付けられる。型紙を貼り終えたら、水を含ませたスポンジたわし（片面に研磨剤が付いているものがよい）で、ガンコな汚れをゴシゴシ磨いていくのである（図2）。細かいところは、使い古しの歯ブラシ等も使って磨いていくときれいに汚れを落とせる。汚れが落ちたら、型紙をペローンと剥がしてハイ完成。

この表現手法は、「消す」「取り除く」ことで、異なる素材にイメージを写し、汚れというマイナス価値を転倒させてしまうような創造的な異化効果をも生み出すことになる。

2.「超ローテク 手作りフィルム」

～ 小さな描画が、スケールを変えて「うつす」映像投影 ～

図5. 油性ペンで描く。

図6. マウントにフィルムを入れて閉じる。

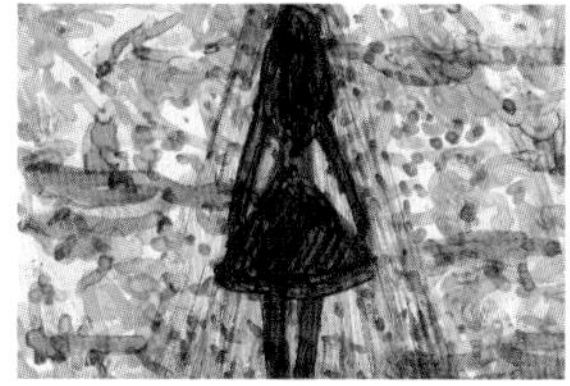
図7. 2枚のシート（前景と背景）を重ねて作ったシート

図8. スクラッチ技法（引っかき）で作ったフィルム

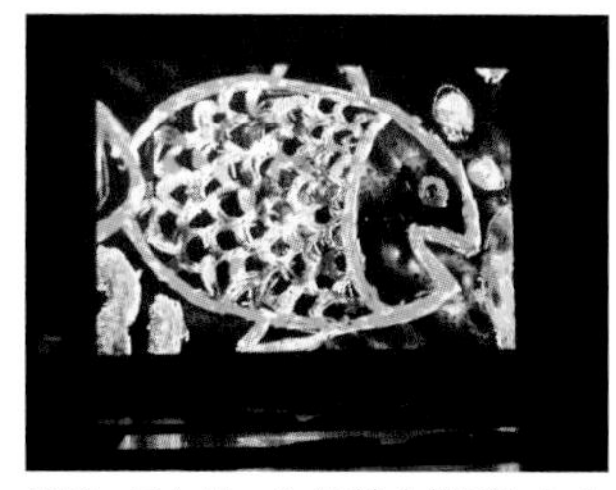
図9. スクリーンに拡大投影した上映会の様子

絵を描くことに苦手意識をもっている子どもは、予想以上に多い。幼い頃は他人の評価など気にせず無防備に描くことを楽しんでいたのに、大人の求める狭い評価基準に振り回され、描くことを楽しめない子どもがいる。一方で、そんな子どもの中にはノートやプリントの隅っこに描いたいたずら描きに夢中になっている場面がある。つまり、大人の評価にさらされない安全地帯では上手・下手の呪縛からも逃れ、描くことに興じる姿がそこにはある。真っ白な大きな画用紙の前では緊張する子どもも、身近にある紙面の隅っこには、無防備に描かれた小さな絵画を創出しているのだ。

「超ローテク 手作りフィルム」は、そんな無防備に描かれた小さな絵画のようにお手軽な気分で絵を描き、失敗したり描き損じたりしても全然平気と思えるような活動である。さらに、描いた絵を映写機を用いて拡大投影することで、小さないたずら描きが大きな絵画に変貌するのである。この手法は「幻灯」「写し絵」とも呼ばれ、フィルムに描かれたスライド（種板）に光を当て、レンズによって拡大投影するもので、映画以前に存在した映像手法である。江戸時代には「幻灯」「写し絵」は、寄席の演目にも取り入れられ、語りや音曲を組み合わせた芸能としても演じられた。

ここで紹介するフィルム制作では、透明シート（OHPフィルム）に油性ペンで描き（図5）、その手描きフィルムをマウント（スライド映写用のフレーム）に入れる（図6）。シートを複数枚重ねて絵をセル画のようにレイヤー（層）を作って1枚のフィルムにすることもできる（図7）。また、油性ペンで塗りつぶした面をスクラッチ（引っかき）して描いたり（図8）、画用紙で切り絵を作ったりすると画用紙の部分だけ遮光され影絵のようにもなる。そのようにして作ったフィルムを、スライド映写機を通してスクリーンに映し出すのである(図9)。ハイテクな撮影機器を使わずに、手技のみでフィルムを作れて、しかも簡単に短時間で何枚も作ることができる。フィルムができ上がったら、みんなの作品を大きなスクリーンに映して、BGMを流しながら上映会。小さな絵がスケールを変えて大きく映ると見え方までも変化する。見方の尺度にチャンネル変換を起こすことになるのだ。スクリーンに「うつる」のは描かれたカタチだけでなく、ノートの隅に描かれたいたずら描きのような無防備で奔放な表現のもつ強度も「うつす」ことになる。

3. まとめ

「うつす」という行為から生まれる表現の実践例を2つ紹介したが、どちらもダイレクトなペインティングを迂回させ、多様なメディア（媒体）を通してカタチを「うつし」生成された表現活動である。さらに視覚の偏差・ズレも生み出す新鮮なまなざしへと誘ってくれもする。「うつすこと」「うつされること」による表現世界はまだまだ多様にあり、異なる技法・素材・メディアに「カタチ」や「イメージ」をうつしかえることができ、美術教育においても豊かな広がりをもっているのである。

［吉田悦治］

3. 衣装のデザインと制作「変身しよう」—様々な材料でつくる

衣装や装飾品を身につけることで、別の人物になりきったり、物語の登場人物になりきったりして変身した気分を楽しもう。変身したいものをイメージして、服、被り物、装身具、履物など、衣装をトータルデザインし、イメージに合わせて材料を選び、工夫して制作し、着用することにより、豊かな表現力や創造力を養いたい。

1. 実践のねらい

❶何に変身したいか、自由にイメージして想像力を広げて楽しむ。

❷アイデアスケッチやデザイン画を描き、衣装を具体的に表現する。

❸イメージに合わせて材料を選び、制作方法を工夫する。

2. 準備するもの

【デザイン画】

- 鉛筆（B程度）　• 色鉛筆／カラーペン（24 色程度）
- コピー用紙（A４）　• 八つ切り画用紙　• 写真など参考資料

【服】

- カラーポリ袋(各色)　• カラーガムテープ　• カラービニールテープ
- スズランテープ　• 木工用ボンド　• 両面テープ
- その他材料や用具（※制作に合わせた装飾の材料や描画材など）

【被り物（帽子やお面)】

- 和紙（八つ切り２枚程度）　• 風船（丸 24cm 程度１個）
- 画用紙(5cm×30cm 程度１枚)　• 木工用ボンド　• アクリル絵具
- その他材料や用具（※制作に合わせた装飾の材料や描画材など）

3. 実践の流れ

⑴デザイン画を描く

❶変身したいものを想像しながら、鉛筆でコピー用紙にアイデアスケッチを描き、イメージを膨らませる。物語の登場人物や、動物、虫、植物、食べ物など、描きながら自由に考えを巡らす。

❷アイデアがまとまったら、衣装のデザイン画を描く。身にまとったところをイメージし、画用紙に鉛筆で描いた後、色鉛筆やカラーペンで色彩計画をする（図１)。

図１. デザイン画（蜂のイメージ）

⑵服を制作する（ポリ袋による制作）

❶デザイン画を基に、材料や制作方法を検討する。本稿ではポリ袋による制作方法を紹介するが、ビニール、紙、布などイメージに合わせて材料を選択するとよい。

❷ポリ袋に、上衣は首や両腕、下衣は胴や脚を通す穴をハサミで切って開ける。試着して、動きやすさや形を調整する（図２)。

図２. ポリ袋で制作した上衣と下衣

❸油性マジックやアクリル絵具で模様を描く。カラービニールテープやカラーガムテープ等を貼る。色画用紙、スズランテープ、毛糸、葉っぱなどをボンドや両面テープで貼りつけるなどして装飾を施す（図３)。

図３. 衣装に装飾を施す。

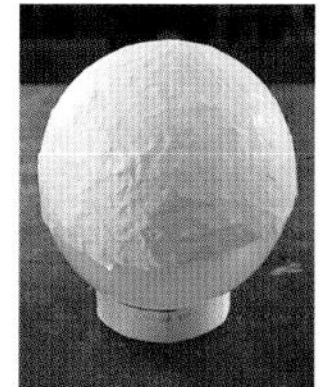
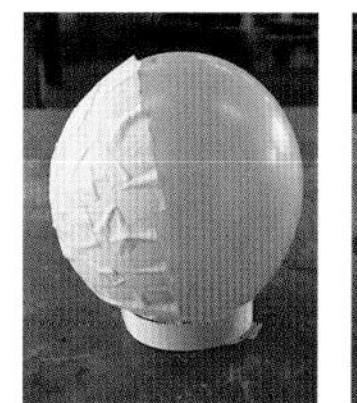

図4. 張り子の被り物
左から、帽子、お面、かつらタイプ

(3)被り物を制作する（風船を用いた張り子による制作）

❶帽子、お面、かつら、どのタイプで制作するかを決めて（図4）、風船を顔や頭の大きさに合わせて膨らませる。

❷汚れ防止のため、新聞紙を机に敷く。帯状の画用紙を輪にして、風船を置く台をつくる。

❸和紙を3cm 角程に手でちぎる。

❹1層目は、風船から剥がれやすくするため和紙に水のみ含ませ、和紙と和紙が 1/3 程度重なるように風船に貼りつける（図5）。

図5. 風船に和紙を貼り重ねる。

❺2層目と3層目には、和紙に水で2倍程度に薄めたボンドを刷毛で塗り、❹と同様に貼り重ねていく。

❻ボンドが乳濁色から透明になり固まるまで、1日程度乾燥させる。

❼固まった和紙を風船から外し、和紙の端をハサミで切って、深さや形を調整する。外れにくい場合は、風船の空気を抜くとよい。

❽耳や鼻など凹凸は、画用紙や丸めた和紙、紙粘土などで別途作成し、ボンドで接着する。さらに本体とパーツの継ぎ目に帯状の和紙を接着面に貼りつけ、補強するとよい（図6）。

図6. パーツを接着する。

❾乾燥後、アクリル絵具等で着色する（図7）。お花紙や着色した和紙を貼りつけたり（図8）、毛糸や綿などを貼りつけたりして装飾を施してもよい。お面の場合は、目の位置に千枚通しやカッターで穴を開ける。

図7. 着色する

(4)その他の制作

よりイメージに近づき、なりきるために、装身具、履物、持ち物を制作したり、メイクアップしたりしてもよい。

(5)着用して相互鑑賞をする

実際に衣装を身につけて、制作者から作品のイメージや工夫した点などを発表し、互いの作品についてユニークさやよさを伝え合いながら鑑賞をする。

図8. お花紙で装飾したひまわりの帽子

4. 発展

制作した衣装は身につけて、身体表現や音楽等表現を取り入れた活動や発表に発展させたい。例えば、季節の行事である節分に合わせて鬼のお面や衣装を制作したり、演劇活動に取り入れて登場人物の衣装等を制作したりして、役になりきって演じることを楽しみたい。

本稿で紹介した制作方法は、ほんの一例である。イメージに合わせて様々な制作方法や材料を取り入れ、作品の造形表現を広げてほしい。

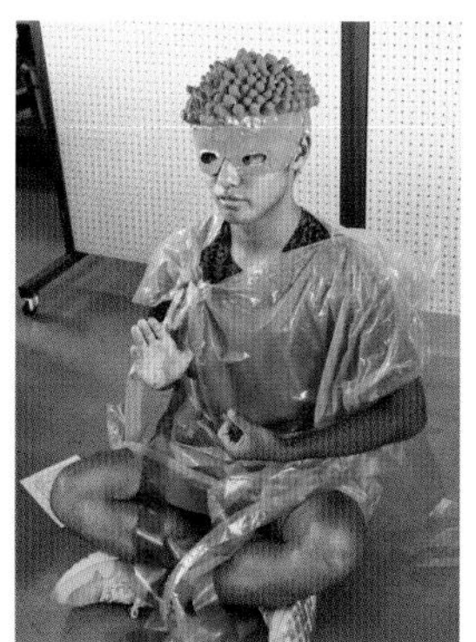

図9. 身につけて、相互鑑賞をする。
左から、死神、ケチャップとマスタード、大仏、ヴィジュアル系バンド歌手、をイメージして制作。

［本田郁子］

4. 発想をかたちに—絵やイラストとして表現する

目的をもって何かをデザインする時、私たちは思い浮かんだイメージを形にするため、絵やイラストにして表現する。これが、アイデアスケッチと呼ばれるものである。このアイデアスケッチをもとに、私たちは言葉だけでは表現できない互いのイメージを共有したり、互いのアイデアのよさを発見したりすることができる。また、それらを共有し工夫し合うことで互いの交流を深め、その交流がよりよいものづくりにつながっていく。ここでは、「あったらいいな」と思うものをもとに、互いの発想の面白さやよさを発見できるような活動について取り上げたい。

1. 実践のねらい

❶生活の中で「あったらいいな」と思うものをテーマにイメージを広げる。

❷自分のアイデアを絵やイラストで造形的に表現する。

❸自分のアイデアを相手に伝える方法を考え、表現を工夫する。

2. 準備するもの

- 八つ切り画用紙
- 鉛筆
- 色鉛筆、カラーマーカー、絵具など着色できる描画材
- アイデアを形にするための参考資料

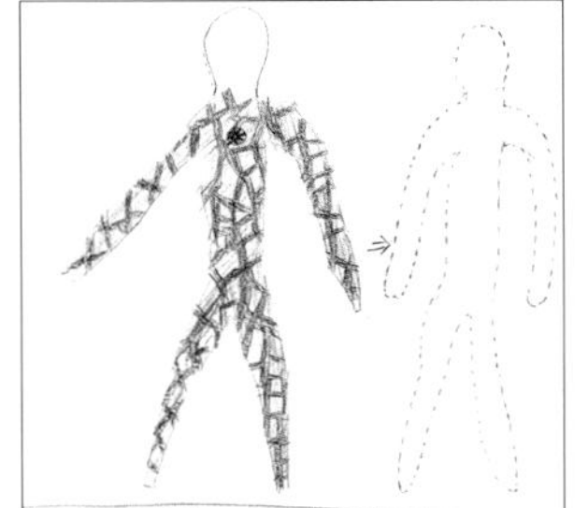
図1.「透明スーツ」

3. 実践の流れ

⑴発想を表現することの大切さを理解する

互いのイメージを共有し形にすることができるのは、我々人類特有の能力である。このイメージを形にすることで、私たち人間の日常生活は発展してきた。テレビなどの家電に始まりやコンピューターやロボット、今では誰もが持っているスマートフォンまで、一世紀前までは想像もしなかったものが、現代では日常的に使用されている。これらはすべて、人々が想像し、それを形にするために試行錯誤した結果であるといえるだろう。

この活動では、自分や人々の生活を豊かにするために「あったらいいな」と思うものを絵やイラストで表現することを通し、夢がいつか実現可能なものになるかもしれないという、ワクワクした気持ちや面白さや楽しさを共有する体験をしたい。

図2.「動く家」

⑵発想する、発想を共有する

自分が普段生活している中で、「あったらいいな」と思うものをいくつかワークシートなどに言葉で書いてみる。場合によってはワークシートにラフスケッチを描けるようにしてもよい（図1～3）。そして、それらを共有してみる。イメージがわかない子どもがいる場合、みんなのアイデアを聞くことで、自分のイメージを広げるきっかけにもなるからである。

ここでは、それが実際につくれるかということではなく、発想の面白さや、子ども一人一人のその子らしさが発揮されているかを大切にしたい。

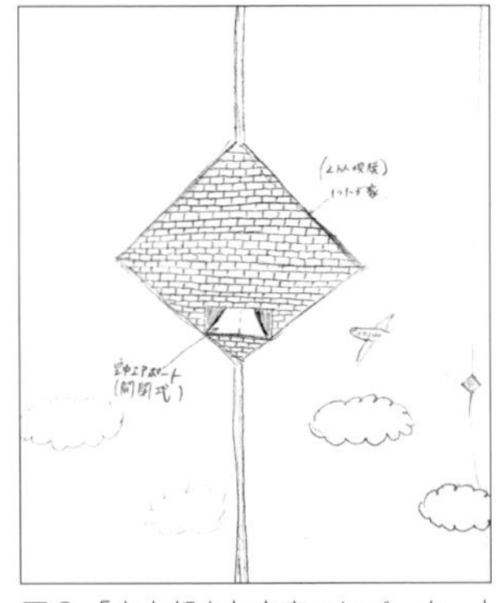
図3.「空中都市と宇宙エレベーター」

⑶発想を形にする

それぞれのアイデアが決まったら、画用紙に絵やイラストで形にする。この時、それぞれのイメージしたもののサイズや色がわかるように、人物

図4.「憧れの空飛ぶほうき」

図5.「魔法の鏡」

図6.「雲のベッド」

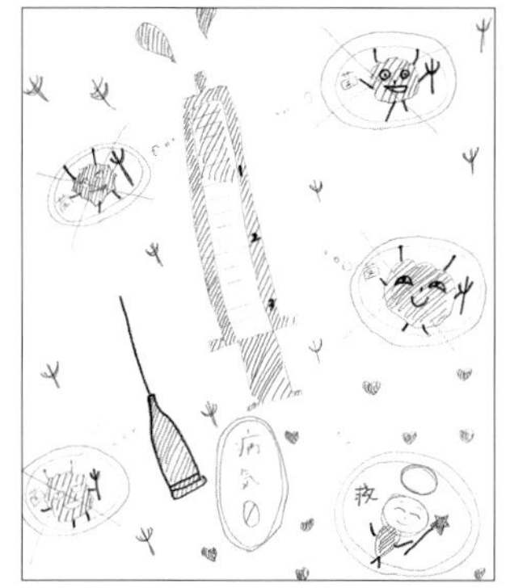

図7.「どんな病気も治せる注射」

や具体的なものを一緒に描きこんだり、自分のイメージに沿った色を決めて色鉛筆などの描画材で着色したりすると、よりイメージが具体化した表現が楽しめる（図4～9）。

また、描きたいものは決まっているが、どのように描いていいかわからない子どもには、図鑑やインターネットの画像検索を活用して、できる限り自分のイメージを明確にできるような配慮が必要である。

教師として、子ども一人ひとりが自分のイメージに沿った表現が楽しめるよう、教材の準備や適切な言葉がけを心がけたい。

⑷互いのアイデアを伝え合う鑑賞活動

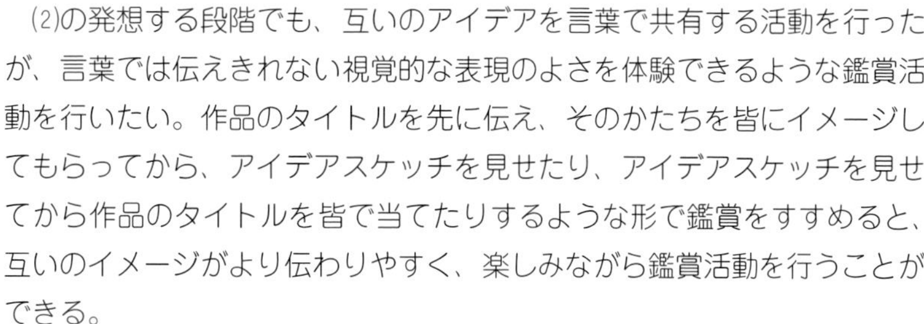

⑵の発想する段階でも、互いのアイデアを言葉で共有する活動を行ったが、言葉では伝えきれない視覚的な表現のよさを体験できるような鑑賞活動を行いたい。作品のタイトルを先に伝え、そのかたちを皆にイメージしてもらってから、アイデアスケッチを見せたり、アイデアスケッチを見せてから作品のタイトルを皆で当てたりするような形で鑑賞をすすめると、互いのイメージがより伝わりやすく、楽しみながら鑑賞活動を行うことができる。

自分のアイデアをわかりやすく人に伝え、それをもとに交流することは、子どもたちのコミュニケーション能力を高めるためのきっかけとなり、社会性を身につける一助となると考えられる。

図8.「雲の温泉」

4. 実践の振り返り

- 自分のイメージを絵やイラストとして表現することを楽しめたか。
- 友達とイメージを共有し合うことを通して、自分や友達のアイデアのよさや面白さを理解することができたか。

5. 発展

この活動は「あったらいいな」と思うものを自由にイメージするものであるため、様々な発想が生まれるが、「夢の宇宙船」「未来の乗り物」「不思議なスイーツ」など身近なものを教師がテーマ設定することで、より具体的に発想を広げることもできる。自由な発想を引き出すことが難しい場合は、このように具体的なテーマを設定することも、子どもたちの創造性を広げ、面白い表現につながる可能性もある。

図9.「魔法のペン」

［西村志磨］

5. 生きものフォントをつくろう—イラスト文字をデザイン

「フォント」とは、デザインされた一揃いの文字のことである。文字の一つひとつを組み合わせて、単語や文章が組めるものであり、使い回しができる。今日では和文（日本語）と欧文（アルファベット）がパソコンの中に必ず搭載されており、誰もがその種類を選んだり、文字の大きさを決めたりしている。文字に関する造形教育については、これまで中学校美術に「レタリング」の単元が位置付けられ、正しい文字の形を学習することが国内外の文化や伝統を学ぶ契機になっていたが、単調な作業が敬遠される場合も少なくなかった。ここでは、小学生の想像力によって文字の造形活動をより楽しく展開する試みとして、手づくりフォントの実践方法を示したい。

1. 実践のねらい

❶文字の構造を楽しみながら学ぶ方法を探る。
❷文字の読みやすさなどデザインの働きを知る。
❸文字が単語の組み合わせで新しい表情をつくることを体験する。

2. 準備するもの

- 段ボール紙…使用済み段ボール紙でよい（図１）
- 絵具…ポスターカラーやアクリル絵具など。
- 磁石…黒板などに接着するために使用する。
- セロハンテープ、ハサミ、カッターナイフ

図１．段ボール紙は再利用のもので可。

3. 実践の流れ

⑴担当する文字を決定する

今回は欧文のアルファベットをモチーフとする（図２）。AからZまでの大文字26字とaからzまでの小文字26字、および数字（０～９）10字をデザインの対象とし、それぞれ一人ずつ担当を決める。制作者の人数が少ない場合は大文字のみ、あるいは小文字のみに限定することも可能であり、また作業が早い場合は一人が複数の文字を担当してもよい。それぞれの文字作品を組み合わせて単語や文章をつくって遊ぶためには、登場回数の増える可能性があるa、e、i、o、uなど、母音の文字を多めに制作しておくとよい。

A B C D E F G H I J
K L M N O P Q R S
T U V W X Y Z a b
c d e f g h i j k l m n
o p q r s t u v w x y z
0 1 2 3 4 5 6 7 8 9

図２．アルファベットの基本的な形

⑵担当する文字を段ボール紙に下描きする

担当文字を割り当てたら、準備した段ボール紙に下描きを開始する（図３）。身のまわりにある見慣れたものや生きものなどを文字の形にデザインすると楽しい作品になる。作図には次の３つの方法が考えられる。

❶生きものなどの形を文字に見立てる…自動車のタイヤやドーナツを「O」に、鉛筆を「I」に見立てるなど、見る側が見方を変える。
❷モチーフで文字の形をつくる…人や動物の手足を伸ばしたり、ものの形を文字の形状に沿わせたりして文字の骨格を意図的につくる。
❸文字の形をパターンで塗りつぶす…最初から文字の形の輪郭を描き、ストライプやドットなどの抽象的なパターンで塗りつぶす。

図２のような文字の見本を参考にしながら個々のアルファベットの骨格をよく観察し、読みやすさを失わないよう配慮する。

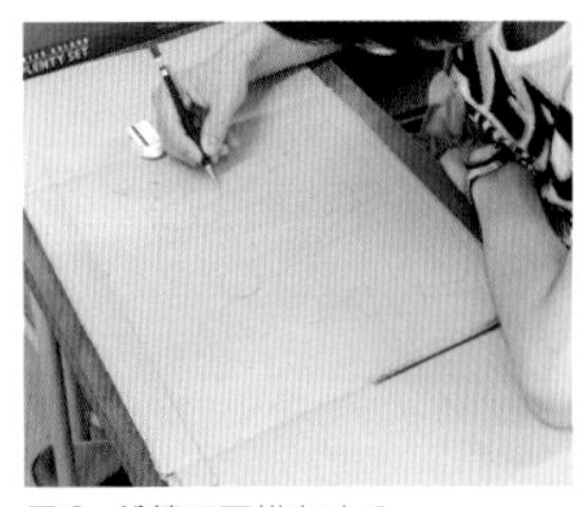

図３．鉛筆で下描きする。

⑶着色と切り抜き

下地となる段ボールに素材色があるので、着色する画材はポスターカラーやアクリル絵具などが好ましい。必ずしも現物を写実的な色で再現するのではなく、カラフルに表現すると単語の組み合わせが楽しめるであろう。着色が終わったら輪郭に沿って文字をカッターで大きく切り取り、ハサミで細部を整える（図5、6）。小文字の「i」や「j」など、字画を離して書く文字も段ボール紙では切り離さないよう工夫したい。

図4. アクリル絵具などで着色する。

図5. カッターで大きく切り抜く。

⑷磁石を接着して完成

文字を切り抜いたら、裏側に磁石をテープで貼り付ける（図7）。文字の大きさにもよるが、落下防止のため上下2～3箇所に固定するとよい。完成したら黒板に貼り付けて単語をつくってみる。一つひとつの文字単独では個々のモチーフの色や形が目立つが、単語にして組み合わせるとアルファベットとして読めるようになり、文字の形の特徴が際立ってくる。

図6. ハサミで細部を整える。

4. 実践の振り返り

- 文字の形は読みやすいか。
- 楽しい配色ができたか。
- アルファベットの特徴が捉えられたか。

5. 発展

制作した文字のデザインは、学年ごとにストックして増やしていくと文字の種類が増え、より多くの単語をつくることができるようになる。教室や廊下の掲示物や看板・サインに使用すると楽しい環境ができ上がる。また、場合によっては小学校の外国語活動の授業で、単語の綴り（つづ）を覚える練習などにも使うことができるのではないか。さらに、今回はアルファベットを中心に進めたが、日本語でも漢字は画数が多いために不向きと思われるものの、カタカナやひらがなであれば、同様のフォント作品に仕上がるであろう。

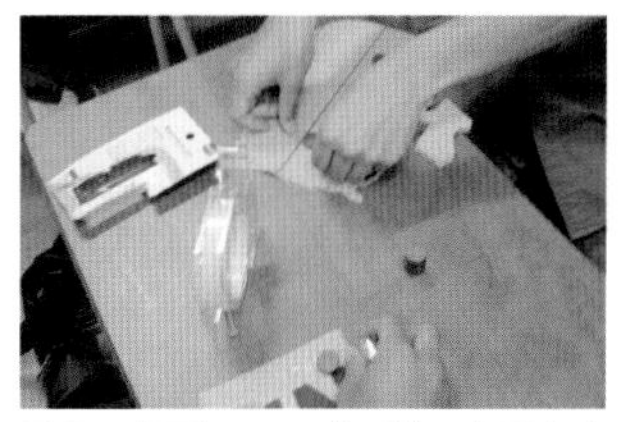
図7. 裏面にテープで磁石を固定する。

図8. 完成したアルファベットで単語を組んでみる。意外と読めることに気づく。

［山本政幸］

6.美しく楽しく示す—マーク等

マークや標識は、子どもたちが一人で学校に通うようになると、必要な情報として知覚しなければならないものである。マークとは、「何か」を言語によらず表したもので、絵文字（ピクトグラム）がベースになる。標識のような公共的なマーク（図1、2）から個人や集団（会社等）を表すマークまで多種多様である。最も知名度の高いマークはトイレのマークであろう（図3、4）。トイレのマークはどこの国でも基本的には同じようなピクトグラムが使用されており、さらに男性を表す青、女性を表す赤、と色による意味の表現もされている。

このように、マークを作るにあたってできるだけ多くの人が共通に認識できる形態、色を使用することは、基本的に重要である。

まずは自分を表すマークを作ってみよう。

図1．横断歩道と自転車

図2．道路標識

図3．トイレマーク（左：男性用、右：女性用）

図4．海外のトイレマーク

1．実践のねらい

❶マークを作ることで社会にたくさんあるマークの機能（目的や意味）に目を向ける。

❷「自分」のキーワードを探すことで自らを振り返る。

❸「自分」を表すことの楽しさを知る。

2．準備するもの

- 10cm×10cmの正方形のコピー用紙（たくさん用意する）
- 10cm×10cmの正方形のケント紙（清書用）
- 太い黒マーカー

3．実践の流れ

(1)マークをデザインする時の注意点の説明

マークはとても小さく使うこともあるので、あまり細かい形や細い線は潰れて見えにくくなるので使用しない（図5、6）。そのために太いマジックをエスキース（下絵）段階から使用する。

全体に丸い形や四角い形等、塊感（一体感）のある形は見やすく認識性が高いこと、複雑な形ではなくシンプルな形であれば覚えやすく記憶に残りやすい。また、マークに適した塊感のある形態を促すために、自由な大きさの紙ではなく正方形に切った紙をエスキースに使用する。これは、作ったマーク同士の比較を容易にする目的もある。

図5．判読しにくいマークと見やすいマーク　図6．複雑なマークとシンプルなマーク

(2)キーワードをたくさん書き出す

思いつく「自分」のキーワード（性格、容姿の特徴、趣味、特技、好きな「物」「事」等）をノートなどに20～30個書き出す。書き出したキー

ワードを２つまで絞り込む。この時、隣り合うキーワードの片方を優先順位で消し、半分にする、さらに残ったキーワードも同じように隣り合うキーワードの片方を消す、という単純作業にすると時間短縮になる。

(3)キーワードを形にする。

決定した２つのキーワードを、それぞれ連想されるイメージで形にする。用意した正方形の紙に、最初から黒マーカーの太い方を使い、形を描く。

以下の点に注意するとよい。

❶基本は１つのキーワードで１つの形を作る。どうしても形に「自分らしさ」が出せない場合、２つのキーワードで１つの形を作ってもよい。３つ以上のキーワードを１つの形にしようとすると、他者から見た場合、何が言いたいかわかりにくくなる場合が多い。

❷描いた形をより美しくするためには、別の白紙を重ねて下の形を透かしながら描く（トレース）方法で、徐々に形を整えるとよい（図７）。

❸時間が許せば、１つのキーワードで５つほどのエスキースを描く。

図７. トレース

図８. 身体的特徴から表現する。

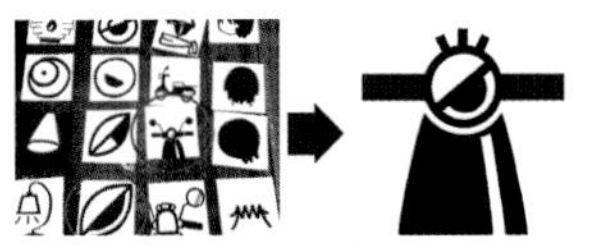
図９. イメージを組み合わせて表現する。

(4)マークを１つにしぼる

❶できたマークを比べ、よりシンプルな形であり、よりキーワードを正しく伝えていると思えるマークを正方形のケント紙に清書して完成させる。細い線や細かすぎる表現もできればこの時に太くしたり、削ったりする。図８の下描きは、自分の身体的特徴である顔のホクロと、自分の好きな昆虫をイメージした下描きであるが､「昆虫を好き」なのは自分以外にも多いので、より特徴的な顔とホクロのイメージを選んだものである。

❷２つのイメージを組み合わせてより自分らしいマークにする。図９の下描きは、自分の身体的特徴の目、髪型をキーワードにイメージした下描きと、いつも使用していてトレードマークのようになっている原付バイクをキーワードにイメージした下描きだが、どちらも単体ではイメージが弱かったので２つのイメージを組み合わせたマークにしたものである。

図10. 学生作品①

図11. 学生作品②

(5)マークを使う

これは後日でもよいが、できたマークをコピー等でシール用紙に大小コピーし、各自切り抜いて自分の持ち物に貼るなどして、作ったものを実際に使うことの楽しさを体験できるとよい。

4. 発展

デザインは「要の芸術」ともいわれるように、美しく、しかも用途があり使えるものである。このため、製作したデザインのシールを、たとえば持ち物の名前の横に貼ってみて日常的に使うことでより親しみがもてるようにしたり、厚紙に貼って同じ大きさに切り抜き、役割分担などの表に使うなどしたりしてもよい。

もし、時間が取れるならマークの認識がクラスに行き渡るまではロゴ（読める文字による表記をマークの大きさや形に合わせてデザインしたもの）もマークにつけて使用すると、これは誰のマークかわかりやすくなるので良い方法であろう（図10～13）。

［岡田博明］

図12. 学生作品③

図13. 学生作品④

7.目のトリック—トリック・アートの世界

この２枚の写真は、筆者が簡単なトリック・アートを試みたものである。

帯状に畳んだ新聞広告がバラバラに教室の窓ガラスに貼ってある（写真左）。このままでは何の意味もなさないのであるが、窓を完全に開けて２枚のガラスが重なった状態になると「アート」の文字が見えるのである（写真右）。無意味に見えた形が意味ある文字に変化することの意外性に注目をしてみた。

1. 目をだますアート

「２次元の絵柄であるはずなのに、３次元的な立体感や奥行きをもって迫ってくる」、「静止した絵柄と見えたものが、じっと凝視しているとゆらめくように動き出す」、「どう見ても互い違いに交差しそうな直線の集合が、定規をあてるとすべて平行線だった」、このようなあっと驚く不思議な造形は、錯視（目の錯覚）の現象を巧みに応用したもので、「トリック・アート」（あるいは「だまし絵」）と呼ばれている。

錯視には、いろいろな基本パターンがある。代表的な例として、「ペンローズの三角形」と呼ばれる図形のような「無理図形（２次元では描けるが３次元では作成不可能）」（図１）、「ルビンの壺」と呼ばれる図形に代表される「図と地の反転（視点を置く位置を移すと図柄と背景が反転する）」（図２）、ある形が別の形に少しずつ変化していくように配置された「メタモルフォーゼ」、遠近法の仕組みを利用して、極端に斜め方向から見たり曲面に映したりした時に正しい形に見えるように描く「アナモルフォー

図１. ペンローズの三角形

図２. ルビンの壺の例

1) M.C.エッシャー(Maurits Cornelis Escher、1898-1972)
オランダの画家(版画家)建築不可能な構造物や、無限を有限のなかに閉じ込めたもの、平面を次々と変化するパターンで埋め尽くしたものなど、非常に独創的な作品をつくり上げた。

ゼ」などがある。

トリック・アートを数多く手がけた作家として、M.C.エッシャー(1898～1972)[1)]はよく知られている。代表作の「滝」(1961年)はペンローズの三角形をW型にアレンジして描かれており、トリックの巧妙さと画面全体の写実的な描写がとても魅力的である。エッシャーはこの他にも、「図と地の反転」や「メタモルフォーゼ」を使った作品をたくさん残した。また、絵本作家の中にはトリック・アートの手法を巧みに用いて独創的な視覚世界へと読者を誘う人がいる。たとえば、挿絵画家の安野光雅(1926～)は、さきのエッシャーに影響を受けており、ペンや水彩による多彩な表現スタイルで幅広い世代を魅了する存在である。数学的な不可思議さと諧謔(かいぎゃく)的な親しみやすさの両方が感じられる独自の作風には、かつて山口県や東京都で小学校の教壇に立ち、図画工作科の斬新な教材開発に取り組んだ彼の経歴も関係しているのかもしれない。

2. トリック・アートと造形教育とを結ぶ

トリック・アートの作品に共通するのは、「この作品の謎を、あなたは解き明かせますか？」という作者の側からのメッセージが強く感じられることである。造形が生み出す視覚効果に驚いたりユーモアに笑ったりしながら造形の魅力をおおいに味わえるのが、トリック・アートの特徴である。さらに、このような鑑賞体験を踏まえてオリジナルのトリック・アート表現に取り組むことで、鑑賞者を意識した造形表現の意味について考えを深めることが期待される。

日常生活の空間で錯視が起こると、思考や判断に混乱が生じてしまうので、生活環境のデザインの中では錯視が起こらないように配慮するのが一般的である。ただ、最近では、道路の舗装面に3次元的に見える塗装を施すことで、自動車の運転者に路面の凹凸や道幅の狭さを錯覚させて自然に減速させ、安全運転を行うように導く新たな試みもある。また、下に紹介した写真は児童の通学路のフェンスへのペイントであるが、見る方向によって歩く男の子や女の子の姿が浮かび上がるような「アナモルフォーゼ」の仕掛けになっている。トリック・アートは今後さらに、私たちに身近なものになっていく可能性があるのである。

図3. 道路沿いのフェンスを正面から見たところ

図4. 道路沿いのフェンスを斜めから見たところ

［栗山裕至］

8. ポスターやリーフレット—表現のポイント

ポスターやリーフレットのデザインでは、相手に情報が伝わらなければ、どんなにきれいに上手に作ったとしても意味のない場面が生じることがある。どのようにすれば相手に情報が伝わり、わかってもらえるのか、という視点から、適切な表現を指向していくことが重要となる。

1. デザイン展開のプロセスと主眼点

⑴目的の明確化

まず最初に「誰にどのような情報をどう伝えるのか」という点から、デザインの目的の明確化が必要である。ここで設定した内容が、表現展開の指針として大変重要になる。

⑵まずは情報を集めよう

ポスターやリーフレットは情報伝達を目的とする「メディア」であるから、そのデザインではその中に盛り込む情報の収集が必要である。「情報の収集なくしてデザインはできない」のである。

⑶情報の整理、取捨選択（図１）

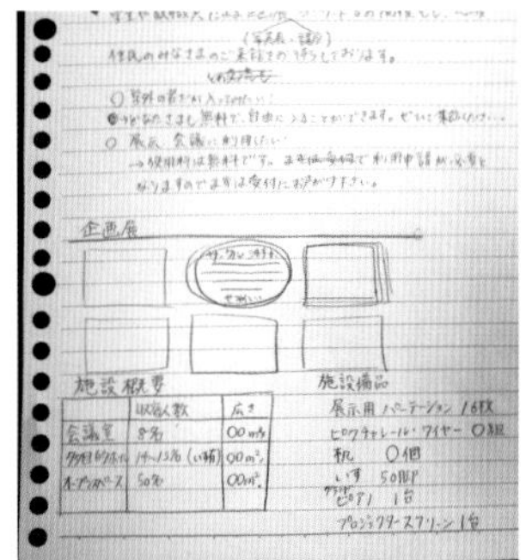

図1．情報の収集及び整理

⑵で集めた情報には、必ずしも必要でないものも混在しているので、収集情報を整理、取捨選択し、ポスターやリーフレットの内容としてふさわしい情報を選ぶ必要がある。

⑷情報の重要度の明確化

ポスターやリーフレットには様々な種類の情報が盛り込まれるが、その「重要度」で表現は異なる。「タイトル」など相手への伝達が必須な情報はより目立つように表現される一方、「問い合わせ先」など従属的な情報は控えめな表現になる。したがって、適切なデザインを実現する上で、各情報の重要度の明確化が求められる。

⑸情報の表現の仕方の検討

ポスターやリーフレットをデザインする場合、図的表現が好ましいもの、文字での表現が好ましいもの等、伝達情報の内容にふさわしい適切な表現方法を採用することが必要となる。したがって情報の表現の方法には様々な方法があることを認識し、情報の質に応じて適切に選択する必要がある。

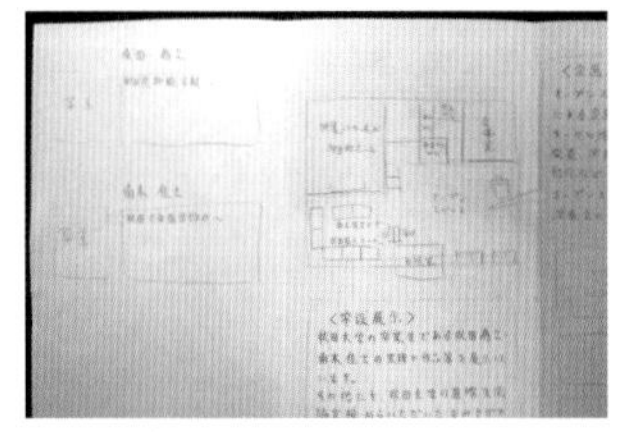

図2．デザインの試作

⑹デザイン試作及び検証（図２）

⑸までに基づきデザイン試作を行い、目的との適合性を検証する。適合と判断した場合は本制作へ進むが、不適合の場合にはその度合いや問題点の所在に応じ⑴〜⑸のいずれかへ戻った上で、再検討が必要である。

⑺本制作（図３）

図3．リーフレットの本制作

試作した成果をもとに本制作を行う。その際、表現を手作業で行うのか、コンピュータによるのかなどで作業プロセスが異なるので、それらへの配慮も必要である。

2. デザイン表現上の考慮点

⑴情報表現要素の扱い

「情報表現要素」とは、情報を具体的に表現化するものであり、たとえば、文字、図・絵・表、色、材質等がある。その運用にあたり、デザインの目的と適合した情報伝達が可能な表現であることを確認する必要がある。

❶文字

重要情報と非重要情報との間で「メリハリ」を与え表現することが重要である。重要情報は目立つように大きく表現する。また情報内容に応じて、たとえば「明朝体」と「ゴシック体」などの「字体」の使い分けで、情報の質的な違いの表現も可能である。

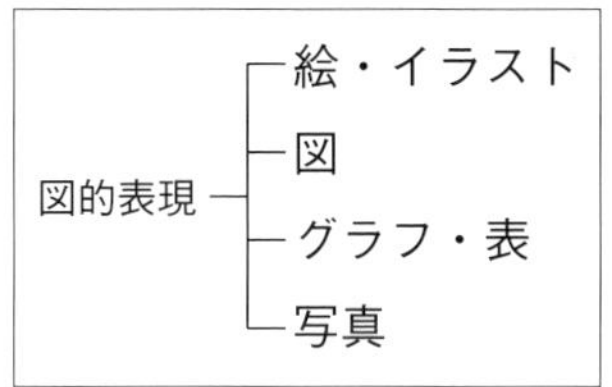

図4. 明朝体とゴシック体

❷図・絵・表などの図的表現

「情報が適切に伝達される」という視点が、適切な図的表現かどうかの判断基準となる。表現テクニックの上手さに目を奪われがちだが、いくら技巧的に上手でも目的不適合であれば、不適切な表現といえる。また、図的表現の中にどのような情報を盛り込むのかということが、極めて重要な検討課題となる。したがって、適切な方法を用いて情報を表現することが要求される。

図的表現
- 絵・イラスト
- 図
- グラフ・表
- 写真

図5. 図的表現の種類

❸色

色の「対比」とポスター等の視認性との間には密接な関係がある。一般に目立たせたい部分には対比が強い色の組み合わせを、また、おとなしくぼんやり見せたい部分には対比が弱い色の組み合わせが有効である。なお、あらかじめトーナルカラー[1)]等で色の組み合わせの強さや見え方の違いを確認しておくことで、効果的に配色表現を検討できる。

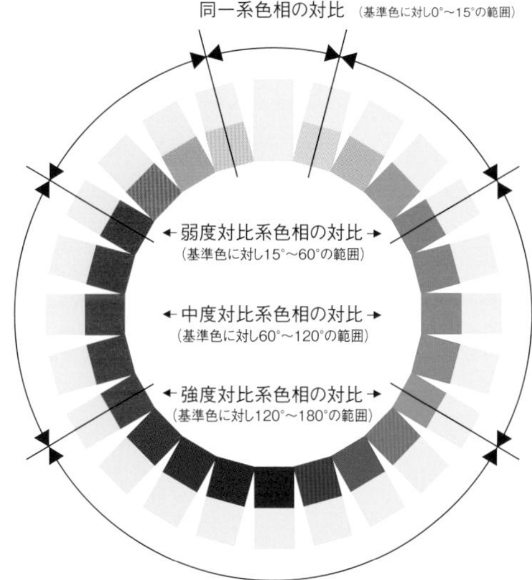

図6. 色相環の位置関係と色相対比の強さの関係

❹使用する紙の材質

情報表現では、ポスター等に使用する「紙」の材質の活用が有効である。たとえば、「温かさ」を表現するには厚手の柔らかい材質のものを、「冷たさ」であれば固い平滑度の高いものを用いるなど、あえて文字や図的表現などを使用せずに表わせる場合がある。紙には感触や厚さ、固さ、色などに様々な特徴があるので、情報表現の面から活用を試みても面白い。

1）トーナルカラー
日本色彩配色体系（PCCS）に基づいて色を設定している「色紙」。色の強弱や濃淡などを規定している「トーン」ごとに分類されているため、色彩を理解するための教材として大変有効である。

⑵デザイン領域以外の知見の活用

情報表現要素の扱いでは、色や形の心理効果や絵の描き方、モチーフに対する見方など、デザイン領域以外で扱われる内容が多く存在する。デザイン展開前に、絵画や平面構成等で情報表現要素の扱いを学習しておくと、より効果的といえる。

⑶コンピュータや電子メディアの活用（図7）

コンピュータやデジタルカメラなどの電子メディアを活用することで、表現の上手下手に煩わされることなく、「情報を伝える」ということを主眼としたデザイン学習が可能になる場面がある。ただし、単にコンピュータや電子メディアの使い方の指導に陥っていないか、またそれらの機能の活用でより目的に適った表現になったのか、ということを常に確認しながら指導にあたる必要がある。

［石井宏一］

図7. コンピュータを用いたデザイン作業の様子

9. 立体構成

「立体構成」は、様々な要素が関連して行われる造形表現である。空間や立体への感覚形成、使用する材料・手法の特性の把握や理解、作品を制作するための計画性、そして各要素を統合して新たな造形表現を生み出すための創造力や発想力などである。したがって、合理的な視点や思考に基づく造形表現力を養う上で、立体構成は有効な学習課題といえる。

1. 立体構成を行う上でのポイント

(1)使用材料の特性の把握

「このようなものをつくりたい」と思ったとしても使用材料の性質上、実現困難なものがある。一方で、材料の中に「造形的可能性が潜んでいる」場合もある。したがって、使用材料の特性の十分な把握・理解は、立体構成を行う上での端緒といえる。

(2)材料の加工方法の検討

材料の「加工方法」が、興味深い表現を生み出すきっかけとなる場合があることから、その検討は立体構成の展開上、重要といえる。一方で、たとえば紙、金属、布などの使用素材の違いにより、あるいは同一の素材であっても性質や厚み、また繊維の方向などの違いにより、それぞれ材料特性や加工方法などが異なるので、扱いの際は注意が必要である。

図1. 重力を活用した立体構成

(3)立体構成＝「ユニット」の組み合わせ

立体構成を「ユニット」、すなわち基本単位形の組み合わせとして考えると作業しやすく、効率的・合理的な学習が可能である。

(4)重力の活用

地球上で立体構成を行う上で、「重力」は無視できない。重力は、造形的制約になってしまう一方、逆にそれを造形要素として活用することで、興味深い表現開発の端緒となる（図1）。

2. 紙の加工による立体構成の事例

立体構成の一例として「紙」の加工による方法がある。紙は、日本全国どこでも入手可能な安価な材料である。また、種類が豊富であり、加工が簡単なことから、効果的な立体構成の学習の上で有効な材料の一つである。なお用途や加工法に合わせ、厚みや固さ等を適切に選択することが重要である。

紙の加工法には、たとえば以下のような方法がある。

(1)折る（折る、折り曲げる、折り畳む、折り重ねる）

たとえば複数の折り方を組み合わせると、様々な表情が現れる（図2）。

(2)曲げる（曲げる、たわませる、丸める、ひねる）

使用する紙の厚みを利用して、曲げ方を変えてみても面白い（図3）。

(3)切る（「カッターナイフ」や「ハサミ」等で切る、手でちぎる）

同じ「切る」手法でも、使用する道具、手法等により表現が異なる（図4）。

⑷複数の加工法の組み合わせ

複数の加工法の「組み合わせ」により、複雑な表情が表出するので、試してみると面白い。たとえば「①折る＋②曲げる＋③切る（ちぎる）」。

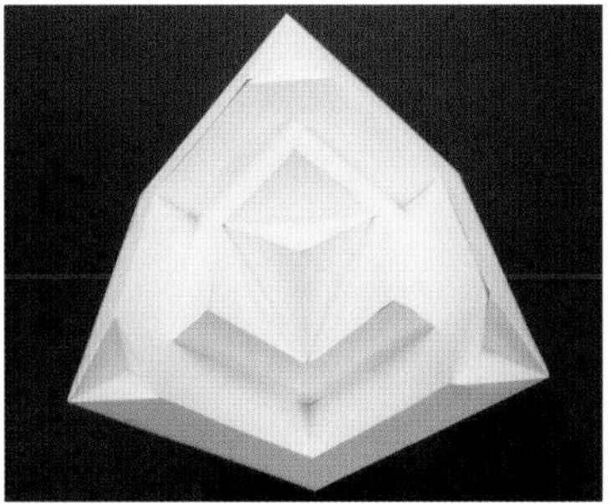
図2.「折り」を活用したペーパーレリーフ

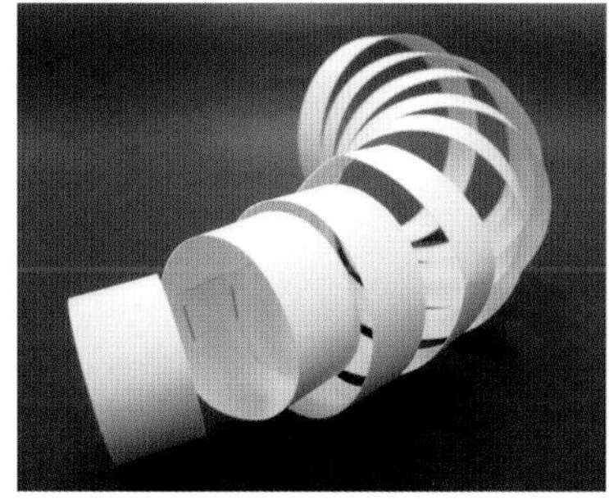
図3. 紙の「曲げ」を活用したオブジェ

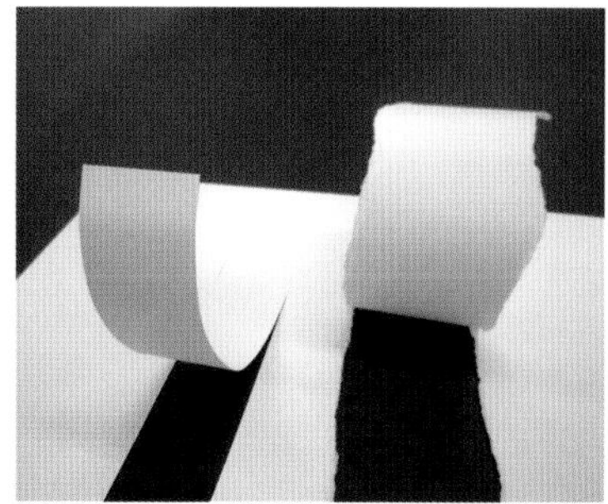
図4.「カッターナイフ」と「手でちぎったもの」との切り口の比較

3. ユニットの組み合わせによる立体構成

立体構成をユニットの組み合わせと考えると、構想・発想や作業がしやすくなる。その際、ユニット同士の組み合わせ方が非常に重要であり、その方法を工夫することによって想像もつかなかった形状が姿を現してくる。

ユニットの組み合わせ方の例として、以下の方法がある。

❶貼る（のりで貼る／テープで貼る…セロハンテープ〔片面〕・両面テープ・ガムテープ、図5）

❷差す（差し込む、つなぐ、図6）

❸積む（積層させる、重ね合せる、図7）

図5. ユニット間を紙テープによって貼り合わせる。

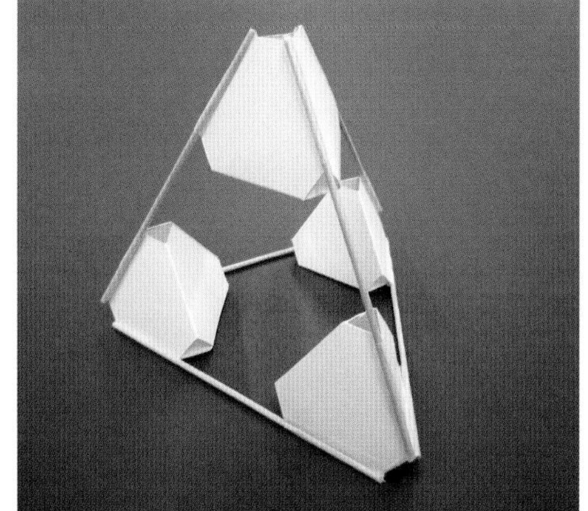
図6. ユニット間を棒でつなぐ。

図7. 板材をユニットとして積層させる。

4. 指導上の留意点

使用する材料や組み合わせ方によって、加工方法や表現手法、最終的な作品形式は多様である。実際の授業では、加工方法や接合の仕方などの発見を通じて、素材や組み合わせ方の中に立体構成を行う上での「造形的可能性」の存在を理解し、活用していくことが目的の一つとなる。

なお、加工や組み合わせの方法には物理的に実現が困難なものがある。教材検討の段階で、それらの特性を十分に把握した上で、適切な方法を採用する必要があり、また指導の際は留意が求められる。

［石井宏一］

10. 部屋を天井から見てみよう ― 一点透視の遠近法

絵画やイラストレーションを描く時、近くのものを大きく、遠くのものを小さくして遠近感を表現する。「透視図法」とはこのような3次元の立体や空間を平面に写す技法で、誰でも立体空間を平面上に正確に再現できる。英語では「遠近法」や「透視図」などを総称して「パースペクティブ(Perspective)」と呼び、日本では「パース」と呼ばれることが多い。学習の早い時期に透視図法の基礎を学ぶことにより、正しい空間の成り立ちや見え方の原理を理解するとともに、立体表現の可能性を広げることができるであろう。ここでは「部屋」をテーマに室内空間を再現することを目標とし、一点透視の技法を応用した簡単な作品づくりを試みる。

図1. まず商店街の写真を見せて「消失点」があることを知る。

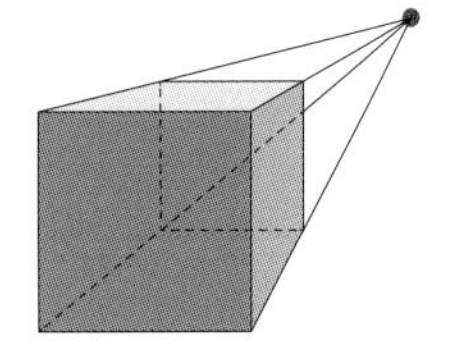
図2. 一点透視図法による作図。消失点が1つ。

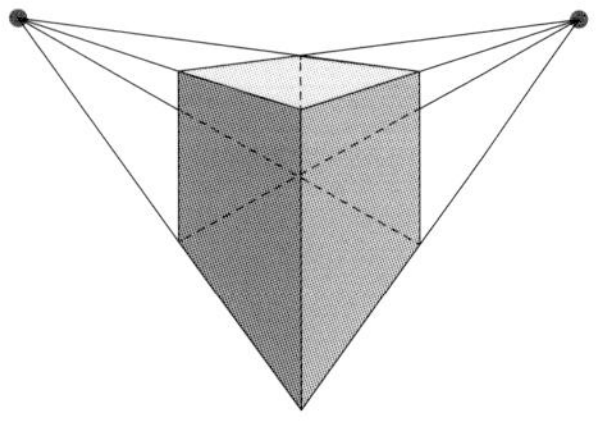
図3. 二点透視図法による作図。消失点は2つに増える。

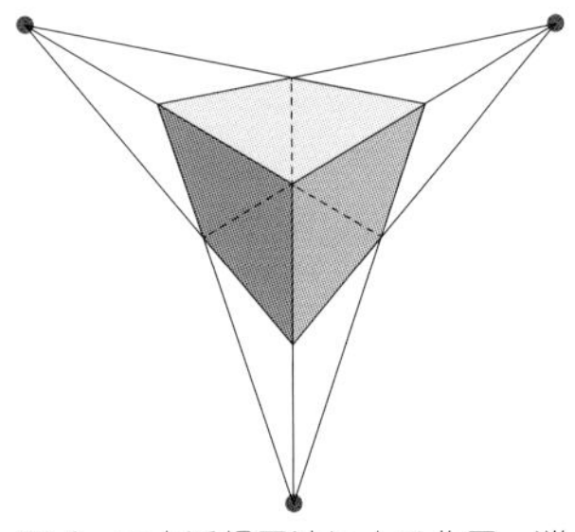
図4. 三点透視図法による作図。消失点は3つ。

1. 実践のねらい

❶透視図法(一点透視)の方法を学ぶ。
❷ものの立体感や遠近感を正しく再現できることを知る。
❸自分の身のまわりのものの位置や形にあらためて気づく。

2. 準備するもの

- 鉛筆と鉛筆削り
- 定規…三角定規
- 色鉛筆
- デジカメ…携帯電話やスマートフォンでもよい。

3. 基本事項の確認

(1)「消失点」の事例を見る

ビルや道路のある街中の写真を見せ、空間には奥行きがあることをまず確認する(図1)。地上と平行な位置関係にある建物の窓枠や梁(はり)、看板や道路などは、すべて1つの「消失点」に向かう。手前にいる人が大きく、奥にいる人が小さいことに気づく。

(2)3つの透視図法を理解する

一点透視図法とは、このように地平線上に1つの消失点をもつ作図法で、身のまわりにあるすべての水平な直線は消失点へと向かっていく。手前のものは大きく、奥にあるものは小さく描かれる。また、正方形は台形に、円は楕円に、奥に向かって歪んで描かれるのが特徴である(図2)。

二点透視図法は、地平線上に2つの消失点をもつ作図法で、平行となる直線が2組存在する。異なる角度の平行線がそれぞれこの2つの消失点へと近づくが、反対端の2組の平行線が交差する点で垂直な平行線と交わる。角度によっては、消失点から離れた場所の形でかなりの歪みを生じるのが特徴である(図3)。

三点透視図法は、3つの消失点をもつ作図法で、平行となる直線が3組存在し、それぞれの交点が立体を描く。人の視界やカメラのファインダーをのぞいた視野に近い(図4)。

4. 実践の流れ

(1)室内写真の撮影

まず、建物の室内(自分の部屋やリビングなど)をデジカメで撮影しておく。4つの壁面や床面が写るよう、あらゆる角度から撮影するとよい。

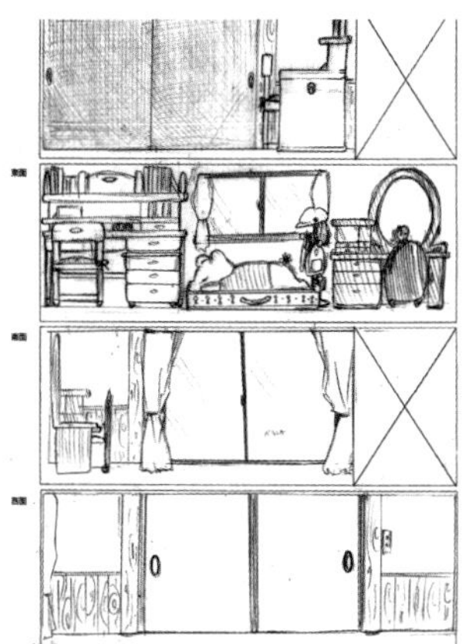

図5．部屋の４つの壁面を描く。

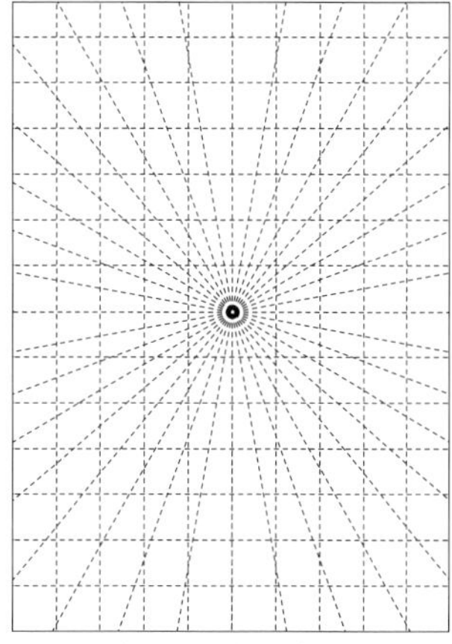

図6．一点透視で使うグリッド。

⑵室内の４壁面のスケッチ

撮影した室内の画像を参考にしながら、４つの壁面のスケッチを描く（図5）。遠近感や立体感はつけずに、真正面から見た図を整理する。壁面には柱や扉や窓、手前に勉強机やテーブル、ベッド等を描く。床面のプロポーションがたいていの場合は正方形ではないので、短い壁面は省略する。

⑶平面図を描く

室内を天井から見た場合にどう見えるかを想像しつつ、４壁面図をもとにグリッド上に製図する（図6）。一番外側に大きな長方形（天井と壁面上端の境界線）、中央に小さい長方形（床と壁面下端の境界線）を描き、両者の４頂点をそれぞれ結んだ線が壁と壁をつなぐ90度の接合部（かど）になる。

⑷小物の説明と着色

室内空間、家具などが完成したら、写真を見ながら小物を置く。最後にそれぞれの説明を吹き出しなどで添えると、ユニークな作品になる。自分の姿などを挿入し、色鉛筆などで細部を着色する。

5. 実践の振り返り

- 消失点は正しく１つに集約されるか。
- 空間の距離やものの大きさの比率は正しいか。
- 魅力的なイラストレーション作品になっているか。

6. 発展

自分の部屋を他人の部屋と比較してみて、家具や持ち物の形や色合いを比較してみよう。また難易度は上がるが、同じ室内の空間を二点透視や三点透視で描いて比較してみよう。

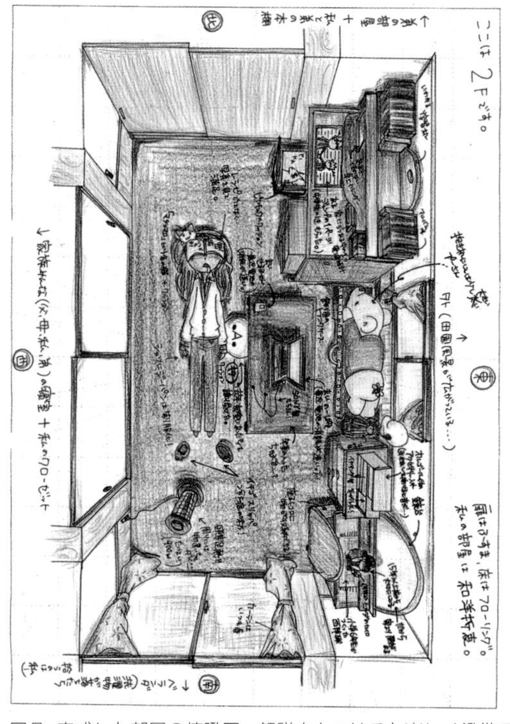

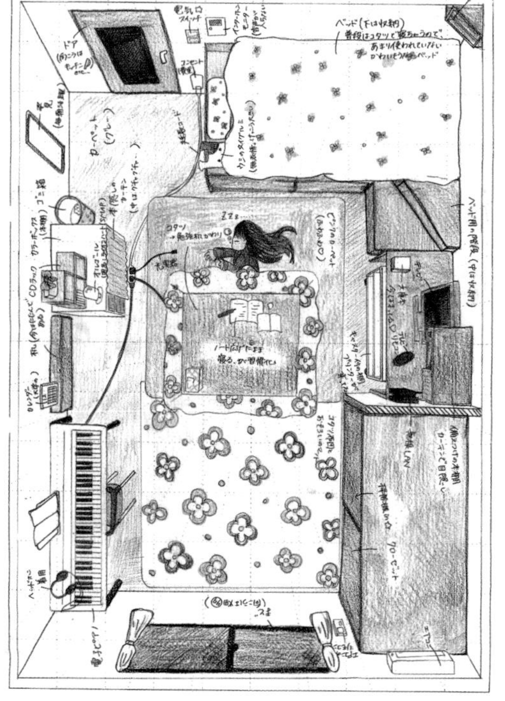

図7．完成した部屋の俯瞰図。解説文をつけると楽しく鑑賞できる。

［山本政幸］

11.色みつけ—色彩の基礎、色遊び、配色等

本節で取り上げる「昆虫のかくれんぼ」は、昆虫の保護色の面白さに着目し、水彩絵具の混色や重色の体験を通して、身のまわりにあるものの色の美しさや面白さに気づきながら、色づくりの楽しさを味わう教材である。また、自分で選んだ場所に溶け込む昆虫の姿をイメージしながら、水彩絵具の特性を生かして、色を混ぜたり、重ねたりして彩色することで、自分なりに工夫しながら活動に取り組む姿勢や色彩の表現力を養うことができる。

1.実践のねらい

図1. 参考作品

❶身のまわりにあるものの色の美しさや面白さに気づき、自分なりに彩色を試みながら、色づくりの楽しさを味わう。

❷自分の気に入った場所に溶け込む昆虫の姿を想像し、自分の表現を確かめながら、工夫して彩色する。

❸保護色をつくり出すために、水彩絵具を用いて混色や重色など工夫しながら、彩色する。

❹自分の作品を隠し、友達と探し合う活動を通して、自分や友達の色づくりの工夫やよさを見つける。

2.準備するもの

- 水彩絵具セット（絵具、筆、水入れ、パレットなど）
- 鉛筆
- スケッチブック
- 画用紙
- ハサミ
- 両面テープ

3.実践の流れ

図2. 色づくり①

(1)指導者が製作し、隠した参考作品（昆虫の絵）を探す

❶指導者は、保護色をもつ昆虫についての説明や、昆虫の写真を提示するなどして、活動への興味を高める。

❷提示された写真に隠されている参考作品（昆虫の絵）を探す（図1）。

(2)色づくりのポイントについて理解する

❶水彩絵具の混色や重色の仕方、さらに水の量によって色が変わることを理解する。

❷絵具の量や塗り方を変えた参考作品から色づくりのポイントに気づく（図2、3）。

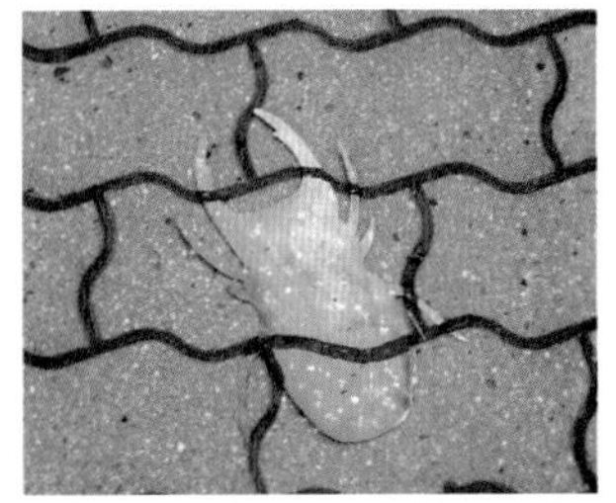
図3. 色づくり②

(3)隠す場所を設定する

❶「どんな昆虫を、どこに隠すか」をテーマに、アイデアスケッチをする。

❷隠す場所は、その場で色づくりを試すことができるような場所を選ぶ。

❸選んだ場所に隠れる昆虫の姿を想像し、構想を練ることができるように、実際に隠す場所をよく観察する。

(4)つくり方について確認し、製作する

図4. 昆虫の形を描く。

❶画用紙に昆虫の形を描く（図4）。水彩絵具の混色や重色の体験がねらいであるため、下描きは小さくなりすぎないようにする。

❷水彩絵具で彩色する。その際、いろいろな彩色を試みる中で、新たな表現に気づけるようにする。また、描いた昆虫を隠す場所をよく観察し、つくった色を確かめながら彩色をしたり、作品を離れて見たり、

図5. 水彩絵具で彩色する。

図6. 作品を隠す。

色を確かめたりしながら彩色をする（図5）。

❸ハサミで切り取る。

⑸自分の作品を隠して、友達と探し合う

❶友達の作品の工夫やよさを積極的に見つけられるように、「隠れた昆虫（作品）を探そう」などのゲーム性を取り入れた鑑賞活動を設定する（図6）。

❷隠した場所や工夫したところなどを発表し合う。

4. 実践の振り返り

- 指導者が隠した参考作品を探すことや保護色をもつ昆虫の写真を見ることで、活動への興味をもち、表現意欲を高めることができたか。
- 水彩絵具の量や塗り方を変えた参考作品を見て、色づくりのポイントに気づき、混色や重色など工夫しながら製作することができたか。
- いろいろな彩色を試みる中で、新たな表現の仕方に気づき、それを自分なりに工夫しながら生かすことができたか。
- 鑑賞活動を通して、友達の作品の工夫やよさを積極的に見つけることができたか。

5. まとめ（実践における学生の作品から）

以下に挙げる学生の参考作品では、隠す場所をよく観察し昆虫の形を決めて彩色したもの、絵具の混色や重色を工夫して色彩を表現したものなど、絵具の特性を生かしたものが多く見られる。

図7. 学生作品①

図8. 学生作品②

図9. 学生作品③

図10. 学生作品④

［小江和樹］

12. モダンテクニックとその活用

モダンテクニックには、水彩絵具やクレヨンなどの素材の特性を生かした様々な手法があり、どれも偶然できる色や模様・形を利用した効果や表現を楽しむ技法である。そのため、モチーフを観察して描く絵画表現とは違い、偶然性からできる色や形の世界を観察しイメージを膨らませた絵画表現ができる。絵が描けないと思い込んでいる子どもでも抵抗なく表現の楽しさに入り込むことが可能である。この技法は、個人の意識よりも、主観を排除し無意識や偶然を重視したシュルレアリスムの作家たちによって新たな表現技法として用いられるようになった。ここでは、モダンテクニックの基本的な技法を取り上げ解説する。

1. モダンテクニックの技法

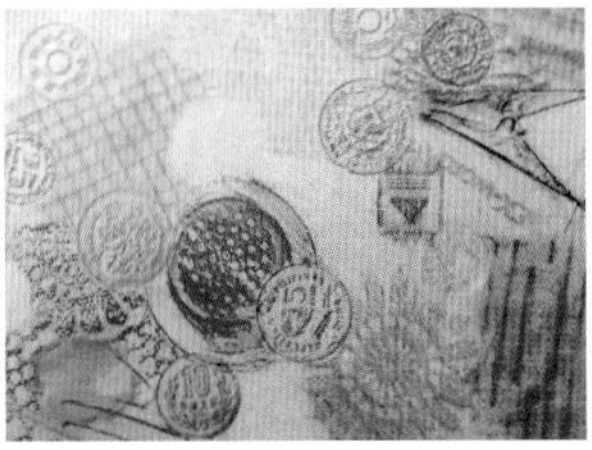

図1．フロッタージュ

⑴**フロッタージュ**（図１）

「こすり出し」ともいわれる方法で葉っぱや木の皮、コイン、凹凸のある壁などにトレーシングペーパーやコピー紙などの薄紙をのせ、色鉛筆やクレヨンなどでこすり出して描く転写技法。ほかにも軟らかい鉛筆（2B～4B）やパスなどの様々な描画材で表現を楽しむことができる。普段生活している教室や校内を探検し、いろいろな凹凸を見つけてこすり出してみることで、物の材質を感じ取りながらイメージを超えて浮かび上がる形に驚き、描画体験を楽しむことができる。

図2．スクラッチ

⑵**スクラッチ**（図２）

まず、クレヨンを使って紙を黒以外の様々な色で隙間なく塗りつぶす。次に、色を塗った画面の上から黒いクレヨンで真っ黒になるまで塗り重ねる。真っ黒になった画面を楊枝や釘などの尖ったもので削ると、黒い色の下から色鮮やかな線が見えてくる。削った後も暗い色をもう一度塗り重ねれば、何度でも描くことができる。スクラッチは最後に黒で塗りつぶすのが基本的な方法だが、明るい色の上に暗い色を重ねれば色鮮やかな作品ができ上がる。大きな作品で黒いクレヨンで塗りつぶすのが困難な場合は、アクリル絵具の黒で塗りつぶす方法もある。削られた細い線の中に見える色とりどりの世界に想いを膨らませ描くことができる。

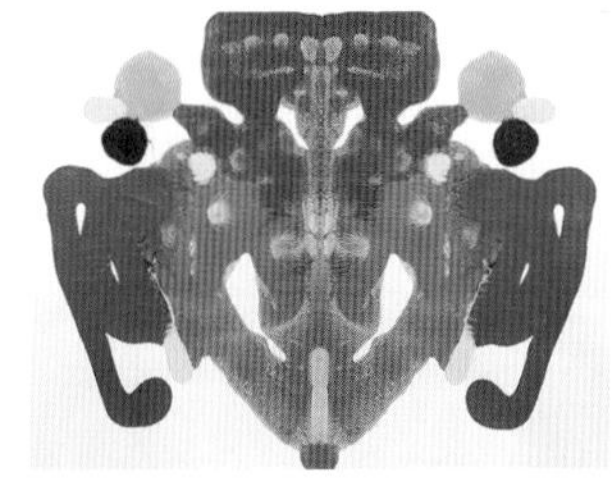
図3．デカルコマニー（合わせ絵）

⑶**デカルコマニー／合わせ絵**（図３）

吸水性の低い紙を二つ折りにして、開いた紙の片側に自由に絵具を多めにおき、再び紙を折り重ねて紙全体を手で強くこする。再び広げてみると、色をのせた反対側に転写されて左右対称に偶然にできた不思議な形や色の模様ができる。パレットで準備した絵具を筆で紙においてもよいが、チューブから直接紙に色を出し紙の上で水を足しても色が混じり合い、濃淡のある模様ができる。その不思議な模様はいろいろなことを想像させるため、心理学のロールシャッハテストとして用いられている。

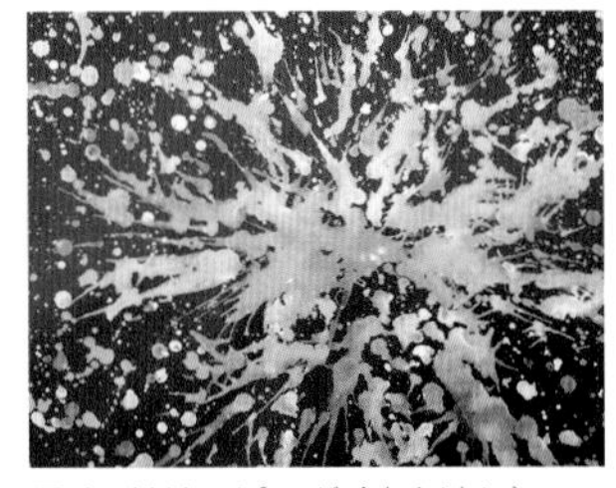
図4．ドリッピング（吹き流し）

⑷**ドリッピング／吹き流し**（図４）

多めの水で溶いた絵具を筆先に含み、筆で紙に触れず絵具を垂らしたり振り落としたりして描く方法。筆の太さや形を変えてみたり、筆を振り落とす力に強弱をつけたりしてみると、偶然の色の重なりや勢いが面白い効果をつくり出す。

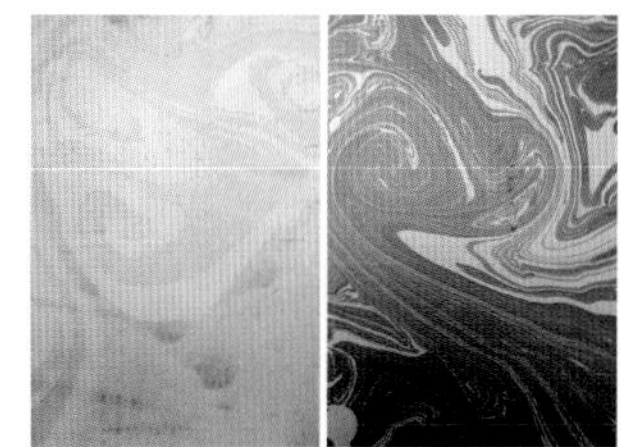
図5. マーブリング（墨流し）

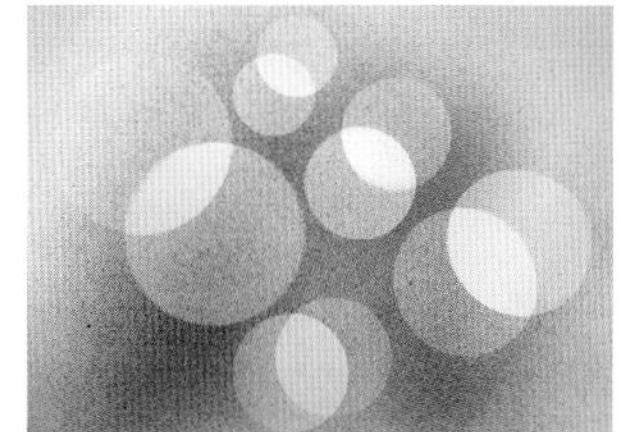
図6. スパッタリング

図7. コラージュ

図8. バチック（はじき絵）

⑸**マーブリング／墨流し**（図5）

平らな容器に水を張り、墨汁や油性の版画絵具を溶き油（灯油）で薄めたもの、市販のマーブリング用絵具などを数滴、水の表面に浮かして、竹串の先で静かにかき回したり口で吹き流したりして、水の上で流れる絵具の模様を紙に写しとる技法。人の手では描けない不思議な流紋が美しく表現できる。平らな紙以外にも給水性のある素材なら紙コップや布にも写しとることが可能。できた模様が大理石（マーブル）の模様に似ているためマーブリングという。

⑹**スパッタリング**（図6）

細かい目の金網を紙から離した状態にし、上から絵具をつけたブラシでこすって絵具の細かい粒子を紙に吹きつける技法。型紙などを置いた上から絵具を吹きかければ、型紙のまわりは色がつき内側は白く残る。色を重ねて吹きつけたり、ずらしながら吹きつけることでグラデーションをつくり出すことができる。また、絵具の濃さを変えたりしても表現を楽しむことができる。

⑺**コラージュ**（図7）

コラージュとは「のり付け」を意味する言葉で通常の描画材料で描くのではなく、様々な素材（新聞、雑誌、包装紙、楽譜、布など）の絵や写真、模様、文字を組み合わせたり貼つけたりして表現する技法である。いくつもの写真や絵などをハサミや手でちぎって様々な形に切り、貼り合わせることで新たな意味の世界を表出させる技法である。身近な風景を写真に撮り、異なる時間や場所の写真を一つにまとめ、日常を非日常の世界に変えてみるのも面白い。

⑻**バチック／はじき絵**（図8）

はじめにクレヨンや蝋（ろう）など油性の描画材で絵や図柄を描き、その上から水で薄めに溶いた水彩絵具で彩色する。塗られた水彩絵具は、描いた油性のクレヨンにはじかれ、クレヨンのまわりの紙に染み込み、水彩絵具の異なる独特な色合いや効果が表れる。クレヨンで描き終えた後に、さらに水彩絵具を描き加えることででき上がるバチックの効果に驚き、それらの表現を楽しみたい。

2. モダンテクニックの活用

子どもたちにはモダンテクニックの様々な技法に挑戦してもらい、過程で偶然できる模様や形に驚き、それらの効果の楽しさに入り込ませたい。そして、モダンテクニック技法でできた様々な模様紙からイメージを膨らませ、モダンテクニックの効果を組み合わせた絵画表現を試みたい。その方法として、モダンテクニックでできた素材の面白い部分をハサミで切ってコラージュのように組み合わせることで、絵本づくりを楽しむことができる。モダンテクニックでできた模様紙を使用することで単調に塗られた画面とは異なり、筆跡や絵具の流れ、にじみ、重なりなどの質感が豊かに表現された絵本になる。発想を刺激しさらに広げられるように、できるかぎり様々な素材を準備し、実践の際には友達と意見を交換する場をつくるなどの配慮をしたい。

［新實広記］

13. モダンテクニックを活用した紙芝居づくり

モダンテクニックには、様々な技法があり、多様な表現方法が生まれることは先の５章12節で述べたとおりである。ここでは、モダンテクニックを楽しんだ後の模様紙を利用して、偶然性からできた色や形の世界にイメージを膨らませ、紙芝居を制作する。

図１. モダンテクニックの作品素材①

図２. モダンテクニックの作品素材②

図３. 模造紙を見立てる様子

図４. ラフスケッチ

1. 実践のねらい

❶モダンテクニックの模様から、言葉や見立てのイメージを膨らませる。
❷形や色彩がつくり出す、自由で、豊かな抽象表現に興味をもつ。
❸模様の色彩、質感、形を楽しみながら発想力・構想力を育む。
❹モダンテクニックの活用によって、多様な表現法を知る。
❺紙芝居の制作を通して、読み聞かせの表現力を身につける。

2. 準備するもの

- モダンテクニックでつくった模様紙
- ハサミ
- のり
- 色画用紙
- クレヨン、色鉛筆
- 厚めの画用紙（紙芝居の台紙）

3. 実践の流れ

⑴模様紙から言葉やものを発想する

モダンテクニックでつくった様々な模様紙の形や色彩からイメージを膨らませ、言葉や様々なものに見立てていく（図３）。たとえば「ザワザワ」や「ドキドキ」などの擬音語など（オノマトペ）や､「水の流れ」や「動物」､「植物」の形など、子どもの自由な発想を促す。

⑵模様紙から見立てたものを組み合わせてストーリーを考える

模様紙から浮かび上がった様々な言葉やものの見立てを組み合わせて、普段は出会わないものとの組み合わせを楽しみながらストーリーを考えていく。たとえば、雨とリンゴや花と宇宙など、普段結びつかないものを結びつけることで、想像を超えたストーリーが生まれてくる。

⑶ストーリーを起承転結に分けて場面ごとのラフスケッチを行う

ストーリーの発端や話の流れ、予期せぬ展開、話の落ちや解決など起承転結に分けてラフスケッチを行い、イメージを具体的な場面の形にしていく（図４）。場面数の制限はなくてもよいが、おおよそ10場面くらいをめどにすると行いやすいだろう。

⑷登場するものの特徴を考える

ある程度のストーリーが決まったら、登場するキャラクターの個性やその名前を考える。

⑸場面ごとの絵を制作する

ストーリーやキャラクターがまとまったら、ストーリーの場面ごとの絵を厚めの画用紙に下描きする。その後、各場面に合った模様紙の色彩や質感を選び、ハサミで切ったり手でちぎったりして画面にのりで貼っていく（図５）。模様紙だけで表現できない部分は、模様紙の表情を生かしながら、色画用紙を切り貼りしたり、クレヨン、色鉛筆で描き加えたりしていく（図６）。

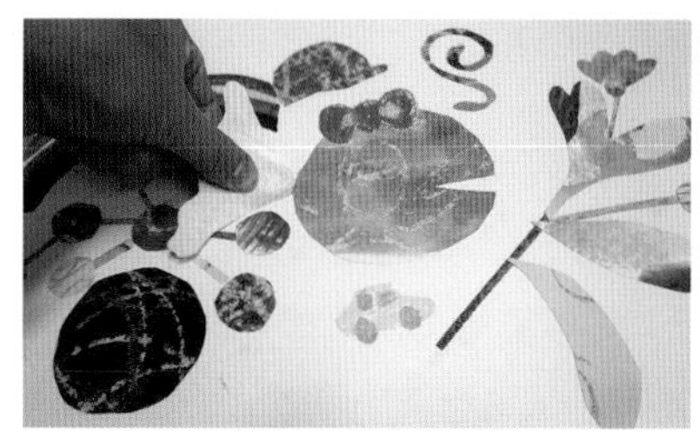

図5．貼り付けてイメージを表す。

図6．足りないところに加筆する。

図7．紙芝居の台詞の記入の仕方

(6)ストーリーをまとめ、ナレーションや台詞を画面の裏に書き込む

各場面の絵が完成したら紙芝居を読み聞かせる順番に並べ、1枚目の画面のナレーションや台詞を最終回の画面の裏に記入する。続いて1枚目の画面をめくって最後に並べ、その裏に2枚目の台詞などを記入し、以下同じ作業を繰り返す（図7）。

(7)紙芝居の完成

紙芝居が一通り完成したら、ナレーションや台詞と、お話の場面を切り替えるタイミングなどを練習する。必要であれば台詞などを変更したり、画面に表現を追加したりして、紙芝居の修正を行い、完成させる。

【あらすじ】
４匹のお魚の兄弟が、広い海に冒険の旅に出ました。旅先ではいろいろな姿かたちの仲間たちとの出会いが待っていました。しかし、そこにはひどい悪さをはたらくタコもいたのです。そこで、兄弟はみんなと力を合わせてタコをこらしめることになりました。

図8．紙芝居の完成作品の一場面

4. 実践の振り返り

モダンテクニックを活用した紙芝居づくりは、偶然できる模様を生かしてそこから浮かび上がる言葉やストーリーをイメージする発想力を育むことができる。

具象的な表現に抵抗のある子どもでも、模様紙の色や形を生かしながら見立て遊びのように制作を進めていくことができるため、生き生きと創作活動が行え、想像を超えた面白い表現ができた。友達が模様紙をどのように生かしているのかということも、紙芝居の読み聞かせを通じて知ることができ、他の人の作品にも興味をもつことができた。

5. 発展

図9．読み聞かせで鑑賞する。

今回は製本の必要のない紙芝居を制作したが、絵本制作にも応用することができる。じっくりと制作の時間が取れない時は、模様紙の色や形の見立て遊びで絵を描いたり、お菓子の箱などの立体に貼ったりすることで、様々なモダンテクニックの模様紙の特徴に触れることができる。

また、完成させた紙芝居の読み聞かせを行う鑑賞活動を通して、子どもが自分にない発想や新しい表現方法を知ることで、子どもの可能性を引き出すようにしたい。

［新實広記］

14. 写真の表現―カメラの撮影方法、写真表現の鑑賞

1839年、フランスでダゲール[1)]が最初の写真術であるダゲレオタイプ[2)]を発明してから、写真は飛躍的な技術革新を継続していく。カメラ本体、フィルム、印画紙[3)]等の改良が重ねられてきたが、現在ではデジタルカメラが主流になり、日常的にはスマートフォンやタブレット端末機などで誰でも簡単に撮影することができる。図工・美術の視点から写真を教材にするにあたり、カメラからプリントまですべて手作業するカメラの原点である「ピンホールカメラ」を取り上げる。写真の仕組みや表現について原点から体験的に考えることで、より理解が深まるだろう。

ピンホールカメラとは、暗箱に針の先で開けた「小さい穴（pinhole）」をレンズの代わりにするもので、「針穴写真機」とも呼ばれている。写真家の佐藤時啓氏[4)]考案のピンホールカメラは、東京藝(げい)術大学や北海道教育大学の写真実習で教えられており、段ボールを使用して暗箱から手作りする。外観のデザインも良く、暗箱内に印画紙ホルダーを取り付けるので、より撮影が自由になるのが特徴である。撮影は日中屋外で行い、暗幕等で暗くなる部屋であれば現像作業も行えるため、図工室等でも可能である。

1）ジャン・ジャック・マンデ・ダゲール、1787～1851年
フランスの写真発明家。

2）ダゲレオタイプ
ダゲールが1839年に公表した世界最初の写真術。「銀板写真」ともいわれ、左右逆像で色がない。

3）印画紙
写真媒体。ネガを焼き付け、現像処理をしてプリントにするための感光紙。

4）佐藤時啓、1957年～
光を使ったシリーズや車をカメラにするなど様々な手法で作品を作る写真家。東京藝術大学美術学部 先端芸術表現科 教授。本節のピンホールカメラは佐藤時啓氏が改良を重ねて現在は「ピンホールカメラ（8×10判）' 10型」である。

5）F値（絞り値）
F値が小さいほどレンズは明るく鮮明になる。ピンホールカメラではピンホールが小さいほど光量が強くなり露光時間が少なくなる。

1. 実践のねらい

❶カメラを手作りすることで、写真と光の仕組みを体験的に知る。
❷モノクローム表現の豊かさを出すため、工夫して撮影する。

2. 準備するもの

- 段ボール…みかん箱タイプなど。インターネットでいろいろ購入できるが、注文時に設計図通りにカットしてもらえるところを選ぶとよい。
- 黒パーマセルテープ…写真用の強度の強い紙テープ。
- キリガネ…ピンホールを開けるために使用する真鍮(しんちゅう)板。
- つや消し黒ラッカースプレー
- サンドペーパー
- 木綿針
- 定規、三角定規、カッターナイフなど

3. 実践の流れ

(1)カメラの制作

❶キリガネの片面につや消し黒ラッカースプレーを塗布してから、表面に対角線を引き、中心を木綿針で刺してピンホールを開ける（図1）。明るさ（F値[5)]）は500と250。この時、ピンホールのまわりのバリをサンドペーパーで削っておく。
❷フロント側の中心に縦横3cm四方の正方形の窓を切り取ってから、段ボールを組み立てる（図2）。
❸キリガネを箱の内側から貼り付ける（図3）。光漏れを防ぐために黒パーマセルテープで固定する。

図1．針穴を開け、バリを削る。

図2．本体に窓を開け、組み立てる。

図3．キリガネを内側に固定する。

6）ホルダースペーサー
印画紙を入れるホルダーの位置を2段階にするため、カメラ内部の側面に接着する。焦点距離を変化させ、画角を調整できる。

❹無駄な光の反射を防ぐため、箱の内部を黒く塗装する（図4）。

❺カメラ内で印画紙を保持するための印画紙ホルダーは、黒ケント紙を使用して「ホルダースペーサー」[6)]「押さえ（ホルダースペーサーを押さえるためのもの）」を作る（図5）。

❻「窓」のまわりを黒パーマセルテープで補強し、同じテープでシャッターを作る。箱の隙間を遮光して完成（図6）。

図4. 内部を黒く塗装する。

図5. 印画紙ホルダー

図6. シャッターを作り、隙間を遮光し、完成。

7）測光
露出計がない場合は、タブレット端末機で露出計ソフトをダウンロードし測定する。

8）カメラの癖
適正（アンダー、オーバー等も）露光時間を確認する。

⑵制作したカメラでの撮影

❶暗室内（ダークテントでもよい）で印画紙を印画紙ホルダーに装填し、カメラにセットする（図7）。

❷露出計のフィルム感度（ISO）を12として測光[7)]し、換算表を元に露光時間を決めて、シャッターを手で開け撮影する（図8）。

❸テスト撮影をして、カメラの癖[8)]を把握するとよい。

図7. 印画紙をカメラにセットする。

図8. 撮影する。

図10. ネガ

⑶現像作業＝プリント作成（ネガ）

❶露光した印画紙を、①現像→②停止→③定着の順番に入れた後、流水で5分程度水洗いする（図9）。

❷部屋の中にひもを張り、洗濯バサミ等で印画紙を吊して乾燥させる。

❸完成（図10、11）

図9. ネガの現像

図11. ネガを焼きつけた参考作品

写真提供・制作協力：佐藤時啓、佐野陽一、東京藝術大学写真センター

4. 実践の振り返り

段ボールのカメラ制作と時間をかけて行うこととなり、より面白い被写体を見つけるために周囲を再認識し、日常にあるものを新鮮に感じる姿勢が出てくる。また、現像段階で画像が浮かび上がる瞬間の感動を大切にしたい。最終的に、予想外の色調や偶然の効果が出た場合も表現豊かな写真となることがあり、良い驚きが生まれる。そこで、柔軟な指導や鑑賞につなげる言葉かけも行いたい。

［三橋純予］

15.マンガ・イラスト的表現

本節で取り上げる「イラストしりとり」は、子どもがよく遊んでいる「しりとり」を言葉ではなく、絵で表現する活動であり、「遊び」と「描く」要素が盛り込まれた教材である。しりとりで綴られた事柄を、それぞれ絵で表現していくこと、つまり言葉で表されたものを絵に変えるという言葉の画像化は、絵の描写力と絵による伝達力を養うことができる。

また本教材は、絵具類を使用しない描画活動であるため、短時間での授業展開が可能な教材である。

1. 実践のねらい

❶しりとりをしながら、自分なりの表現方法を考える楽しさを味わう。

❷言葉から連想したものをイメージし、つながりを意識しながら絵に表す。

❸描画材の特徴を生かし、工夫しながら描いたり、彩色したりする。

❹友達の作品を見て、その表現の違いから、よさや面白さを感じ取る。

2. 準備するもの

- ケント紙または画用紙（B４判）
- 鉛筆
- 色鉛筆
- マーカー類
- 参考作品

3. 実践の流れ

図１. 色鉛筆やマーカーで彩色する（学生作品①）。

(1)「イラストしりとり」についての説明を聞き、イメージを膨らませる

❶参考作品をもとに、しりとりを絵に表していくための構想を練る。

❷しりとりの最初の言葉を決める。

❸自分のイメージに合った表現方法を自由に考えながら、しりとりをする。

事例１：しりとりの言葉それぞれを絵に表して、一つひとつ区切って配置していく方法（図１、２）

事例２：共通テーマでしりとりを考えて表した絵を配置していく方法（図３）

事例３：画面全体が一つの絵になるように、構図や構成を工夫しながらしりとりの絵を配置していく方法（図４、５）

❹事例を参考に、自分のイメージに合った表現方法を見つけて構想を固める。

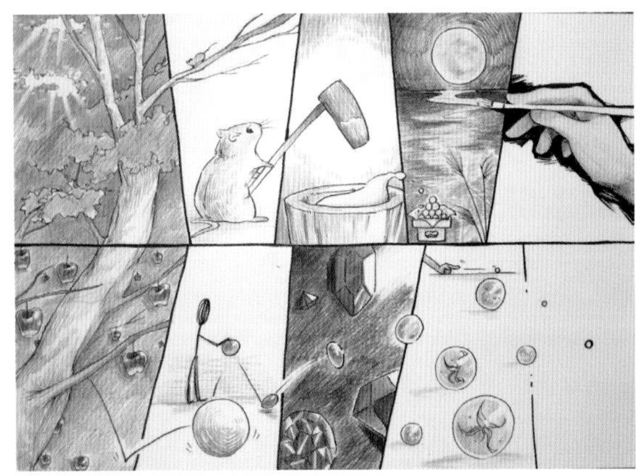

図２. 学生作品②

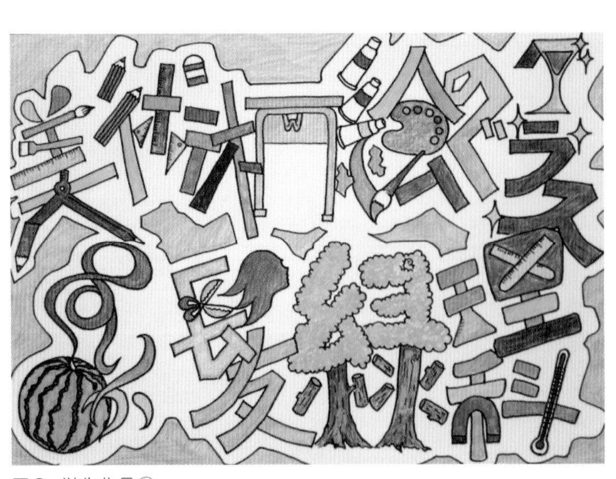

図３. 学生作品③

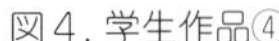
図4. 学生作品④

図5. 学生作品⑤

⑵自分で考えたしりとりをもとに絵に表す

❶鉛筆等で下描きをする。その際は、自分なりの構想をもとに、画面全体の構図や構成を考えながら下描きをしていく。

❷色鉛筆やマーカー類を用いて彩色する。この時、一種類の描画材だけで彩色する方法や、描画材の特徴を生かして、数種類の描画材を部分的に使い分けながら彩色する方法など、自分のイメージに合ったテーマや表現方法で彩色していく。

⑶完成した作品を鑑賞する

❶友達と作品を見せ合いながら、実際にしりとりをして、各自の作品を紹介する。

❷友達の作品を見て、自分の作品との違いやよさに気づきながら、鑑賞を楽しむ。

4. 実践の振り返り

- しりとりを楽しみながら、絵に表していくための表現方法を考え出すことができたか。
- それぞれの言葉から連想したものをイメージし、つながりを意識しながら絵に表すことができたか。
- 描画材の特徴を生かして描いたり、彩色したりすることができたか。
- 鑑賞活動を通して、自分と友達の表現の違いから、よさや面白さを感じ取ることができたか。

5. まとめ（実践における学生の作品から）

図6. 学生作品⑥

学生の参考作品では、画面全体が一つの絵となるようにしりとりの絵を配置したもの、しりとりの絵それぞれの大きさを変化させたりして配置を工夫したもの、描画材の特徴を生かして表現されたものなど、個性豊かな作品が見られる。

［小江和樹］

16. 手づくりのアニメーション—コマ撮りで写真を動かす

写真・ビデオ・コンピュータ等の映像メディアは、子どもの想像力や造形力を育てるために積極的に活用されることが求められている。昨今では幼児や児童たちもテレビや映画で様々な映像作品を目にし、豊かな感受性を育んでいる。ここではデジカメで撮影した写真を切り抜いて工作し、遊びながら撮影や原画づくりの楽しさに触れることにより、短いアニメーションをつくり上げる過程を体験する。1人につき1秒＝8コマを割り当て、デジカメ画像によるコラージュで原画を制作し、後に全員分をつなぎ合わせる共同作品を計画する。テーマを「自画像」に設定し、自分（手や足など部分も可）が必ず入ることを条件としている。

1. 実践のねらい

❶デジカメの使い方に慣れながら、写真に撮りたいものを撮る。
❷静止画をつなげると、絵が動くことに気づく。
❸コマ撮りで、非現実的な動きが表現できることを体験する。

2. 準備するもの

- デジカメ…コンパクトデジタルカメラでよい。
- 色画用紙…赤、青、黄など、はっきりした原色の紙。
- PCと動画ソフト…動画編集できるものでよい。

3. 基本事項の確認

(1)テーマを設定する

アニメーションといえば手描きのイラストレーション（静止画）を何枚も重ねる方法が一般によく知られている。しかし、実写によるコマ撮りは手描きに負けない、むしろ独自の魅力的な映像をつくりだすことができる。たとえば、身のまわりのものを机の上に置いて少しずつその位置を動かし、数枚コマ撮りするだけでも充分面白い動画ができる。ここでは大人数の作者がつくった短い動画をつなぎ合わせて1つの作品にするため、共通のテーマ「自画像」を設定している。自分の顔や全身だけでなく、手や足といった体の一部、あるいはお気に入りの洋服や持ち物など、見慣れたものを使えばコマ撮りの表現がよりいっそう魅力を増す。

(2)専用用紙を準備してコマ撮りの下絵を描く

アニメーション作成では、画面がどのような構図で、モチーフがどのように動くか、あらかじめ綿密な計画をつくっておくことが欠かせない。この実習では1秒＝8コマの短い動画なので、簡単な下絵用紙も準備するとよいだろう。A４用紙（コピー用紙等）を縦にして、はがき大のコマ枠を表側には下半分に、裏側には上半分にコマ枠を配置する。両面印刷して4枚分を重ね、中央で山折りにして計8つのコマ枠が連続してめくれるようする（図1）。下の小口（用紙の端）が階段状になるよう中心線をややずらしながら山折りにすると、連続してめくりやすい。用紙の端を親指でパラパラとめくりながら動きを何度も確認し、修正しつつ下絵を完成する（図2）。動きはなるべく単純（できれば元に戻るループ形式）だと見やすい。

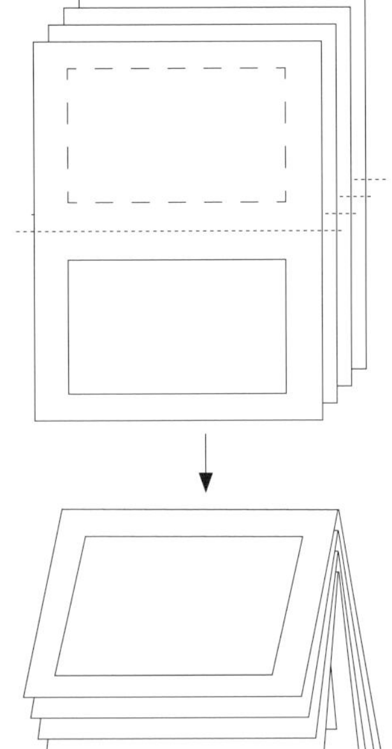
図1．A４サイズの下描き用紙をつくる。

図2．描いた線画を何度もパラパラめくって動きを確認する。

図3. 屋外に出てデジカメで撮影

図4. プリンタで全画像を印刷

図5. 画像を切り抜いてコラージュ

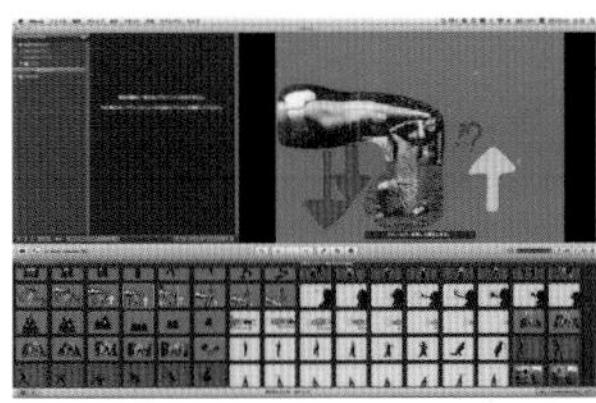
図6. 全員分をつなぎ合わせる編集

⑶デジカメ撮影と印刷

下絵ができたらデジカメで撮影を開始する。室内では周辺光量が足らず、シャッタースピードが伸びてブレたり感度が上がって画質が落ちたりするため、屋外など明るい場所を選ぶとシャープな写真が撮れる（図3）。デジカメに搭載されているストロボ（フラッシュ）は、被写体が光でテカってしまうので使用停止にしておく。ブレを防止するため、必ず両手でデジカメをしっかりと握り、脇を締め、シャッターボタンを静かに押す。微妙な動きを表現したい場合は、三脚を使うと同じ画角を維持できる。プレビューボタンで動きを確認できるので、撮り直しの時間を充分とっておく。撮影が完了したら、指導者が全画像をプリンタでＡ４サイズに出力する（図４）。一人につき８枚を撮影するためレーザープリンターなど早い印刷機が好ましいが、インクジェットプリンターでも高速モードで対応できるだろう。

⑷原画の作成と編集

印刷した人物の画像をハサミで切り抜き、赤、青、黄などのＡ４色紙８枚に順番に貼り付け、さらにそれぞれに色紙で自由な形をコラージュして原画を完成する（図５）。自動給紙機能付きスキャナでこれら原画を取り込んでJPEG画像形式で保存、動画ソフトでつなぎ合わせて一本のアニメーションを完成する（図６）。編集に使用できる動画ソフトには、iMovie（Macintosh）やWindows Liveムービーメーカー（Windows）などがある。赤の次は青、青の次は黄など、背景の色が違う作品を隣り合わせてつなげると、作者の切り替わりがわかりやすい。

4. 実践の振り返り

- デジカメ撮影がうまくできたか。
- 静止画が滑らかな動画になっているか。
- 現実とは違う面白い動きをつけることができたか。

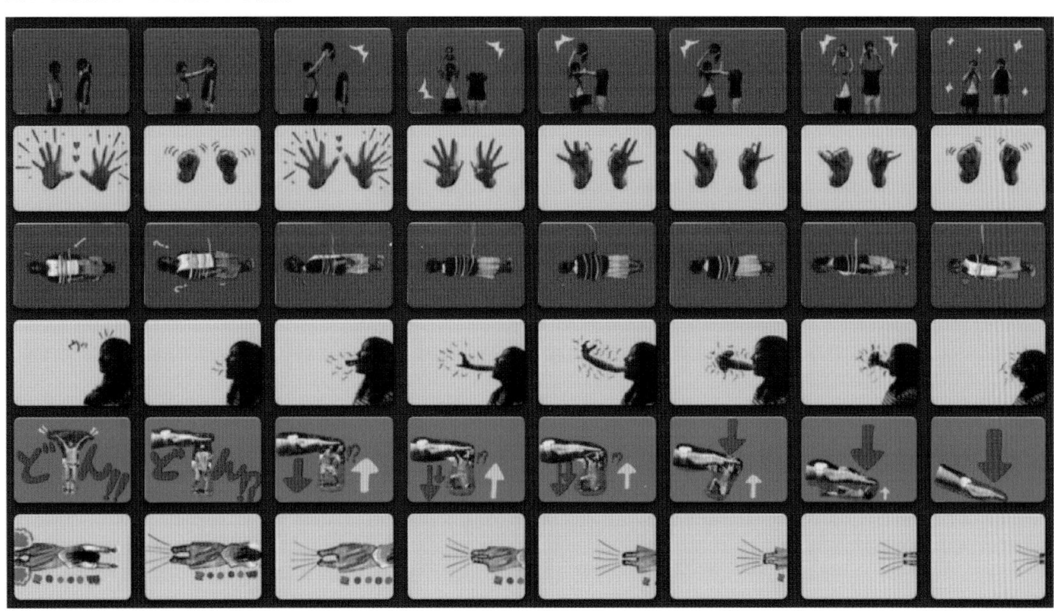
図7. 完成した作品の一コマ。一人あたり８コマなので、単純な動きがよい。

［山本政幸］

17. アニメーション・動画の表現

本節で取り上げる「コマ送りアニメーション」は、ペイント系フリーソフトウェア（以下〔ウェア〕略）やPhotoshopなどのグラフィック系ソフトで作成した画像をもとに、プレゼンテーションソフト（PowerPoint）のスライド機能を活用して、アニメーションを製作する教材である。

また、アニメーションへの興味や関心を高め、コマ送りアニメーションの基本原理を理解するには、非常に適した教材であるといえる。

1. 実践のねらい

❶アニメーションの基本的な原理について理解し、動きが連続して見える絵の楽しさを味わう。

❷コマ送りアニメーションの仕組みを用いて、表したい動きを考え、ストーリーに応じた画面づくりを計画する。

❸面白い動きを表現するため、表現意図に応じ、形や色の変化を工夫する。

❹友達の作品を鑑賞して、発想の違いや動きの面白さを感じ取る。

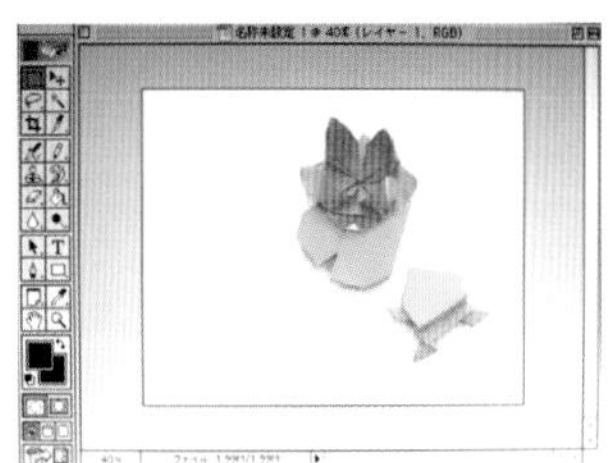

図１. 写真の取り込み

2. 準備するもの

- コンピュータとその周辺機器
- ペンタブレット
- グラフィック系ソフト
- プレゼンテーションソフト(PowerPoint)
- 筆記用具
- スケッチブック
- 参考作品

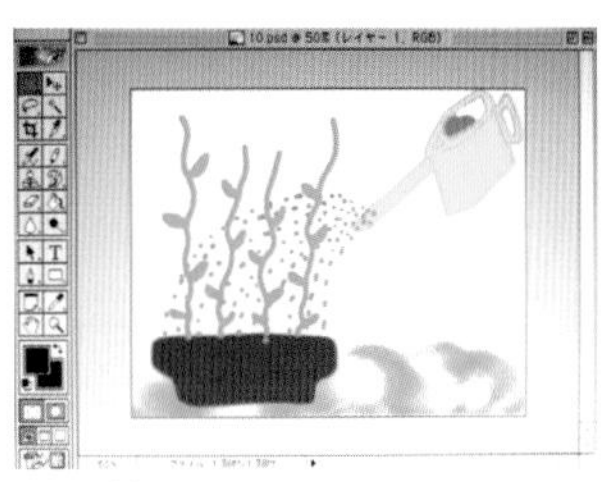

図２. 描画

3. 実践の流れ

(1)画像を作成する

❶ストーリーを考え、スケッチブックに簡単な絵コンテを描いてみる。

❷グラフィック系ソフトを用いて写真を取り込んだり絵を描いたりする（図１、２）。コンピュータで実際に絵を描く時、変化させる部分以外はコピーツールを用いて描くと、短時間で多くの絵を描くことができる。

❸画面の縦横の比率をPowerPointのスライドの比率と同じに設定しておくと、歪みがほとんど生じない。

❹基本となる画像の容量にもよるが、１秒間に８～10コマ程度移動するため、10秒のアニメーションで80～100枚の画像が必要となる。

❺ PowerPointのスライドに挿入できるファイル形式で作成した画像を保存する。

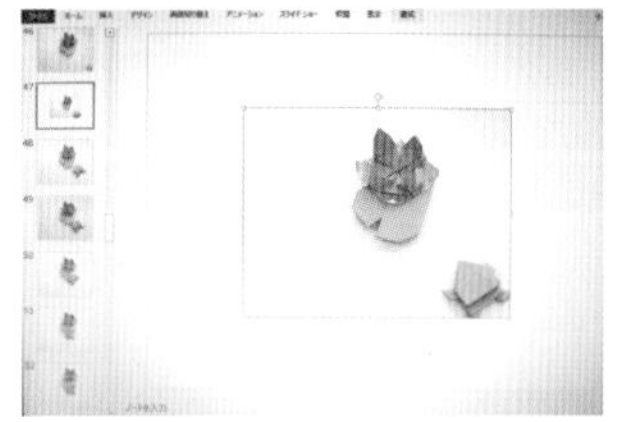

図３. 画像の挿入と配置調節

(2)画像を配置して調整する

❶プレゼンテーションソフト（PowerPoint）の「新しいスライド」のスライドレイアウトから「白紙」、または「画像のみ」のスライドを選択し、必要枚数コピーして、各スライドに画像を挿入していく（図３）。

❷ガイドを手掛かりに画像の配置調整を、全スライドで行う。

図４. 画面切り替え時間の設定

(3)スライドショーの画面切り替え時間を設定する

❶「スライドショー」の「画面切り替え」を選択し、画面切り替え時間を「自動的に切り替え」にする（図４）。

❷次に、インターバルを「00:00」にして、全スライドに適応させる。

⑷完成させる

❶スライドショーを実行しながら動きを調整して、スライドによっては、インターバルの数値を変える。

❷また、同じ画像のスライドを複数枚配置するなど、動きを調整する。

❸完成作品のプレゼンテーションをする。

図5. 完成作品（学生作品①）

4. 実践の振り返り

- コンピュータの操作方法とアニメーションの基本的な原理を理解し、動きが連続して見える絵の楽しさを味わうことができたか。
- グラフィック系ソフトによる画像の作成方法や動きを表現するためのスライド機能の効果的な活用方法について理解することができたか。
- 具体的な動きを表現するために、表現意図に応じて形や色の変化を工夫することができたか。
- 完成作品のプレゼンテーションを通して達成感や表現の喜びを味わうとともに、友達の作品を鑑賞し、発想の違いや動きの面白さを感じ取ることができたか。

5. まとめ（実践における学生の作品から）

コマ送りのよさを生かした動きを考え表現したもの、各画像を作成していく時に構成や構図を工夫したもの、動きを表現するためのスライド機能を効果的に活用したものなど、個性的な作品が見られる。

図５の完成作品（学生作品①）は、デジタルカメラで撮影した画像を取り込んでいく方法でつくられたものである。また、次に示す図６の学生作品②は、グラフィック系ソフトの描画機能を活用して、ペンタブレットを用いて描いていく方法でつくられたものである。

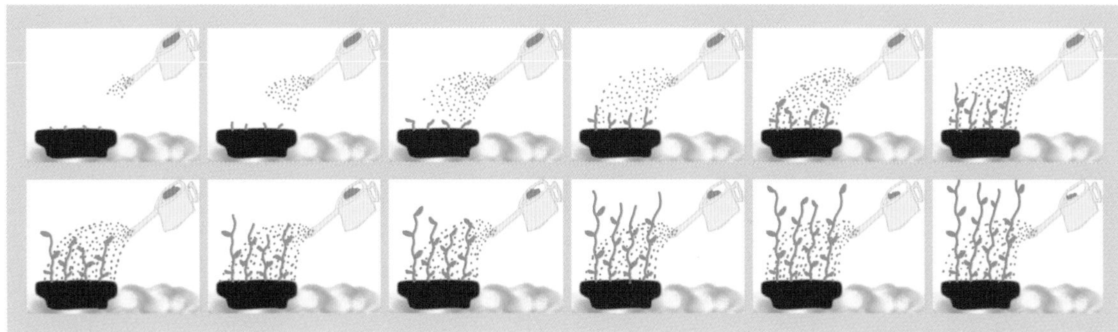

図6. 学生作品②

［小江和樹］

18.コンピュータの活用

造形表現を行う際、表現の種類によってはコンピュータ・グラフィックス（以下ＣＧ）を用いた方がよい場合がある。利用にあたっては、使用する描画ソフトウェアの特性を十分に把握し、適切な表現を心がける必要がある。

1. 造形表現へのＣＧ利用の意義

(1)画材の代替として

たとえば、鉛筆やペン、絵具などの画材の代替として、ＣＧを利用する（図１）。描画ソフトウェアには、実在の道具や材料の機能を拡張したものもあるので、使用法の工夫によって、従来とは趣の異なる表現が可能な場合もある。

▼

図１. 風景写真（上）をＣＧで加工したもの（下）

(2)表現技法の発展形として

レタリング[1)]、平塗り等による着色、写真レタッチ[2)]作業などの表現技法の発展形など、従来的な表現技法の代替としてＣＧを利用する。従来的な表現技法では表現テクニックの「上手下手」がネックになることがあったが、ＣＧの利用により上手下手に関係なく、より表現の内容面の検討が可能となる。

(3)表現のシミュレーションとして

ポスターやリーフレットなど、表現の妥当性を何度も繰り返して検討することが必要な題材の場合、従来的な表現方法では限界がある。ＣＧによるシミュレーション的な手法を用いることでより詳細な検討が可能になる。

1）レタリング
文字、特に「活字体」を描く作業のこと。

2）写真レタッチ
写真フィルムや印画紙などの画像修正のこと。現在ではコンピュータ上の画像データの修正も含む。

2. コンピュータソフトウェアの種類

ＣＧを表現に用いる場合、通常は「描画用ソフトウェア」を利用することが多い。描画用ソフトウェアは多種多様に存在するが、ほとんどは特定の表現の支援用に作成されたものであるから、表現内容や使用目的に応じた適切な使い分けが必要である。一般に描画用ソフトウェアの種類として「静止画用ソフトウェア」と「動画対応ソフトウェア」がある。

(1)静止画用ソフトウェア

「静止画」描画用のソフトウェアである。通常、拡大縮小、回転、着色、変形等の基本的な画像作成・処理の機能が付加されている。静止画用ソフトウェアには大きく「ドローイングソフト」と「ペイントソフト」の２種類がある。それぞれソフトウェアの表現適性や設計の方向性に違いがあるので、表現内容や目的等を考慮し適切な使い分けが必要である。

❶ドローイング系ソフトウェア

主に直線や曲線などの基本図形を用いて作図し、ベクトル画像を生成することから「ベクター系」とも呼ばれる。ソフトウェア操作に若干の慣れが必要なため比較的扱いが難しいが、画像の精密さを表す解像度に影響されずに画像操作が可能なので、処理の過程で発生する画像の荒れを心配する必要がない。Adobe IllustratorやInkscapeなどが代表的である（図２）。

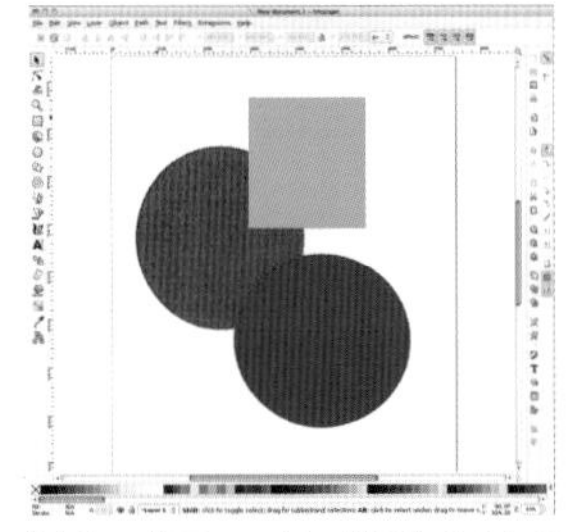

図２. ドローイング系ソフトの例（Inkscape）

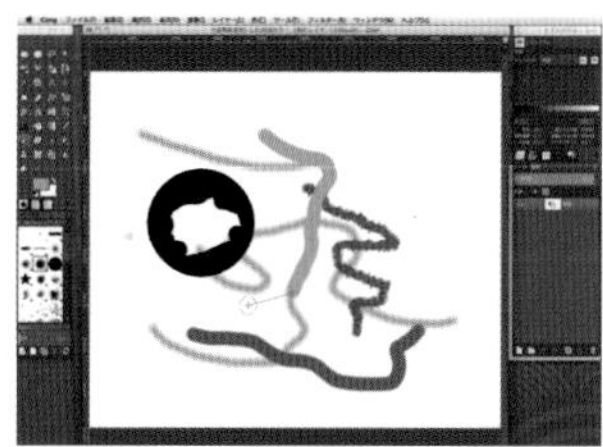
図3. ペイント系ソフトの例（GIMP）

図4. 動画用ソフトの例（iMovie）

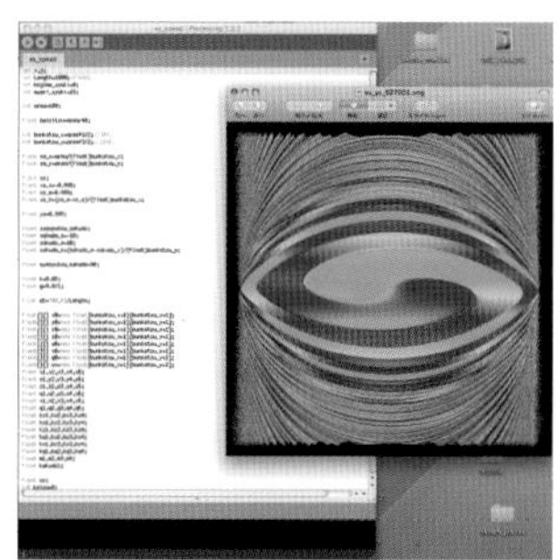
図5. プログラム言語の利用例（processingによる表現）

❷ペイント系ソフトウェア

主に写真のレタッチを目的に設計されたいわゆる「お絵描きソフト」であり、「ラスタ系」とも呼ばれる。通常はビットマップ画像を生成し、画面を構成するピクセルを単位として描画される。ドローイング系と比較し直感的に扱えることから操作は比較的容易であるが、拡大縮小等の画像操作によって画像が荒れるなどの影響を受けやすい。Adobe PhotoshopやGIMPなどが代表的である（図3）。

⑵動画対応ソフトウェア

動画作成に対応したソフトウェアである。単に動きの作成・編集だけでなく映像や音楽の編集、プログラムによる編集など、マルチメディア的な扱いも可能な「オーサリングソフトウェア」と呼ばれるものも存在する。ビデオカメラで撮影した動画の編集など、かなり高度な動的表現が可能だが、静止画像による「パラパラマンガ」的な表現の作成も可能である（図4）。

⑶プログラム言語の利用

物理運動や数理的規則を活用した造形表現を行う場合、コンピュータ言語による「作図プログラム」を作成することで、斬新かつ高度な表現が可能である。また、算数で扱う計算やグラフなどをＣＧ作図プログラムを用いて可視化し理解を深めることもできる。コンピュータ言語の利用はややハードルが高いが近年、“processing” など造形表現を目的としたプログラム言語も開発されていることから、活用を試みても面白い（図5）。

3. ＣＧ使用上の注意点

ＣＧは一見、敷居の高い領域のように思われるが、最近では使いやすくわかりやすいソフトウェアが出回るようになったことから、「まずは使ってみよう」という姿勢が大事だと思う。使用しているうちに、既知の表現にはない新しい造形表現効果を発見するかもしれず、またＣＧを通じて造形表現に興味をもつ子どもが現れるかもしれない。造形表現の面白さに気づき、幅を広げていく上で、ＣＧは有効なツールになるはずである。

ただし、使用法を間違えるとその有効性を打ち消してしまう可能性をもつツールでもある。特に以下の点には注意が必要と思われる。

⑴ソフトウェアの機能に振り回されない

ソフトウェアは造形表現の上で大変便利であるが、機能や使い方などの表面的な面白さにのみに関心が行ってしまい、肝心な造形表現からかけ離れてしまうことも多い。ソフトウェアの機能に振り回されず、造形表現の「手段」として使用していることを忘れないようにしたい。

⑵ＣＧは何でも表現可能な「打ち出の小槌」ではない

現在のところ、ＣＧは造形表現を自動的に生成してくれるものではなく、技術的な限界も存在していることを認識した上で使用する必要がある。ＣＧは何でも表現してくれる「打ち出の小槌」ではないのである。

〔石井宏一〕

column 5　デザインのこころ

「デザイン」という言葉を聞いて、何を連想するだろうか。たとえば、辞書を引いてみると、意匠や装飾、図案、下絵、素描、設計、構想など、デザインというひと言の中に、多様な意味が含まれていることがわかる。

一方で、今日では美術・造形以外の様々なところでデザインという言葉が用いられている。インターネットの検索だけでもたとえば「システムデザイン」「情報デザイン」「ライフデザイン」「環境デザイン」「分子デザイン」「未来デザイン」など、美術や造形と無関係に思える領域においてもデザインという語を用いるようになっている。デザインは、美術・造形の枠を超えて、幅広い領域に適用されていることがわかる。

そもそも英語の「デザイン(design)」は、ラテン語の“デジナーレ(designare)”を語源とし、もともとは制作物の構想を図や絵などに表すことを意味していた。すなわち、頭の中で考えたアイデアを目に見えるように具現化する行為であり、何らかの目的のもとに思い描いた構想を具現化し、種々の問題を発見・解決していくプロセスを含めて「デザイン」として扱うのが適当といえる。したがって装飾や図案などは、デザインの語義の中でも狭義といえる。その意味ではデザインは、単なる芸術・造形の表現様式や領域にとどまるものではない。

図1. 極光

このようなことから学校現場における実際のデザインの指導においては、表現上のテクニックやうまさ以上に、どのようなことに問題意識をもち、それをどのような考え方に基づいて具現化し、最終的な問題解決へ結びつけていこうとする視点や姿勢を重視する必要があると考える。その際、着想から最終的な完成形に至るまでの過程において、問題点を把握・整理し、合理性の観点から、相矛盾する要素をまとめ、全体に計画性や整合性をもたせ最終的な問題解決へと構成していく「合理的思考」が、デザインという行為の肝といえる。

人間が生活を営む上で、様々な問題と対峙し、その解決を図るという行為は非常に重要である。目的を明確化し、その実現の上で適切な方法を選択し、最終的な問題解決を図ろうとする「合理的思考」、すなわち「デザインマインド」の習得が、デザインを学ぶ意義として重要ではないかと考えている。

[石井宏一]

第6章

工作・工芸

工作･工芸は、機能性･実用性･美術的な美しさを融合させた工作物、並びにそれらのものを制作することである。現在では機能性や実用性を有さない彫刻やオブジェのように独創的なものや自己表現に基づく作品も数多く含まれるようになってきた。工作･工芸では、紙･木･竹･土･石･漆･糸･布･革･ガラス･金属等、身のまわりにあるいろいろな材料を用いてものづくりが行われ、それらを加工するための用具や技術も多岐にわたっている。そのようにしてつくられるものは、材料によって紙工･木工･竹工･陶芸･石工･漆芸･染織･革工芸･ガラス工芸･金工等に分けられる。様々な材料･用具･技術を使ったものづくりを、実際に体験することによって、ものづくりの面白さを実感できるようにしたい。さらに、それらのものづくりの中で、発想を巡らせて、独自のものづくりを生み出すことができる環境を整えたい。

1.新聞紙やチラシでつくる—立体造形作品とファッションショー

子どもたちの周囲には、トイレットペーパー、ティッシュペーパー、キッチンペーパー、包装紙、コピー用紙、折り紙、画用紙、和紙、段ボール、紙コップ、紙皿、紙紐(ひも)など多くの種類の紙や紙製品がある。その中でもよく目にする一つが新聞紙であろう。毎日のように届けられる新聞紙を捨てずに溜めておいて造形材料として用いてみよう。切る、折る、貼る、丸めるといった簡単な加工だけでなく、細く帯状に裂いた複数の新聞紙を織ったり、細い帯状に裂いた新聞紙を紙縒り(こより)状にしたり、細かく破った新聞紙をお湯などで練ったところにでんぷんのりを混ぜて新聞紙の粘土をつくったりするなど、新聞紙という材料に少し手をかけ、工夫して用いることでいろいろな立体造形作品をつくることに挑戦してみよう!

1. 新聞紙やチラシでクリスマスリースづくり

図1. 新聞紙で制作したクリスマスリース

身近にある新聞紙やチラシを用いて、普段生活している空間を飾る作品を制作することができれば、子どもたちが作品を制作する機会が増え、子どもたちがものづくりを通じて工夫する機会も増える。それらを使ってクリスマスの時期に家や部屋を飾るクリスマスリースをつくってみよう。

はじめに新聞紙を細長い棒状にした後、それをねじるようにしながら輪っか状に形を整えていく。その後、所々に新聞紙でつくった飾りを貼り合わせていくと、新聞紙だけで制作したクリスマスリースができ上がる(図1)。新聞紙だけでなく、チラシの色を飾り部分に効果的に用いることによって、色のきれいなクリスマスリースができあがる(図2)。

図2. 新聞紙とチラシで制作したクリスマスリース

2. 新聞紙でファッションショー

新聞紙は、切る、折る、貼る、丸めるといった加工がとても簡単にできる上に、セロハンテープを用いると、子どもたちでも接着がとても簡単に、しかも瞬時にできる。このような新聞紙の特性を生かして、短時間のうちに服をつくることも可能となる。一人がモデル役となり、他の数名とともに協力して服づくりを行う造形活動は、共同制作の楽しさがあるだけではなく、話し合いや制作する中でいろいろなアイデアや工夫が生まれる楽しさも含んでいる。

図3. 新聞紙の素材感や色を生かした服とモデル

大学生が制作体験した際の写真(図3)を見ると、新聞紙という同じ材料のスカートでありながらも、新聞紙の折り方や貼り方が異なるだけでかなり違った形状のスカートができ上がる。また頭の上にある被りものにもいろいろな工夫が見られる。図4では、新聞紙を破ったり、切ったり、丸めたり、ねじったり、貼り合わせたりというように、制作者一人ひとりが、それぞれに材料をいろいろ変化させた加工の跡が服の装飾部分などに見られる。他にも、数名で協力して制作することによって共同制作の楽しさも感じることができ、さらに大勢で服という作品の完成を喜ぶこともできる(図5)。新聞紙で制作した服を着たモデルが順番に登場するファッションショーを行ったり、また新聞紙で制作した服を着たモデルを含めた全員

図4. 新聞紙でつくったいろんな飾りをつけた服とモデル

図5. 新聞紙でつくったいろんな飾りをつけた服とモデルと創作者

で即席の劇を考えて演じたりしても面白い。みんなで制作した服という作品がさらに楽しんだり味わったりする活動につながっていく。

図6. おおまかに形状をつくっていき、後で形を整えていく。

3. 新聞紙を丸めることから立体造形作品、さらにペーパーウェイトへ

新聞紙をくしゃくしゃっと丸め、それをセロハンテープでつなげながら、制作しようとする作品のおおまかな形とある程度の量のある立体物をつくっていく。その後、木工用ボンドを水で溶いた液を使って、図6のように、新聞紙を細長く裂いたものを立体物の表面に何枚も貼り重ねていくことによって、立体作品を制作することができる。新聞紙を用いるため、制作途中で上手くいかない場合や失敗した場合には、その部分だけちぎったり切ったりして取り除くことができる。また必要な量の新聞を丸めたものや別に制作しておいた部品などを後からその部分だけ足すこともできる。

図7. 新聞紙の白黒の部分を生かしたパンダ

制作が進むにしたがって、細かい部分の形や量を整えていくと、図7～10のように、新聞紙という材料からでき上がったとは思えないくらい、精巧な立体作品をつくることができる。新聞紙にある模様、写真、色などを利用すると新聞紙を生かしたいろいろな作品づくりができる。さらに、図7のパンダの形をしたような立体造形作品であれば、最下部に切込みを入れてからある程度の重さの石を立体作品の内部に入れ、最後に切込みを入れた部分がわからなくなるように、木工用ボンドを水で溶いた液を使って、数枚の新聞紙を貼り重ねることで、いろいろな形をしたペーパーウェイトも制作することもできる。石を入れることができる形状に限られるが、いろいろな形をしたペーパーウェイトもつくってみよう。

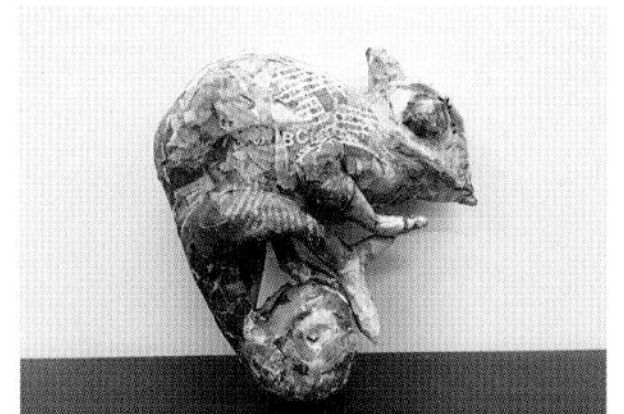
図8. 新聞紙の色の部分を生かしたカメレオン

図9. 身体の模様部分に新聞の顔写真部分を用いたキリン

4. 張り子のような内部が空洞の立体造形作品、さらに鈴や起き上がり小法師へ

3．のような制作方法で制作した新聞紙の立体造形物をラップで覆い、木工用ボンドを水で溶いた液を使って、その上からさらに数枚の新聞紙を重ねて貼り合わせていく。それをしっかり乾かした後、カッターナイフなどを使って切り込んだり切り分けたりしてから（図11）、ラップとラップより内側の新聞紙を取り除く（図12）。その後、表面部分の新聞紙を元のように合わせて（図13）、もう一度、木工用ボンドを水で溶いた液を使って、その上からさらに数枚の新聞紙を重ねて貼り合わせていくと、張り子のように内部に空洞のある軽量の立体作品ができ上がる。この方法を用いて、いろいろな形をした張り子の立体造形作品を制作してみよう。

図10. 薄い羽部分も丁寧に制作された架空の恐竜

また、さらに手を加えて、内部の空洞部分に鈴を入れるといろいろな形をした張り子の鈴を、また内部の空洞部分に石を入れて動かないように固定すると起き上がり小法師を制作することもできる。　［樋口一成］

図11. 中身を取り出すために、一度、立体物を切る。

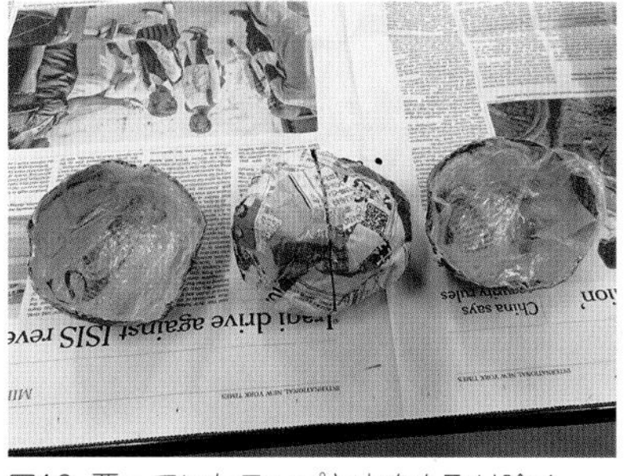
図12. 覆っていたラップと中身を取り除く。

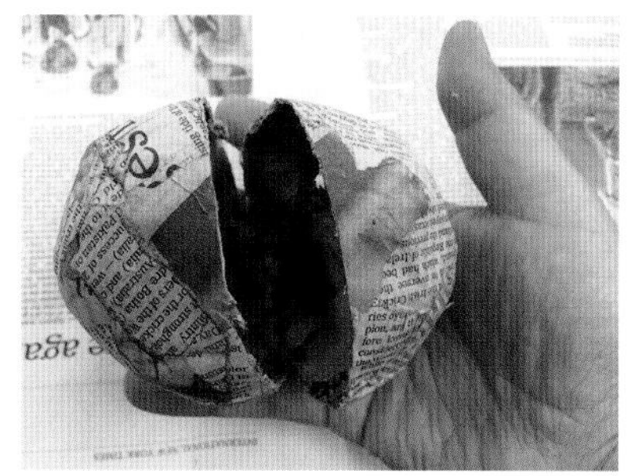
図13. 元の形に戻し、内部が空洞の立体物をつくる。

2. 紙でつくる①—切る・折る・組み合わせる活動

私たちの身のまわりには様々な種類の紙があり、子どもたちにとっても身近な造形の材料である。薄くて柔らかい紙は、小さな子どもでも手でちぎることができ、折る、切ることも容易だ。ハサミやカッターナイフなどの用具を使わなければ切れないほど厚い紙は、丈夫なので立体的な表現に適している。本来は食器として使用することを目的としている紙皿や紙コップも、造形の材料として使うことができる。対象年齢や学習のねらいに応じて、紙は多様な造形表現が可能である。

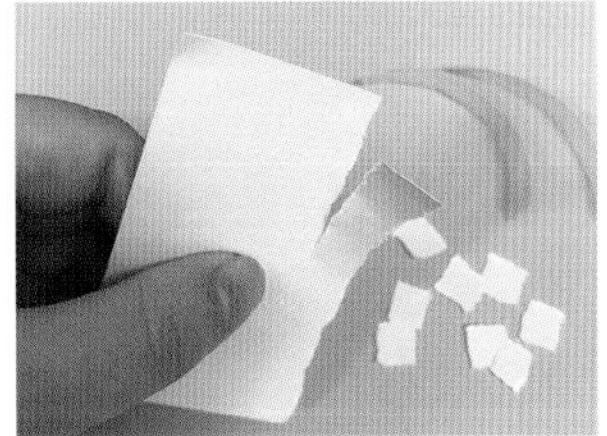
図1. 折り紙をちぎる。

図2. ちぎり絵完成作品

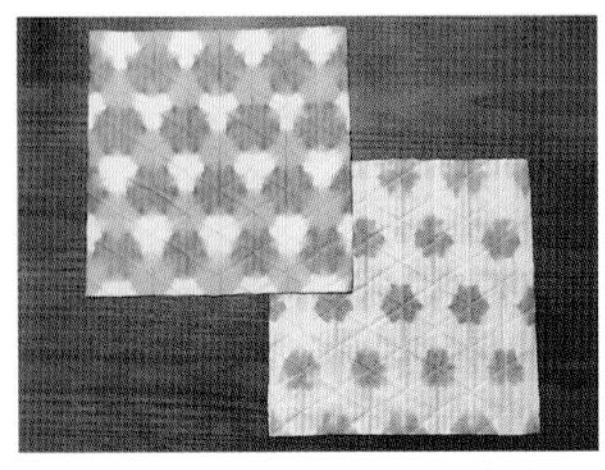
図3. 紙を蛇腹に折って染めた作品

図4. 紙をしわしわに丸めて染めた作品

図5. 八つ折りの作品

1. 紙をちぎる 「ちぎり絵」(図1、2)

【準備するもの】 画用紙(色画用紙)/折り紙(色付きの和紙)/のり

画用紙に下絵を描き、必要な色の折り紙を手で細かくちぎる(図1)。ちぎる大きさは絵柄の細かさや子どもの実態に合わせて自由に変えてよい。折り紙の裏にのりをつけ、下絵の線の内側に貼っていく。特に絵の輪郭部分は、ちぎった紙片の縁の形が輪郭線の形に合うものを探して合わせるとよい(図2)。

紙片の形と下絵をよく観察し、合わせる活動は、パズルのような感覚で楽しむことができる。折り紙の代わりに薄い和紙を使用すれば、ちぎれた部分から飛び出た繊維のほつれが絵の輪郭をぼかし、複数の色を重ねることで陰影や立体感が表現できる。

2. 紙を折る、染める 「染め紙」(図3、4)

【準備するもの】 和紙(障子紙)/食用色素/新聞紙

紙を蛇腹に折り、角を色水につけて、紙を染める。紙は、水をよく吸い、かつ濡れても丈夫な和紙や障子紙が適している。色水は、水に食用色素を溶かしたものを使用する。赤、黄、青、緑が手に入れやすく、各色で入れ物を分けて準備する。色水が濁らないように、薄い黄は最初に使う、1色染めるごとに雑巾に余分な水分を吸わせるなど、ルールを決めておくとよい。色水が垂れて机を汚すので、新聞紙を敷いたり雑巾を準備したりして制作環境を整える。最初に折った蛇腹折りは幅をそろえて折るので規則的な模様になる(図3)が、紙をしわしわに丸めた状態でランダムに染めると、不規則な模様ができる(図4)。色水につけた紙を慎重に広げ、新聞紙の上に置いて乾燥させる。発展させた活動として、作品が完全に乾いたら、今度はそれを新たなものづくりの材料として使用することもできる。

3. 紙を折る、切る 「切り紙」(図5)

【準備するもの】 紙(コピー用紙や色紙)/ハサミ/カッターナイフ/カッターマット

紙を等分に折ってハサミやカッターナイフで好きな形に切り、紙を開く。紙の折り方は、二つ折り、四つ折り、六つ折り、八つ折り、蛇腹折りなど、様々な折り方で制作することができる(図5)。

切り紙は、紙を開いた時に初めてその作品の全体の姿がわかることが面白い。完成図を予測してデザインを決めるよりも、思いつくままに適当に切ってみる方が楽しめる。ただし、左右両方の折り目の一部は切り取らず必ず残るように構成を工夫する。折り目が残らないように切ってしまうと、作品がつながらずバラバラになってしまう。

図6．色が交互に出るように差し込む。

4．紙を組み合わせる、織る 「織り紙」（図6、7）

【準備するもの】折り紙2枚／ハサミ／のり

2色の折り紙を、糸でつくる「織物」のように縦と横に組み合わせる。はじめに、色の異なる2枚の折り紙を帯状に切る。ここでは八等分になるよう折り目をつけて、折り目に沿ってハサミで切る。ただし、1枚目の折り紙は、紙の上部2cm程度を残し、紙帯がばらばらにならないようにする。2枚目の折り紙でつくったばらばらの紙帯を、1枚目の折り紙に対して横向きに差し込み、2色が交互に表に出るようにする（図6）。1枚終えるごとに、横帯の両端をのり付けしておくと制作しやすい。1枚目の折り紙の一番下に到達するまで続ける。

図7．「折り紙」を使った作品例「うちわ」

作品は「染め紙」と同様に、これを新たなものづくりの材料に活用できる。その際、この「織り紙」の裏面にのりを塗ろうとすると、縦と横に組まれた紙帯の隙間にのりが入り込み、表面を汚す可能性がある。例えば厚紙に貼って作品制作をする場合、のりは「織り紙」の方ではなく厚紙の方に塗って接着するときれいに貼ることができる（図7）。

図8．紙コップの作品例「腕時計」

5．紙製の材料を生かした造形 （図8、9）

①**紙コップ**…紙コップは、底や飲み口が円形で重ねることができ、中に何かを詰めることもできる。オブジェやおもちゃ、楽器など、幅広い作品づくりに活用できる。図8は、紙コップの丈夫な底の部分を生かし、中心に穴を開けモールを差し込んでつくった「腕時計」である（図8）。

②**紙皿**…紙皿は平らで丸い形をしているものが多く、目と口にあたるところに穴を開ければ、簡単な仮面をつくることができる。紙皿を半分に折れば、ゆらゆらと揺れる半円のおもちゃになり、飾り次第で様々なものをつくり出すことができる（図9）。

図9．紙皿の作品例「スイカ」

6．厚紙で立体造形 （図10、11）

【準備するもの】ボール紙／新聞紙／コピー用紙／絵具

ボール紙などの厚紙は、硬くて丈夫なので立体造形の芯として利用することができる。ボール紙を2cm幅の帯状に切り、頭の形に合わせて組み立てると、かぶりものの骨組みになる（図10）。また、ボール紙の上下（または左右）に切り込みを入れ、少し重ねてホチキスで留めることで膨らみができることを利用し、仮面の骨組をつくることもできる。新聞紙、コピー用紙の順に貼って肉付けし、絵具で着色することで、立体感のある作品になる（図11）。授業の制作教材としてだけでなく、発表会や劇の小道具として、子どもたちに自分でつくり上げる喜びを味わわせたい。

図10．かぶりものの骨組み

以上見てきたように、紙工作のよいところは、可塑性があり自由に造形活動ができるところである。また、安価で手に入りやすい材料であることから、何度もやり直すことができる。自分で試行錯誤をしたり、友達の作品を鑑賞したりする中で、新しい表現方法に出会い、学びを深めていきたい。

［鈴木安由美］

図11．厚紙から制作した仮面

3. 紙でつくる②—ポップアップカード作り

折り畳まれたカードを開くと、その中から紙が立体的に飛び出してくるポップアップカードは、子どもたちが興味をもつ教材の一つである。折る・切る・貼るなどの加工が比較的容易な素材である紙を上手に用いることによって、動きのある作品を作ることができるポップアップカードは、小学校図画工作科の授業の中で取り上げたい教材の一つといえる。ここでは、ポップアップカード作りを行う際の注意点とポップアップカードを作る際にヒントとなるポップアップカードの基本形についてまとめる。

1. ポップアップカード作りの注意点

(1)折り癖を付けてから折る

画用紙をきれいに折るには、折る前にきれいな折り癖を付けてから折ることが大切である。そのために、太めの竹串や割り箸を鉛筆削りで削ったような先の尖ったもので折り癖をつけてから折るようにするとよい（図1～3）。

(2)折ったらキメる！

画用紙をきれいに折るには、折った部分をしっかりと折り目を付ける（キメる）ことが大切である。このしっかりとキメるために爪などを使ってキメる方法もあるが、より強い力でしっかりとキメるためには、ハサミの柄の部分を使ったり割り箸の先端部分を使ったりしてキメるとよい（図4）。

図1．先を尖らせた割り箸を使って画用紙に折り癖を付けているところ。

図2．太目の竹串を使って画用紙に折り癖を付けているところ。

図3．大人であればカッターナイフの背の部分を使って画用紙に折り癖を付けてもよい。

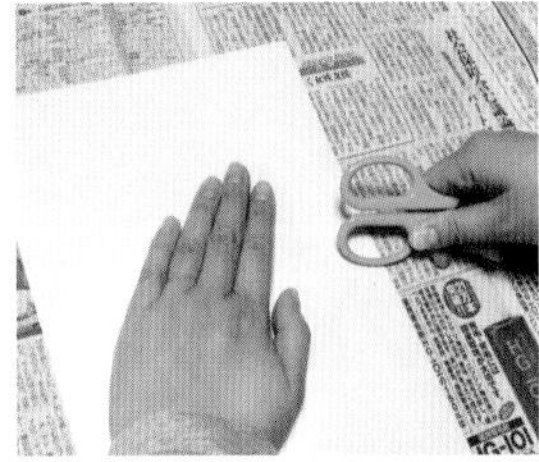
図4．ハサミの柄の部分を使って折り目をキメているところ。

(3)新聞紙の上で制作する。

きれいな作品を作るには、制作する場所をきれいに保っておく必要がある。そのため新聞紙の上で制作をし、汚れたら取り替えるようにするとよい。

(4)折り畳んだ新聞紙を利用する。

画用紙をのり付けする時には、１／４程度に折り畳んだ新聞紙の上でのり付けするとよい。ポップアップカードの各部をのり付けする際には、さらに小さく折り畳んだ新聞紙を利用するときれいに制作することができる（図5）。

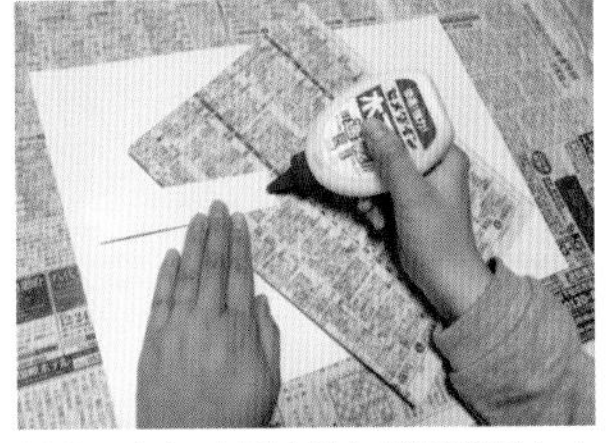
図5．小さく折り畳んだ新聞紙を上手に使ってのり付けをする。

(5)接着は適量ののりやボンドで！

画用紙をきれいにのり付けする際は、適量ののりやボンドを使って貼り合わせることが大切である。片側の先端を斜めに削った割り箸（図6）などを用いて、適量ののりや木工用ボンドを薄く延ばすようにする。この時、割り箸の先端を利用して、余分なのりやボンドを取り除いてからのり

図6．片方の先端を斜めに削った割り箸を用意しておく。

付けするとよい。

(6)貼る時は急がず慌てずしばらく押さえる！

適量ののりやボンドで画用紙を貼り合わせた後は、接着した部分を手などで5～10秒程度押さえておくと、しっかりのり付けされる。

(7)最後は折り畳んでのり付け！

ポップアップカードを作る時は、台紙を開いた状態で制作していくと、最後に台紙を閉じることができなくなる場合がある。それを避けるために、紙をのり付けする時には、台紙を折り畳んでのり付けする必要がある。

(8)作品のアイデアは試作を作りながら考える！

ポップアップカードの作品を考える時には、原寸もしくは1／2サイズの試作を作りながら考えるとよい。試作を作りながら、作品の一部を取り除いたり取り替えたりしながら徐々にポップアップカードを作っていくことによって、新しいアイデアが浮かんだり思い掛けず良いアイデアに出会ったりすることがある。この試作を作るためには、このあと紹介するポップアップカードの基本形を作ることから始めるとよい。

(9)ポップアップカードの作品例

図7.「パクパクカード（基本形）」による作品

図8.「ガォ～カード（基本形）」による作品

図9.「山々カード（基本形）」による作品

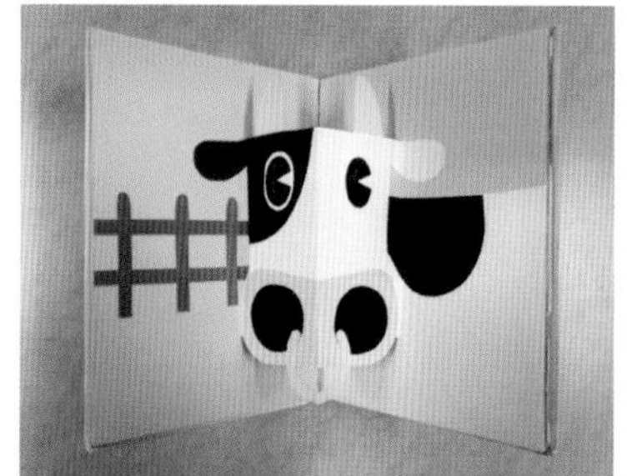
図10.「テーブルカード（基本形）」による作品

図11.「かくれんぼカード（基本形）」による作品

図12.「トンネルカード（基本形）」による作品

図13.「穴のぞきカード（基本形）」による作品

図14.「はりだしカード（基本形）」による作品

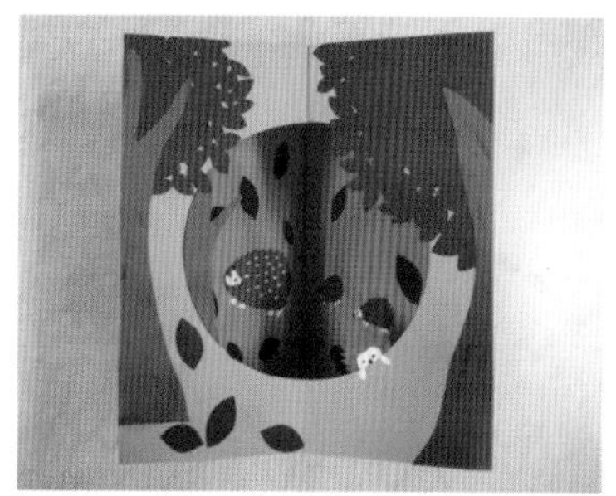
図15.「テレビカード（基本形）」による作品

㊟
※青い点線は折る。
赤い実線は切る。

2. ポップアップカードの基本形20

ここでは、ポップアップカードの基本形20種類についてまとめる。すべて八つ切り画用紙を用いて制作する場合の大きさや長さを記していることから、小さなカードや形を変えて制作する場合には、全体や各部の大きさや長さを適宜変えて制作する必要がある。これらの20種類のポップアップカードの基本形を参考にして、いろいろな作品を作ってみよう。

(1)片おりこみカード

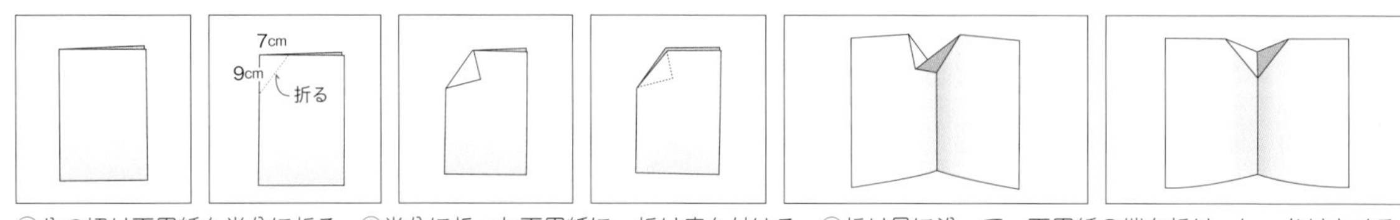

①八つ切り画用紙を半分に折る。②半分に折った画用紙に、折り癖を付ける。③折り目に沿って、画用紙の端を折り、しっかりキメる。④折った部分を一旦戻してから、同じ部分を中に折り込むようにして折り、しっかりキメる。⑤「片おりこみカード」の基本形が完成。

(2)両おりこみカード

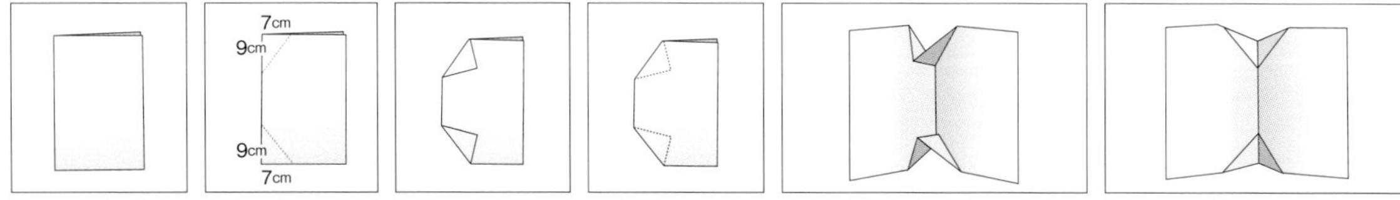

①八つ切り画用紙を半分に折る。②半分に折った画用紙に、二つの折り癖を付ける。③二つの折り癖に沿って、画用紙の二つの端を折り、しっかりキメる。④二つの折った部分を一旦戻してから、それぞれ同じ部分を中に折り込むようにして折り、しっかりキメる。⑤「両おりこみカード」の基本形が完成。

(3)とびだしカード

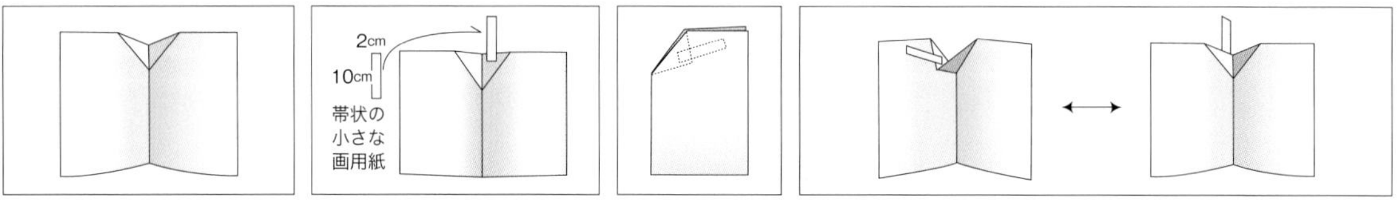

①「片おりこみカード」を作る。②小さな帯状の画用紙を、八つ切り画用紙の裏側から貼る。③折り畳んでから折り目をしっかりとキメる。④「とびだしカード」の基本形が完成。

(4)手ひろげカード

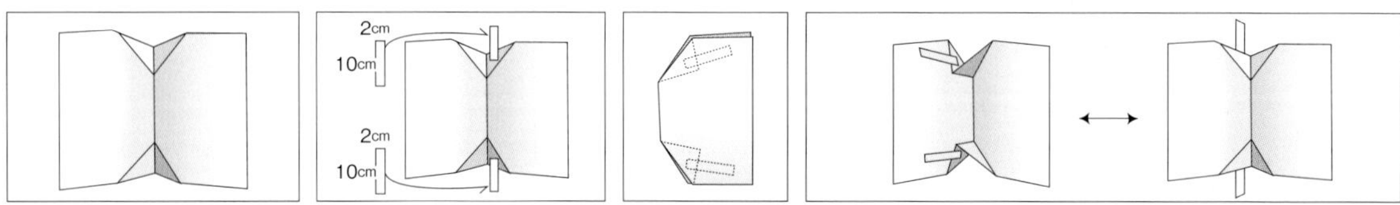

①「両おりこみカード」を作る。②小さな帯状の画用紙二枚を、八つ切り画用紙の裏側から貼る。③折り畳んでから折り目をしっかりとキメる。④「手ひろげカード」の基本形が完成。

(5)パクパクカード

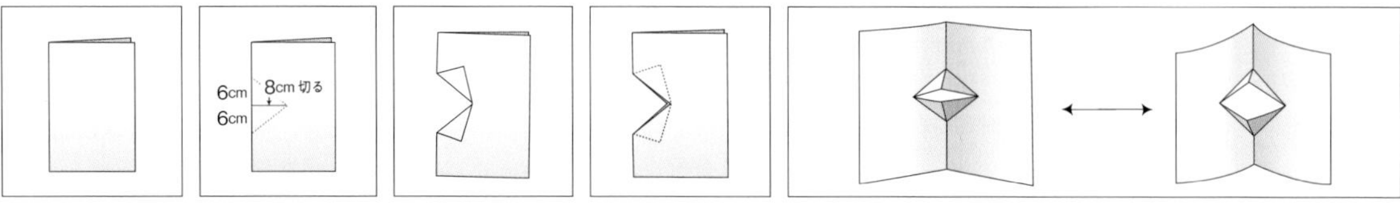

①半分に折った八つ切り画用紙に、一本の切り込みの線と二本の折り目の線を書く。②切り込みの線を切った後、折り目に沿って折り、しっかりとキメる。③折った部分を一旦戻してから、同じ部分を中に折り込むようにして折り、しっかりキメる。④「パクパクカード」の基本形が完成。

⑹ガォ～カード

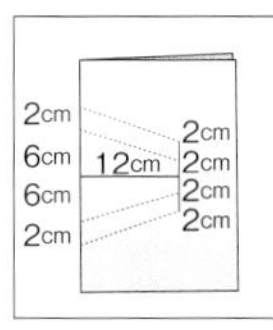

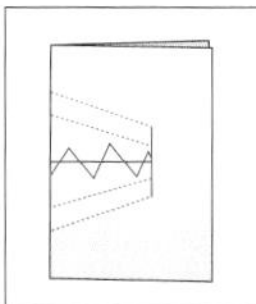
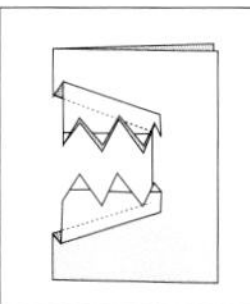
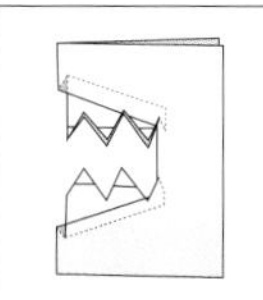
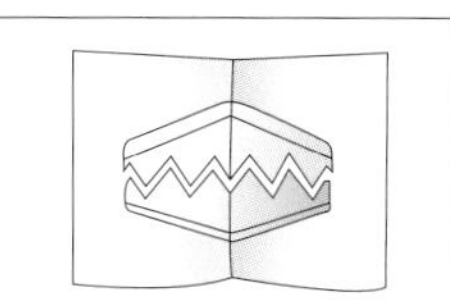
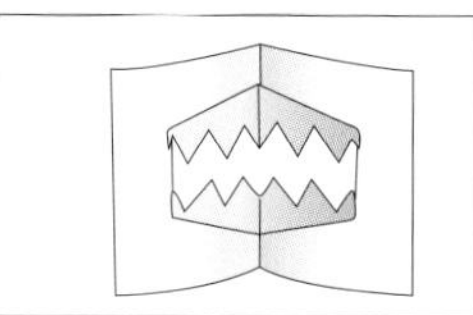

①半分に折った八つ切り画用紙に、図のように切り込みの線と折り目の線を書く。②12cmの直線部分のみ、線に交差するようなジグザグの線を書く。③最初に書いた8cmの直線と②で書いたジグザグの線をハサミで切り、残りの点線部分に折り癖を付ける。④折り目に沿って折り、しっかりキメる。⑤折った部分を一旦戻してから、同じ部分を中に折り込むようにして折り、しっかりキメる。⑥「ガォ～カード」の基本形が完成。

⑺山々カード

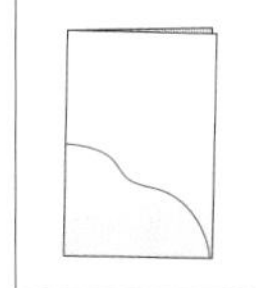
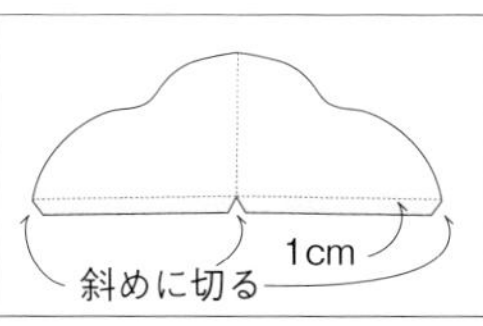

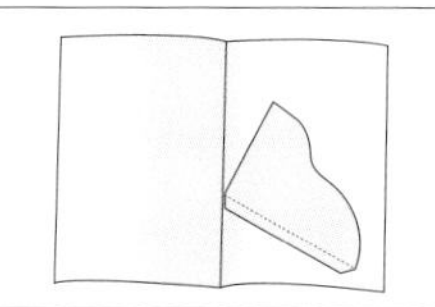
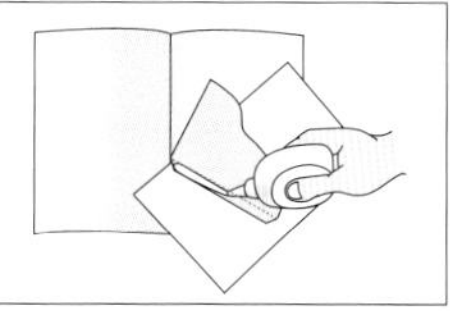

①半分に折った八つ切りに、山の半分となる形を書いてから切り取る。②山の底から1cmのところに折り目を書き、その両側を斜めに切り取る。この後、折り目に折り癖を付けておく。③新しい八つ切り画用紙を半分に折ったものに、②で作った山状の画用紙を貼る。この時、のりか木工用ボンドを使って片側ののりしろだけを貼る。④小さく折り畳んだ新聞紙を上手に使って、残りののりしろ部分にのりか木工用ボンドを付ける。その後、八つ切り画用紙を折り畳むようにして山部分の画用紙を貼る。⑤「山々カード」の基本形が完成。

⑻とも立ちカード

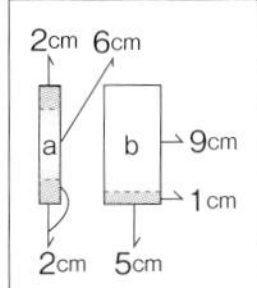

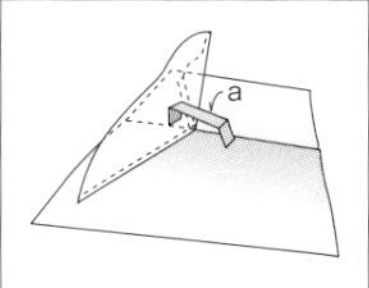

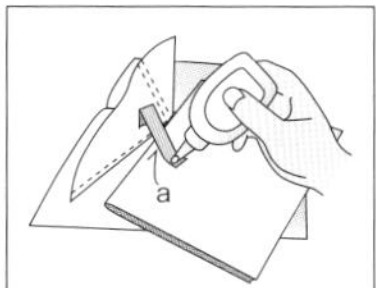

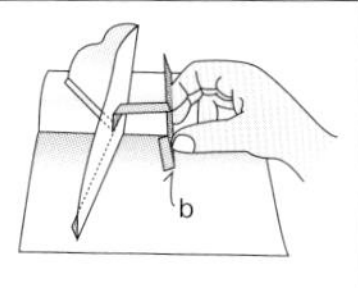

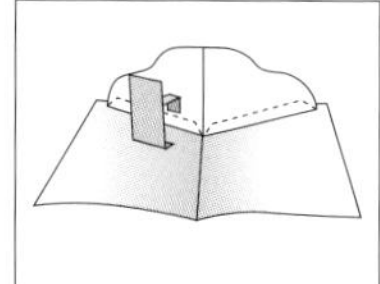

①「山々カード」を作る。②新しい画用紙から、図のような大小の帯を作る。③小さい方の帯を山部分に貼る。この時、台紙から4～5cmくらいのところに貼る。④小さい帯に大きい帯を貼る。この時、小さい帯が台紙にほぼ平行になるように貼る。⑤大きい方の残りののりしろ部分にのりか木工用ボンドを付けてから台紙を折り畳むようにする。⑥山部分と大きい帯が一緒に立ち上がる「とも立ちカード」の基本形が完成。

⑼テーブルカード

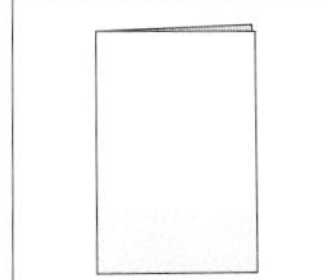
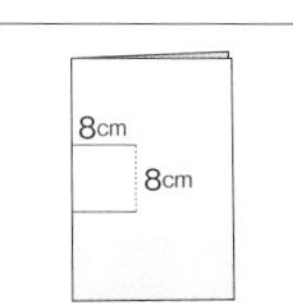

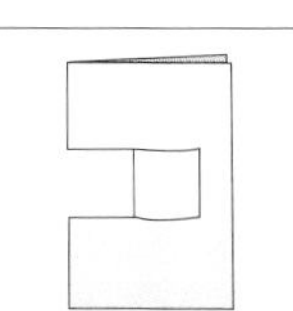
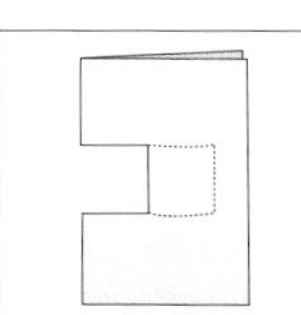
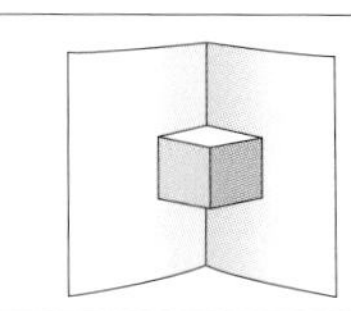
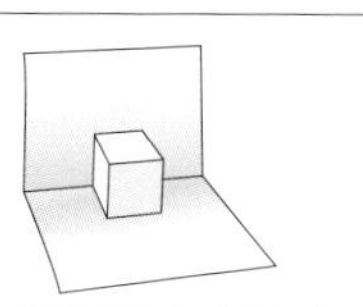

①八つ切り画用紙を半分に折る。②二本の切り込み線と一本の折り目の線を書く。③二本の切り込み線を切った後、折り目に沿って折り、折り癖を付ける。④折った部分を一旦戻してから、その部分を中に折り込むようにして折り、しっかりキメる。⑤「テーブルカード」の基本形が完成。

⑽ボックスカード

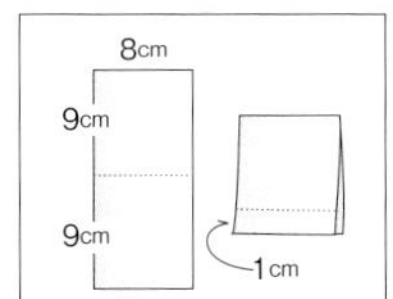

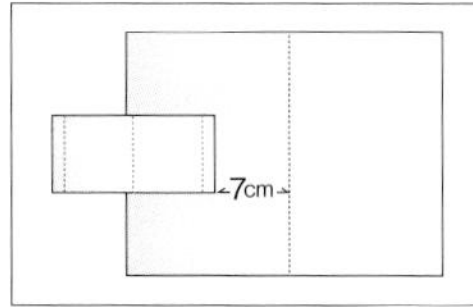

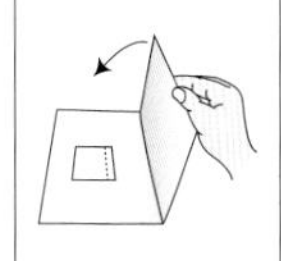
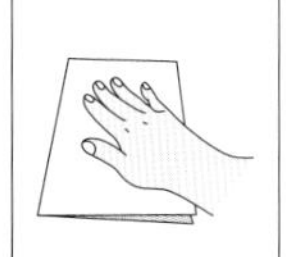
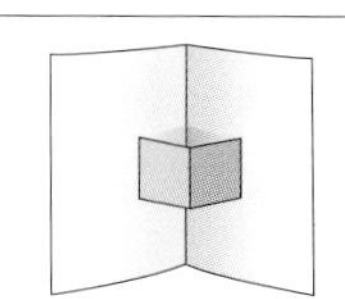
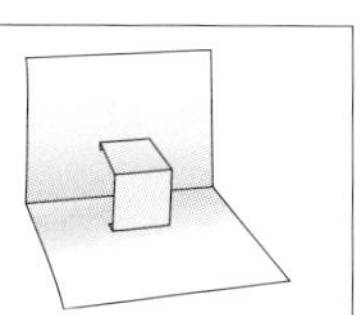

①図のような一枚のカードを作ってから半分に折り、その後、1cmののりしろを作る。②カードの片方ののりしろ部分にのりか木工用ボンドを付け、半分に折った台紙の折り目から7cmのところに貼る。③カード部分を半分に折り畳んだ後、小さく折り畳んだ新聞紙を上手に使って、残りののりしろ部分にのりか木工用ボンドを付ける。④台紙を半分に折り畳んでのり付けをする。⑤「ボックスカード」の基本形が完成。

⑾ケースカード

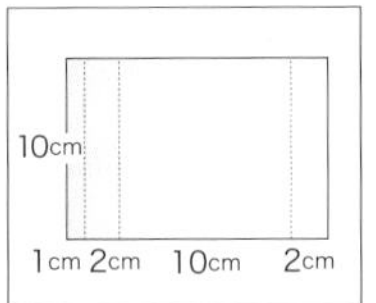

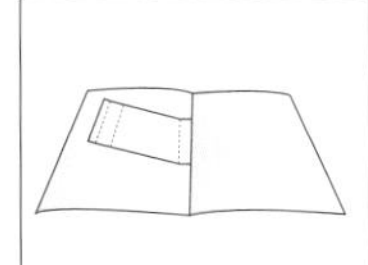
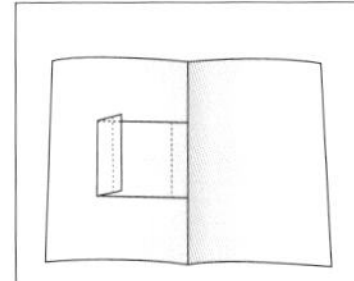
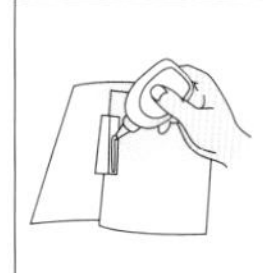
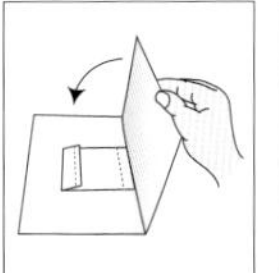
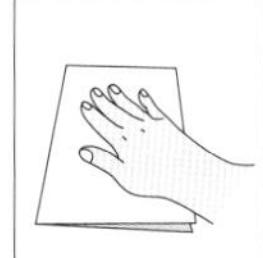
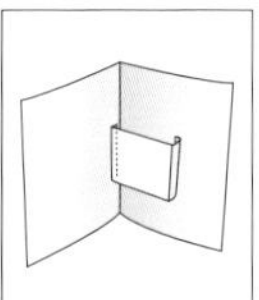

①図のような一枚のカードを作ってから、折り目を折って折り癖を付けておく。②①のカードの右側の2cm部分にのみのりか木工用ボンドを付け、台紙に貼る。③左側の1cmと2cmを一緒に折り畳む。④3cm折り畳んだうちの1cm部分だけに、小さく折り畳んだ新聞紙を上手に使って、のりか木工用ボンドを付ける。⑤台紙を折り畳んでのり付けをする。⑥「ケースカード」の基本形が完成。

⑿かくれんぼカード

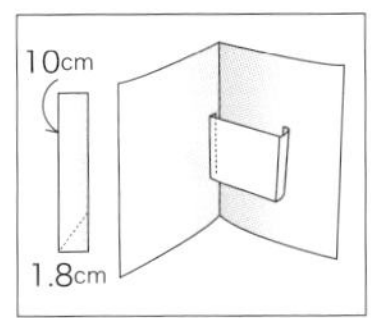

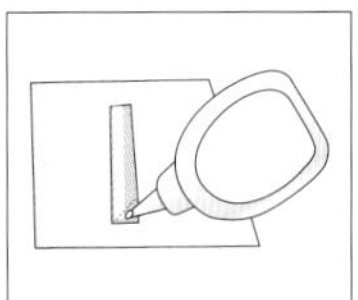
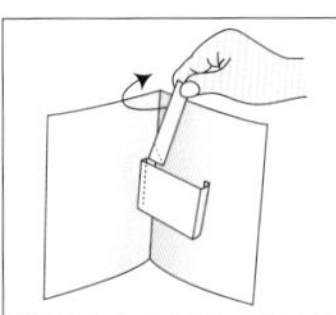
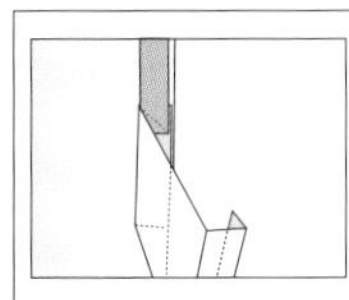
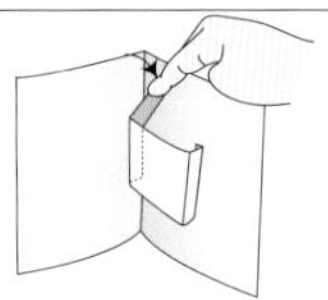
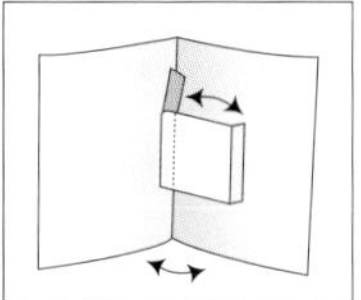

①「ケースカード」を作る。②新しい画用紙で図のような1.8×10cmの帯を一本作る。この時、右上がり斜め45度の一本の線に折り癖を付ける。③三角形の部分に、上からのりか木工用ボンドを付ける。④帯をくるっと裏返してから、ケースの2cm幅ののりしろ部分に、ケースの内側から貼る。この時、のりを付けた三角形が隠れたところで貼る（深く差し込み過ぎない）。⑤帯を指でケースの中に入れ込むようにしながら台紙を折り畳んでいく。折り畳んでから折り目を台紙の上からしっかりキメる。⑥「かくれんぼカード」の基本形が完成。

⒀2本足カード

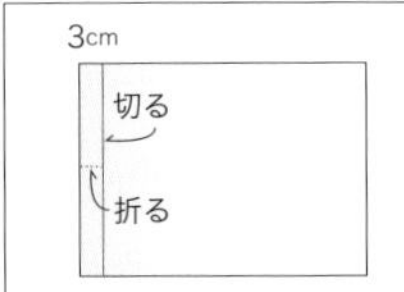

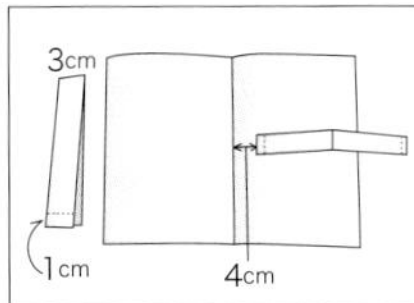

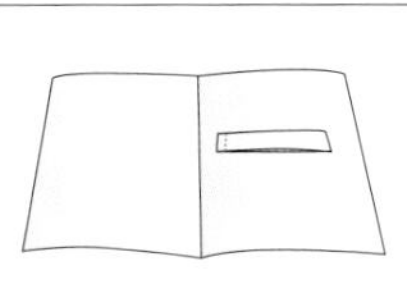
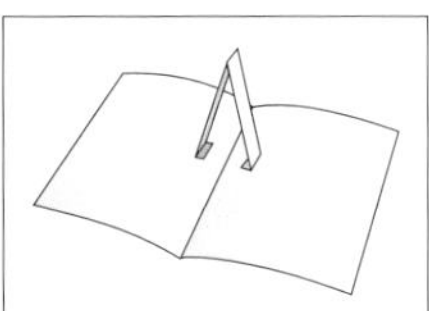

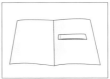

①八つ切り画用紙から図のような3cm幅の帯を一本作ってから半分に折り、その後、1cm幅ののりしろを作る。この時折り目をしっかりとキメておく。②のりしろのうち片側にだけのりか木工用ボンドを付けて、半分に折った台紙の折り目から4cmのところに貼る。③帯を半分に折り畳んだ後、小さく折り畳んだ新聞紙を上手に使って、残りののりしろ部分にのりか木工用ボンドを付ける。④台紙を折り畳んでのり付けする。⑤「2本足カード」の基本形が完成。

⒁トンネルカード

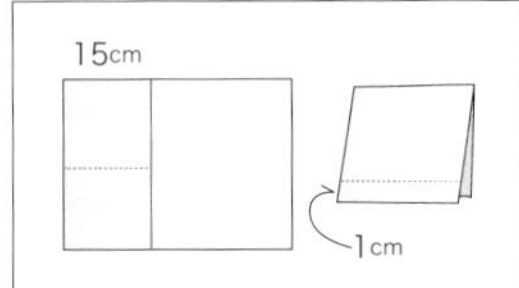

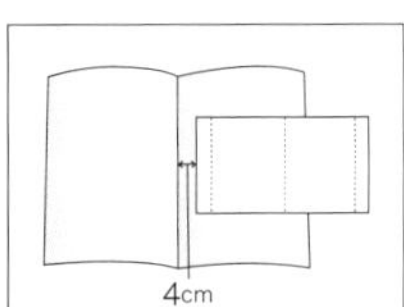

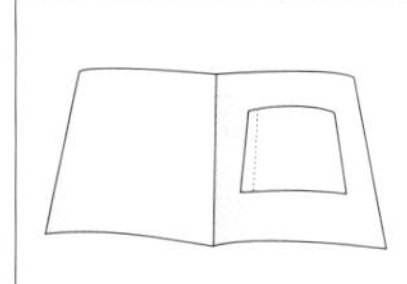
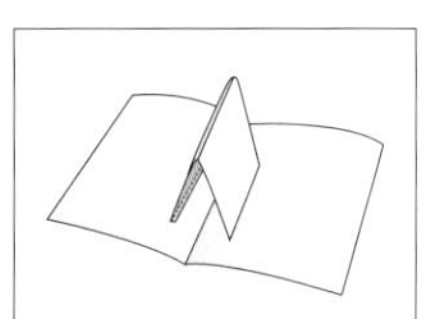

①八つ切り画用紙から図のような幅15cmのカードを作ってから半分に折り、その後、1cmののりしろを作る。この時、折り目をしっかりキメておく。②カードの片方ののりしろ部分にのりか木工用ボンドを付け、半分に折った台紙の折り目から4cmのところに貼る。③カード部分を半分に折り畳んだ後、小さく折り畳んだ新聞紙を上手に使って、残りののりしろ部分にのりか木工用ボンドを付ける。④台紙を半分に折り畳んでのり付けをする。⑤「トンネルカード」の基本形が完成。

⒂穴のぞきカード

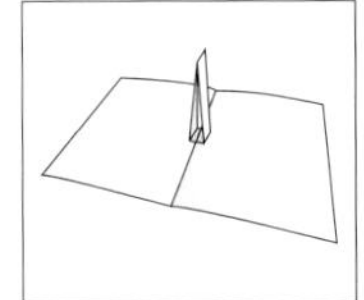
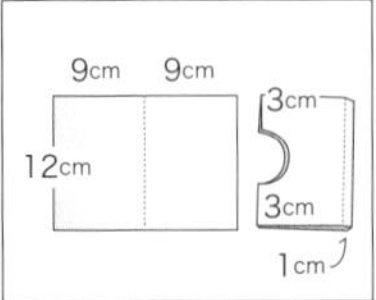

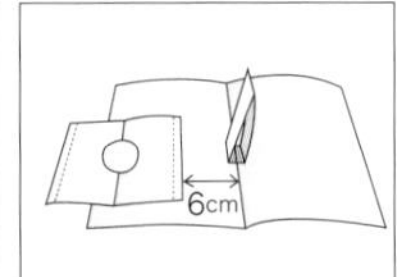

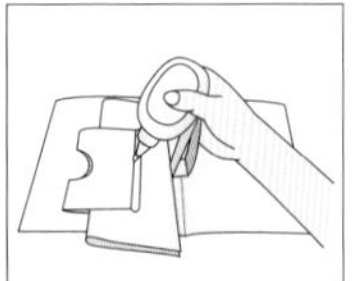
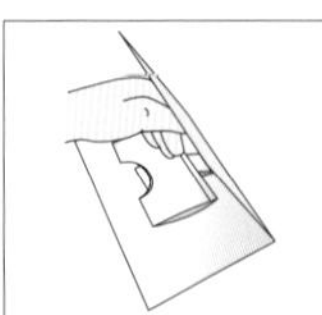

①足の開きの小さい「2本足カード」を作る。②新しい八つ切り画用紙から図のような12×18cmのカードを作ってから半分に折り、その後、1cmののりしろを作る。さらに直径3cmくらいの穴を作るようにカードの一部を切り取る。③②で作ったカードのうち、片方ののりしろ部分にのりか木工用ボンドを付け、半分に折った台紙の折り目から6cmのところに貼る。④②で作ったカードのうち、残りののりしろ部分にのりか木工用ボンドを付ける。⑤「2本足カード」の2本足を②で作ったカードで挟むようにしながら台紙を折り畳んでのり付けをする。⑥「穴のぞきカード」の基本形が完成。

⒃ひっぱりカード

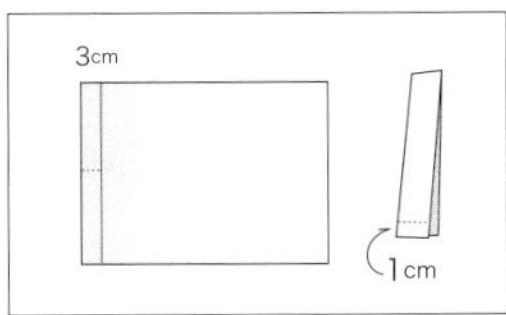

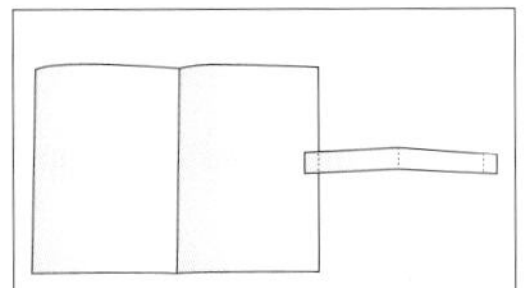
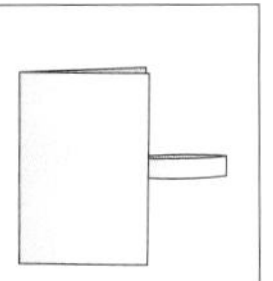

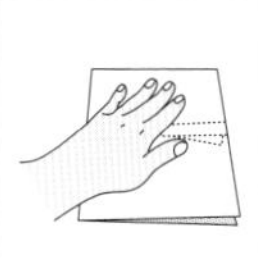
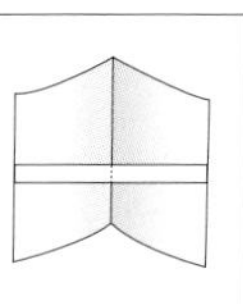

①八つ切り画用紙から3cm幅の帯を一本作ってから半分に折り、片側の先端に1cm幅ののりしろを作る。この時、折り目をしっかりとキメておく。②のりしろのうち片側にだけのりか木工用ボンドを付けて台紙（新しい八つ切り画用紙の端に貼る）。③帯を半分に折り畳んだ後、小さく折り畳んだ新聞紙を上手に使って、残りののりしろ部分にのりか木工用ボンドを付けた後、台紙を折り畳んでのり付けする。④この時、鞄のようになっている。⑤帯の部分を台紙の中に折り畳んでから、折り目をしっかりキメる。⑥「ひっぱりカード」の基本形が完成。

⒄はりだしカード

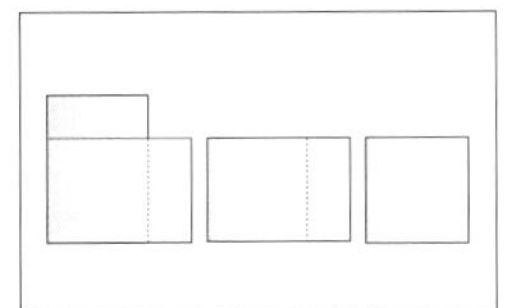
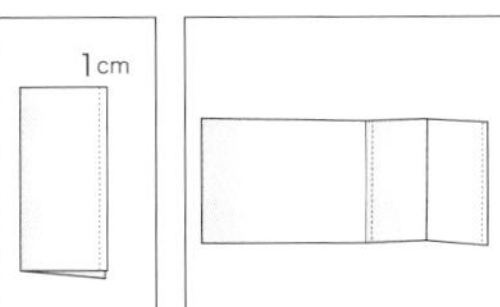

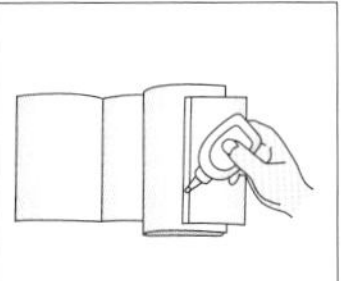
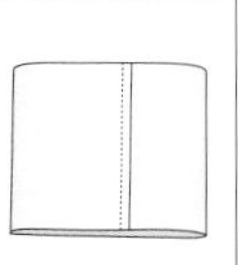
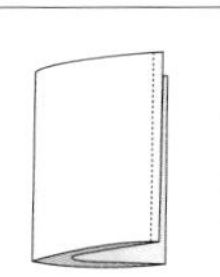
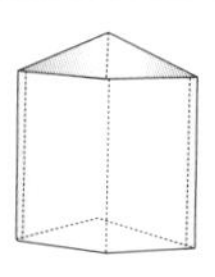

①二枚の八つ切り画用紙をたて・横向きで重ねてから、一枚の画用紙に線を書く。その後、線上を切ると一枚の正方形の画用紙が出来る。②正方形の画用紙を半分に折り、片側の先端に1cm幅ののりしろを作る。この時、折り目をしっかりとキメておく。③のりしろのうち片側にだけのりか木工用ボンドを付けて台紙（新しい八つ切り画用紙）に貼る。④正方形の画用紙を半分に折り畳んだ後、折り畳んだ新聞紙を上手に使って、残りののりしろ部分にのりか木工用ボンドを付ける。⑤台紙を折り畳んでのり付けする。⑥正方形の部分を台紙の中に折り畳んでから、折り目をしっかりキメる。⑦「はりだしカード」の基本形が完成。

⒅テレビカード

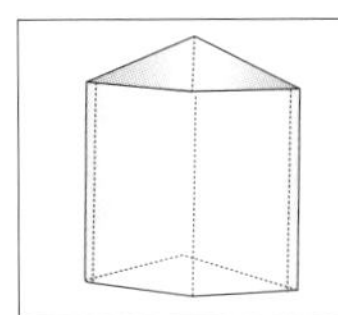
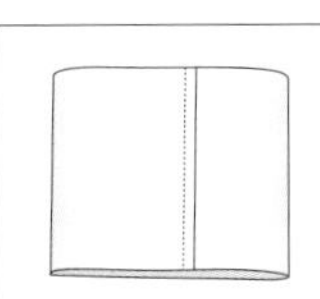
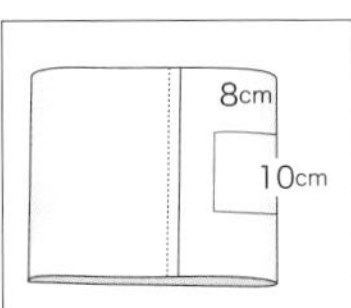

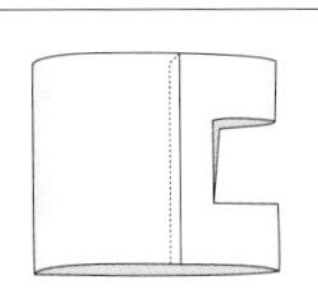
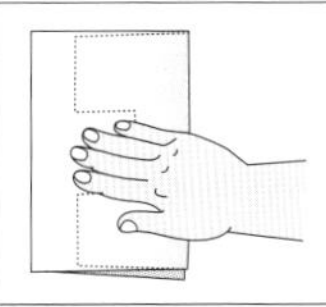
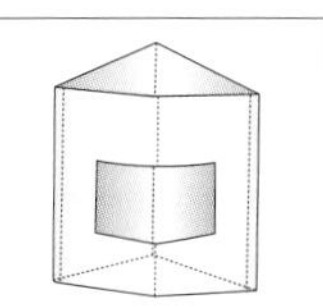

①「はりだしカード」を作る。②正方形の部分を台紙から出す。③正方形の部分に図のような線を書く。④線上を切って、四角形の部分を切り取る。⑤台紙から出ていた部分を台紙の中に折り畳んでから、折り目をしっかりキメる。⑥「テレビカード」の基本形が完成。

⒆パタパタカード

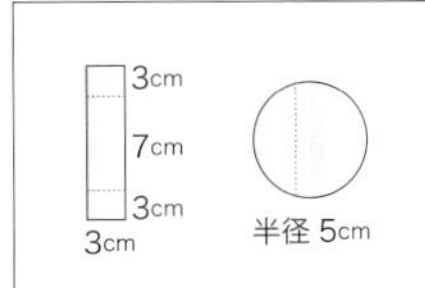

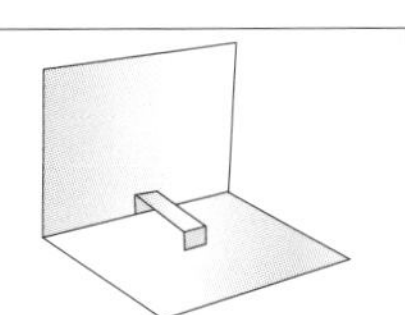
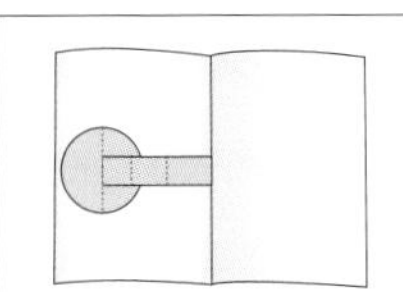
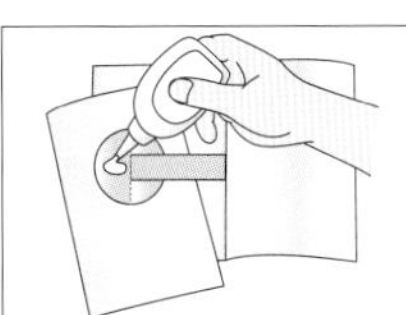
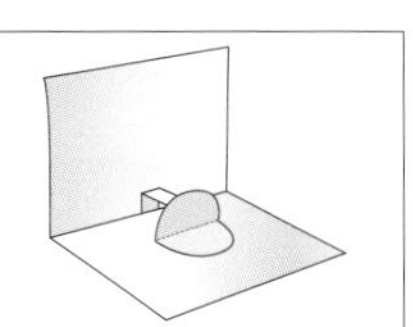

①八つ切り画用紙から図のような一本の帯と一つの円を作り、折り癖を付けておく。②帯の片方ののりしろ部分にのりか木工用ボンドを付けてから台紙に貼る。③帯ののりしろのうち、もう片方にのりか木工用ボンドを付けてから円形の紙に貼る。④小さく折り畳んだ新聞紙を上手に使い、円形の紙の半分（図の左側半分）にのりか木工用ボンドを付ける。⑤円形の紙を台紙にのり付けする。⑥台紙を開くと円形の紙も開く「パタパタカード」の基本形が完成。

⒇立つ家カード

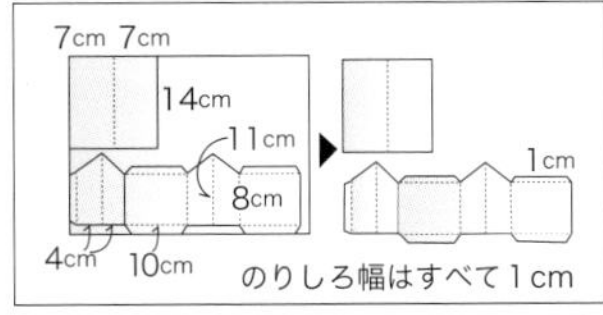

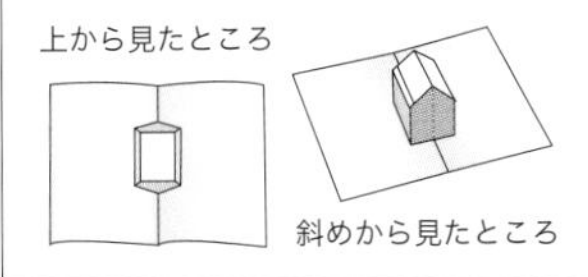

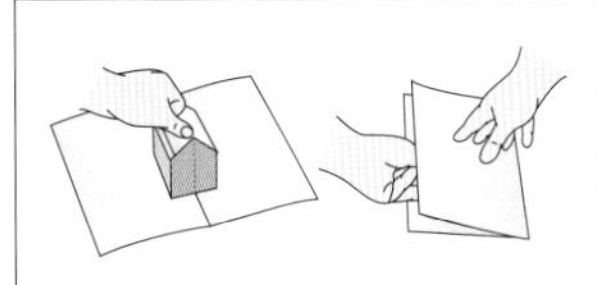
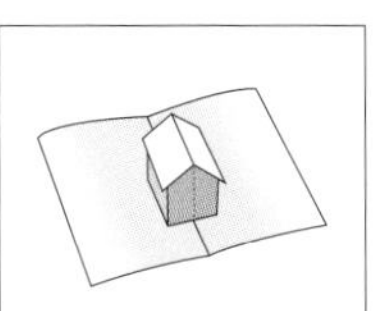

①八つ切り画用紙から図のような家の土台部分と屋根部分の画用紙を作る。②土台部分のうち、一箇所ののりしろ（図の左端ののりしろ）だけにのりを付けて箱状にしてから、これを台紙に貼る。この時、土台の下部ののりしろ二箇所にのりか木工用ボンドを付けて貼るが、必ず一箇所ずつのりしろにのりか木工用ボンドを付けて貼り、二箇所目を貼る時には、台紙を折り畳んで貼る。③土台の上部にある二箇所ののりしろ部分にのりか木工用ボンドを付けた後、屋根部分の画用紙を軽く乗せてから位置を確認し、確認後、屋根部分を図のように軽く押さえるようにしながら台紙を折り畳んでいく。④「立つ家カード」の基本形が完成。

［樋口一成］

4. 紙でつくる③—紙紐と和紙で作る　ランプシェード

トイレットペーパー・障子紙・コピー用紙・和紙などの紙は、我々が日々の暮らしの中でよく目にするモノである。私たちは紙と聞くと、薄くて軽い平面状のモノを想像することが多いが、和紙を撚った“こより”などの紐状の紙を使って、紙を綴じたり袋状の物の口を閉じたりすることは、古くから行われてきた。最近では、太さ2㎜程度の紙紐がホームセンターなどで販売されており、容易に購入することができるようになってきたことから、ここでは、紙紐を使った教材をご紹介したい。

1. 実践のねらい

❶紙紐という紐状の素材を上手に用いることによって、立体作品を制作することができるということを知る。

❷紐状の素材で作る作品を日々の生活で使うことができるということを知る。

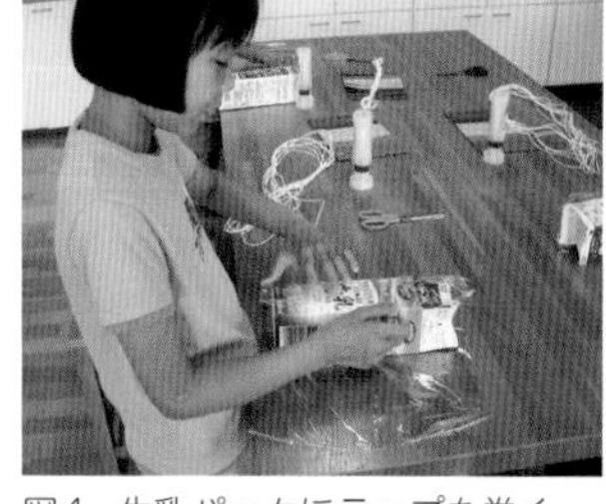

図1. 牛乳パックにラップを巻く。

2. 準備するもの

- 紙紐
- 和紙
- 牛乳パック
- ラップ
- 新聞紙
- 木工用ボンド
- 容器（木工用ボンドを水で溶いた薄め液を入れるもの）
- ハサミ
- 太い筆または刷毛
- ドライヤー
- 光源となる明かり…電球やLED（発光ダイオード）などの照明器具

3. 実践の流れ

図2. 木工用ボンドで所々を接着しながら紙紐を巻く。

⑴牛乳パックに紙紐を巻いていく

❶牛乳パックにラップを巻いていく。この時、空気が入らないように気をつけながら、ラップを牛乳パックに2周くらい巻いていく（図1）。

❷牛乳パックのラップを巻いた部分の上に紙紐を巻いていく。紙紐が巻きやすくなるように、紙紐の所々を、少量の木工用ボンドで接着しながら巻いていくとよい（図2）。この時、紙紐が多くの箇所で交差するように巻いていくと、完成した作品の強度がより強くなる。

⑵和紙の飾りを貼っていく・作品を飾る

❶いろいろな色の和紙を自由な形に切って飾りを作る（図3）。

❷❶の飾りを牛乳パックに巻いた紙紐の上に木工用ボンドで貼っていく（図4、5）。この時、和紙を重ね過ぎると、完成後に明かりを灯した時、和紙のきれいな色が現れないので注意が必要である。

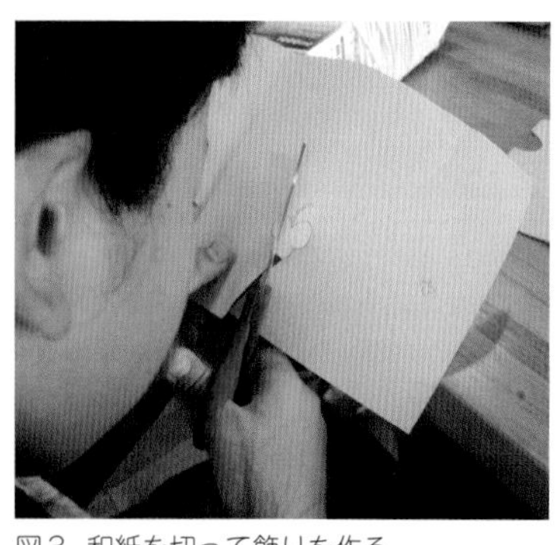

図3. 和紙を切って飾りを作る。

図4. 飾りをつけた紙紐①

図5. 飾りをつけた紙紐②

⑶作品を仕上げていく

❶木工用ボンドを水と１：１程度の割合で溶いた薄め液を用意する。この液を、太い筆か刷毛を使って、和紙の飾りを貼った上から紙紐と和紙の飾り全体に塗っていく（図６）。この時、紙紐や和紙の飾りに薄め液が浸み込むように塗っていくことが大切である。

❷❶の作業の後、自然乾燥させるか、ドライヤーなどを使って薄めた木工用ボンドを乾燥させる（図７）。

❸作品部分が完全に乾燥した後、牛乳パックから作品部分を外す（図８）。この時、作品とラップを一緒に牛乳パックから外すようにし、最後に、作品部分とラップを分けるようにして進めると作品を容易に取り外すことができる。

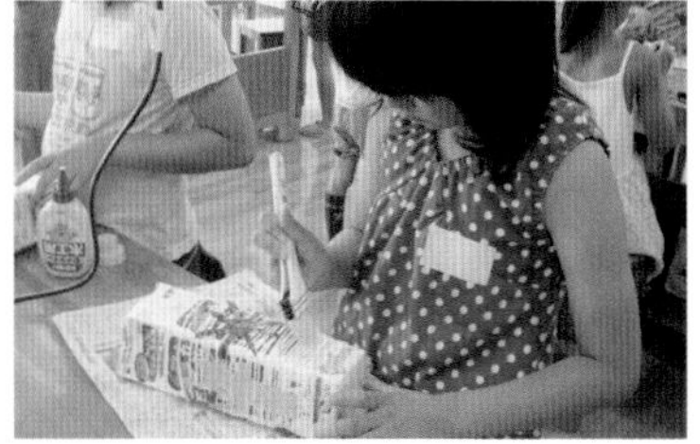

図６．木工用ボンドを水で溶いた薄め液を紙紐と和紙の飾り全体に塗る。

図７．ドライヤーで紙紐と和紙の飾りを乾かす。

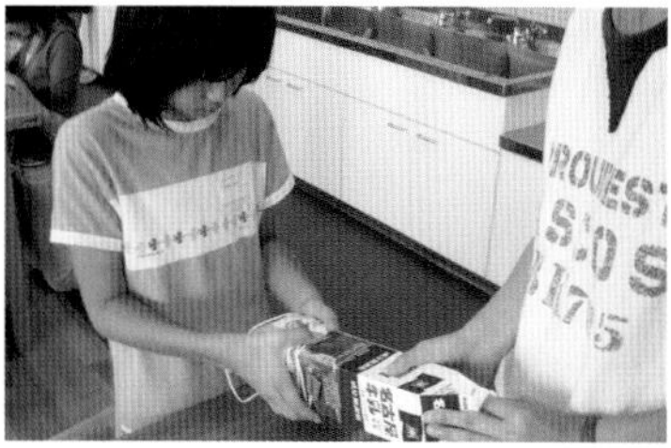

図８．作品とラップを一緒に外す。

❹紙紐と和紙の飾り部分の内部に光源となる明かりを置いてからその明かりを灯すと、作品が完成（図９〜11）。

図９．ハート型や星型を配した作品

図10．亀の形をした大きな飾りが印象的な作品

図11．全面に和紙を配した作品

4. 実践の振り返り

紙紐と和紙で制作したランプシェードは、明かりを灯(とも)した時と灯さない時との違いにも作品としての面白さがある。

5. まとめ

制作する前には、紙紐を用いた立体作品が固くしっかりしたモノになるということが想像しにくいので、和紙を用いずに紙紐だけで立体的なモノを作ってみる経験を一度積んだ後に、本制作に入るとよい。また、和紙の色を効果的できれいに活かすために、和紙だけを明かりに透かしてみるなど、和紙を使った試しを行うことも本作品を作っていく上で大切である。

木工用ボンドを水で溶いた薄め液を使って、紙紐や和紙を固めて立体を制作するというものづくりは、型を牛乳パックではなく風船・ビーチボール・段ボール・紙筒などに変えたり、用いる材料を紙紐や和紙以外に色画用紙・折り紙・千代紙などを加えたりすることによって、いろいろな作品へと発展させることができる。

［樋口一成］

5. 木の魅力と素材としての特徴

木は生物材料である。生きていた大きな植物の樹幹（じゅかん）[1)]を構成する組織を、人間は住まいや道具を作る大切な素材として古くから活用してきた。木の魅力も、また取り扱いと工作で注意しなくてはならない特性も、木が生きものの細胞組織をそのまま利用する多様で複雑な素材であることに由来する。小学校での工作材料として木を導入する場合に、指導者が心得ておくことが望ましいポイントを解説する。

1. 木と水分

生きている木、また伐採した直後の木には多量の水が含まれている。伐採した丸太を空気中にねかせておくと、自然に乾燥が進み、用材として利用できる状態に近づいていく[2)]。木に含まれている水分と、木の組織自体との重量比を「含水率」という。建物や家具、器具などに使用されている木材は、よく乾いているように見えるが含水率はゼロではなく、必ず数％以上の水分をもっている。まわりの空気に含まれる水分、つまり湿度との関連で木の含水率は変動し、それによって木は膨れたり収縮したりする、わずかな寸法の変化を繰り返している。

2. 木の方向性

わりばしやつまようじなどの身近な木製品を注意して観察すると、木には明確な方向性があることがわかる。木の材料学では、３つの方向を設定して計測や分析の基準にしている。木が生えていた時の上下の向きである「繊維方向」[3)]、木の中心から外側の樹皮に向かう「半径方向」、木の年輪に接する「接線方向」である（図１）。この３方向は、ほぼ直交する関係にある。木の様々な物理的特性は、これらの方向によって顕著に異なる場合がある。特に、含水率の変動にともない寸法が変化する割合は、「接線方向」が最も大きく、「繊維方向」は他の２方向よりかなり少ない。方向によって性質が異なる特性を木の「異方性」といい、木が割れたり、反ったり

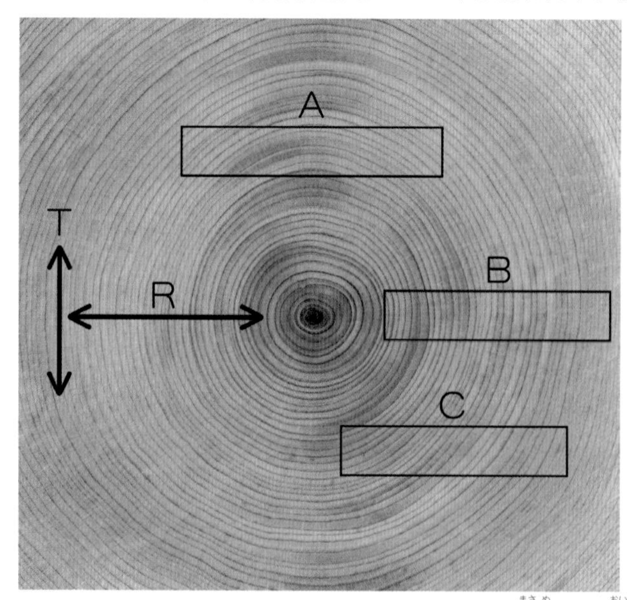

図１. ヒノキの横断面…半径方向（R）、接線方向（T）／A・板目　B・柾目（まさめ）　C・追柾（おいまさ）[4)]

1）樹幹
木の幹。樹木から枝と根を除いた丸太の部分。建築や家具等に用いる木材のほとんどは樹幹から製材される。

2）木の自然乾燥
丸太のままで乾燥が進むと内部に割れが生じるので、通常は含水率が一定の数値を下回る前に製材する。

3）木の繊維方向
図１では紙面にほぼ垂直な方向が繊維方向になる。

4）柾目と追柾
板目と柾目の中間から製材した板を追柾という。
柾目と追柾を見分けるには、図１のBとCを比較してわかるように板の木口面に現れる年輪線の傾きを確認する。追柾では、年輪線（つまり木の接線方向を含む曲線）が板の正面と側面に対して傾斜している。そのため製材した時点よりさらに板の乾燥が進むと、接線方向が半径方向より大きな割合で収縮する結果、板または角材の断面が正確な矩形（くけい／さしがた…長方形のこと）から菱形のように傾斜した四辺形に変形することがある。

する原因である。木で建築、建具、家具などの構造物を作る場合、木の顕著な異方性を考慮する必要がある。

3. 板目と柾目

工作材料としての板あるいは角材を、丸太のどの部分から製材するかにより、異方性に影響を受ける「変形のしやすさ」に違いがある。木口面（丸太の横断面）の図１・Aの部分は、「接線方向」を大きく曲線状に含んでいるので、板が反りやすい。この部分から製材した板は「板目」といい、曲線的な木目が表面に現れる（図２左）。図１・Bの部分では、「接線方向」と「半径方向」がほぼ直角になるので、変形が比較的少ない。このような板を「柾目」といい、平行で直線的な木目が現れる（図２右）。

また、板目と柾目の中間から製材した板（図１・C）は、「追柾」という。

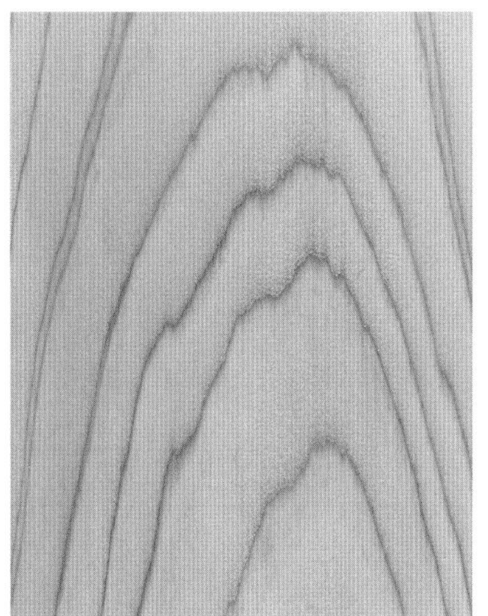

図２. ヒノキの板目（左）と柾目（右）

4. 木の多様性

世界中で用材として利用される樹木の種類は非常に多い。それぞれの樹種から産する木が固有にもっている重さ、軽さ、かたさ、やわらかさ、緻密さ、粗さ、強靱さ、しなやかさ、色、香り、木目のパターン、音響特性などが木の豊かな個性と多様性を構成している[5)]。木は、建築、家具、器具、楽器など使用目的と作品の造形的スタイルに対応して使い分けられる。和風の家具に使用されるケヤキなど、特定の用途に賞用される樹種も多い。

5. 広葉樹と針葉樹

木は、広葉樹と針葉樹という二つの大きなグループに分類することができる[6)]。広葉樹には、「道管」[7)]という組織の細胞があるのが重要な相違点である。広葉樹の種類によっては、道管が肉眼で確認できるほど大きいので、木の表面に微細な溝あるいは管が並んでいるように見える。広葉樹の中で、道管が特に大きく、木口面で年輪に沿って配列しているタイプを「環孔材」という。クリ、ケヤキ、ナラ、タモなどが家具材としてよく利用される環孔材である（図３）。また、広葉樹の中でも道管が細かく、木口面に分散しているタイプを「散孔材」という。サクラ、カバ、ブナ、カエデなどがそうである（図４）。散孔材には緻密な木が多いので、精密な細工に適している。ヒノキやスギなどの針葉樹には、肉眼で確認できるほ

5）木の多様性

木の比重を例にとると、リグナムバイタというカリブ海地域が原産の木が1.2前後であるのに対し、バルサは0.1 ～ 0.2程度しかない。乾燥した木の組織内にできている多数の微細な空間（孔）の割合（空隙率）が、木の比重を決める要因である。バルサの空隙率は90％以上にもなる。

6）広葉樹と針葉樹

木目や質感など木の工芸的特徴に着目すると、広葉樹は「複雑で樹種による多様性の幅が大きい」、針葉樹は「比較的単純で均質なため類似した感じの木が多い」という一般的な傾向がある。この傾向は、次の７）道管で述べるように、木を構成する細胞の違いが主な要因である。

ただし、彫刻材、器具材としての用途があるイチョウは、広い葉をもっているが広葉樹が属している被子植物ではない。針葉樹と同じ裸子植物に分類され、その木材も針葉樹として扱われる。

７）道管

広葉樹の組織を構成する細胞の一種で、根が吸収した水分を吸い上げて葉に運ぶパイプの役割を果たしている。針葉樹には道管が無く、「仮道管」というより微細な管状細胞が組織の90％以上を占めている。

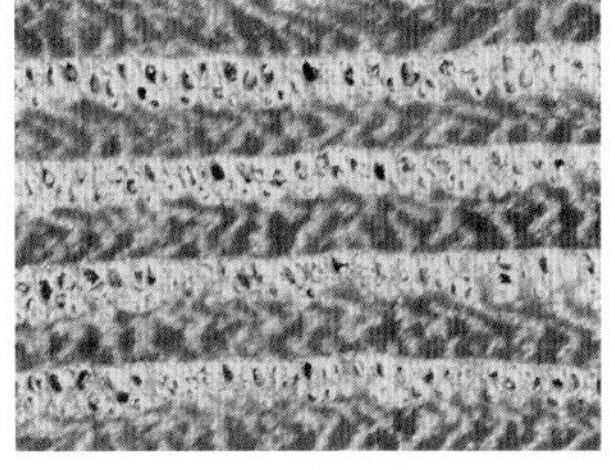

図３. クリ（環孔材）の横断面
黒く見える点が道管の断面（実寸の約４倍）。

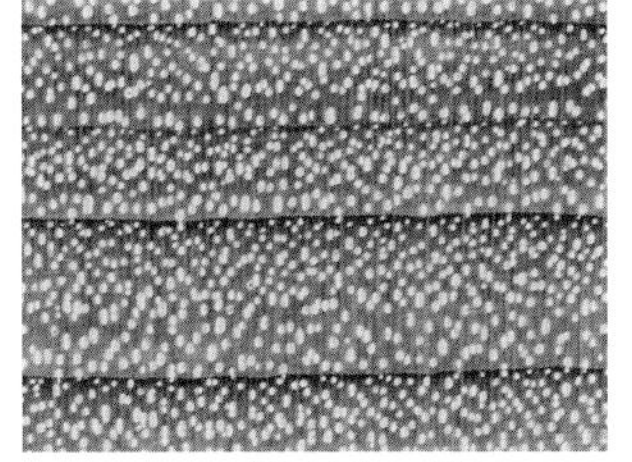

図４. サクラ（散孔材）の横断面
白く見える点が道管の断面（実寸の約４倍）。

ど大きな細胞が含まれず、全般に緻密(ちみつ)でやわらかな印象を受ける。

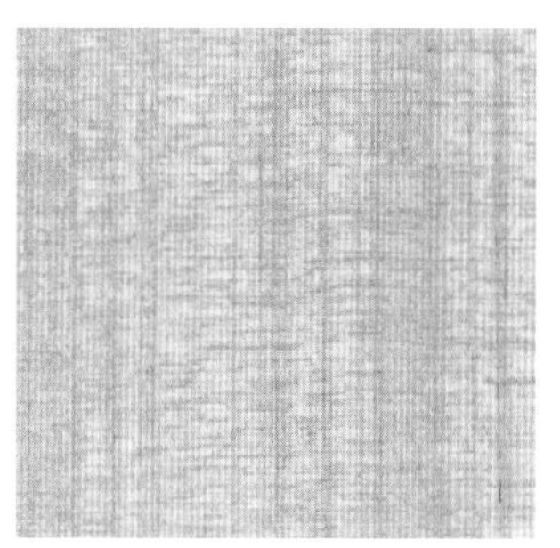

図5. アガチス（柾目）

6. 工作の素材に適した木

- ヒノキと東南アジア原産の輸入材アガチス（図5）が工作材料としてよく利用される針葉樹である。どちらもやわらかく加工しやすい。工作に使いやすい寸法の板材と角材が各種市販されている。
- ホオとカツラは広葉樹で散孔材である。広葉樹としては中くらいのかたさで加工もしやすい。ヒノキと比較すると少しかためなので、より細密な加工に適している。ホオとカツラは、木材としての質感とかたさがよく似ているが、ホオは緑色に近く、カツラは赤みがかっている（図6）。

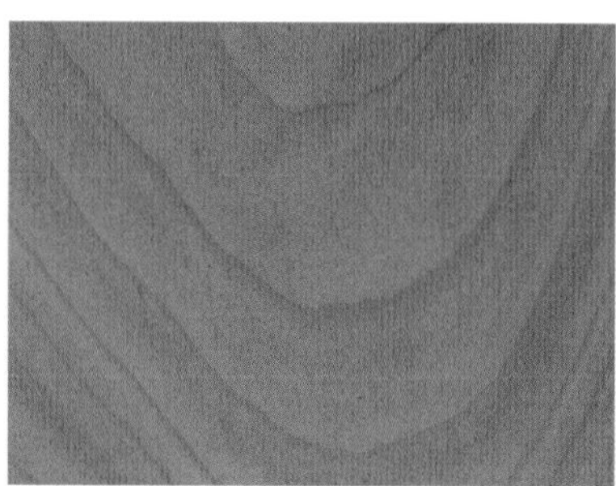

図6. ホオの板目（左）とカツラの板目（右）

8）シナ合板
「シナ共芯合板」と表示されている場合もある。
共芯でない通常のシナ合板は、表と裏の表装材にシナを用い、中間の芯材にはラワンなどが使われる。

- 「共芯(ともしん)シナ合板」[8] は、中間の芯を含めた合板全体が、シナ（広葉樹・散孔材）というやわらかくきめの細かい木で作られた合板（ベニヤ板）である。糸のこで切り抜く、彫刻刀で彫るなどの工作が容易にできる木質素材である。合板というのは、薄く切った木を繊維方向を直交させて3枚、5枚、7枚というように奇数枚重ねて接着し、木の材質感を残しながら異方性による変形を消去した板材である（図7）。平らで広い板が必要な工作では、合板にはおおいに利用価値がある。

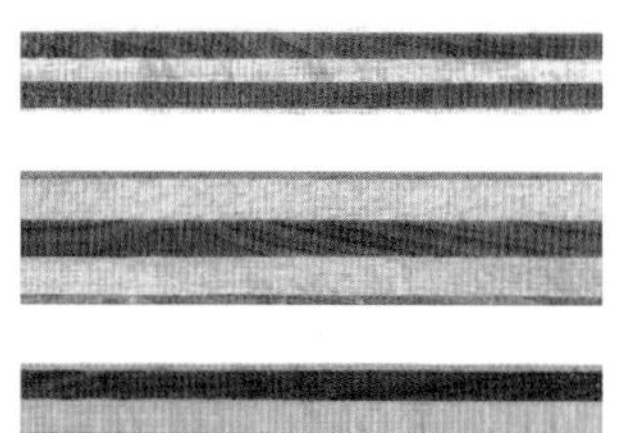

図7. 共芯シナ合板の断面、上から厚さ6㎜、9㎜、12㎜（実寸大）

- 中南米原産の広葉樹であるバルサは、世界一軽い木として知られる（図8）。軽いだけでなく適度な強さがあり、模型飛行機の製作には欠かせない材料である。たいへん加工しやすく、10数㎜程度までの厚さならカッターナイフで切り分けることができる。また、荒目のサンドペーパー（100番～180番）で簡単に立体を削り出すことができる。工作や模型作りに活用しやすい素材である。

図8. バルサ（柾目）

7. 木を使う工作の特徴

紙のように折り曲げたり、粘土のように自由に形を作ることは、木ではできない。木は、基本的に可塑的な素材ではない。木または合板を使った工作では、まず一つの部分を切り分ける、切り抜く、彫刻刀で彫る、サンドペーパーやヤスリで削って形を作る、などが基本になる。さらに、そうして作った部分（パーツ）をいくつか組み合わせる、接合するなどして立体的な作品を構成する（図9）。また、紙や布などいろいろな素材を貼りつけるなどして、複合的な作品を構成するベースとして、木または合板で作った部分を利用することができる。

8. 構造的な素材としての木

木造の建築物、木のイス、テーブル、キャビネットなどでは、多数の部品を組み立てて全体が成り立っている。このように、多くの部品が組み合わさった立体を「構造」という。構造的な作品を作ることが、木が最も得意とする分野である。伝統的な建築と家具作りでは、木の部品と部品を結合して組み立てる継ぎ手、つまりジョイントが発達した。ジョイントの形状と種類はたいへん多く、製作するには大工や家具職人の高度な技術が必要になる（図10）。

図9. 共芯シナ合板を切り抜き、くぎで接合したボートの作品例

図10. 家具などに用いられる木工ジョイントの例（ダヴテール・ジョイント）

9）木工用接着剤

ボンド木工用、セメダイン木工用などの白い接着剤である。酢酸ビニルという合成樹脂と水とを混ぜたエマルジョン（乳化液）で、「木工用ボンド」が通称となっている。乾いて固形化すると、ほぼ透明になる。木を汚すことがなく、接着部分を切ったり削ったりしても刃物を傷めない。木だけでなく、紙や布を接着することが可能だが、金属やプラスチックの接着には使用できない。木と金属を接着する場合は、エポキシ系という高性能の接着剤を使用する。どのような素材を接着できるかは、その製品に表示されている注意事項と使用方法をよく読んで確認する必要がある。

9. 木の接合と接着

工作では、くぎで接合する、木工用接着剤[9)]で接着する、が組み立ての基本になる。ヒノキの細い板材や角材では、直接くぎをうつと割れることがある。キリまたは押しピンなどを利用して下穴を開けておくとよい。合板は、板の端から10㎜以上離せば、くぎをうっても割れる心配がほとんどない。木工用ボンドは強度、耐久性などの性能が優れた接着剤である。木工用ボンドを塗布した接着面同士を、練り合わせるようにして押しつける。接着してから少なくとも10分は、工作物が動かないように注意する。細い角材では、できればクランプなどで圧着固定するか、くぎうちを併用する（図11、12）。木工用ボンドの接着面が最大の強度に達するには24時間以上が必要である。また、木の木口面（木繊維の横断面）は、基本的に接着ができないので注意する。木工用ボンドなどの酢酸ビニル系接着剤は、水と熱に対してはあまり耐久性能が期待できない。

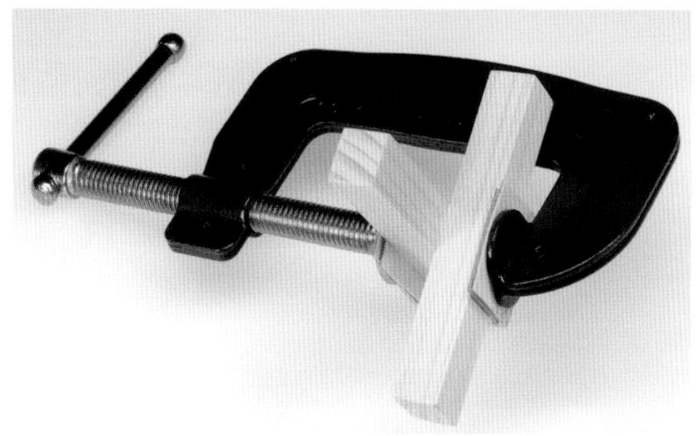

図11. ヒノキ角材を交差させて接着し、Cクランプで固定する。ボール紙を小さく切ってクランプの圧着面に当て、跡がつかないようにするとよい。

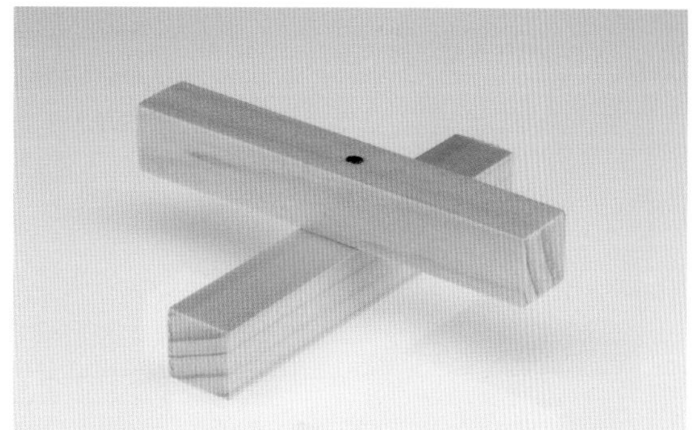

図12. 接着したヒノキ角材に細いくぎをうって動かないようにとめる。

［谷 誉志雄］

6. 木工の道具①―のこぎりで木を切る

道具を正しく扱う習慣を身につけることは、工作への積極的な姿勢を育てる大切な基盤となる。のこぎり（鋸）、かんな（鉋）、のみ（鑿）、つち（槌）など木工具の形状と大きさの種類は多様である。のこぎり一つをとっても、ホームセンターやインターネット通販で、いろいろなデザインの製品が一般向けに販売されている。小学生の工作に役立つ製品を選んで紹介するとともに、正しく安全な使用方法の基本を練習する。

1. オルファの替刃式のこぎり

練習には、折刃式カッターのオルファ社が製造・販売している【オルファH型鋸】を使用する[1)]。カッターナイフと同じように、のこ刃をプラスチック製のホルダーに完全に収納できる構造になっているので、コンパクトで携帯に便利である。学校教材として必要な個数をまとめて安全に保管でき、メンテナンスが容易である。替刃を含めて日本製で、木を切断する性能、耐久性、コストに優れる（図1）。

1）他メーカーの製品
替刃式のこぎりのブランドであるレザーソーからも、刃をプラスチック製ホルダーに収納するタイプの小型のこぎりが発売されている。替刃とホルダーの寸法がL型カッターナイフと同一規格になっており互換性がある。この製品ののこぎり替刃（品番S－1160）を各メーカー製L型カッターナイフのホルダーに装着して使用することができるが、替刃の固定装置（ストッパー）が確実にはたらくホルダーを選ぶように注意する。レザーソーの製品はオルファH型鋸よりひと回り小さい。切断に使用できる刃長は、オルファが約100㎜あるのに対してレザーソーが約80㎜である。

図1. オルファH型鋸（上：ホルダー収納時、下：刃を出したところ）

2. 基本的な注意点

のこぎりはデリケートな道具である。替刃式とはいえ、カッターナイフのように刃の先端に摩耗が集中するわけではないので、正しく大切に扱えば1枚の刃を何年でも使い続けることが可能である。反対に、乱暴・粗雑に扱えば1回で刃を曲げたり破損したりしてしまう。このことは、簡便な製品から大工が使う本職用の道具まで、あらゆるのこぎりに当てはまる基本的な注意事項である。けがをしないための十分な配慮とともに、道具に愛情をもって接し、「道具をかわいがる」習慣を養うことが木を使った工作の重要な学習目標である。

3. のこ挽きの基本練習

工作用の材料として入手しやすい10㎜または15㎜のヒノキ角材を例に、直角に切り分ける手順を説明する。

(1)準備するもの

- オルファH型鋸
- Cクランプ[2)]（図2）
- 2B以上の鉛筆
- 小型の三角定規
- 約20㎜角に切った厚手のボール紙2～3枚

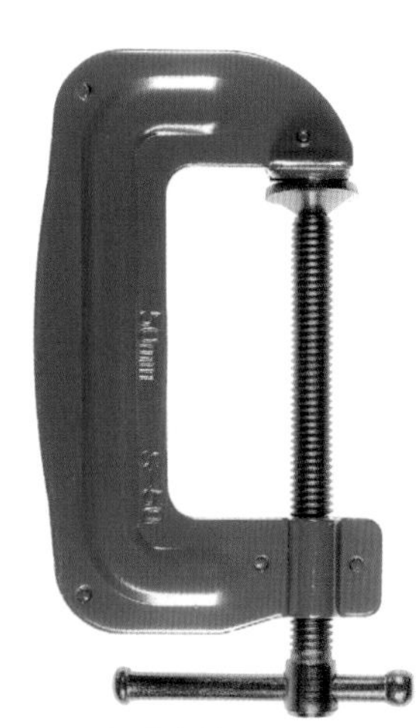

図2. ネジの開きが50㎜のCクランプ
この製品は、鉄板をプレスしたフレームの簡易タイプで、価格が手頃である。

2）Cクランプ
クランプ（clamp）とは、ネジやバネの力で加工する材料を作業台に固定したり、接着のために締め合わせる工具の総称である。Cクランプは、フレーム部分が「C」の形をしているのでそう呼ばれる。日本語では、「シャコ万力」という。

・ヒノキ角材

⑵鉛筆で切る位置をマーキングする

大工の用語では「スミをする」という。切る位置を決め、角材の上になる面と手前から見える立面の２面に鉛筆と三角定規で正確に直角線を引く（図３）。作業が見やすいように鉛筆線の右端を切るので、挽き目（のこぎりで挽いた切口の幅）を考慮してマーキングする位置を調整する。

⑶工作物を固定する

確実に工作物を固定することが、安全で正確な作業をするための第一の条件である。万力がない場合は、Cクランプを使って工作台、または、しっかりした机などに角材を固定する。机の端から、鉛筆でマーキングした箇所を15㎜～20㎜程度出して固定する。ヒノキはやわらかいので、クランプを当てる部分に厚手のボール紙を２～３枚挟んで、跡がつくのを防ぐ。工作物が動かないよう、クランプは２個使用するのが基本だが、この練習のように細い軟材を小型のこぎりで切る場合は、クランプを１個使用し、切る箇所に対してクランプの反対側を左手で支えてもよい（図４）。

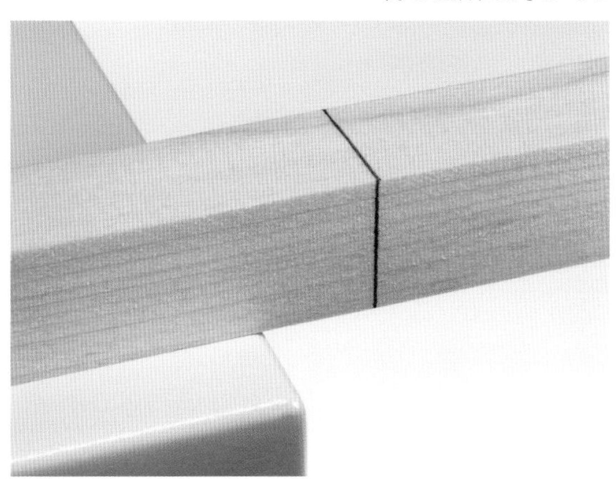

図３. ヒノキの角材に切る位置を鉛筆でマーキングする。

図４. ヒノキの角材をクランプで机に固定する。

⑷挽きこみをつける（挽きはじめ）

鉛筆線の右端に接するよう、のこ刃の先を当て、角材の上面に対しては20°～25°程度のこぎりを傾斜させる。通常、のこぎりは手前から向こうに下がるよう傾斜させて使用する。刃に少しだけ圧力をかけるように、向こうにゆっくりと押す。この時、左手の親指の関節を曲げて、のこ身（のこ刃の中央）に当てるようにして支えてもよい（図５）。日本ののこぎりは、手前に引く動きで切断するのが一般的である。そのため、向こうに押す動きでは抵抗が少なくなり、刃の位置がずれにくい。最初の「挽きこみ」をつける作業では、この方法が簡単で確実である。挽きこみは、のこ刃を往復させる運動のガイドとなるので正確に行う。先端の深さ１～２㎜、長さ４～５㎜程度の傾斜した溝を鉛筆線に平行になるように切り込む（図６）。

⑸のこ挽き

挽きこみにのこ刃を当て、一定のリズムでゆっくりとのこぎりを往復させる。手前に引く時に少し力をかけ、向こうに返す時には力がかからないよう、やさしく戻す。マーキングした鉛筆線を見つめながら、まっすぐな往復運動でのこぎりが動かせるように練習する。挽き慣れない間は、２～

３秒に１往復程度のリズムで、楽に作業ができるようになるまで練習する。がさつに速く動かしたり、途中でのこ刃を曲げてしまうのは、正確な切断ができないばかりでなく、のこ刃自体にダメージを与える最大の原因になる。

のこ挽きのポイントは、足を少し開いた楽な姿勢で立ち、体や頭を揺らさないで、腕を正確に動かせるようにすることである。上述したように、のこ刃を向こうに返す時に無理な力をかけないよう、特に注意する。目は鉛筆マーキング線を注視し、耳は木が切れる音をよく聞くようにする。

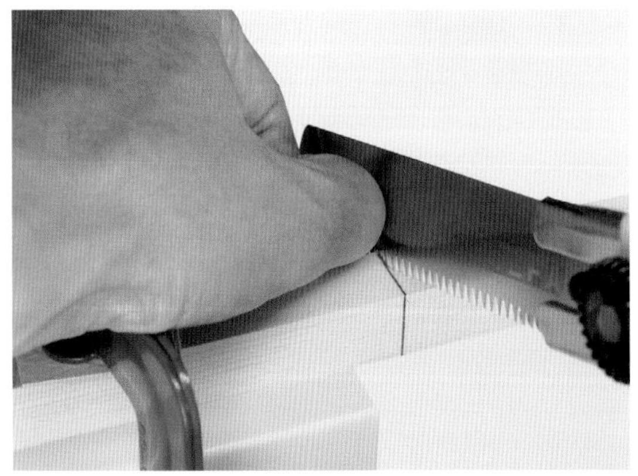

図５. 親指の関節を曲げ、のこ身に当てて支えながら位置を決める。のこぎりを向こうに押す動作でマーキングした線の右端に挽きこみをつける。

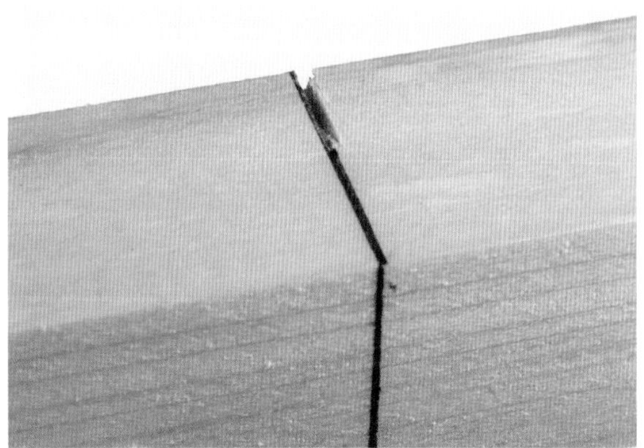

図６. 挽きこみの拡大写真

⑹挽きおわり

図７. サンドペーパーを当てて切り口を整える。

工作物の大部分が切れると音が変化してくる。この段階で、左手を角材の切り落とす側に回して支え、のこぎりを小刻みに動かしながら丁寧に切りおえる。切断面の角に木繊維が残るので、240番または320番のサンドペーパーを当てて挽きおえた面を整える（図７）。切り口の角に二つ折りにしたサンドペーパーを当てて余分な繊維を取り除く。サンドペーパーはできるだけちぎらずに、ハサミで使う大きさに切り分ける。古いハサミなどをサンドペーパー専用にするとよい。

4. 他ののこぎりと安全面での注意点

⑴背金付きのこぎり

同じオルファのクラフトのこ、またピラニア鋸（のこぎり）などの小型のこぎりは、小学校の工作での使用機会が想定できる製品である。「背金（せがね）」と呼ばれる補強部品を刃の上部に装着した薄身ののこぎりである（図８）。のこ刃が細かく、硬い木、竹ひご、プラスチックなどの切断に適している。のこ身が0.3㎜前後と薄いので曲げないように注意して扱う。また、のこ刃が細かい「見た目」が安全面での油断を誘いやすいので、とりわけ注意が必要である。細かい刃はきわめて鋭利で、指などを切ると病院で縫合が必要なほど深い傷になる危険がある。

⑵両刃のこぎり

両刃のこぎりは、日本の代表的なのこぎりの形式である。大工道具としてののこぎりの標準的イメージといえるかも知れない（図９）。２種類の異なる刃形を両側に刻み、木繊維を30°～90°の角度で切断する切り方

(よこ挽き) と木繊維を平行に切断する切り方 (たて挽き) を使い分けられるようになっている。木工に適する「単刃」の製品は、たいてい「よこ挽き」の刃形、または「たてよこ兼用」の刃形がつけてある。

小学校の工作の範囲で板を平行に切り分ける「たて挽き」がどれだけ必要かは考慮すべき点である。短い加工であれば、「よこ挽き」の刃を使って軟材を繊維方向に切ることは十分可能である。両刃のこぎりは、割れやすい、曲がりやすい、持ち運びと収納に注意が必要である、など教材としての維持管理にデメリットが考えられる。安全面では、木を挽く時に顔を両刃のこぎりの真上に近づけないよう注意する。挽きおわる瞬間にのこぎりが跳ね上がって、刃が顔面を直撃する危険があるからである。

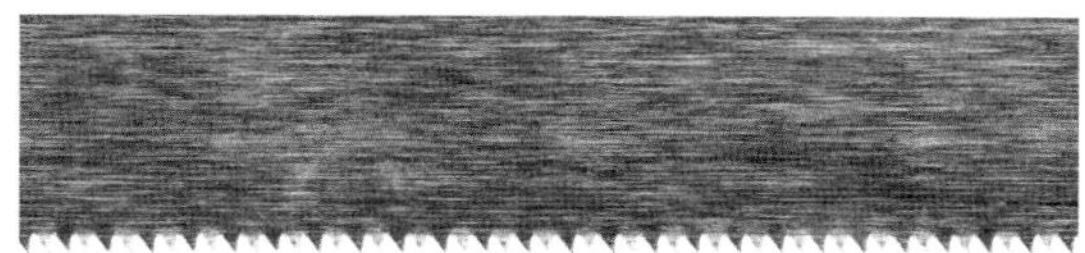

図8. 背金付きのこぎり (ピラニア鋸) と刃の拡大写真 (下)
このような細かい刃は非常に鋭利なので、特に慎重に扱う必要がある。

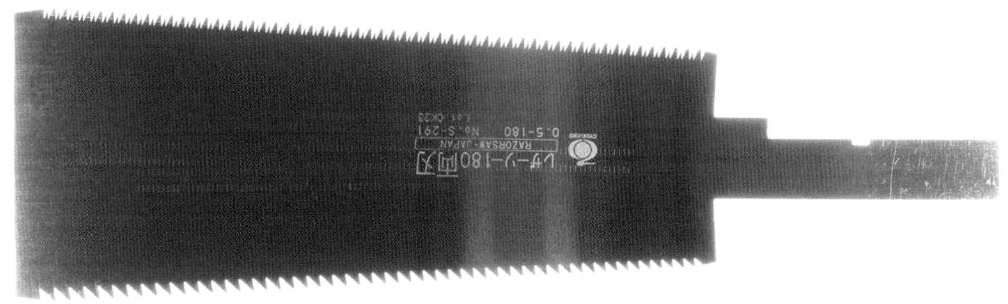

図9. 両刃のこぎり (刃長180㎜の替刃式製品／右側に専用の柄を取り付けて使用する。)
たて挽きの刃 (下・左) とよこ挽きの刃 (下・右) の拡大写真

[谷 誉志雄]

7. 木工の道具②―げんのうでくぎをうつ

つち（槌）を使って「うつ」、「たたく」という動作の基本を学習する。くぎをうって材料を接合したり、くぎを配列した造形表現をしたりする小学校での工作体験は、つちをうつ動作を精密にコントロールして、のみ（鑿）をたたいたり、かんな（鉋）を調整する木工技術の基礎となるばかりでなく、いろいろな技術的動作に必要となる身体運動の基本的パターンを養う大切な学習である。くぎうちに用いるかなづち（金槌）の標準的な形である「げんのう（玄能）」でくぎをうつ練習を説明する。

1. つちの種類

つちは、打撃を与えてくぎやのみをうちこむ道具の総称で、頭と柄からなる。頭の材質により木槌、金槌、プラスチック製のつちなどがある。また、用途に対応した頭の形と大きさに多くの種類がある[1)]。

1）槌類
槌類は木工ばかりでなく、金属工芸などでも多用される。鍛金と彫金では、銀や銅などの金属板を槌でたたいて成形するので、造形表現の道具としていろいろな槌が使用される。また、様々な職人仕事の世界では、作業の目的に合わせて特化した槌の形態が発達している。

2. げんのうの形状と大きさ

げんのうは、両面でくぎをうつことができる金槌の一種で、バランスがよく扱いやすい。げんのうのサイズは、頭の部分の重さで表す。小学校の工作で比較的小さなくぎをうつには、70ｇ～150ｇ程度の豆げんのうが適する[2)]（図１）。大きなくぎをうつ場合は、より頭の重量が大きなげんのうを使用する。

2）70ｇ～100ｇのげんのうは、ホームセンターなどでは販売していないことがあるので、大工道具を取り扱う専門店から購入する。

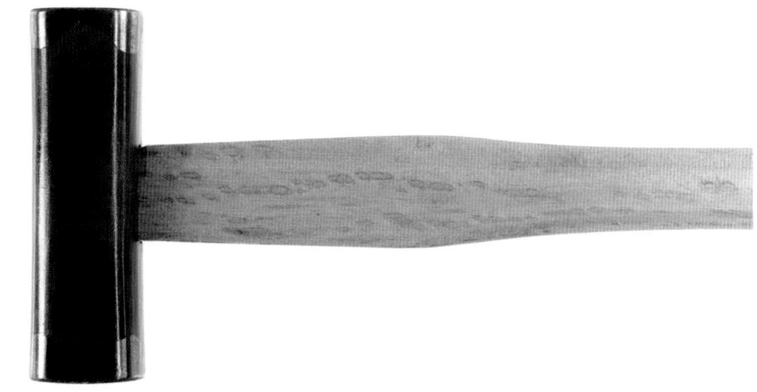

図１. 70ｇの豆げんのうの頭（実寸大）
柄にはシラカシが使われる。この写真では上向きの小口は平面で、下向きの小口がわずかにふくらんだ曲面になっている。

3）小口のふくらみ
げんのうのふくらんだ方の小口面を「木殺し面（きごろしめん）」という。「木殺し」とは、木の表面をげんのうでたたいて圧縮する作業のことである。

3. 小口の形状

げんのうの打撃面（小口）を注意して観察すると、形状がわずかに異なることがわかる。一方は完全に平面で、もう一方が少しだけ中央がふくらんだ曲面になっている[3)]。くぎをうつ大方の作業は平面の方で行う。最後にくぎの頭を木の表面に沈ませる場合は、曲面の中央を当ててうちしめる。

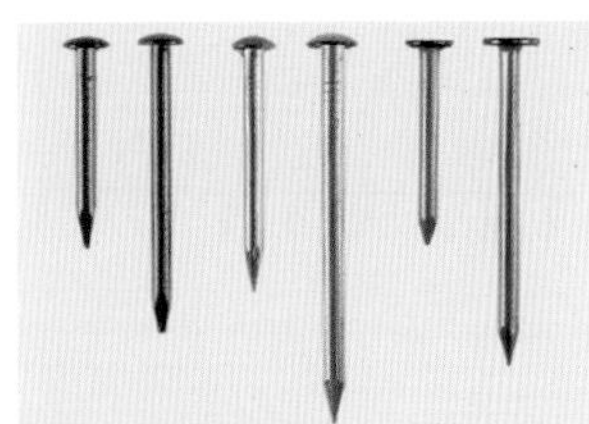

図２. いろいろな小くぎ
左から銅、真鍮（しんちゅう）、ステンレスくぎの素材となる金属は、それぞれが固有の美しい色をしている。小くぎの色を組み合わせて、工作の造形表現に応用することができる。

4. 初めてくぎをうつ練習

⑴準備するもの

- 共芯（ともしん）シナ合板適宜
- 小くぎ
- 豆げんのう

共芯シナ合板（共芯シナベニヤ）は、木質が緻密（ちみつ）でやわらかく、初歩の練習に適している。厚さ９㎜または12㎜の合板を、たとえば100㎜程度の正方形に切って練習に使用する。入手できなければ普通のシナ合板でもよい。小くぎは、長さが8㎜～20㎜の短いくぎで、鉄、ステンレス、真鍮（しんちゅう）、銅などの製品がある（図2）。

図3．合板に小くぎをさしこむ。

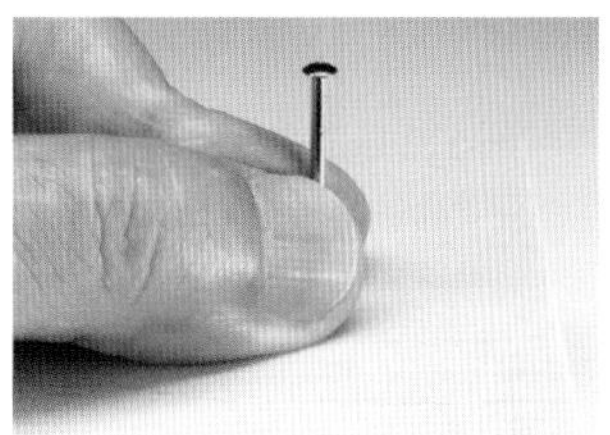

図4．くぎの先端をつまんで合板に当てる。

⑵小くぎを合板にさしこむ

くぎをうちたい位置に、小くぎの頭を指で押して、少しだけさしこむ。押しピンをさすような感じでよい。くぎが合板に垂直になるように注意する（図3）。うまくささらないくぎは、押しピンで下穴を開けてさしこむとよい。大きめのくぎは、先端の部分をつまみ、げんのうで頭を軽くうってさしこむ（図4）。

⑶くぎうちの基本動作

げんのうは、柄の中央から後方を握る。いちばん基本になる動作は、手首を中心とした円運動である。まず腕を楽にして、握ったげんのうの柄が水平になるように持つ（図5）。次に手首を上に回して、柄が約30°になる位置で止める（図6）。げんのうの頭の重さを利用して落下させるような感じで、始めの水平位置に戻して止める。この時、手首から柄に加える力を加減することで打撃力を調整する。実際にくぎをうつ前に、この動作を練習する。

図5．げんのうを水平に持つ。

図6．手首を約30°上に回す。

図7．くぎに垂直になるようげんのうの頭を合わせる。

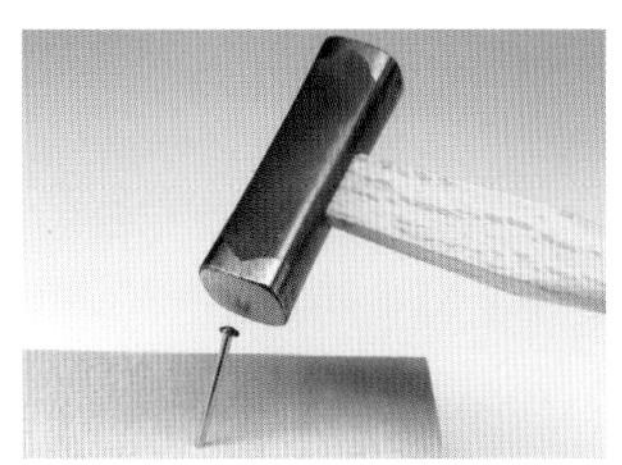

図8．ななめになったくぎは、頭を起こすようにうつ。

⑷くぎをうつ

合板にさしたくぎの頭にげんのうの平らな面が接するように持つ。このポジションが、⑶で述べたように、げんのうの柄を水平に持つ位置である。この時、げんのうの頭の中心軸がくぎを延長した線の向きに一致するようにする（図7）。⑶で説明した動作を繰り返してくぎをうつ。くぎにげんのうの頭を当てる瞬間に、くぎに対してまっすぐに打撃力が発生するようにする。合板の厚さより小くぎが長い場合は、下面につき抜けないよう注意する。くぎをうちこむ深さを一定に決めて、打撃をコントロールする練習をしてもよい。くぎがななめに傾いた時は、頭を起こすようにうって立て直す（図8）。もっと大きなくぎをうつ時は、手首の円運動にひじを中心とした円運動を加えた複合的な動作で、げんのうを大きく動かすようにする。

［谷 誉志雄］

8.木でつくる①─発想を生かした木の造形(木製パズル)

木がもつ手触りやにおいは、人々に安心感を与える。木は紙や粘土よりも加工の難易度は高いが、道具や機械の正しい使い方を理解し、安全に使用すれば、自由に強度のある作品をつくることができる。電動糸鋸盤の使い方を習得するための教材の中でも、子どもの発達に応じて制作の難易度を変えることができる「木製パズル」は実践に向いている教材である。

1. 実践のねらい

❶パズルとして遊べる図案の発想を広げ、その構成を工夫する。
❷電動糸鋸盤で切る、紙ヤスリで磨くことを体験し、加工の方法を理解する。
❸完成した作品でパズル遊びを楽しむ。

2. 準備するもの

- 板材…５mmから10mm程度の厚みが加工しやすい。無垢材は、湿度や温度によっては反(そ)りやゆがみが生じる恐れがあるので、合板やMDF材[1)]など、反りにくく加工された板の方が扱いやすい。同じサイズの板を２枚用意する。
- 電動糸鋸盤…取りつける刃は細く、強い力が加わると曲がったり折れたりするため、複数本準備しておく。刃には上下の向きがあるので、正しい向きと取りつけ方を覚えておく(図１、２)。
- ボール盤…主に電動で穴を開ける機械。キリでも代用できる。
- 紙ヤスリ…紙ヤスリには目の粗さによって様々な番手があり、合板の角落としや側面の研磨作業では、80～180番の紙ヤスリが適している。
- 絵具…アクリル絵具やポスターカラーの場合、発色が良い。水彩絵具の場合、水が多いと表面の木の繊維の向きに沿ってにじみやすい。
- 工作用ニス・刷毛…絵具の上から仕上げに使用する。艶が出て表面の保護にもなる。刷毛に残ったニスは固まるので、使用後すぐに洗う。
- 木工用ボンド…割り箸や端材の平らな部分を使ってボンドをのばすと、手を汚さずに薄く均一に塗ることができる。

1）MDF材
MDF（中質繊維板）はミディアム・デンシティ・ファイバーボード（Medium density fiberboard）の略で、木材チップを原料とし、これを蒸煮・解繊したものに合成樹脂を加えて成形した木材。
（全国木材組合連合会HPより引用）

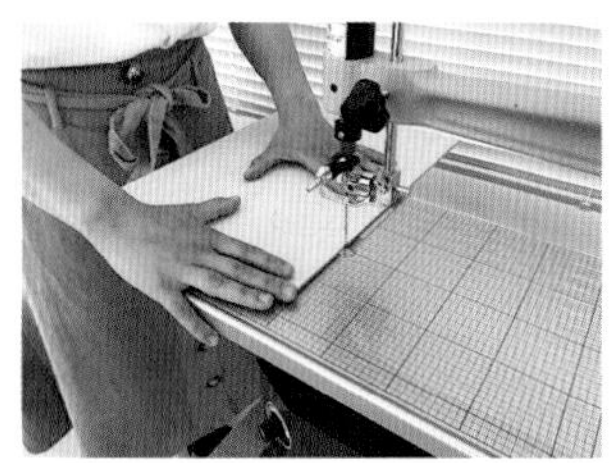
図１. 電動糸鋸盤

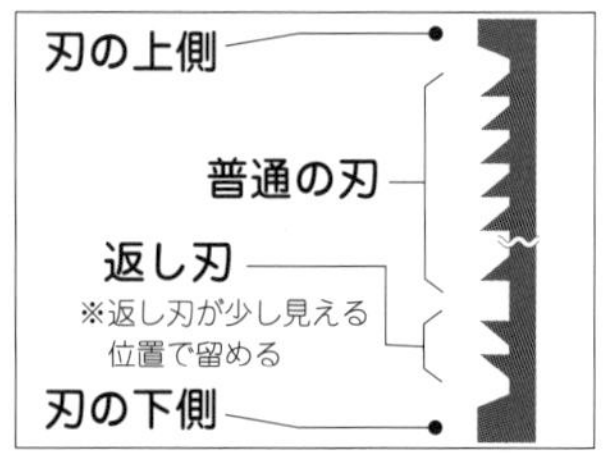

図２. 電動糸鋸盤の刃の向き

図３. 板を切る前に絵を描いたところ

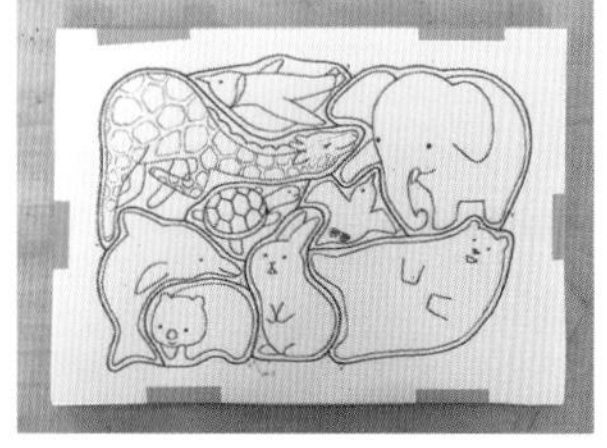
図４. 下絵を板に貼ったところ

3. 実践の流れ

(1)パズルの構図を考える

パズルは、A、Bの方法で制作することができる。Bの方がより難しい。
A：ピースの形は考えず、板に好きな絵を描く方法。板を切る前に色を塗る(図３)。
B：一つのピースの中に一つの絵を入れる方法。絵に合わせたピースの形を考える。ピースの数が多過ぎると、板を切るのも完成したパズルで遊ぶのも難易度が高くなるため、高学年で10ピース前後が適当である。制作に使う板と同じ大きさの紙に下絵を描く。板と紙の間にカーボン紙を置き下絵をなぞって板に転写してもよいが、紙は板と一緒に切ることができるので、マスキングテープで板に直接貼りつけてもよい(図４)。

(2)電動糸鋸盤のスタート位置に、穴を開ける

ボール盤かキリで、切り始めの位置に、刃が通る大きさの穴を開ける。

⑶電動糸鋸盤に、刃を取りつける

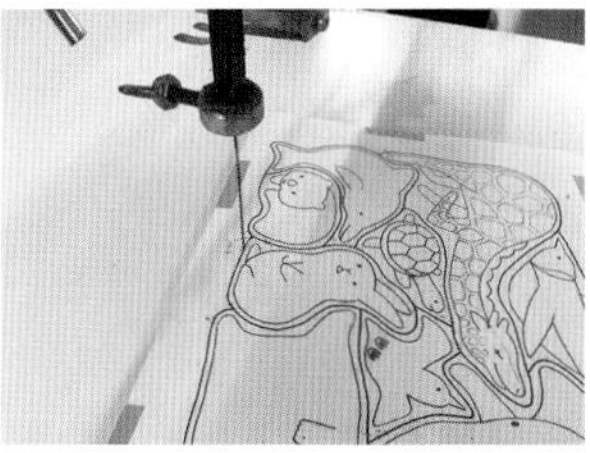

図5. 切り始めの穴に刃を通して取り付けたところ

板に開けた穴に刃を通した状態で、電動糸鋸盤に刃を取りつける（図５）。板押さえを合わせ、板が跳ね上がらないように手でしっかりと板を押さえ、電源を入れてゆっくり板を動かす。板を強く押して早く切ろうとすると、刃に負荷がかかり折れてしまう可能性があるので注意する。

⑷枠とピースに分け、板の側面を紙ヤスリで磨く

Ａ：切り始め位置から、板を動かして先に枠の部分を切る。糸鋸から刃を外して枠を抜き、ピースになる板を、絵柄に関係なくランダムに切っていく。この時、ピースの大きさが極端に小さくなったり数が増え過ぎたりしないように気をつける。また、切った線が直線だと遊ぶ時に難しくなるので、板を左右に動かして、ぐねぐねと曲がった線にするとよい。

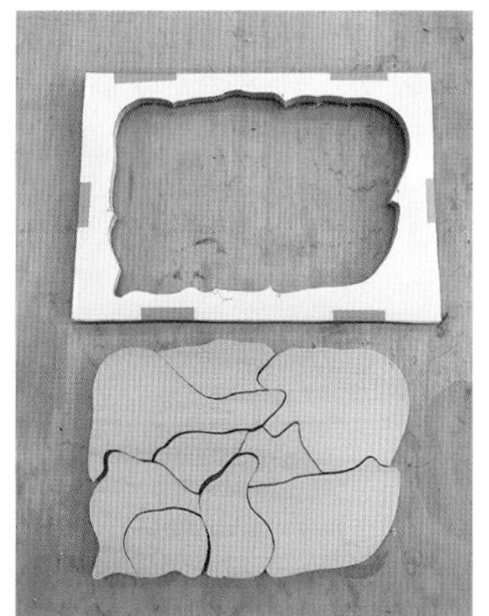

図6. 切り抜いた枠とピース

Ｂ：先に枠を切り抜いてから、糸鋸を下絵の線に沿わせるように板を動かして切り、ピースをつくる（図６）。できるだけ下絵の線の通りに切るように、刃や下絵の線をよく見て慎重に板を動かす。鋭角に切り進めようとすると刃に負担がかかり、刃が折れる原因になる。無理に一度に切ろうとしないで、頂点まで行ったら一度電源を切って、板から刃を抜き、逆方向から切ると安全に切ることができる。

共通：すべてのピースを切り終えたら、紙ヤスリで細かく毛羽立ったところや尖った角や枠の内側をこすり、手触りが滑らかになるようにする（図７）。木工用ボンドを使い、枠と同じサイズの板に枠を貼り合わせる。

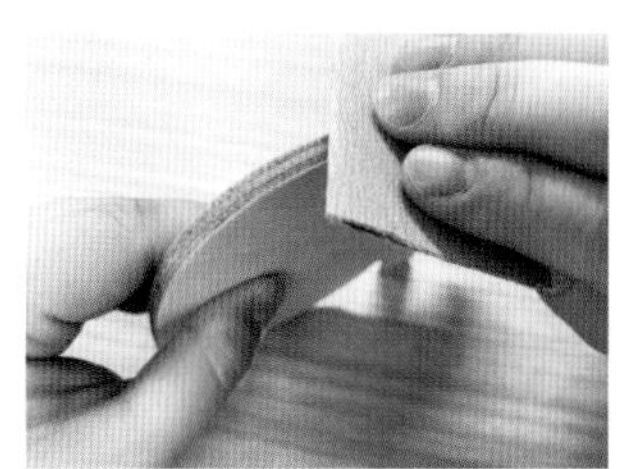

図7. 紙ヤスリで縁（角）を磨く。

⑸仕上げ

Ａ：ピースや枠に工作用ニスを塗る。

Ｂ：ピースに絵具で色を塗る。絵具が乾いたらニスを塗る（図８）。

共通：ニスを塗ってすぐは、ピース同士が触れ合わないように並べて乾燥させ、完全に乾くまで触らないように気をつける。実際に遊ぶ学年や、パズルの難度に応じて、枠に貼り合わせた板にピースの形をなぞって写してもよい（図9）。

⑹鑑賞する

完成作品を友達同士で交換し、パズル遊びを楽しむ。作品の色や形から、自他の作品のよさや違いに気づくよう働きかけたい。

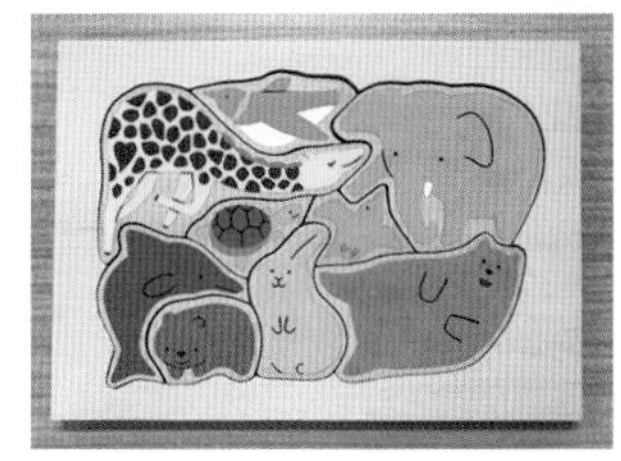

図8. 完成作品

4. 実践の振り返り

子どもが、正しく安全な木の加工の方法を理解し自分の思いに合う形に加工できるよう、また、作品に込めた思いやよさに気づき、パズル制作、パズル遊びの面白さを味わえるよう、各場面で適切な指導を心がけよう。

5. まとめ

同じパズルでも、制作の手順を変えると難易度が大きく変わる。電動糸鋸盤を初めて使う子どもへの教材としては、Aの方法が適しているが、糸鋸の扱いに慣れた子どもでは、絵柄の構成にも頭を使うＢの方法が適している。このパズル作品は発想から、ピース一つ一つを紙ヤスリで丁寧に磨く工程等、時間をかけて制作するため、子どもたちは徐々に作品に愛着をもつようになる。さらに木には耐久性があるので、丁寧につくった自分だけのパズルを大切にし、長く楽しく遊んでほしい。　［鈴木安由美］

図9. ピースの形を板に写す。

9. 木でつくる②—おもちゃ、木工の広がり

木を使って作品を作る時に、ノコギリで木を切ったり、カンナで木を削ったりすることはとても楽しい工程である。しかし、いろいろなアイデアを出したり細かい部分を形作ったりするためには、長い時間や適度な技量が必要といえる。ここでは、作品のアイデアを数多く出したり、細かい部分を思ったように形作ったりすることを容易にするために、木を貼るという工程のみを用いた教材を紹介する。

1. 実践のねらい

木という素材で車を作る時、先に車の形を紙などに描いてからそれを形作っていくと、時として、でき上がった車が初めのイメージと大きく異なることで達成感が感じられなかったり、表現の幅が限られてしまったりする。一方、木片を実際に組み上げていくという工程を採ると、イメージに近い木の車の形を組んだり、初めには思ってもみなかった形に出会ったりすることが比較的容易にできるということを、制作体験を通して知る。

図1. 車の動く部分を構成する木片

2. 準備するもの

- 木片1…木の板や木片など車の動く部分を構成する材料（図1）
- 木片2…車体を作り上げるためのいろいろな形をした材料（図2）
- 木工用ボンド　　・新聞紙
- サンドペーパー…♯180程度のもの

図2. 車体を作り上げるための木片

3. 実践の流れ

⑴車の動く部分を構成する箇所を作る

❶車の動く部分を構成する材料である大きな板1枚、丸棒2本、コの字状の木片4つ、中央に丸棒を挿し込むための穴が開いた円盤状の木片4つを用意する。

❷大きな板に「コ」の字状の木片4つを木工用ボンドで貼り、そこに丸棒を通してから、丸棒のそれぞれの先端に4つの円盤状の木片を取り付ける（図3、4）。「コ」の字状の木片4つを貼る位置は、写真にあるような位置だけに限らないが、制作の最終工程で車体に木片を貼っていった際に、木片の重さ等によって車が傾かないように注意する必要がある。

図3. 丸棒の先に円盤状の木片を取り付ける。

❸組み立てたモノを裏返しにする。これで、車の動く部分を構成する箇所が完成（図5）。

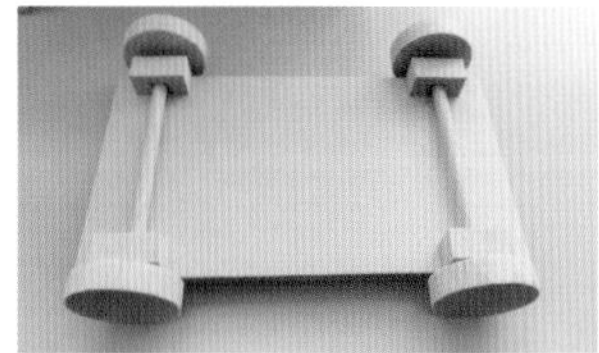

図4. 円盤状の木片を丸棒の先の4か所に取り付けたところ。

⑵車体部分を作る

❶車体を作り上げていくためのいろいろな形をした数多くの木片を手にしながら、車の形を考えていく（図6）。

❷⑴で作り上げた車の動く部分を構成する箇所の上に、実際にいろいろな形をした数多くの木片を置いてみたり取り替えてみたりと、材料を手にしながら試行錯誤することによって、車の形を探っていく（図7）。

❸材料を手にしながら試行錯誤した後、車の形のアイデアが決まってきた段階で、初めて木片を木工用ボンドで貼り、車体を作り上げていく。

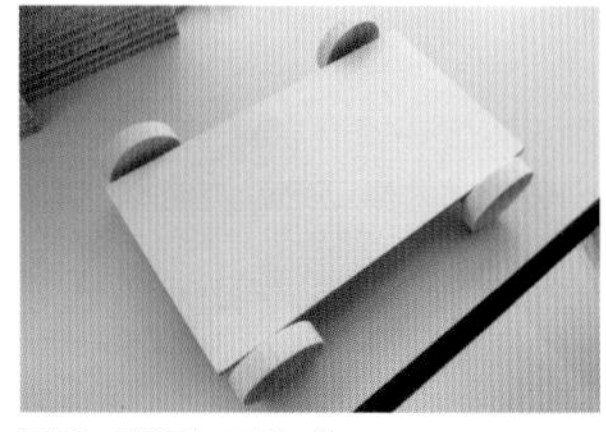

図5. 裏返して完成。

図6. いろいろな形の木片を手に取りながら組み合わせを考える。

図7. 選んだ木片を組み合わせてみる。

⑶完成した作品

下は幼児や小学生が制作した木の車である（図8～12)。それぞれの木の車の中に、子どもたちが木片を手にしながら発想したアイデアが盛り込まれている。

図8. ヘッドライトの部分を大きく飛び出させたり、戻したりできるようになっている車

図9. リモコンで動くことをイメージした車

図10. 大きくて丸い形をした木片を屋根部分に用いた車

図11. 動物の顔を前面につけた車

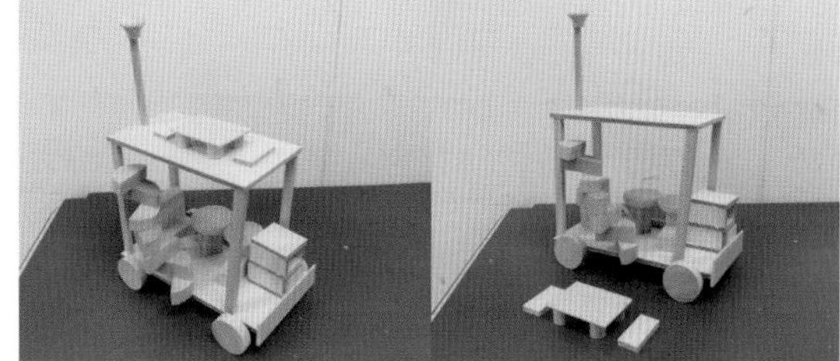
図12. 1階とらせん階段を上った2階にそれぞれテーブルとイスがある車。2階のテーブルとイスは取り外して車外で使うことができる。

4. 実践の振り返り

はじめに制作したい車の絵を描いてからその絵のイメージをめざして制作していくものづくりでは、当初のイメージ通りに制作できない場合があるが、ここで紹介したようにいろいろな形をした木片を実際に手にしながら車の形のアイデアを考えていくと、比較的容易に車のイメージをそのまま形にすることができるということがわかる。

5. まとめ

ここでは、木を切ったり削ったりという工程を取らずに、いろいろな形をした数多くの木片を貼るという工程だけで作品を制作するようにしている点が、この教材の特徴である。この教材では、完全に作り上げてしまう前に、いろいろな車の形を目の前で仮に組み上げてみることによって実際の形をイメージしやすくしている。このことによって、いろいろな車の形づくりを容易に試みることができるようになっている。本教材では、何よりも、木片を板の上に置いて行う試行錯誤の段階を大事にしたい。

［樋口一成］

10. 木でつくる③—枝や葉、木の実で動物をつくろう

身の回りの自然環境の中から造形表現の材料を探し出し、自然物のかたちや色を生かした造形を楽しもう。「材料（自然物）」や「場」などと主体的に関わりながら、触覚や視覚、嗅覚など五感を通して材料の特性を知り、用具の扱い方などの技能を習得し、創造力を働かせていくことは図画工作科における学びの一つといえる。また、子どもなりの造形的な見かた（見立て）や考え方によって、枝や葉、木の実などの多種多様に存在する自然の造形物から動物に見えるようなかたちを見いだし、つくりたいもののイメージを膨らませ、創造力を養うこともまた図画工作科ならではの学びの一つであり、面白さでもある。

図1．校内の樹木地図

図2．枝や葉、木の実を集める。

図3．友達と交換してもよい。

図4．採集した枝や葉、木の実に触れながらイメージを膨らませる。

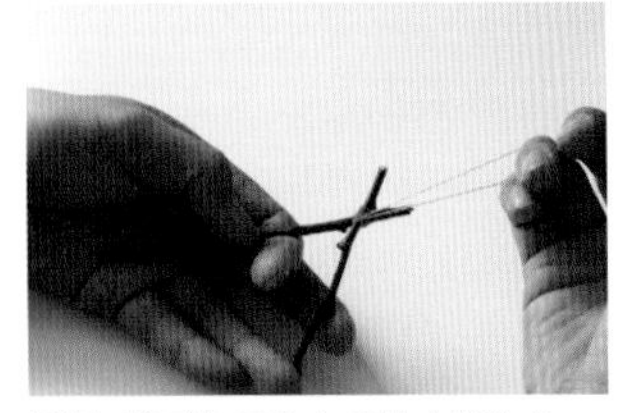
図5．輪ゴムで２本の枝を絡める。

1. 実践のねらい

❶身の回りにある自然環境について知る。
❷自然物を見ながら、つくりたい動物のイメージを膨らませる。
❸採集や加工の中で自然物の材料の感触を体感する。
❹用具を使用した加工体験を通し、基礎的な技能を習得する。
❺互いの作品を鑑賞し、作品表現のよさや可能性に気づく。

2. 準備するもの

- 自然の造形材料…枝や葉、木の実
- 採集用の袋
- 軍手
- 輪ゴム
- 接着剤（グルーガンや速乾性ボンド）
- ひも（毛糸、麻ひも、タコ糸など）
- ノコギリ
- ペンチ
- ニッパー
- 剪定（せんてい）用ハサミ
- 万力、クランプなどの固定具
- キリ
- 棒ヤスリ
- 紙ヤスリ

3. 実践の流れ

(1)材料探し

校内・地域内の樹木地図などがあれば活用し、自然の造形材料を探しに行く。様々な表情の葉っぱや、どんぐり、松ぼっくりなどの木の実、枝などを探す。学校内や校区内の自然環境を活用することで、校内・地域内の自然や地域の環境に関心をもつとともに理解することにもつながる。

採集しながら自然物のかたちをよく観察することで、その造形的特徴を知ることやその樹木のことを知ることができる。集める際には、加工方法を考慮して太さや硬さなど適切な材料を探すようにする。

なお、教室外や地域に出ての実際の活動においては、児童にとって様々な危険（触ってはいけない動植物、水難、交通事故など）が想定される。活動前の入念な下調べと、当日の活動にあたって児童と「やくそくごと」を決めてから行うことが必要である。

(2)集めてきた枝や葉、木の実などからイメージを広げる

集めてきた材料の自然のままのかたちをよく観察し、どんな動物がつくれるかスケッチしたりいろいろ加工したりしながらイメージを膨らませる。加工には、手で折ったり、剪定用ハサミやペンチなどで切ったりする。自然の中でつくられた材料のかたちから想像力を働かせイメージをし、そのかたちを生かして制作することが大切である。

図6. 輪ゴムの掛け方で角度が変わる。

図7. 同じことを繰り返し、胴体と前後の足をつくる。

図8. 骨組みができたら、毛糸を巻く。

図9. 完成

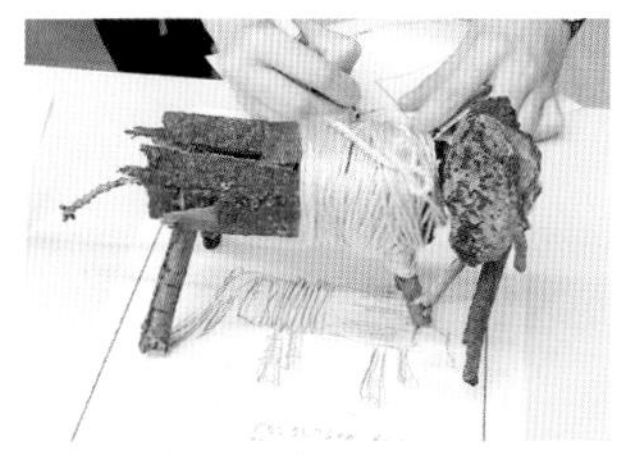
図10. ゾウの皮膚とケヤキの表皮が似ていることから着想した作品「セーターを着たゾウ」

図11. ヒマラヤスギの葉をダチョウの羽に見立てた作品。足を枝に絡め、二本足でも立つように工夫している。

⑶材料から組み立てる

イメージに合わせ加工しながら輪ゴムや接着剤を使用して組み立てる。輪ゴムでつくる基本的な流れは、図5〜図9を参照するとよい。また、枝を交差させた状態で輪ゴムやひもで固定したり、接着剤（グルーガンや速乾性ボンド）を併用したりする。木工用ボンドは乾燥に時間がかかるため、グルーガンや速乾性ボンドを使うとよい。木の実などをつける場合には、つまようじや竹串を木の実に刺してから固定すると外れにくい。

基本的な用具を使用しながら、工作のコツをつかむこともこの実践には含まれている。また、制作の中で友達の制作方法を見ることや協力し合うことで学びを深めることができる。教わった基本的な工作方法だけで行うのではなく、自らが材料へ積極的に関わることによって工作方法を見つけていくということも大切である。

⑷ひもなどの材料で表現の幅を広げる

その他に麻ひもや毛糸などの材料を各自で用意して、イメージした動物に近い表現を探ったり、擬人化や簡略化し独自にアレンジを行ったりする。枝などの自然物だけでなく、ひもなどの人工物を併用することで表現の幅を広げることができる（図10、11）。

⑸鑑賞活動を行う

完成したら作品の絵をワークシートに簡単に描き、タイトルやこだわりなどを記入する。タイトルには動物名だけでなく、「〜〜している○○」、「〜〜な□□」とタイトルにも工夫するよう促す。自分の作品を改めて眺め、創造力を働かせることになり、造形的な面白さや表したいことを伝えることができる。そして、ワークシートと共に一斉に展示し、互いに作品の発表・鑑賞を行うことで見方や感じ方を広げることができるだろう。

4. 実践の振り返り

完成した動物たちを並べ鑑賞すると、同じ動物をイメージして選択したとしても個性豊かな様々な作品が並んでいた。制作活動の中で、どんな自然物の材料に出会えるか、どのように工夫をするかなど、一人ひとりが材料と関わりながらそれぞれの答えを探していくという行為を経て「個性」が生まれていた。「個性が出せない」「上手にできない」という苦手意識をもつ学生もいるが、今回のように「材料」との関わりの中で、それぞれの選択や工夫によって「個性」は生まれてくる。

また本実践は、基本的な工作方法により制作することができる。そのために、「子どもの頃に戻ったようで楽しく制作できた」という感想もあり、「つくりだす喜び」を再認識できている様子が見られ、楽しみながら制作活動に取り組めていた。

5. まとめ

学校内や地域にある公園の樹木を調べて、地図を作成することで身近な自然環境について学ぶ機会にもなる。また、全員分の作品を使って動物園をつくることや、大きい枝が手に入るなら数名で一つの大きな動物をつくることもできるだろう。

［隼瀬大輔］

11. 木でつくる④—寄木でペーパーナイフをつくろう

木材には多くの樹種があり、質量や硬さが異なるため、それぞれの強度や特性を理解して制作を行うことが大切である。本実践では様々な用具や電動糸鋸盤などを使用してペーパーナイフを制作する。その加工を通して、「木材（無垢材）の特性」を知り、「用具の使い方」が身につくようにしたい。

図1. 色が異なる薄板を用意する。

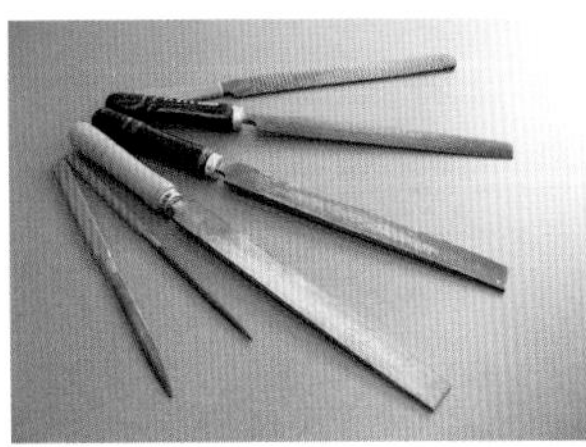
図2. 荒さ、太さの異なる棒ヤスリ

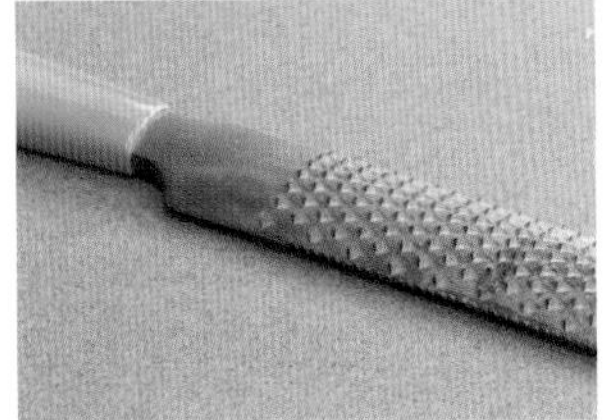
図3. 鬼目ヤスリ

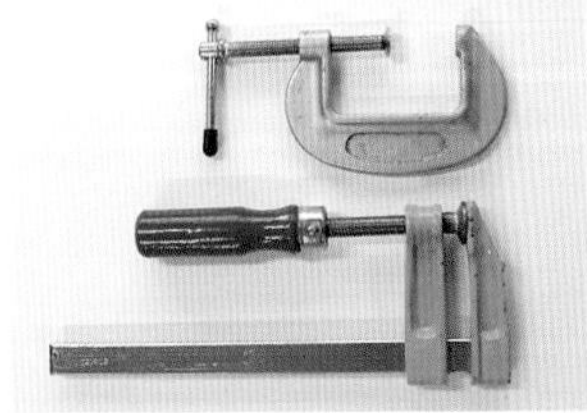
図4. C型（上）、F型（下）

図5. 取り外しができる万力（バイス）

1. 実践のねらい

❶「にぎる」という使い方と、「切る」という用途(機能)を考えて設計・デザインを工夫する。

❷木材を加工する中で、木材の硬さ、強度などの性質を知り、材料と用途の関係性を学ぶ。

❸用具を使用し実材を加工することを体験し、基本的な技能を習得する。

2. 準備するもの

- 板厚５㎜から８㎜の木材の薄板（幅50㎜×長さ300㎜程度）…できれば硬さや色の異なる材種があるとよい（図１）。
- 電動糸鋸盤　•ノコギリ
- 棒ヤスリ…鬼目、荒目、中目、細目など、数種類あるとよい（図２、３）。
- C型またはF型のクランプ（図4）　•万力（バイス、図５）
- 木工用ボンド　•紙ヤスリ　(#120/#240/#400/#600)
- 塗装用オイルや蜜蝋（ミツロウ）

3. 実践の流れ

(1)デザイン・設計を考える

はじめに、自由に思いついたかたちのアイデアをできるだけたくさん描く。描いたアイデアをもとに、機能性やモチーフを工夫しながら多くのデザインを描き、かたちを再検討する。一つのアイデアから進めるだけでなく、機能性やモチーフなどいくつかのアイデアを組み合わせるのもよい。

(2)木材の取り方を決める

決定したデザインをもとに、限られた材料からどのように部品を切り出せるか、取り方を検討する。取り方が決まったら、カーボン紙などを使用して図面から板に転写する。

(3)木材から部品を切り出す

それぞれの木材に転写した線に沿って、電動糸鋸盤やノコギリで切る。

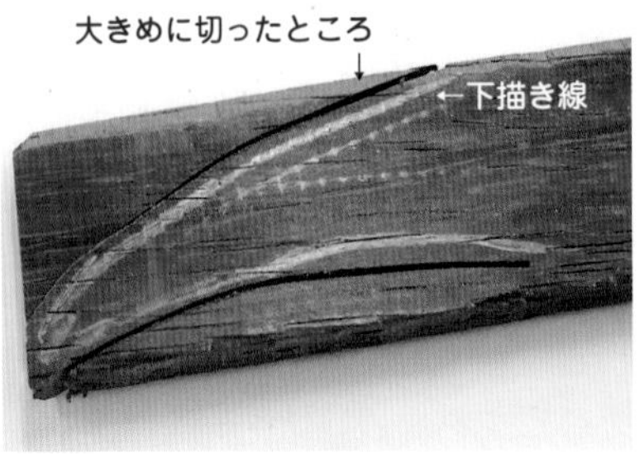

図6. 下描き線より少し大きめに切る。

図7. 圧着する時には、回転を抑えるためにできれば2点で固定するとよい。

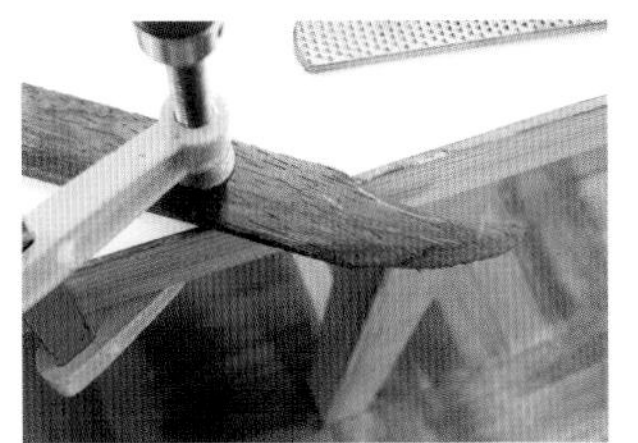

図8．作業台に固定すると両手が使えるため、安全で力が入りやすい。

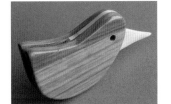

切り出した部品は後で接着する際にズレが生じる可能性があるため、電動糸鋸盤等で切る際には、転写した線よりも2～3㎜ほど大きめに切る（図6）。余分な部分は後工程でヤスリで削る。

⑷板と板を接着する

切り出した部品の接着する面に木工用ボンドを塗り、クランプや万力などで圧着する。圧着した時にボンドがはみ出すほど多めにつける（図7）。乾く前にはみ出した余分なボンドは拭き取っておく。

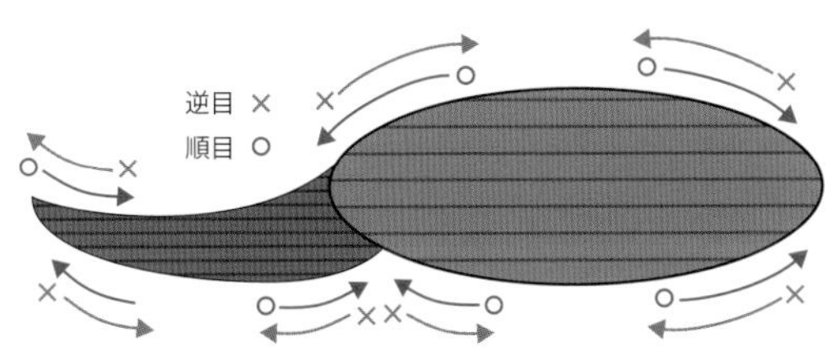

図9．木目を考えてヤスリをかける。

⑸デザインに合わせ形を整える（図8、9）

材料を作業台などに固定し、棒ヤスリを使用してデザインしたかたちを削り出す。はじめに鬼目ヤスリで、おおまかに削り出した後、荒目、中目、細目と細かいヤスリに換えながら仕上げる。逆目に削ると白っぽくなりきれいに仕上がらないため、できるだけ木目にならうよう（順目）にヤスリをかける。この段階でノコギリ、ヤスリの深いキズを丁寧に取り除くと、仕上げの紙ヤスリが容易になる。

図10．動物をモチーフとした作品

⑹紙ヤスリによる仕上げ

紙ヤスリの番手を少しずつ細かくしながら丁寧にかける。硬い木材の場合#600から#1000ぐらいまで番手をあげると光沢がでる。

⑺塗装

塗料にはオイルや蜜蝋ワックスなどが使いやすい。オイルやワックスでは塗り込む布と拭き取る布を用意し、はじめに全体にムラにならないよう塗り、余った塗料はできるだけ拭き取る。ある程度乾燥したら、#1000ぐらいの紙ヤスリをかけ、もう一度塗り込んでから拭き取り、さらに空拭きをすると光沢がでる。

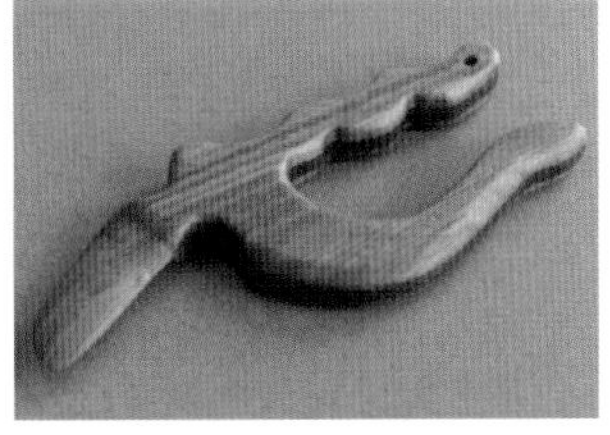

図11．握り方を意識し持ち手部分を工夫した作品

4．実践の振り返り

デザイン・設計の段階では、「携帯性」をヒントに出すと、「折り畳む」「スライドする」などの付加価値を備えたデザインが出てきた。「ナイフ」というキーワードから、多く場合、「武器」や「刃物」そのものの形を模したものが多く出てきがちである。そのため、アイデアのきっかけとしてはよいが機能美や造形的な美しさなど踏まえて、できるだけ多くのデザインを描くように促した。

図12．刃先が収納でき、きれいな曲線を持つ作品

本実践では、ケガにつながることの多い小刀やノミなどの刃物を使用しないため、小学生でも比較的安全に制作が行うことができる。ノコギリの扱いについて十分な指導を行った上で、材料を万力やクランプなどで固定することでさらに安全性を高め、作業の効率化が図れる。

5．まとめ

本実践では、貼り重ねて寄木を行ったが、厚さ8㎜程度の一枚板から削り出した部品だけでもペーパーナイフならば制作できる。配当時数に応じて取り組むとよいだろう。

また、厚みのある寄木を用いる場合、彫刻刀も使ってくぼみを彫ることで、木製スプーンや器など他の用途（機能）をもつ作品制作に発展させたり、装飾を施したりすることも可能である。　［隼瀬大輔］

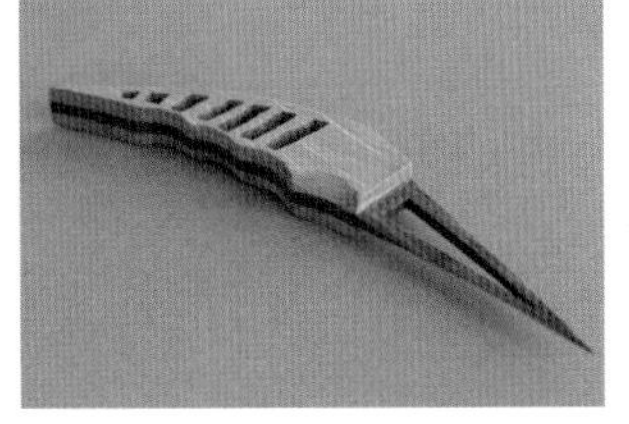

図13．持ち手、刃先部分に透かしを施した作品

12. 軽く、柔らかい材料でつくる—ポリエチレンの袋やテープ

軽く、柔らかい材料を使うよさの一つは、特に切断や接着・接合の難しい方法を使わない段階の子どもでも、体を超えるぐらいの大きさをつくることができたり、中に空気を入れたり、直接風に当たるようにつくったりすることで、柔らかな感触や動きをつくることができたりすることである。

1. 小学校中学年「切って、つないで—もこもこを感じよう—」

中学年の子どもは、友達と一緒に活動を楽しみ、目的や楽しさなどを共有して活動するようになるとともに、比較的大きな材料を使って、自分の体より大きなものをつくろうとするようになる。

本題材は、45ℓサイズのポリ袋を切って開き、袋状につなぎ直すことから始める活動である。今まで経験したことがないような大きさに期待感がもてる活動である。

(1)本題材の目標

- 形や色、その組み合わせによる感じなどがわかり、前学年までの経験を生かし、ポリ袋を切ってつないだり、形を変えたりするなどして、活動を工夫してつくる（知識及び技能）。
- 形や色、その組み合わせによる感じなどを基に自分のイメージをもちながら、ポリ袋を切ってつなぐことを基に造形的な活動を思いつき、どのように活動するかについて考え、自分たちの作品の造形的なよさや面白さなどについて、感じ取ったり考えたりし、自分の見方や感じ方を広げる（思考力、判断力、表現力等）。
- 進んで切ってつないだり、作品を鑑賞したりする活動に取り組み、つくりだす喜びを味わう（学びに向かう力、人間性等）。

図1. 具体的な形を意図してつくる。

(2)指導のポイント

講堂や体育館などの広い場所に集まり、45ℓのポリ袋を送風機やドライヤーで膨らませて見せ「ポリ袋を切って開いたものをつなぎ直したら、どんなことができるかな」と提案する。初めは「大きなもの」と漠然としたイメージをもつ子どもに「みんなの背丈と比べた高さは」「切り開いたポリ袋を何枚ぐらい使うとできるかな」と対話を重ねると、子どもたちの間に「どれぐらいの高さや幅で」「どんな形や色、模様の」と具体的なイメージと「何人ぐらいのグループで」と活動の見通しが具体化する。

図2. 高さや色の組み合わせを工夫してつくる。

(3)本題材の造形的なよさ

ポリ袋を切り開くには、袋の端の内側に物差しを当て、カッターナイフで1㎝程の幅を切り落とすよう伝える。柔らかい材料を何度も切るのでカッターナイフの扱い方に慣れることができる。袋をつなぐには、袋と袋の合わせ目を止める人、テープを伸ばす人、テープを貼る人と役割分担すると、スムーズに進む。一度袋の形にしたら空気を入れて膨らませてみると、大きさを具体的に感じることができるので、子どもの意欲が一層高まる。いくつもの色がある場合、どんな色の並べ方がよいか、何度も並べ直しながら相談する活動では、互いに思考・判断・表現する力が働く。たと

えば人の形をつくるためには袋と袋を空気が通るように切ってつなぐと構想する能力や技能が働く。校舎や遊具と比べてみて、その大きさを実感するために、できたものは屋外で膨らませたい。

2. 小学校高学年「吹き抜ける風を感じて」

高学年の子どもは、まわりの人や周囲の環境などと関わりながら考えるようになる。本題材は、ポリエチレンのテープやシートなどの材料の特徴と風が吹き抜ける場所の特徴を生かして、風が起こす動きを楽しむことができる環境を構成する活動である。

図3. 風が吹くとテープが立ち上がる。

⑴本題材の目標

- 動きや奥行きなどを理解し、活動に応じてテープやシートなどを活用し、前学年までの経験や技能を生かしたり、方法を組み合わせたりするなどして、活動を工夫してつくる（知識及び技能）。
- 動きや奥行きなどを基に自分のイメージをもちながら材料や風が吹き抜ける空間などの特徴を基に造形的な活動を思いつき、周囲の様子を考え合わせながら、どのように活動するかについて考え、自分たちの作品の造形的なよさや美しさ、表現の意図や特徴などを感じ取ったり考えたりし、自分の見方や感じ方を深める（思考力、判断力、表現力等）。
- 主体的に風が吹き抜ける空間を構成したり鑑賞したりする活動に取り組み、つくりだす喜びを味わう（学びに向かう力、人間性等）。

⑵指導のポイント

適切な時期を選び、子どもたちと校庭に出て風が吹き抜ける場所を探す。そこで、風にテープやシートをなびかせ、動きをつくることを提案する。その際、風が起こす動きをイメージできるように、風で草むらや稲穂がうねったり、洗濯物がはためいたりすることなどを例として挙げる。また、材料や作品を固定するために、その場所にある樹木や遊具などをどのように活用するかも合わせて話し合いたい。材料が動く様子を想像すれば、テープやシートを止めるロープやネットが必要だと思い付く。中学年までのように、すぐに活動を始めるのではなく、ある程度時間をかけ子ども自身が必要な材料や方法を考えるようにしたい。

図4. いろいろな絵や模様の旗がたなびく。

⑶本題材の造形的なよさ

比較的よく風が吹く時期においても、風は都合に合わせて吹くわけではない。風が吹き抜ける場所にある樹木や柱をそのまま利用できるとも限らない。そこで、高学年の子どもはそれまでの経験を基に、よい風の向きや強さを受けることができるよう、その場所にあるものと材料との組み合わせや、雨が降っても傷まない耐水性の材料の使い方など、その環境での活動を考えることになる。また、作品は、保護者や地域の人々など多くの人の目に触れることになる。そうしたことを意識すれば、つくっている途中でも、どんな形や色、動きの感じになるのかまわりの人にも表現の意図を伝えることができるように、また完成したものをまわりの人が見て楽しむことができるように、資質・能力を働かせることになる。

［西尾正寛］

13. 織物―自作の機（はた）で布を織る

日々の生活の中で私たちは、身のまわりの布がどのような工程を経てでき上がっているのか、思いめぐらすようなことはほとんどない。

一般的な布の多くは、基本的に糸を経（たて）と緯（よこ）に交差させ「織る」ことによって作り出される。この「織る」作業を行うために、人類は「機（はた）」という道具を考え出した。身近なものの作られ方やその仕組みを知ることは私たちに驚きをもたらし、興味・関心と新たな造形意欲を呼び起こす。身近な道具や材料で自ら簡単な機（はた）を作り、実際にそれを用い、布を織ることで、織りの仕組みとその中で表現できる造形の美について考えてみよう。

1. 実践のねらい

基本的な織りの組織の構造を理解し、その中で可能な自由な造形表現を試みる。

2. 準備するもの（図1）

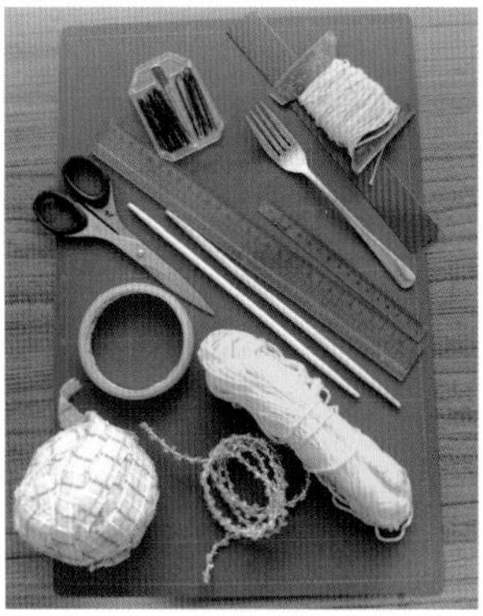

- カッティングマット…A３程度のサイズ、目盛入りのもの
- 定規…30㎝程度のものと20㎝程度のもの
- ハサミ
- 古着等…裂いて糸にする。
- フォーク
- 箸（祝い箸、菜箸）
- セロハンテープ
- タコ糸
- 糸（毛糸、紙ひも等）

図1．準備する材料と用具

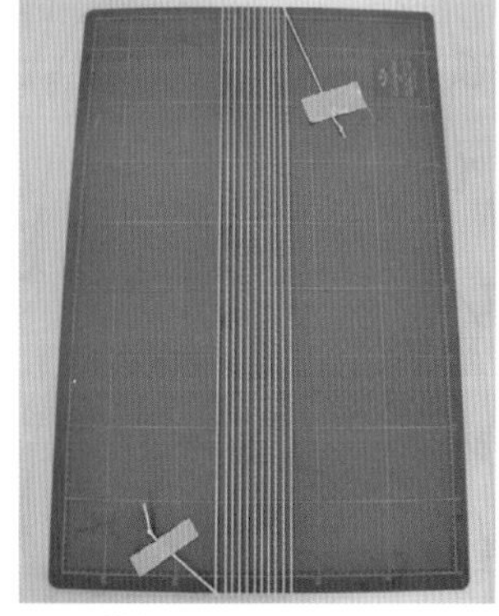

図2．縦糸を張る。

3. 実践の流れ

(1)機を作る

❶カッティングマットは縦長に使用。制作する布の幅を決め、その幅に合わせ、マットの目盛りを頼りに５㎜おきにタコ糸を巻く（これが縦〔経〕糸になる、図２）。巻き始めの縦糸は、マットを一巻きした次の糸に結び、端は玉結びし、横に逃がしテープで止める。巻き終わりのマットの下で最後の一巻きの糸と結び、同じように処理する。

❷菜箸等を、巻いた糸の下に通し、全体のタコ糸を浮かした後、厚紙を３㎝×25㎝程度に切ったもので縦糸を一本置きにすくって通し、その後、マットの下端より少し上にテープで固定する（図３）。

❸30㎝定規を、先に差し込んだ厚紙の逆の縦糸を一本置きにすくって通す（図４）。

(2)シャトル（緯糸を通す道具）を作る

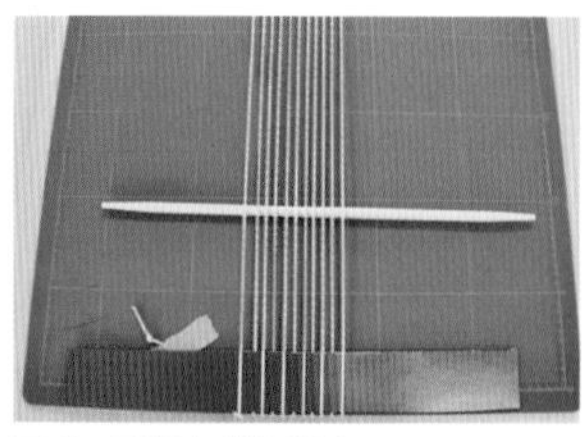

図３．厚紙を差し込む。

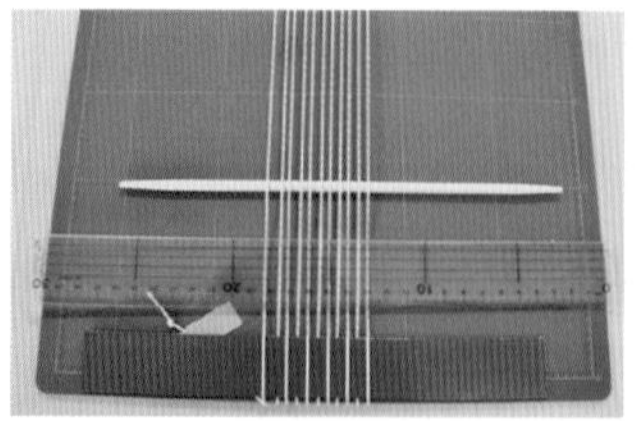

図４．縦糸を交差させるための作業

20㎝程度の短めの定規、あるいは短冊状に切ったプラスチックの板にテープ等を用いUピンを取り付け、シャトルを作る（図５）。

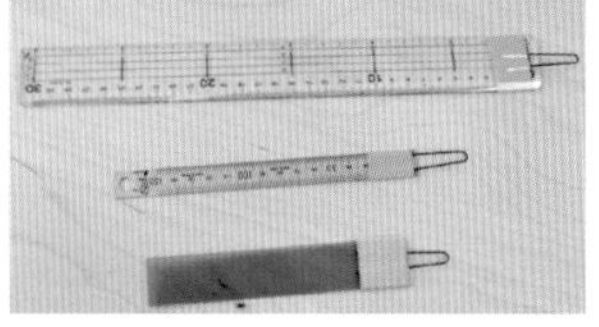

図５．シャトル

(3)布を織る準備をする

図６．布を裂いたもの

❶横〔緯〕糸として毛糸や紙ひも、あるいは銅線等、やわらかい30㎝以

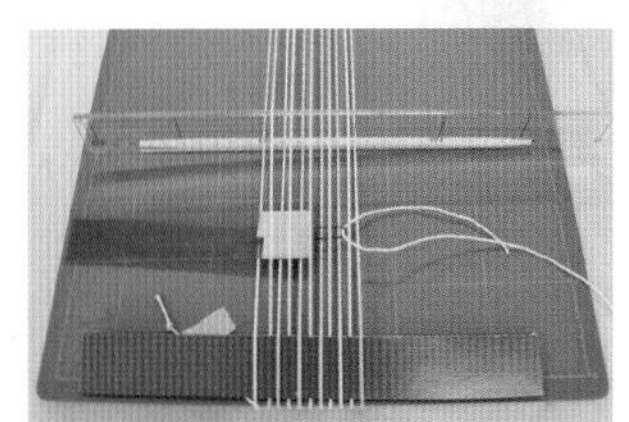
図7. 捨て織り①

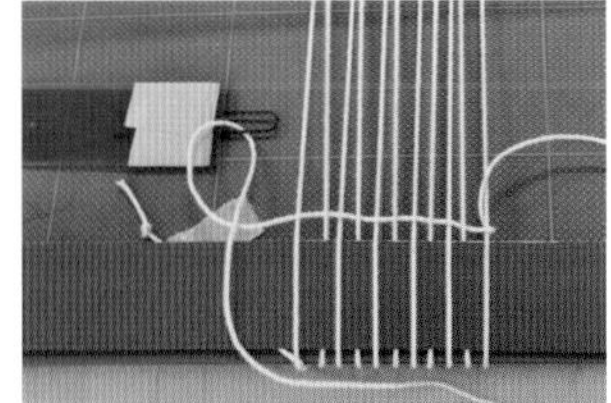
図8. 捨て織り②

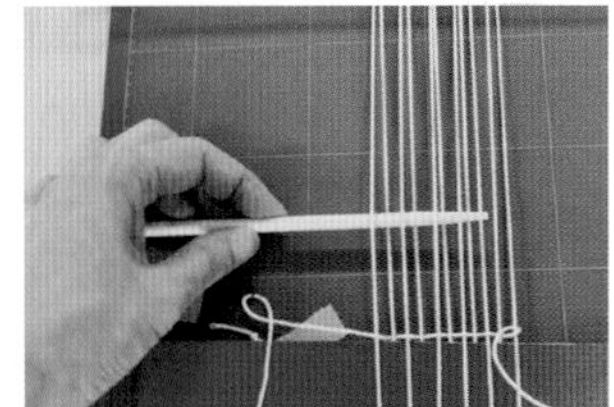
図9. 捨て織り③

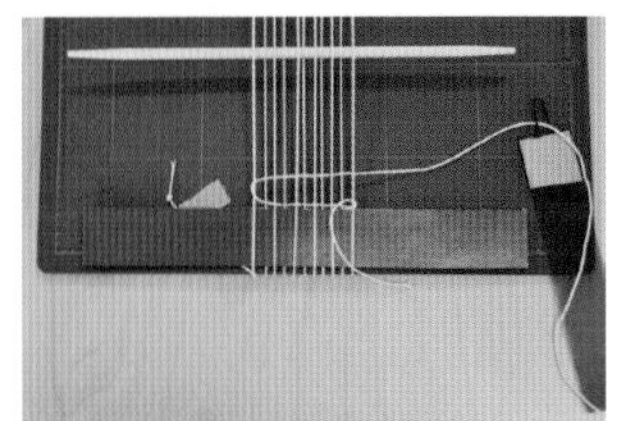
図10. 捨て織り④

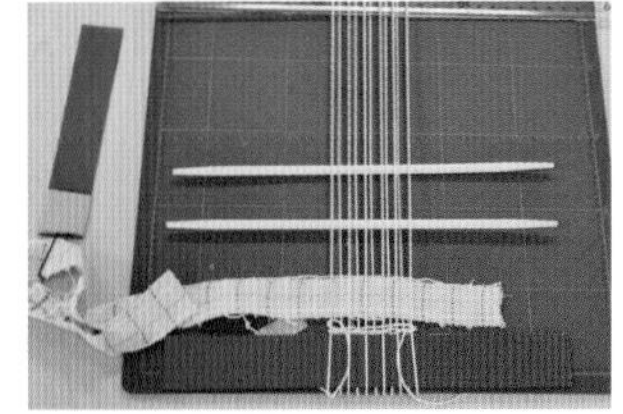
図11. 織り始め

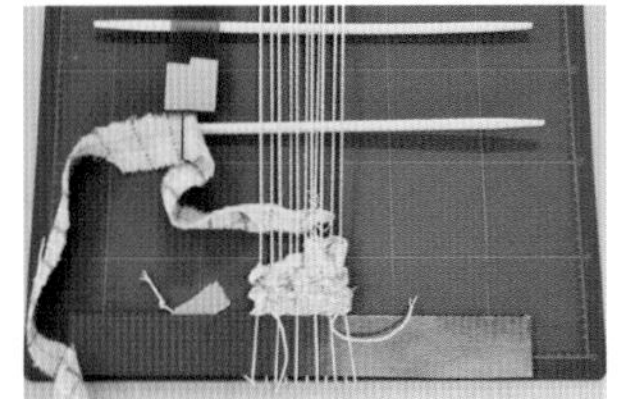
図12. 横糸の接ぎ方

図13. 作品例

上のひも、あるいは古着を幅5～10cm程度にひも状に裂いたもの等を用意する（図6）。

❷布幅の3倍半程度の長さのタコ糸をシャトルに通し、それを(1)-❸で縦糸に通した定規を縦に立たせ、できた隙間に通す（図7）。この時、糸端を5cm程度残しておく（図8）。残った糸は一番端の縦糸に巻き付ける。定規を機の上方に逃がした後、通した緯糸のタコ糸はフォーク等で厚紙にきっちりと合わせる。

❸前の作業で下になっている縦糸を箸で一本ずつすくい、シャトルでタコ糸を通し、箸を抜いた後、通した糸を先に織り込んだ厚紙や先に通した糸にフォーク等で整い合わせる。

❹定規を機の下方にずらし、その隙間にタコ糸を通し（図9）、定規を上方に逃がした後、通した横糸のタコ糸はフォーク等で厚紙にきっちりと合わせる。余ったタコ糸は5cm程度残して切り、織り始めと反対の端の縦糸に一周巻く（図10）。この一連のタコ糸を横糸とし、織る作業を「捨て織り」と言い、本織りの糸目をそろえるために重要となる。

(4)織る

❶シャトルにひも、ひも状のものの端を5cm程残し通す（図11）。残ったひもは、先にひもを通した縦糸とは逆の糸に織り込む。

❷捨て織りの際の手順で縦糸の間に横糸ひも通し織り込んでいく。途中でひもが無くなった際は、同じひもを前のひもと重ねて織り込む（図12）。一段織る度にフォークでしっかりと織り目を整える。

❸途中でひもの種類を変える場合は、織り始めの際と同様に、端で2cmほどひもを残し、それを通した縦糸とは逆の糸に織り込む。

❹カッターマットの上まで織れたら、マットの柔軟性を生かし、マットと縦糸をたわませ、最初に固定した2か所の縦糸の端と厚紙のテープを一旦外し、織れた箇所を全体にマットの後ろ側にずらし、後ろ側になっていた縦糸を表に出し、再び縦糸の端と厚紙をテープで固定し、織り続ける。

(5)仕上げ

❶少なくとも縦糸10cmほどは残して織り終える。

❷再びたこ糸で捨て織りを行う。

❸残った縦糸を中央辺りで切る。

❹縦糸は2本ずつ束ねて結んでいく。最後3本になった際は3本で結ぶ。フリンジ状になった縦糸は三つ編み等にする、短く切りそろえる、針等で織り上がった布の横糸に通し始末するなど、アレンジを加える。

4. まとめ（制作のポイント）

美しく織り目を整えることは重要であるが、そこに終始せず、造形作品であることに留意し、様々な質感や材質の緯糸を用い大胆な表現を心がけよう。特に横糸に裂いた布を用いる裂織の場合、布の柄等が織ることによって思いがけないパターンを生み出される。こうした偶然に生じる効果を生かすことがこの題材の醍醐味といえる。

［淺海真弓］

14. 仮面を作る

祭りや演劇などで使用する仮面は、神や魔物などを象どったものが多い。それらは、自然に対する人々の畏敬の念が込められており、見る者を異界へ誘ってくれる。

このように、非日常的な世界にあるものを生活に取り込むことで人間は豊かなイメージや造形力を培ってきた。ここでは、日用品の形から想像力を膨らませて不思議な生き物の仮面を作ってみたい。

1. 実践のねらい

❶日用品から生き物の形をイメージして、それを造形に結びつける。

❷紙や粘土を付けることで材料の使い方を学ぶ。

❸様々な色を使って自由な発想で彩色する。

2. 準備するもの（図1）

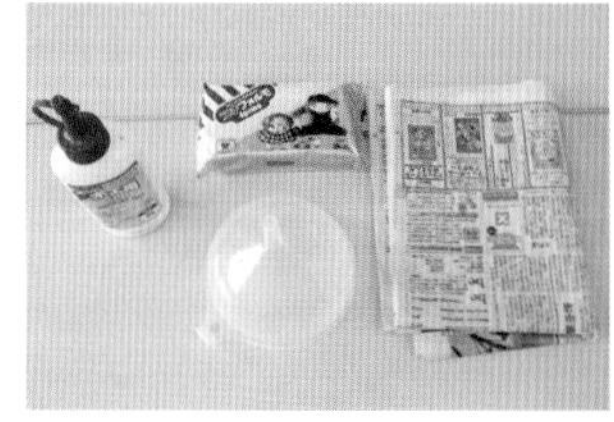

図1. 準備するもの

- 漏斗（ろうと）やボウル、トレイなどの日用品…仮面の土台にするので深みのあるものを準備するとよい。
- 新聞紙…朝刊約1部の枚数があればよい。
- 紙粘土1個　・アクリル絵具一式　・木工用ボンド

3. 実践の流れ

❶土台となる漏斗によく密着するように、水で濡らした新聞紙を貼り付ける（図2）。

❷接着力が増すように、ボンドを塗った上に紙粘土を貼り付けてゆく（図3、4）。

図2. 濡らした新聞紙を貼り付ける。

図3. ボンドを塗る。

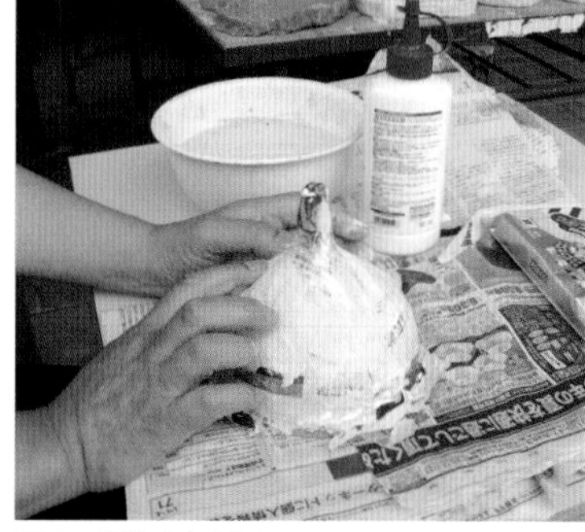

図4. 紙粘土を付ける。

❸土台の全体を紙粘土で覆ったら、おおまかな凹凸を付ける（図5、6）。

❹乾燥させた後、土台から外して画用紙で作った耳を裏から貼り付ける（図7）。※接着する部分には切り込みを入れると作業がしやすい。

図5. 全体を紙粘土で覆う。

図6. 目や鼻の凹凸を付ける。

図7. 土台から外して耳を付ける。

❺耳になる形の表に和紙を貼り付けて毛の質感を出す（図8）。

❻顔の形を表現するために下顎に当たる部分を三日月形に切り取る（図9）。

❼目鼻の細部に紙粘土を貼り付けて整える（図10）。

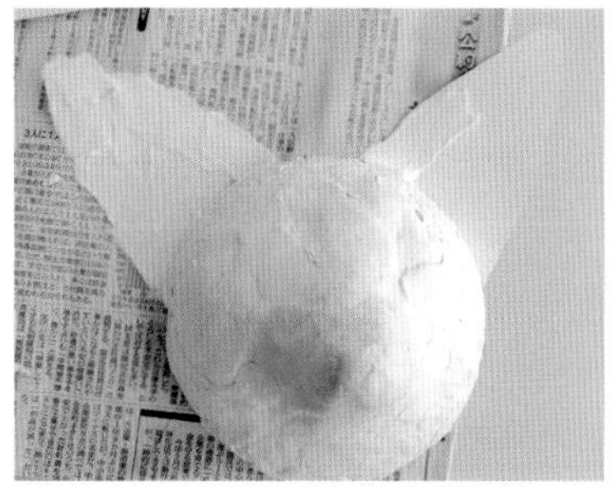

図8．耳に和紙を貼り付ける。

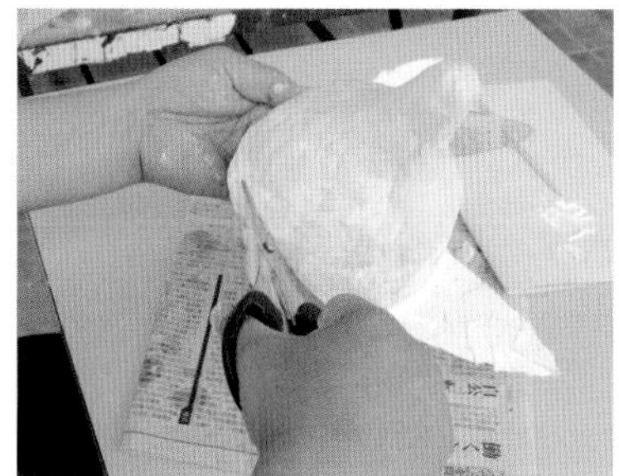

図9．下顎をハサミで切り取る。

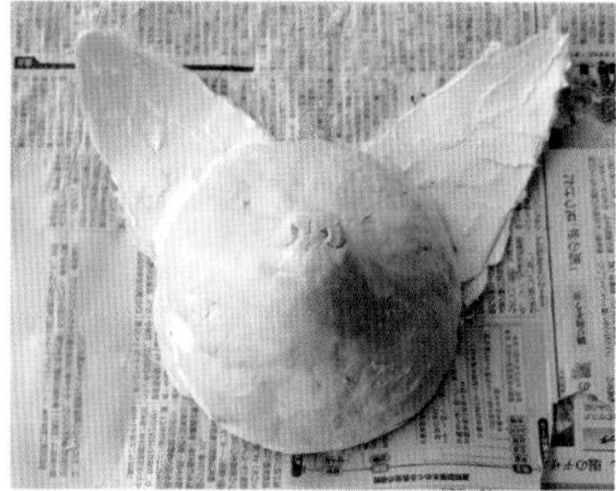

図10. 粘土で細部を作る。

❽乾燥後、サンドペーパーで磨く（図11）。

❾絵具の発色を良くするため、全体に白色の下地用アクリル絵具を塗る。

❿アクリル絵具で彩色する。絵具を暈したりしてもよいし、線描で毛の質感を出すのもよい（図12、13）。

⓫完成したら壁に掛けてみる（図14）。

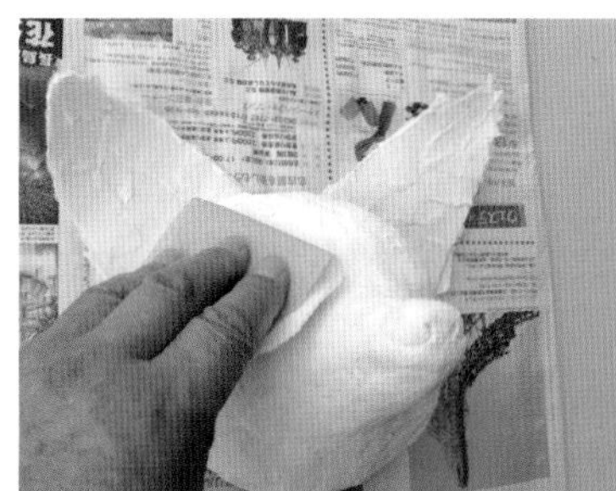

図11. 乾燥後、サンドペーパーで磨く。

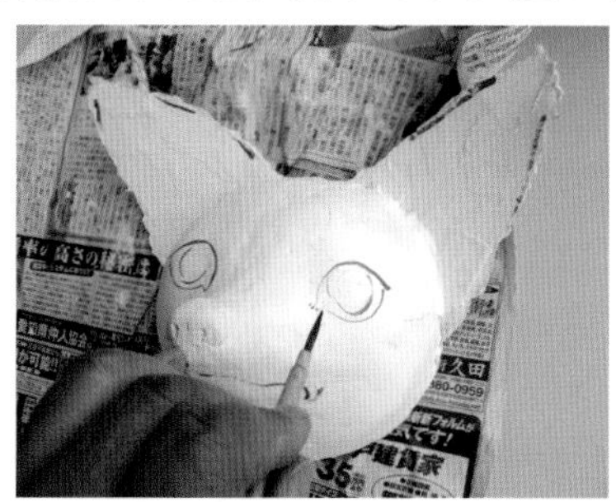

図12. 目鼻を描く。

図13. 彩色する。

図14. 細部を整えて完成。

4. 実践の振り返り

- 選択した日用品の形を生かすことができたか。
- 新聞紙や紙粘土の素材をうまく生かして使えたか。
- アクリル絵具の混色や色彩の効果をうまく利用できたか。

5. まとめ

漏斗に限らず、自転車のサドルや、粘土を土台にして様々な動物を作ってみる。動物の顔に当たる部分に、いろいろな形を描いて彩色も自由にしてみると楽しい（図15）。

図15. いろいろな土台から作った動物の仮面

クラスで制作した多数の仮面を壁面に掛けてみると、室内がまったく違った雰囲気になり、いつも見慣れた教室が不思議な世界に変貌する。

［佐藤昌宏］

15. 陶芸の魅力―粘土（陶土）から焼き物への道程

陶芸の材料で欠かすことができないものは粘土（陶土）である。粘土を手で触ると、幼稚園の砂場で遊んだ「砂遊び」の砂や、体育座りした時に手に触れた校庭の表面とは違った感触が伝わってくる。砂や校庭の表面は、ザラザラした感触があり、手で一つひとつの粒を感じることができるが、一方粘土は、手に粒を感じることはできない。砂は思うようになかなか形をつくることができないが、粘土は可塑性があり、突いたら指の形が残り、粘土を指で摘まんだら摘まんだそのままの形を残す。まったく自由自在と思える程、私たちの行為である形を思いのままに表してくれる。

図画工作の授業において児童は、小学校高学年程度で初めて陶芸に触れる機会が多いようである。形をつくることに関してはとても素敵で頼もしい魅力的な粘土であるが、陶芸に慣れるまでは「不便」に感じてしまうことが多々ある。この「不便」についておおまかであるが陶芸の工程を大きく２ステージに分け、「1．粘土の状態の時」（制作中や乾燥の状態）と「2．作品が窯の中にある時」でみていくこととする。

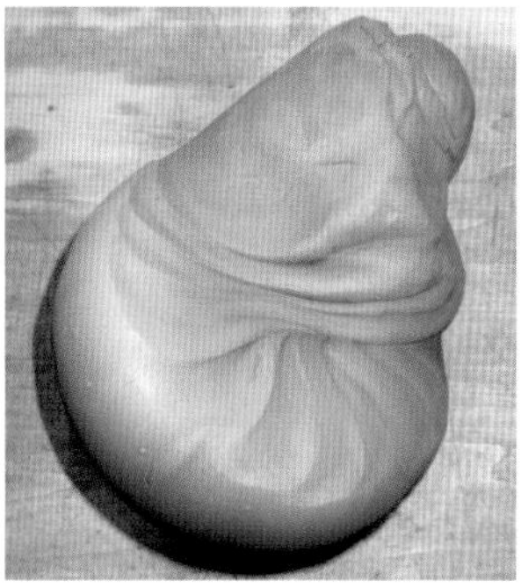

図1．菊練り途中の粘土

1. 粘土の状態の時

陶芸は「焼き物」というくらいなので、窯で「焼く」・「焼成する」という行為を行う。焼くためには、粘土を焼くことに適した状態（乾燥）にしなければならない。そのために、気候や作品にもよるが、成形の後、１週間程度は乾燥のため窯に入れることができない。作品の大きさも、窯に入る大きさに制作する前の段階で考慮しなければならない。成形の時は、菊練り（図１）がされた空気の入っていない粘土で成形しなければならない。制作する粘土に空気が閉じ込められていたら、作品が窯の中で壊れてしまうからである。また、作品が半乾きの時に、カップの取っ手を付けたり、高台を削ったりという制作工程を行う必要がある。

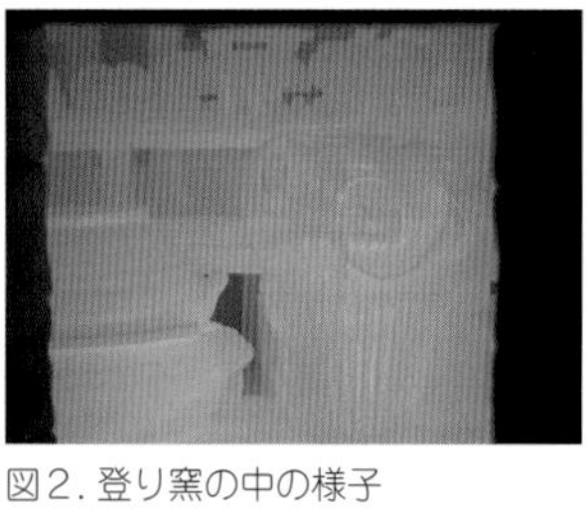

図2．登り窯の中の様子

2. 作品が窯の中にある時（焼成中）

窯の中に作品がある時は、高温になっているので、自由に作品を触って何かすることもままならない。焼成中に窯の中の作品を見たとしても、最初のうちは、目視で実際どのような状態なのかなかなか判断もつかない（図２）。窯入れ前と焼成し窯出し後では作品はまったく違った様相をしている。焼成中にダイナミックに変化するためである。正に、焼成中の窯は、ブラックボックスのようである。また、焼成は火を使っている状態が長く続く。もちろん電気窯のように直火を使用しない窯もあるが、近年まで陶芸は、その発達の歴史を直火で焼成することで行ってきた。陶芸は、火（熱量）を扱い、焼成することで作品を粘土（土）から陶器へとドラマチックに昇華させる。おおよそ焼成は、火を素焼きで６時間以上、本焼きで12時間以上の長い時間にわたって使用し続ける。

図３．七輪

現在の七輪に近いものは、江戸時代より長屋等町人文化の中で煮炊きや焼き物に使用されてきた。

翻って、現在の住環境は、オール電化住宅でわかるようにパネルスイッチですべて行うことができるようになり、火を生活の中で使用する機会がまったくない児童や大人が増えてきている。人類が長い間培ってきた火を扱う技術は生活に則して培われてきたが（図３）、生活の構造的変化にともなって経験する機会を失い、技術そのものの伝承ができなくなりつつあるようだ。時代性でますます火は不便なものになってきている。

1）八木一夫『懐中の風景』講談社、1976、p283

図4．作品例①「乾燥段階の作品」

図5．作品例②「土鈴」

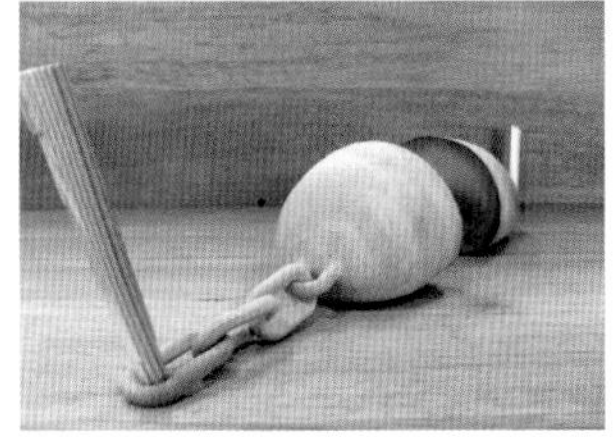
図6．作品例③「陶でつくったオブジェ」

以下に「不便」を❶～❸にまとめてみよう。

❶粘土の状態に自分の時間を合わせなければならないこと

❷粘土を焼くことのできる状態に仕立てなければならないこと

❸焼き物は、火（熱量）を長時間焚き続けなければならないこと

私たちは図画工作科の授業において、自由に発想したり、危険でない限り思う存分伸び伸びと制作したりする環境をめざしているかと思う。また、自主制作等でも何かものをつくる時、自分の都合のいい時間に合わせて制作してきたかと思う。たとえば、水彩画を描くことを思い浮かべると、大体においてどこでも好きな時間に好きなように制作が可能である。何も「不便」は感じない。先に述べたように、陶芸は❶～❸のように自由が束縛されたと感じる「不便さ」がある。しかしながら、これらの「不便さ」が陶芸の特徴であり、陶芸の魅力の表出と言い換えることができる。そして、それは実のところ粘土自体がそもそも初めからもっているものなのである。陶芸は、作者の思いよりも先に、前提として粘土の可塑性を利用して成形し、乾燥後焼成するという工程で成り立っている。それを陶芸家・京都市立芸術大学教授であった八木一夫は、「土なら土というものが初めから背負っておる一つの生理」「意識の世界から言うたら一つの制約になるけれども」[1)]と言った。すべては粘土にもともと備わっている性質を利用して、制作者は、焼くために段取りをしながら制作者の思いや心象、感性を一緒に工程に則して制作をしているのである。

ぜひ、彫刻や絵画などの美術とは違う制作感覚を体験してみてほしい。つくりたい物に合わせて制作者が素材や時間を自由に自分中心にコントロールするのではなく、既にそこには粘土があり、粘土と向き合い、粘土と対話しながら制作する世界がそこにあるのだということを（図4～6）。

3. 粘土の可塑性から～粘土の魅力

魔法のような粘土の可塑性は、粘土の中に丁度よい水分がある時に気持ち良く働いてくれる。しかし、粘土の水分が少なくなってくると可塑性が徐々に失われてしまう。その逆もしかり。水分の過多・過少の過程で、粘土は様々な表情である土肌を私たちに見せてくれる。

以下の図7～9それぞれの写真の粘土を手で触ると、違った感触の違いがある。それも粘土の魅力の一つである。

図7．2種類の泥漿（でいしょう）で模様を描く。

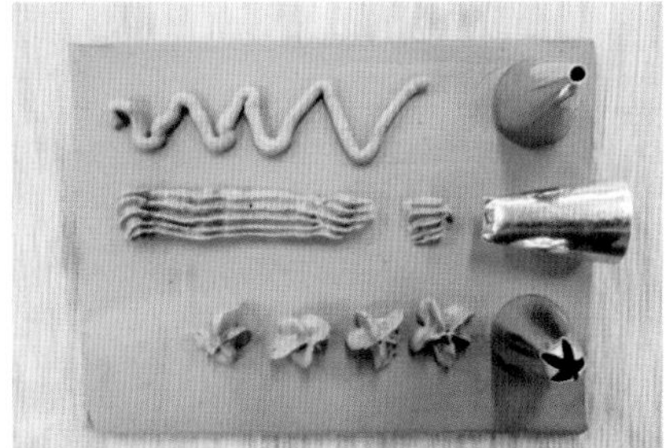
図8．ドベと口金を使う。

図9．手の体温を使って丸める。

［菅野弘之］

16. 土でつくる—陶芸の基本、手順や注意点

ここでは、粘土が素材である陶器の基本について述べる（陶器のほかには、磁器や炻器（せっき）がある。素材等の違いで焼成の温度が変わったりする）。日本において陶器は、縄文土器、土偶等から発達し、次第に窯を用いて温度を高く保つことができるようになってくると、施釉された陶器がつくられるようになってくる。陶芸の歴史は、１万年以上遡（さかのぼ）ることができるといわれている。陶芸を初めて学習する方のためにらせん状カリキュラムとして授業計画を構成する時、人類が陶芸を発達させた手順に従って学習することが素直な学習手順であると考える。

そのように考えると最初の学習は素焼きの陶器（土器や土偶等）となる。制作手順としては、「⑴土づくり⇒⑵土練り⇒⑶成形⇒⑷乾燥⇒⑸素焼き（焼成）⇒作品」となるが、以下詳しく紹介する。

I. 実践の流れ

⑴土づくり

採ってきた土を粘土にする作業である。実際に学校教育では、乾燥してしまった粘土をまた使えるようにするために「土づくり」の作業をすることが多いようである（再生粘土）。ここでは、乾いた粘土を使える粘土にする作業である再生粘土を用いた土づくりを示す。作業工程によって防塵（ぼうじん）マスクや防塵メガネの着用が必要である。

手順①…乾いた粘土を親指の第１関節程度の大きさにする。

手順②…完全に乾いている粘土を水に完全に浸す。

手順③…粘土に水が染み込み、形が崩れたら、撹拌（かくはん）機等を用いて泥漿（でいしょう）[1)]状にする。

手順④…石膏（せっこう）鉢等に泥漿を移し、適度な硬さになるまで待つ。

⑵土練り

２種類の練り方で、粘土を成形することができる素材へと仕立てていく。

❶荒練り…水分の微調整を行いながら、粘土全体が均一の硬さになるように練る。

❷菊練り…荒練りされた粘土を使って、粘土の中に空気がない状態に練り上げる。

⑶成形

手びねり（塊づくり）· ひもづくり · たたらづくり（板づくり、図１）[2)]等で成形する（図３～６）。電動ロクロを用いて成形することは高度な技術修得が前提となり、電動ロクロの数の問題もあるので、学生の最初の学習としては考慮が必要である。

1）泥漿
陶芸で、粘土に水を加えてドロドロの状態にしたもの。液体のような感じ。

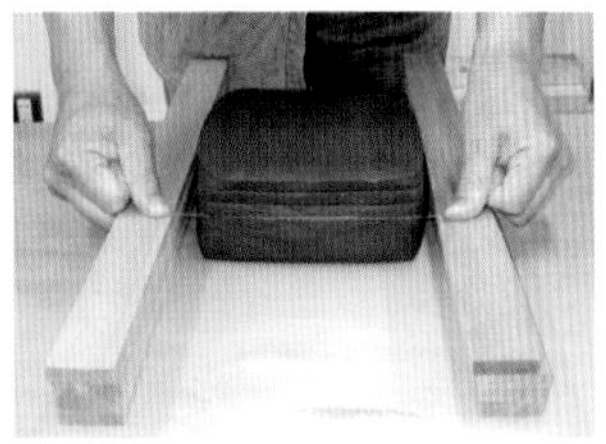

図１. 菊練りされた粘土の塊から切り糸とたたら板（木製）で同じ厚さの粘土の板（たたら）をつくっている様子。

2）たたらづくり
粘土を板状にして成形する技法。

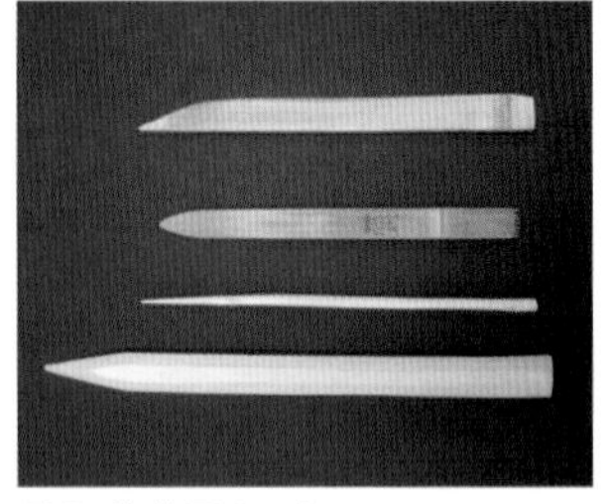

図２. 陶芸用のへら

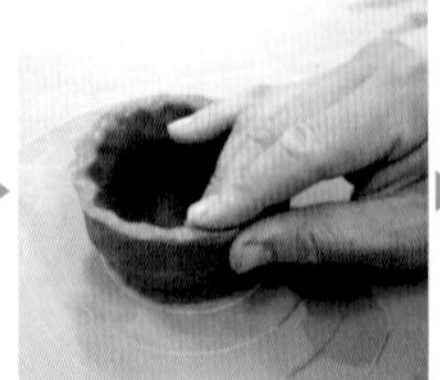

図３. 手びねり（図４に続く）：ロクロの中心に粘土を圧着させる。親指を使って穴を開ける感じで底面をつくり、側面の粘土を上へ成形していく。

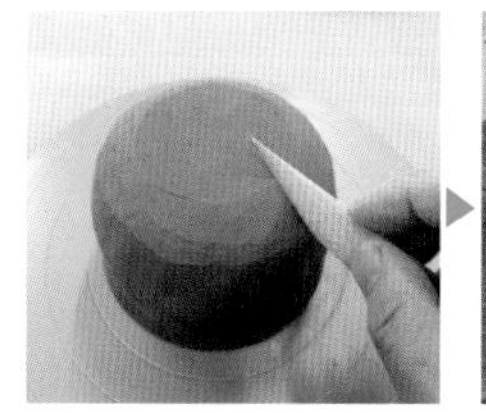

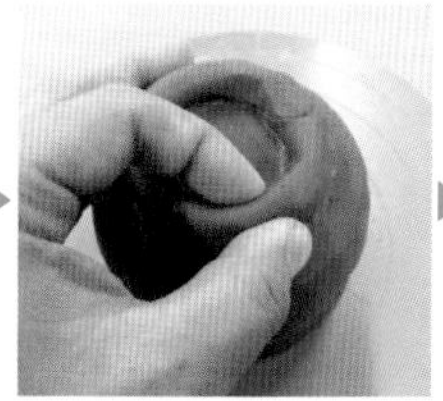

図4．手びねりづくり（続き）：図3が半乾きの状態になったら、切り糸で切り離す。逆さにしてドベ[3]を使って高台になる粘土を付け成形する。

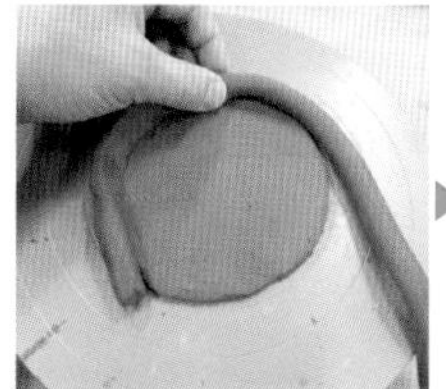
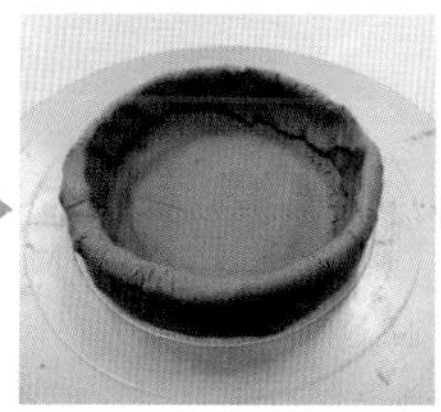

図5．ひもづくり：底面になる部分を粘土で成形する。ひも状の粘土を一段ごとに、写真のように手で圧着しながら積み上げていく。

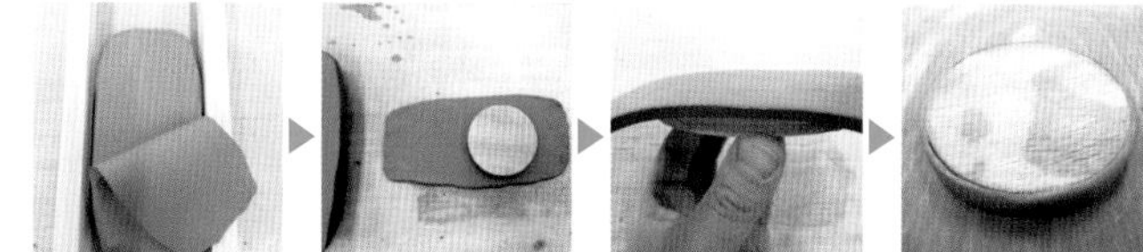
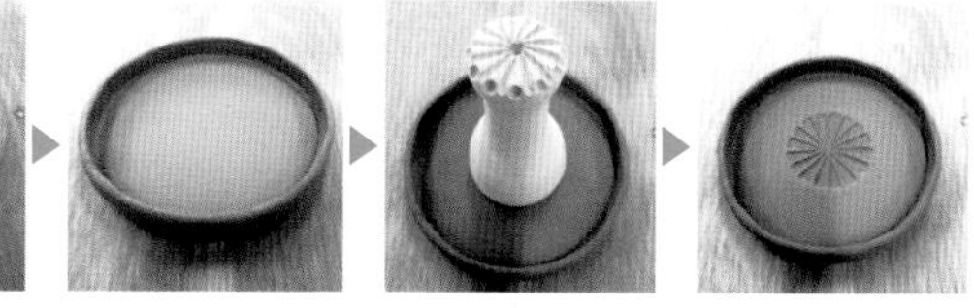

図6．たたらづくり：菊練りされた粘土の塊からたたら板（図6一番左）と切り糸を使って板を成形。ここでは木の型にたたらを押しつけ成形後、陶印[4]を押す。

⑷乾燥

作品を十分に乾燥させる。乾燥させる時は、日陰で風が当たらない場所で行う。

⑸素焼き（焼成）

陶器の素焼きは600℃から800℃である。焼成方法は、窯の種類によってどのように窯を操作するかが変わってくる。窯の種類としては、電気窯、灯油窯、ガス窯、薪(まき)窯等がある。注意点もそれぞれの窯で変わってくるので、窯のマニュアルを熟読することが必要である。なお、一般注意事項として火傷や換気に留意することが挙げられる。最初は熟練者とともに焼成することを強く勧める[5]。

でき上がる作品は、素焼き陶器で日常使われている器としては、植木鉢、大蒜入(にんにくいれ)等がある。オブジェ作品では、水彩絵具等で彩色する「加彩」という技法を使うこともある（図7）。

素焼きのその他の乾燥以降の本焼きの工程例として

- 乾燥　⇒　本焼き焼成　⇒　焼き締め陶器
- 乾燥　⇒　素焼き　⇒　施釉　⇒　本焼き焼成　⇒　施釉された陶器
- 乾燥　⇒　素焼き　⇒　下絵つけ　⇒　施釉　⇒　本焼き焼成　⇒　下絵つけされた陶器
- 乾燥　⇒　素焼き　⇒　下絵つけ　⇒　施釉　⇒　本焼き焼成　⇒　上絵つけ　⇒　上絵つけ焼成　⇒　上絵つけと下絵つけされた陶器

以上の例でわかるように、様々な工程がある。道具や材料が扱えるものかを的確に判断して使用しなければならない。

［菅野弘之］

3）ドベ
粘土に水を加えてベトベトの状態にしたもの。濃い泥漿のこと。

4）陶印
粘土に模様や文字等を成形し、押印できるよう素焼きや本焼きをしたもの。

5）焼成
焼成は、温度を上げていく時（あぶり・せめ等）のみを考えがちであるが、温度が下がっていく時も非常に重要な焼成の一部である。窯出しは、窯の内部が常温になってから取り出すことが一般的である。

図7．作品例「自分のサインをつくってみたら」

17.飾りをつくる—七宝焼き・レジン制作

自分がつくったもので身のまわりを飾ったりなど生活の役に立つものを制作したりすることは、子どもたちの造形や図画工作に対する興味・関心をさらに満たす試みとして有効である。ここでは、七宝焼きとレジンの制作を紹介する。陶芸と工程が類似しており、陶芸はつくったその日に焼くことができないが、七宝焼きはつくったその日に窯に入れて完成し持ち帰ることができる。制作の工程を通して、作品が目の前で形や色、質感が変化する様子を体験し、その面白さを実感することができる。レジンでの制作も、硬化時間が短いので複数つくることが可能である。焼く、硬化するというのは、手間と時間を要する。これは小学校の一般的な授業時間内だけでは得られないじっくりと取り組む制作の体験であり、創作意欲の高まってきた年齢の子どもたちにとっては重要な経験になる。

七宝焼き[1)]

1. 実践のねらい

❶色ガラスの粉（七宝絵具）や金属（銅板）を使って飾りをつくる。

❷飾りのデザイン、色の配置を工夫しながら、模様を考える。

❸七宝焼きの特色を知り、色の変化を楽しむ。

2. 準備するもの

・七宝絵具　・銅板、銀板等　・留め金具　・スポイト、ティッシュ
・ホセ（竹製の棒）　・小さな木の板　・電気炉（小型）　・ピンセット
・耐火作業台　・金属用ヤスリ　・瞬間接着剤

3. 実践の流れ

(1)材料の準備・裏引きをする

七宝絵具は12色セットなどが使用しやすい。絵具は、800℃前後で溶けるやきものの釉薬と同じガラス化する粉である。絵具の種類は、不透明、半透明、透明があり、最初は不透明絵具を使うと扱いやすい。

まず、絵具の入った容器に水を入れてよく混ぜる。水分が多い場合には、ティッシュや綿棒で取り除く。ガラスをのせる銅板の表面に汚れや油分がついているとガラスがのせにくいので、食品用酢で洗っておく。スチールウールで磨いたり食器用洗剤で洗ったりしてもよい。絵具をのせる銅板の裏側に、同様の絵具を塗っておくことを裏打ちといい、表側の溶けたガラスがはがれにくくなる。銅板は、形が加工されたものが市販されているが、慣れてきたら自分自身で銅板を切って叩くなどして、自由な形をつくることも可能である。

(2)デザインを考える

土台の銅板の上にどのような絵や柄を表すか、そのためにどんな色をのせるか、あらかじめデザインを考え、色の数、色の配置などを決めておく。

(3)七宝絵具を銅板にのせる

銅板の表に七宝絵具をホセでのせる（図1）。塗るというより粉を置くという感覚で行う。色の境目をはっきりさせたい場合は、水分を取りながらホセで寄せるとよい。溶かす前後で色合いが変わるのでよく観察するように促す。できあがったら、電気炉の上などで温めて、水分をとばす。

1）七宝焼き
七宝焼きは、主に銅板の表面に七宝釉薬と呼ばれるガラス粉を置いて溶かした工芸である。古代エジプトでもつくられていて、日本には中国から奈良時代に伝わったとされている。七宝という言葉は、仏典に「金（こん）・銀（ごん）・瑠璃（るり）・玻璃（はり）・硨磲（しゃこ）・瑪瑙（めのう）・珊瑚（さんご）」と7種類の宝玉が出てくる。その七つの宝のように美しいものという意味で使われるようになった。現在では、愛知県のあま市七宝町を中心に工芸品やアクセサリーとして制作されている。
七宝焼きは、材料や道具も簡単に手に入り、小さい電気窯で焼くことができるので、生涯学習施設や公民館などでもサークル活動などでつくられるようになっている。

図1. ホセで七宝絵具をのせる。

図2. 炉に入れる。

図3. 七宝絵具が溶けた様子

図4. 七宝焼きの完成品

2）レジン
レジンとは樹脂のことである。近年アクセサリー素材として扱われるようになって比較的安価なものが販売されている。レジンの最大の特徴は、その透明感にある。シリコン製の型に流し込めば、様々な形のものができる。型にビーズやスパンコール、また小さな貝殻や石、葉や花も封じ込めることができる。透明な液体に様々な素材を閉じ込めた造形の面白さを体験することができる。レジンには、2つの液体を混ぜて硬化するエポキシレジンと、1つの液体で紫外線を当てて硬化するUVレジンがある。UVレジンのほうが、より安価で手に入る。色数も豊富で様々な色を用意することができる。

(4)電気炉に入れて絵具を溶かす（図2）

電気炉の温度は800℃に設定しておく。金網にピンセットで作品をのせる。電気炉は高温で大変危険なので、基本的に大人が扱う。作品は2、3分で溶ける（図3）。溶けると絵具はオレンジ色に発色している。これは温度によって変化する。低くなれば赤みを帯びてやがて本来のガラスの色になる。専用ハサミで取り出し、耐火レンガの上などに置いて冷ます。注意しなければならないのは、すぐに素手で触らないことである。冷めたように見えても高温でやけどするおそれがあるので、念のため10分は放置する。

(5)仕上げ

でき上がりは光沢を帯びたガラスになる。銅板部の周辺を金工用ヤスリで削って仕上げる。ペンダントやキーホルダーの金具を取り付ける場合は、金属用接着剤か瞬間接着剤を使うとよい。

レジン[2]でつくる（UVレジン）

1. 実践のねらい

❶レジンを型に流して固められることを知り、色や中に入れるものの組み合わせにイメージを広げ、表し方を工夫する。

❷レジンの色を組み合わせたり、中に入れるアイテムを含めデザインを考えたりし、自分のイメージを表そうとする。

❸レジンのアクセサリーを仕上げて身に付け飾りをつくる面白さを楽しむ。

2. 準備するもの

・UVレジン（複数色）　・シリコン製型（数種類）　・スパンコール
・ビーズや貝殻　・飾り台　・留め具　・ピンセット　・つまようじ
・UVレジンライト　・サンドペーパー　・瞬間接着剤

3. 実践の流れ

(1)デザインを考える

シリコンの型の大きさ、形を選ぶ。流し込むレジンの色や、中に入れるスパンコールやビーズなどの素材の組み合わせを決める。また、仕上がってから飾る飾り台の種類を選んだり、つくったりする。

(2)型に飾りを置く

型の中に、スパンコールやビーズ、小石など置いたりして構成を決める。細かいものは、つまようじやピンセットを使って置くとよい。風があるとずれたり飛んだりしてしまうので注意する。

(3)レジンを流し込む/UVライトを当て硬化させる

型の中のビーズなどがずれないよう、流し込む際に空気が入らないように注意しながらレジンを流し込む。型から少しあふれるくらいに盛るようにレジンを流し込む。UVライト（9w）に当ててから15分～30分程度で硬化する。UVライトがなくても、太陽光に30分当てれば同様に硬化する。

(4)留め具などをつけて完成

レジンが硬化したら、流し込んだ余分な縁（バリ）などを、サンドペーパーで削って整え、飾り台や、ピンなどの留め具に接着剤でつけて完成させる。

［江村和彦］

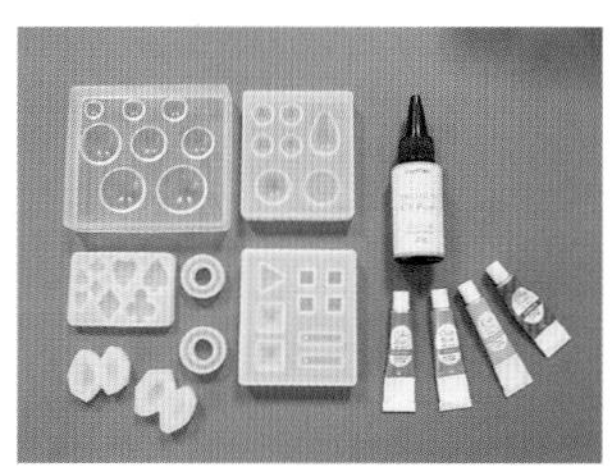
図5. UVレジンとシリコン製の型

図6. レジンの完成品

18. モザイクで表す

モザイクは、小さなタイルなどの小片を絵や幾何学的な模様に構成し装飾的に表現する技法である。モザイクの材料には、陶磁器のタイル以外にも、石、ガラス、貝殻、木などが使用されることがある。モザイクの技法は古くから世界的に見られ、建築物の壁や床、あるいは工芸品の器や家具など様々なものに装飾的に施されている。ここでは、基本的な立体モザイクの技法を学び、様々な色や形のタイルを工夫して構成する楽しみを味わいたい。また、様々な素材のモザイクにも挑戦したい。

1. 実践のねらい

❶材料の特性を理解して、モザイク作りを楽しむ。
❷様々なタイルの形と色の効果を楽しむ。
❸立体的な仕上がりを想像しながら構成する力をつける。

2. 準備するもの

- 素焼きの植木鉢
- カラータイル（複数色）
- 金槌（かなづち）
- 新聞紙
- ゴムベラ
- スポンジ
- 接着剤（陶磁器・タイル用）
- 目地材（市販のタイル用で白）
- 目地材を練るボウル

3. 実践の流れ

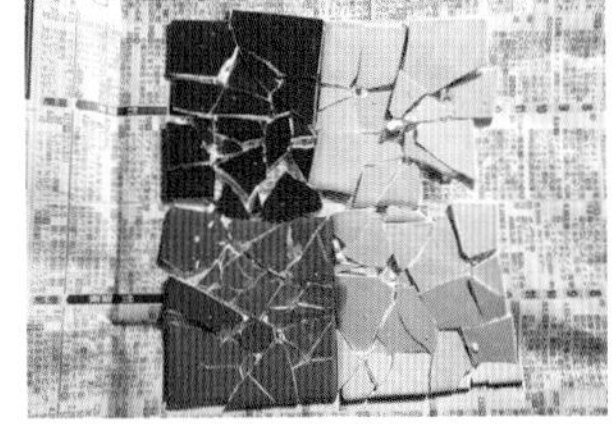
図1. 貼りつけるタイルを作る。

(1)タイルを準備する

カラータイルを金槌で細かく割り、不定形な形のタイルを作る（図1）。割る時には、タイルを新聞紙に挟んだ上から金槌で叩くと、飛び散らなくてよい。

図2. 組み合わせを工夫する。

(2)モザイクを構成する（タイルを貼る）

タイル用の接着剤を植木鉢の側面に部分的につけ、タイルを貼って構成していく。この時、最初に定形のタイルを貼っていき、後から不定形の細かいタイルで埋めていくと構成しやすい。いろいろな色や形の組み合わせを試すなど工夫したい（図2）。たとえば、絵を描いたり自分の名前などの文字を書いたりすることもできる。

図3. 適度な硬さの目地材

(3)隙間や継ぎ目を埋めるための目地材をつくる

目地材をボウルに入れ、水を少しずつ注いで様子を見ながらジェラート状になるまで練る（図3）。素焼きの植木鉢など吸水性のある素材を用いて構成する場合は、少し水を多めにするとよい。

図4. 隙間を目地材で埋める。

(4)目地材で隙間を埋める

ゴムベラを使って目地材を塗り、タイルの隙間を隅々まで埋めていく（図4）。この時、タイルの上に目地材がかかってしまうが、後で拭き取るので気にしなくてよい。ただし、植木鉢とタイルの間に空間ができたり、目地に気泡が含まれると目地が割れてしまうことがあるため、空気を抜きながらしっかり埋めること。また、まわりより高さの低いタイルは埋まってしまうので、最後に表面をならして余分な目地材は取り除いておく。

図5. 余分な目地材を拭き取る。

⑸余分な目地材を拭き取る

目地材が乾き始めて表面が少しパサパサしてきたら、水を含ませたスポンジやティッシュペーパーで余分な目地材を拭き取る（図5）。完全に乾く前に拭き取ったり、また拭き取りすぎたりすると、目地材を剥がしてしまうので注意すること。

⑹乾燥させて完成

きれいに拭き取ったら、あとはしっかり乾燥させる。風通しの良い場所に置き、目地材にもよるが、およそ12時間程度で凝固する。乾燥が終わったら、タイルをきれいに拭き、余分な目地のバリを削り取って完成。

図6. 完成作品①

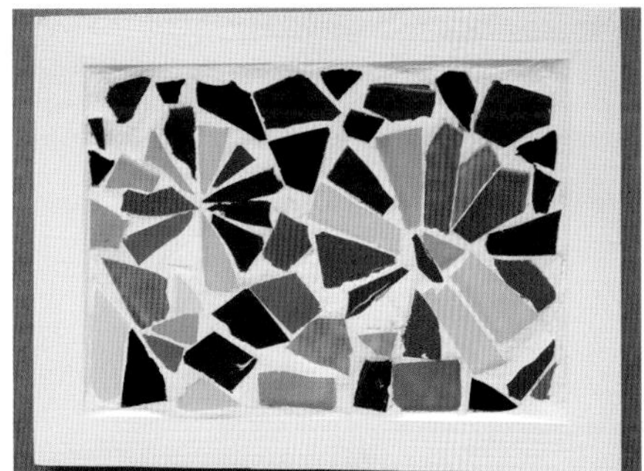

図7. 完成作品②

⑺鑑賞する

完成品には一つひとつ個性が表れている。まわりの友達の作品を鑑賞し、相互に作品の感想を話し合うようにする。

4. 実践の振り返り

- それぞれの材料の特性を理解しモザイクを完成させることができたか。
- 様々なタイルの形や色を工夫して組み合わせることができたか。
- 立体的にアイデアを想像しイメージを膨らませることができたか。

5. 発展

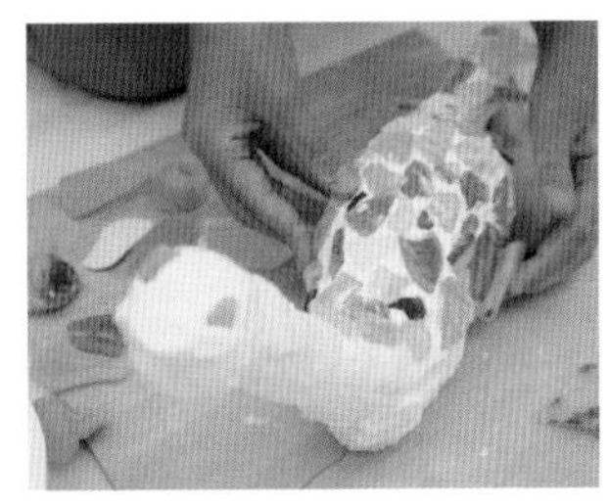

図8. シーグラスのモザイク作品

きれいに目地を埋めることがまだ難しい小学校低学年の子どもたちには、モザイク製作を容易に楽しむために、紙粘土をベースにモザイクをする方法が良い。紙粘土で好きな形を作り、そこにタイルやガラスを埋め込んでいくことができる。

また、モザイクはカラータイル以外にも様々なものが材料として使用できる。たとえば自然物であれば、川で拾ってきた有機的な形をした石や海岸に落ちているシーグラス、貝殻など、また人工物では、様々な色や形の種類があるビーズやボタンなどを用いてモザイクを構成してみると立体的なできとなり、平面的なタイルとは表情が変わって面白い。また、それぞれの素材にあったデザインを工夫して考えることにも発展させることができる。

モザイクは古くから世界中にある装飾美術だが、事前に幾何学的な模様や宗教画などを観察してから独自の装飾表現を楽しむのもイメージが膨らんでよい。

［新實広記］

19.金属工芸の教材としての可能性について

金属工芸は技法的にみて、鍛金、鋳金、彫金と３つの技法からなる。いずれも専門的で高度な技法のように見え、学校現場でも教材として取り扱うことは難しいように感じられる。しかし、鏨、金鎚など手の延長としての道具を用いて金属特有の展伸性や化学変化の体験を通じた造形活動は、子どもの発達段階においても有用性ある活動ともいえる。また、学校現場での授業運営面において、素材管理や制作過程からみても、毎時継続して積み重ねのある作業性を確保できる点もポイントである。ここでは金属工芸における素材の特性や手道具の使用法について紹介する。

1. 素材の特性について

(1)展伸性

一般的に市販されている銅・真鍮・アルミニウムなどの非鉄金属は、プレスや圧延ローラーなどによって加工硬化を起こしており、それが金属素材への抵抗感を印象づけている。しかし、銅やアルミニウムなどは、ある一定の温度（銅は400℃～600℃、純アルミニウムは345℃ほど）まで加熱すると、元の結晶構造（再結晶化）に戻り、時間が経過しても同様の状態である（図１、２）。この状態の銅やアルミニウムは加工性に富んで伸び率も高く、造形素材としてほどよい抵抗感を生じる。現在では、材料メーカーなどでなまし材（すでに焼鈍済みの棒材板材）が販売されており、それを使用することも可能である。

図１. アルミニウムの焼鈍
焼鈍温度は、あらかじめ固形石鹸を塗り、きつね色に変色した状態が目安である。必要以上に加熱すると融点が低いため溶けるおそれがあるので注意する。

(2)表面処理（さびと研磨）

ステンレスやアルミニウムは表面のイオン膜（自己補修作用）によって、さびにくい素材として生活の中に浸透している。しかし、それ以前より人類の生活を支えてきた銅及び真鍮などの銅合金は、青、緑、赤、茶、黒など様々な色合いの酸化膜を生成することによって、さびの進行を抑制する作用がある。また、もう一つの要素として、ヤスリ、砥石、炭、耐水ペーパーや金属研磨材などを使用して研磨していき、金属の光沢感を引き出すことも達成感や作品に対する愛着を育むことができる。

(3)教材として使用される金属素材の特色

❶アルミニウム…アルミ缶なども含めて、軽量で安価であり、純度の高いアルミニウムは加工性に富んで扱いやすい素材である。針金（なまし済で１～４㎜φ）などはホームセンターなどで入手しやすい。ただし、棒材は一般的にアルミ合金が主流であるため注意が必要である。

❷銅…アルミニウムと同様に展伸性に富み、加工性がよい。また、熱や電気の伝導性、殺菌性があり、薬品によって様々な色合いを表出することができる。

❸真鍮…銅に亜鉛を加えた合金で黄金色をしており、ほどよい硬さと切削性に富む素材である。また、研磨すると鏡面となり光沢感が出る。

《再結晶化状態》

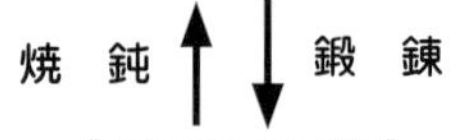

《加工硬化状態》

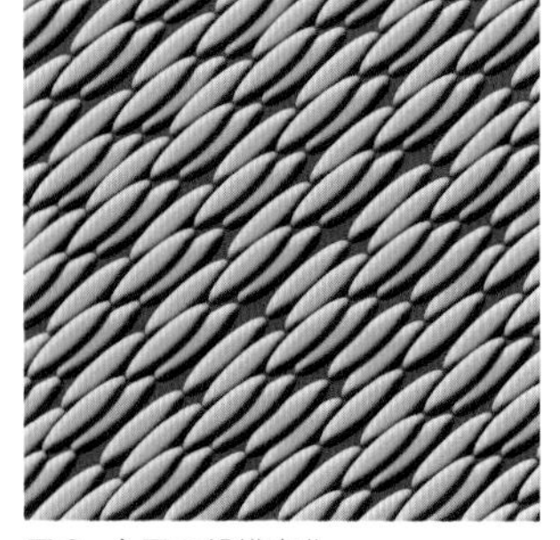

図２. 金属の組織変化

2. 手道具について

金工制作は、糸鋸、ハサミ、金鎚など様々な手道具を使用する。これらの道具類とは歴史の中で先人の知恵や工夫が詰め込まれてきたものであり、手の延長として微細な意思を伝える完成された型をもっている。その完成された型（道具）を使いこなすことは手先の器用さだけでなく、道具より与えられた機能を試行錯誤し、目で見て、考え、対応するという一連の作業との一体化が必要となる。道具を介在してのやりとりの中で、子どもたちは状況の機微を察して自ら対応していく力を育むのである。

⑴切る

板材（板金）を切る場合は、一般的に金切りバサミが使用される。コストや手軽さを優先する場合、ホームセンターなどで市販されている金属用ハサミでも代用できる（図３）。また、状況に応じて手引き糸鋸や電動式糸鋸を使用してもよい。金属用糸鋸刃はアサリが小さく向きがあるので取り付ける際に注意する（図４）。なお、薄板を糸鋸で切る場合、合板などで挟み込むと作業がしやすい。線材を切る場合で最も使用される道具として、ヤットコやペンチがある。これらは切断のみではなく、折ったり、曲げたりする時にも使用される。形状も先端部が細くなったものなど多様であり、使い方を覚えることで造形作品に様々な工夫を施すことができる。

図３. 右：金切りバサミ
左：金属用バサミ

図４. 糸鋸（左：手引き糸鋸全体、右：金工用糸鋸刃の拡大写真）
糸鋸刃は下向きに緩すぎないように注意して取り付け、切る時は垂直に動かして切る。電動用糸鋸盤も同様である。

⑵折る、曲げる、ねじる、打つ

板材の折り曲げは万力などで挟み、木槌（きづち）などを使用して折ったり、木型などに合わせて曲げたりしていく。線材はペンチなどで挟み、折り曲げていく。ねじる時は、一方を固定し、他方をハンドドリルやペンチで挟んでねじるときれいならせん状ができる。金属の展伸性を利用した教材などはタガネまたは金鎚を用いて加工する。余分な力をかけず金鎚の重さを利用して打つことが重要である。

⑶接合

針金と針金を接合する場合には、ペンチなどを使用して互いをねじり合わせて接合する。板金と板金を接合する場合には、接合する箇所に穴を開けてリベットを通し、片方の頭を金鎚で叩いて固定する。なお、空き缶など片面からのみで固定する場合には、ハンドリベッター（ブラインドリベット）などを活用するとよい（図５）。

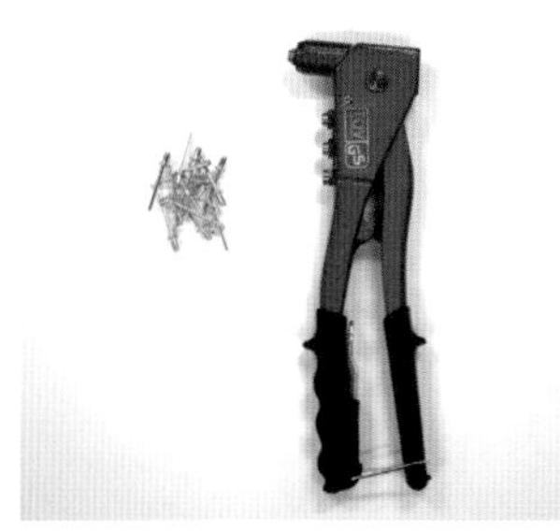

図５. ハンドリベッター

3. 金属工芸の魅力と可能性

金属素材の特性である展伸性や表面処理を利用した身体的な創作活動は、程よい抵抗感とともに子どもに素材としての新鮮なまなざしを与えてくれる。また、手道具を用いて金属を「切る」「叩く」「繋ぐ（つなぐ）」「磨く」などの一連の作業は、その制作プロセスの中で創意工夫を促してくれる。学校現場でははじめから創作物としての具体的な目標をたてなくても、その行為（作業性）自体に活動を絞り、楽しみながら身につけてステップアップしていくことで、達成感や成就感を育むとともに、組み立て方次第では驚きや感動を与えてくれる教材としての可能性を含んでいる。

［古瀬政弘］

20. 金属でつくる①—鍛造(たんぞう)によるカトラリー制作

この教材では純アルミニウムの針金や棒材を鍛造していき、マドラー、スプーン、バターナイフなどのカトラリー（ナイフやスプーンなど金物洋食器）を制作していく。「打つ」「ひろげる」「ねじる」などにより、子どもが道具の基礎的使用法を学ぶとともに金属の展伸性を理解していく。針金という手で曲げることができる身近な素材が、制作過程を経て実用に耐えうる硬さに変化していくことを体験する。さらに、磨くことで金属特有の輝きや存在感が生じ、道具や作品に対する関心や愛着を育むこともねらいである。

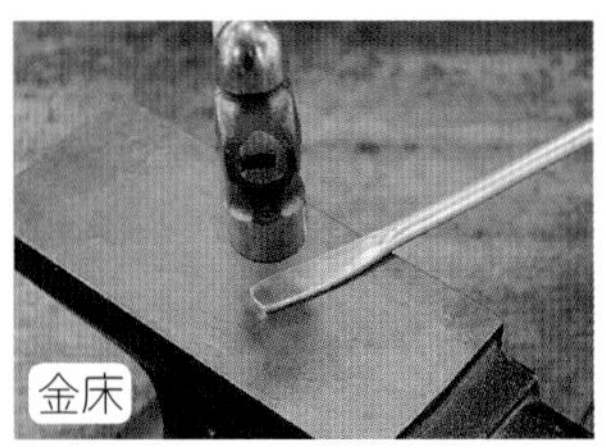

図1. 鍛造（ひろげる）
幅の広がりを求めるあまり、必要以上に薄くならないように注意する。

図2. ねじる
傷がつかないようにテープなどで保護するとよい。

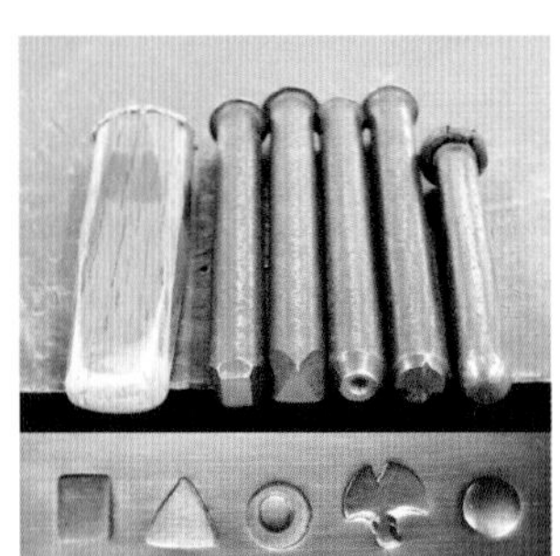

図3. 各種タガネ
左は木タガネ、他は金属タガネ、下はアルミ板に各種金属タガネを打ち込んだ跡の模様である。

1. 準備するもの

- 純アルミニウム針金、または棒材直径（4㎜φ～8㎜φ程）
- 金鎚(かなづち)及び鏨(たがね)…金鎚は直径20～25㎜程のもの
- 木槌(きづち)…直径30～40㎜の大きさのもので切り口が平らなもの
- 金床、または90㎜×90㎜程で厚みが20㎜以上の鉄材
- 金属研磨剤
- その他、ヤットコ、ヤスリなど金工用具

2. 実践の流れ

⑴ひろげる

厚み3㎜を目標に、お皿部分を中央より外側に向けて打ち出していく（図1）。

⑵柄の部分の加飾

ヤットコ（ペンチ）でねじったり、様々な模様のタガネを打ち付けたりして柄の形を工夫していく（図2、3）。

⑶磨く

最後に金属研磨剤を用いてウェス[1)]で研磨することで光沢感を出す。

3. 実践の振り返り及び発展

子どもたちが「打つ」ということで素材に関わった結果（鎚跡(つちあと)など凹凸状態）は、最後の磨きで光沢感を得て様々な輝きを伴った表情を見せてくれる。ほかにも装身具、照明、空間造形など学校現場での今後の実践を期待したい。

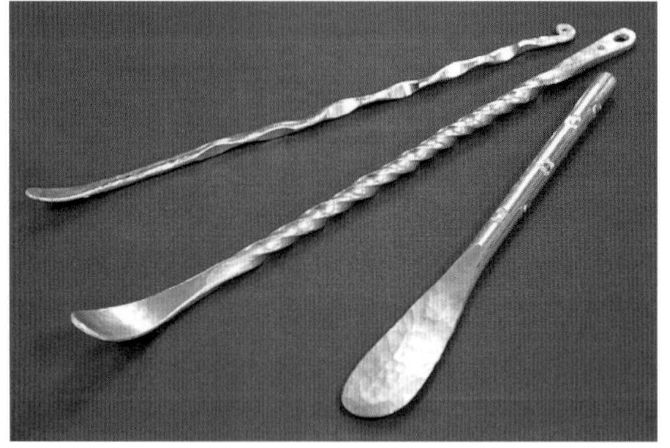

図4. 完成作品　マドラースプーン及びバターナイフ
（左：槌跡を交互につける、中：ねじる、右：鏨模様）

［古瀬政弘］

1）ウェス
機械類の油を拭き取ったり、汚れ・不純物などを拭き取ってきれいにするために用いる布のこと。

21.金属でつくる②―打ち出しによるブローチ制作

この教材では糸鋸(のこぎり)や鏨(たがね)を用いて基礎的工具の使用法を学ぶ。そして、打ち出しによる金属特有の展伸性体験や硫化(りゅうか)着色による銅色の化学変化を学ぶ。デザイン上では２枚の原型板の配置に変化を加えて、工夫次第で複数のブローチパターンを創造できることも興味深い点である。

1. 準備するもの

- 銅板0.5×90×90(mm)なまし板
- 真鍮(しんちゅう)板1.0mm厚、またはアクリル板2.0mm厚
- 糸鋸(のこぎり)（手引きまたは電動式）
- 木タガネ（金鎚の柄を利用したもの）
- 木槌(きづち)（直径30 ～ 40mm程）
- 鉄板４×90×90（mm）
- 着色液（硫化カリウム水溶液）
- クレンザー
- 重曹
- クリアー[1]
- 回転ピン[2]
- 金属用接着剤

2. 実践の流れ

(1)切断

原形板（台座となる部分と模様となる部分、図１）を糸鋸で切り取っていく。切り取った後はヤスリをかけて丁寧に形を整える。

(2)打ち出し

次の図２のように取り付けて打ち出していく（図３）。

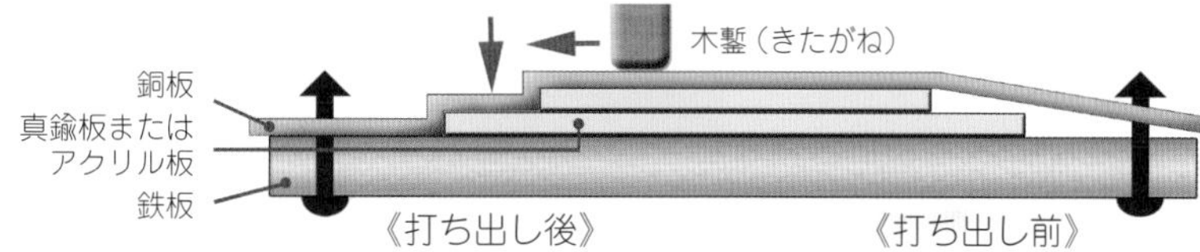

図２.取り付け図[3]

(3)着色及び仕上げ

硫化(りゅうか)着色（p.173）後、クリアーを塗布し、裏面に回転ピンを金属用接着剤で固定する。

3. 実践の振り返り及び発展

四隅の穴開けなど事前準備が必要であるが、合板などに釘で固定して作業してもよい。また、既成品や廃材品などを自由に組み合わせて、打ち出しとして写し取ることによる教材展開も期待したい。

図４. 完成作品（ブローチ）

［古瀬政弘］

1）クリアー
アクリル系透明塗料のこと。

2）回転ピン
衣類などに取り付けるためのブローチ用金具

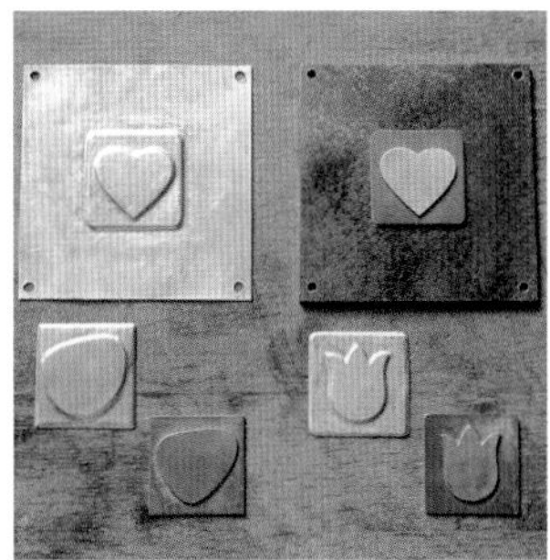
図１. 打ち出し用原形板と銅板
右上：原型板を鉄板に取り付けたような状態
左上：打ち出し後の銅板
左右下：様々な打ち出しサンプルの原型板と銅板

3）図２. 取り付け図の説明
切り取った２枚の板を両面テープで鉄板に固定する。次に銅板を被せて四隅をネジなどで下から固定する。木タガネの角で段差部分を矢印のようにくっきりと決めていく。

図３. 打ち出し作業
木タガネを使用して、中央から端にかけて打ち出していく。おおまかな形が現れたら、細部を丁寧に打ち出していく。最後に金属用ハサミで切り取ってヤスリをかける。

22. 金属でつくる③―アルミ板を用いての打ち込み象嵌による加飾制作

この教材は、アルミニウム板に金鎚で網や線を打ち込んで加飾していく技法（象嵌）を用いて、メダル、ペンダント、器、時計などを制作する。金鎚で紋金を打ち込むという象嵌作業は、小学生でも取り組むことができ、大きさ、密度など内容においては中高生や社会人まで対応できる。打ち込み象嵌作業から、素材の展伸性による形の変化を体験し、金鎚の扱い方はもちろん、線材、網材の変形や加工で手や手道具を用いて創意工夫していく点、着色による化学変化など様々な要素が連動した造形活動である。

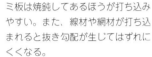

図1．打ち込み状態図

軟らかいアルミ板に銅や真鍮の線材、網材が打ち込まれた状態。アルミ板は焼鈍してあるほうが打ち込みやすい。また、線材や網材が打ち込まれると抜き勾配が生じてはずれにくくなる。

1. 準備するもの（①～⑥は図2に掲載）

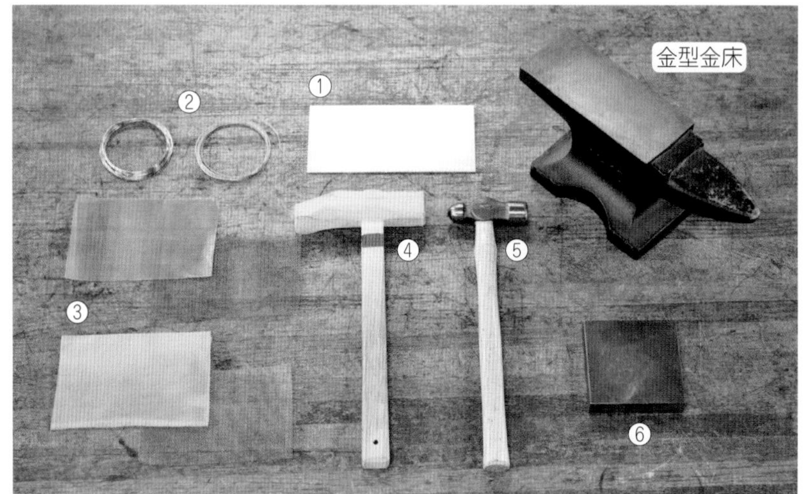

図2．使用する材料や道具

①純アルミニウム板…1.2 ～ 1.6㎜の厚さ。打ち込み作業を容易にするために事前に焼鈍するか、もしくは、なまし板を使用する。

②線材…銅、真鍮線（直径0.1 ～ 1.2㎜ϕ）を使用する。

③板材…銅、真鍮網（20#～ 60#）

④木槌…直径30 ～ 40㎜の大きさのもので切口が平らなものを使用する。

⑤金鎚…直径20 ～ 25㎜ほどのもので、金鎚の角を少し丸めたものを使用する。

⑥金床…写真のようなもので、大きさは90×90㎜ぐらいのものがよい。

- 着色用具一式…硫化カリウム水溶液（硫化カリウムを水１ℓに対して２～３ｇほど混入したもの。または、同様の成分が含まれる入浴剤や市販剤などを使用してもよい。）、クレンザー、重曹
- その他…金属用ハサミ、ヤットコ（ペンチ）、ヤスリなど金工用道具

2. 実践の流れ

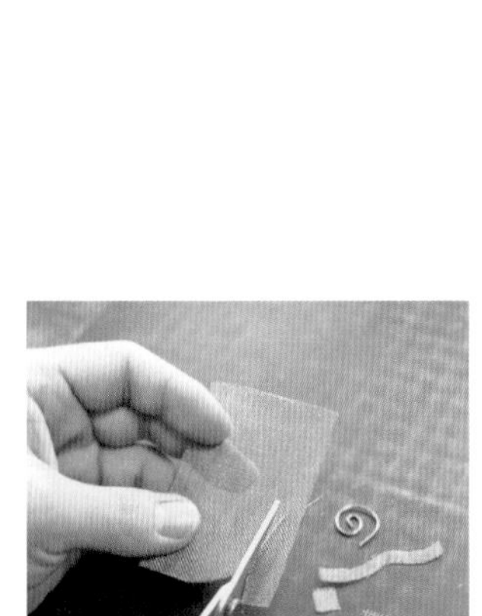

図3．紋金の切り取り作業

紋金は金属用ハサミ、または工作用ハサミで切り取ったり、棒材をペンチで曲げたりして作成する。また、網を湾曲させたり、ほぐしたりすることで表情をつけてもよい。

⑴模様づくり（図３）

模様のデザインについては、正確な寸法を必要とする幾何学的なものより、切り紙細工のように大体の構図を決めて、線や網を自由に切って即興的に打ち込むほうが作業も楽しくなり、面白い効果が得られる。また、線の太さや網の粗密及び銅、真鍮の色合いの違いなども考慮して検討することもポイントである。

図4. 打ち込み作業図

打ち込まないところも組織状態が硬化するように鎚目をつけていく。

⑵**打ち込み作業**（図4）

金鎚の角がアルミ板に当たって傷つかないように水平に打つことを心がける。また、線や金網を打ち込む場合、紋金の一方の端かまたは中央部から順序よく打ち込んでいく。打ち込み作業が進むとアルミ板が反り返ってくるため、時々裏返して木槌で平らになるよう整えていくことが丁寧に打ち込むためのポイントである。また、アルミ板の端付近に線材を打ち込むと形状によってははずれやすくなり、それによって必要以上に打ち込もうとするとアルミ板が薄くなり、亀裂が生じることがあるので注意する。

⑶**硫化着色及び仕上げ**（図5）

❶打ち込み終わった作品をクレンザーでよく研磨して付着している汚れや油分を除去する。

❷着色液に浸して作品を上下させ、液が撹拌及び対流するよう心がける。銅の色は褐色→暗褐色→黒紫色へと、変化していく。

❸望みの色に変化したら、重曹で研磨して余分な硫黄分を除去し、水洗いする。

❹最後にさびを防ぐために、アクリル系クリアーを塗布するか、ワックスなどで磨き上げて完成させる。

図5. 硫化着色による色変化

小学校などの学校現場では下準備として、これだけで充分であるが、専門的には苛性ソーダ（水10ℓに苛性ソーダ約15ｇ）で5～10秒間煮沸させ、水洗いの後、希硝酸の液に再び浸けるとアルミは銀白色になる。

3. 実践の振り返り及び発展

この教材は、金属工芸の入門編として様々な校種ですでに実践されてきている。その理由として、「打ち込み象嵌」を中心として金工の様々な造形活動を体験でき、内容的にも広がりを持たせることができる点である。また、鏨模様による表面処理や折り曲げ方を工夫して立体構成の要素を加えたりすることで教材としての奥行を持たせることもできる。さらに素材の特性と手道具の取り扱いが不可分なく連動して作業が進む点などは、子どもたちにとって新鮮な体験として映るとともに、身体的能力、達成感及び創作意欲を刺激してくれると思われる。

図6. 完成作品（時計）

時計ムーブメントを用いて文字盤として制作した例。着色することで様々な模様が浮き上がってくる。

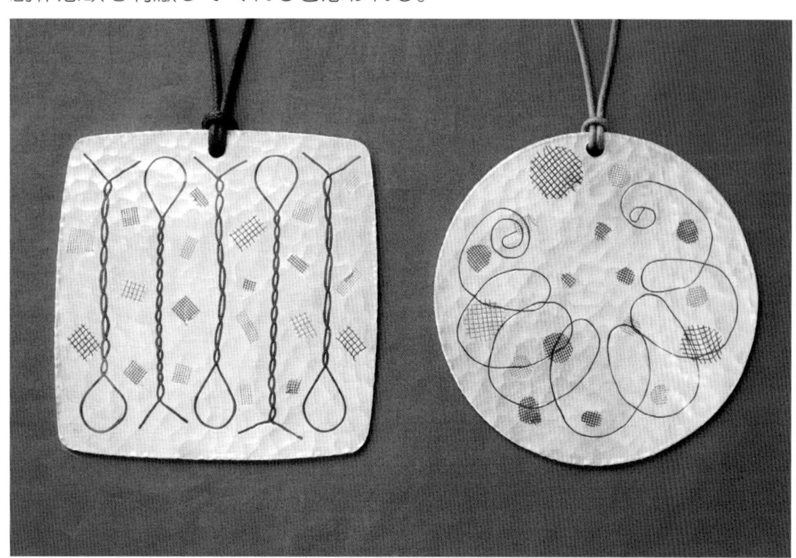

図7. 完成作品（ペンダント）

［古瀬政弘］

column 6

材料を捉える視線

身近な材料をもとに発想や構想の能力を働かせて活動する造形遊びが「がらくた工作」と称されることが少なからずあったという。“がらくた”とは使い道がない、役に立たないもののことである。造形活動で扱う身近な材料はその形や色、材質感などから子どもが自分なりにイメージを抱くであろうことを期待して選ばれたものであり、これを“がらくた”と称するのは、造形活動を目的的で狭義な世界に封じ込めるものである。

図1. 高学年の造形遊びより

図1は、校庭にある枯れ枝や落ち葉、土や小石などの自然材を、まわりの様子と調和するように活用することをねらいとする高学年の造形遊びの成果物の一例である。木の根元から、別の種類の植物が生えているようにつくった子どもが、宿り木を知っていたわけではないと思うが、自然な調和が見られる。

20世紀初頭のダダ以降、美術と日常との融合がますます進み、美の概念も広がり続けてきた。美術教育においても、身近な事物事象に造形活動の可能性を見いだす必要性が高まっていることは間違いない。自らの行為や感覚をもとに形や色、イメージなどを活用して活動することができるようにするという「共通事項」がめざすこととは、そういうことではないだろうか。

［西尾正寛］

第7章

鑑　賞

図画工作・美術科の学習内容は、表現と鑑賞から構成されている。近年、注目されている鑑賞学習では、観察、分析、比較、連想、解釈、批評といった学びの過程とともに、記述や対話といった言語活動が重視されてきている。この言語活動を通じて、言葉による表現力のほか、思考力、批判力が培われる。日本や世界の美術文化、地域や国々の伝統文化に関する鑑賞活動は、異文化理解や国際理解と結びついている。学校や美術館では、アート・ゲームをはじめとした鑑賞教材が開発され、作家から話を聞くことができるギャラリートークや作家の制作工程を実際に見ることができる造形ワークショップなど、鑑賞活動の方法が工夫されている。表現と鑑賞は互いに深く関連していて、表現活動を通して鑑賞活動のために必要な内容を、また鑑賞活動を通して表現活動に必要な内容を学ぶことができる。表現と鑑賞を深く結びつけていくアプローチが大切である。

1.みる活動・いろいろな鑑賞活動—作品をみることで育つもの

ここでは、「みる」という活動に触れ、そこから得られる学びについて提示する。一口に「鑑賞活動」といっても、そこには、製作の導入から完成まで、様々なタイミングでの「鑑賞」、つまり「みる」という行為が行われている。作品完成後に行われる作品を前にした鑑賞活動が主に鑑賞としての意味をもつと思うかもしれないが、決してその限りではない。鑑賞という枠組みの中には、日常生活で得た情報や視点、手を動かし作品をつくる活動の中で発見することなども含め、広く「みる」という行為に含まれている。そこで、「みる活動」がどのように形づくられているのかについて、さらに、指導者の側からの子どもの作品の見方について触れる。

1. 経験が生み出す「みる」という行為

図1. 日本の風景

図2. ドイツの風景

図3. 雪のある風景

図画工作の活動の中で欠かせない要素の一つとして、子どもがこれまで何を経験してきたのか、ということが挙げられる。作品は、子どもの生活や感情の延長にあり、それらを具現化したものである。色、形、筆致、質感、モティーフを利用して心の具体物として抽出されるが、それは経験がさせている。これまでの体験が時間と学びによって経験化され、作品を形づくるための輪郭を用意する。その輪郭と今という時間を通して、色や形によって表現されたものが造形作品である。つまり、風景を見ても、イメージで描いたとしても、そこに内在する「自分」を通して見ていることになる。図画工作という教科の中における「自分」との出会いは、表現の核を築くことになり、人間形成にとって重要な意味をもつことになる。しかし、自分との出会いだけでは自身の求める理想的な表現の獲得は困難である。そこには、湧き上がるイメージを実現させせるための技術の獲得がある。指導者は、子どものこれまでの経験を見据えた上で、作品と関わる子どものまなざしを読み取り、適切な技術指導を行うことが求められる。

日本には四季があり、植物の色の変化を感じる国であるが、それぞれの土地のもつ風土は子どもの感性の基盤をつくっている。日本で感じる色、ヨーロッパで感じる色、その違いは、光の見え方と建物などの環境の違いによって表れる（図１～３）。日本の中においても、雪が多く降る地域、海を日常的に目にする地域、山に囲まれた地域など、その地との関わり方によって、色や形の概念も異なることになる。それは、経験の違いとして作品に表れる。個々の経験は、広くはその地の風土のように生まれてから育った環境がつくり上げる感覚と、日々の日常生活の中で他者との関係から築く感覚がある。「みる」という行為が個々人によって異なることは、この土台、つまり経験の違いに現れる。

2. 鑑賞についての「みる」

では、「みる」行為の場面を通して、鑑賞について触れる。

鑑賞という言葉は、「芸術作品を鑑賞する」といった、完成作品を見るという意味合いとして、認識される傾向がある。しかし、個人の価値観が重要視される現在においては、「鑑賞」の意味を広く捉え認識する必要がある（図４）。つまり、上記で示したように、個々人の唯一無二の経験は、常

図4. 参考作品

黒板塗料でできた壁画作品に、チョークで絵を描く様子。美術作品には、設置された作品に鑑賞者が手を加えることで最終的に完成する作品形態もある。美術館の中でガラス越しに作品を鑑賞することとは、作品に対する距離感と関係性が異なる。

に対象を「みている」ということである。学校に行く冬の朝、息が白く見え、学校を囲む大きな木の下には、葉や実が落ちている。ボールが飛んできて、土に触れ、プールの水を感じ、夕方には夕日のオレンジ色に包まれる中、家に帰る。つまりは、感じるすべての事物が鑑賞の対象である。それを意識して捉えることで、特別なものとして視覚、または、五感すべてで感じ取ることが可能となり、鑑賞の対象となる。もちろん、子どもがこのことを意図的に経験し作品に取り入れているというよりは、知らず知らずのうちに情報として蓄積しているといった方が自然である。手で触れることと意識して「みる」ことを合わせ、さらに言語化することで感覚は具体的となり、つくることの一要素を担うことになる。

広辞苑で「鑑賞」という言葉を調べると、「芸術作品を理解し、味わうこと」とある。まさに、作品鑑賞の意味を含んでいる。同音異字で「観賞」とあるが、これは「見て楽しむこと。見て賞翫すること」とある。「賞翫（しょうがん）」とは、「めでもてあそぶこと」とある。さらに「観照」という言葉には、「対象を、主観を交えずに冷静にみつめること」とある。図画工作での「みる」行為には、これらすべての意味を含む鑑賞となる必要がある。

3. 子どもの絵の見方

子どもの絵を見る時、教育現場ではよく「子どもの声」を聞く、という表現が用いられる。これは、作品をつくった当人の側から作品を見ることの重要性を示す言葉である。それは、「その子に身を重ねる」ことで、製作時の子どもの目線を捉えることを意味している。そして、作品の見方には、「作品の評価」と「作品からの評価」という視点の違いがある。「作品の評価」とは、大人のコンクールのように審査員の価値観において「描けている」「描けていない」という評価をつけ、ある一定の価値基準で作品を独立した「モノ」として仕分けることである。それに対し、「作品からの評価」は、子どもが作品製作の中で、何を感じたのか、どのような発想をし、どういった技能を発揮したのか、といった視点で作品を読み取ることである。図画工作という教科の中で、どのような学びがあったのか、子どもの学びについて示すことができるのは、後者となる。

そこで、子どもの作品を理解するために、左の3つのステップを提示する。

子どもの作品を理解するための3つのステップ[1)]

①近づいて見る

- 子どものつくる距離で見る、あるいは部分を見る。
- はじめはまず事実を淡々と見て、次に事実から考えられることを確かめる。

②描いた順番をたどる

- 描いた子どもの発想や思考のプロセスに身を重ねる。

③その子の理由を考える

- 近づいて見たり、描く順番を想像することで、作者の描いた理由を考える。
- その絵を描いたわけや、そのプロセスで感じたこと。

1）奥村高明『子どもの絵の見方「子どもの世界を鑑賞するまなざし」』東洋館出版社、2010、pp.13-19

指導者は、「今」「この瞬間」の子どもの作品を見ることの意味を考える必要がある。子どもの作品には、その時に強く興味・関心のある内容や想いが反映されている。「モノ」ではなく、子どもの分身がそこにはある。指導者は、子どものもつ思考の地図、または思考の層を含めて作品を「みる」ことが求められる。さらに、「子どもの声」を聞こうとする姿勢を整えなければ、子どもの声を拾い上げることはできない。つまり、作品の本質を読み取るためには、指導者の見方が重要にある。そして、作品に想いを込めて描くことができる導入を行うこともまた、指導者の力が問われる部分である。

［西園政史・奥村高明］

2. 感じることから、始まる鑑賞—感じて　みて　言葉にする

美術教育における「えがく」「つくる」「みる」は別々にその行為があるのではなく、それぞれの行為が行き来している。それらをつなげているのは「感じる」ことと筆者は捉えている。本稿では、いくつかの事例を通して「感じる」ことから始める「みる」こと（鑑賞）を紹介する。

1.「感じて　みて　言葉にする」

鑑賞学習では、見たものを言葉で表すことが一般的なのかもしれない。小学校学習指導要領でも言語活動の充実が求められていることもあり、教育現場では教師がたくさんの工夫をして、子どもたちが見たことや考えたことを言葉にできるようにしている。

子どもたち同士や子どもと教師との間で交わされる会話の場面では、それぞれの子どもが見たことなどを生き生きと話している。しかし、ワークシートなどに文字で書く時には、一般化された言葉に置き換えられて、その子らしい「みる」ことが薄れている場面をよく目にする。「みる」ことを軸とした学習活動だったはずが、書くことが主になっている。

その問題には、単純に書記言語と口頭言語の差にあるだけではなく、様々な要因が考えられる。その一つに教師は、学習指導要領の共通事項にある「形」「色」「イメージ」に沿った評価材料としての言葉を子どもに求めすぎているのかもしれない。子どもたちは、事物や作品などを見た時に感じた直感的な思いを言葉にする。言葉にする経験や語彙（ごい）の少ない子どもたちは、その「思い」に近い、これまでの体験や記憶をたどって表そうとする。「この色、お庭にある花の色だ」「ここのバサバサって感じは、公園の雑草みたいだよ」などと話してくれる。「みる」対象と子どもたちが日々の生活の中で感じ取っていることが結びついた場面である。それが文字にした時に少しずつ消えていく。

図1. 木の外周に自身の長さを見つける。

子どもたちには、「みる」時に「感じたこと」を大切にしてもらいたい。教師はその「感じたこと」を大切にしてもらいたい。教員養成における学習として、「感じる」ことから始める「みる」活動を実感するために、いくつか紹介したい。

2.「紙ひもメジャー　で　はかるんじゃー」

この活動は、直接的な造形活動ではないが、身体を通して世界を「みる」、世界を通して自身を「みる」ことにつながる活動である。

まず、紙ひもテープを使用して身体の長さを測る。測って切り取った紙ひもと同じ長さを探す。[測る] 活動では、目測で測ることを条件に身体の部位の長さを測りながら、最終的には自身の身長の長さの紙ひもをつくる。その過程で「しゃがみ込んだ時の身体の外周」といったテーマを設けるとペアで協力した活動を促せる。目測で測ることによって、思っていたより長い・短いがあり、友達とその長さを比べながら自身の身体を感じ捉えることになる。[探す] 活動では、屋外など広い空間で身長の長さの紙ひもをいろいろな場所に当てながら、同じ長さを探す（図1、2）。その過程を

図2. 排水溝の枠に自身の長さを見つける。

通して、「この木の周り（円周）は私より長いんだ」「あのベンチは僕と同じ長さだ」と自身の身体を通して世界を感じることができる。

3.「めかくしマップ　―五感でつくる私だけの地図―」

図3．目隠しをして木と対話をする人と記録を取る人

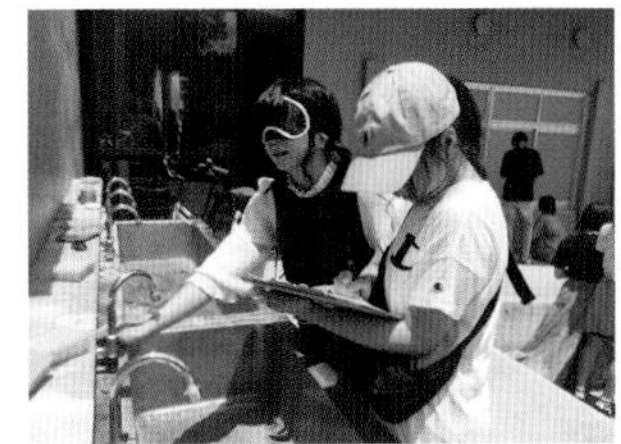
図4．目隠しをして洗い場と対話をする人と記録を取る人

この活動では、視覚を閉ざして、他の感覚を意識して世界を感じ、感じたことを言葉や音にしながら記録を取り、その記録をもとに「めかくしマップ」を作成する。［記録］を取る活動では、ペアをつくり、一方が目隠しをして、もう一方がどこで何を話したかの記録を取る（図3、4）。安全が確保できる環境を設定し、その範囲をペアで散策する。目隠しの人は、耳から聞こえる聴覚や足裏、肌などから感じる触覚、鼻から匂う嗅覚を駆使しながら、その場その場で感じたことを言葉や音（オノマトペ）で表す。緊張やワクワクにより文章で表せず、オノマトペで表現する場面が多くなり、より直感的な「感じること」を体験することになる。記録の人は、目隠しの人が触ったものなどの答えを求めてきても正解を言わない。例えば、「これは机だよね？」と聞かれても、「わからない。なんで机だと思ったの？　教えて」と質問を返してほしい。正解を言ってしまうと目隠の人と触ったものとの対話が途切れてしまう。どうしてそう思ったのかをたずねることによって、その対話を促すことができる。［マップを作成する］場面では、記録した言葉をもとに地図上で色を塗っていく。様々に感じた言葉があるが、例えば、心地よかった場所は赤色、心地よくなかった場所は青色などのテーマで分類すると、自分と他者の感じ方の違いも視覚化した地図を作成できる。透明シート等を活用するとシートを重ねてみることによって、他者との違いがわかりやすくなる。なんとなく感じていた世界を「感じる」自分をさらに感じながら、世界を捉えることができる活動である。その過程で得た言葉は「みる」ことを実感をもって表した言葉になる。

4.「アートカード」の活用

アートカードは、美術作品等が印刷されているカードである。近年は図画工作科教科書指導書の付録や書籍としての販売もあり、教育現場で活用しやすくなっている。子どもの発達特性や学習内容に応じて様々な活用が期待できるが、ここでは上述の活動を踏まえて展開できることを紹介する。

●「形や色を発見する」

この活動は、机上に印刷面が表向きのカードを並べて、共通する形や色を探し出す活動である。４人程度のグループでカードは40枚程度（学年により要調整）使用する。中学年以上では探し出したカードの答え合わせの時間を取る。それは、個々の子どもの発見や気づきをグループで共有するだけではなく、その場面で「この色～みたいだね」とその子が色から連想したことを話し、イメージの共有やその違いを感じる場面にもなる。また、トランプの神経衰弱のように、ランダムに取り上げた２枚に共通する形や色を発見することもできる。同じ色が使われている作品だけど異なる印象・イメージを発見する機会になる。そして、形や色の代わりにオノマトペを使うことによって、作品の中にある動きや雰囲気、物語を捉える活動へ展開できる。子どもたち間でオノマトペの捉え方・感じ方は必ずしも一致しないところが、その違いを話し合える機会となる。　［杉林英彦］

3.現代美術の意図を探る

現代美術の作品に出合った時、「これは何？」と疑問に思うこともあるだろう。それは、20世紀以降の美術家たちが、これまでの知識、常識にとらわれず、新たな表現の可能性を模索してきたことに由来する。なぜこのようなものがつくられたのか、「見る」ということの意味を今一度捉え直してみよう。作品に働きかけること、素直に感情の赴くままに見ることが、作品に込められたメッセージの発見につながる。

1. 実践のねらい

❶現代美術の作品鑑賞を通して、自分なりの見方・感じ方を発見する。

❷作品制作の様子や背景にある作者の意図などに思いを巡らし、作品をつくる際の動機や作品に込めたメッセージを探る。

2. 実践例

(1)3行ポエムをつくろう

❶鑑賞作品…具体的なイメージが描かれているのではなく、色彩が豊かに使われている作品や不思議な形のある作品、絵具の質感にこだわりのある作品など抽象絵画を鑑賞する（クレー、カンディンスキー、モンドリアン、ミロ、アルプ、デュビュッフェ、ポロック、フランケンサーラー、ザオ・ウー・キーの作品など）[1]。

❷活動内容…美術館での鑑賞や、スライドによる作品鑑賞を行い、複数の作品の中からお気に入りの作品を見つける。比較することにより、どこが気に入ったのか発見しやすくなる。ワークシート（図1）に、お気に入りの作品の題名（タイトル）と作家名を記入する。作品の中にどのようなものが見えたか、見えたもの、色、かたちなど「見つけたもの」をワークシートの枠内に記入する（複数）。次に作品からどのようなことを感じたか、「感じた気持ち」や「思ったこと」を自由にワークシートの2つ目の枠内に記入する。これらの記述をもとに、1行目に「見つけたもの」の中からいくつかの言葉を入れ、3行目に「感じた気持ち」や「思ったこと」の中からいくつかの言葉を入れる。最後に2行目に、1行目と3行目に書いた言葉を結びつける言葉を入れ、3行ポエムを完成させる。

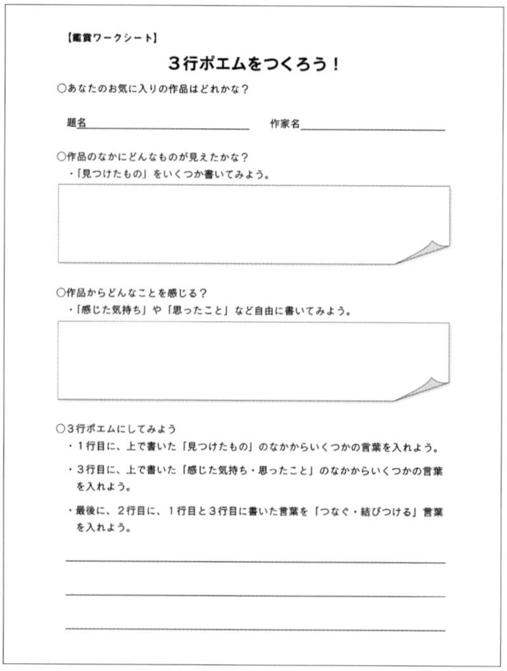

ポエムが完成したら、

【鑑賞ワークシート】

3行ポエムをつくろう！

○あなたのお気に入りの作品はどれかな？

題名＿＿＿＿＿＿＿＿ 作家名＿＿＿＿＿＿＿＿

○作品のなかにどんなものが見えたかな？
・「見つけたもの」をいくつか書いてみよう。

○作品からどんなことを感じる？
・「感じた気持ち」や「思ったこと」など自由に書いてみよう。

○3行ポエムにしてみよう
・1行目に、上で書いた「見つけたもの」のなかからいくつかの言葉を入れよう。
・3行目に、上で書いた「感じた気持ち・思ったこと」のなかからいくつかの言葉を入れよう。
・最後に、2行目に、1行目と3行目に書いた言葉を「つなぐ・結びつける」言葉を入れよう。

図1．ワークシート例

1）参照①
- パウル・クレー（Paul Klee、1879～1940）、スイスの画家
- ヴァシリー・カンディンスキー（Wassily Kandinsky、1866～1944）、ロシア出身の画家・美術理論家
- ピエト・モンドリアン（Piet Mondrian、1872～1944）、オランダ出身の画家
- ジョアン・ミロ（Joan Miró、1893～1983）、スペインの画家
- ジャン・アルプ（Jean Arp、1887～1966）、ドイツ出身でフランスで活躍した画家・彫刻家・詩人
- ジャン・デュビュッフェ（Jean Dubuffet, 1901～1985）、フランスの画家
- ジャクソン・ポロック（Jackson Pollock, 1912～1956）、アメリカの画家
- ヘレン・フランケンサーラー（Helen Frankenthaler, 1928～2011）、アメリカの画家
- ザオ・ウー・キー（Zao Wou-ki、1921～2013）、中国出身、フランスの画家

作品の前で発表しよう。

(2)作品の制作風景や作者の想いをイメージしよう

❶鑑賞作品…制作過程に特徴のある作家（ポロック、白髪一雄、篠原有司男など）[2)]、パブリックアート[3)]などの制作者で多くの言葉を残した作家（カルダー、ムーア、ラウシェンバーグ、岡本太郎など）[4)]の作品を鑑賞する。

❷活動内容…作品をスライドなどでいくつか見ながら、作品の作者はどのような人物か、どのようにつくっているのか問いかけ、イメージを膨らませる。アトリエの再現写真、制作風景の写真や映像を見て、作品の実際の大きさや使っている材料、描き方などを発見する。文献資料等の引用から作者が作品に込めた想いや制作に対する考えをキーワードなどを使って紹介する。特にパブリックアートなど大衆に向けて発信される作品について調べてみよう。その背後にある作者の思いに触れ、作品を作る時の意図の存在を感じながら作品に対するものの見方を深めることができる。最後に作品から、見えたものや印象など発見したことを話し合う。シンプルなタイトルをもつ現代美術作品には、見る人に具体的なイメージを求めないという作者の想いがある場合が多い。

<キーワード例>[4)]

カルダー…モビール・スタビル

ムーア…母と子・内なるかたちと外なるかたち

ラウシェンバーグ…コンバインペインティング・アートと生活

岡本太郎…今日の芸術・太陽の塔・顔

2）参照②
- ジャクソン・ポロック（参照①）
- 白髪 一雄（しらが かずお、1924～2008）、日本の抽象画家
- 篠原 有司男（しのはら うしお、1932～）、日本の現代美術家

3）パブリックアート
美術館やギャラリー以外の広場や道路や公園など公共的な空間（パブリックスペース）に設置される芸術作品を指す。

4）参照③
- アレクサンダー・カルダー（Alexander Calder、1898～1976）、アメリカの彫刻家
- ヘンリー・ムーア（Henry Moore、1898～1986）、イギリスの彫刻家
- ロバート・ラウシェンバーグ（Robert Rauschenberg、1925～2008）、アメリカの美術家
- 岡本 太郎（おかもと たろう、1911～1996）、日本の芸術家

3. 実践の振り返り

- 現代美術の作品鑑賞を通して、美術、イメージに対する語彙（ごい）が豊かになり、自分を表現する語彙も豊かになる。感じ取る気持ちを言葉にすることで自分を発見することが多い。詩のつくり方により、いろいろな形のワークシートも考えられる。
- 作家の心に思いを馳せることで人間としてのありよう、メッセージを感じることができたか。純粋に感じるだけでもよい。

4. 発展

現代美術の鑑賞では、既に評価の定まった作品を知識として知るのではなく、一人ひとりが自由に想像し話し合う中で作品の読み取りを深めていくことができる。そのため、作品を見ながら、思ったことを素直に話し合える環境づくりが重要になる。作者やその制作風景を見聞することで、作品が生まれる過程をイメージすることができ、自らの制作と重ね合わせながらものをつくることへの興味を広めていくことが望まれる。

［渡邉美香］

4.美術鑑賞学習の方法について

美術鑑賞学習の授業実践は、当然ながら表現学習とは授業内容の構成や手立てが大きく異なり、その点に難しさもある。そこで、一つの基本形式の提案として「批評学習」を紹介したい。

1.批評学習の内容と方法

「批評学習」は、米国の美術教育研究者E.D.フェルドマン[1)]が提案したものであり、美術鑑賞学習の一方法として実際に米国で活用されている。筆者も、小・中学校を対象とした実験授業の実践・検証に携わる中で、その妥当性・有効性を既に確認しており、小学校低学年から高学年、また中学生、高校生、さらには大学生や一般の方まで幅広い年齢を対象とした実践が可能であると考えている。鑑賞対象も、絵画だけでなく彫刻や工芸などいろいろなものを取り上げることができる。「批評学習」の展開について、詳しくは側注をご覧頂きたい[2)]。

「批評学習」では、大きく４つの段階[2)]を踏むことが基本となる。過去の授業実践例では、小学校中学年でも90分間（２コマ）を要するほど児童の積極的な発言が引き出され、探究的な鑑賞が展開された。

2.美術鑑賞学習と対話

近年では、美術鑑賞学習の目的として、見るということを通じたクリティカル・シンキング（批判的思考）の力の育成が語られている。美術鑑賞における作品の観察、見分けること、論理立て、連想や比較といった思考のプロセスを重要視し、それらを言語化（記述、対話）することに力点を置くという考え方である。ニューヨーク近代美術館において開発されたビジュアル・シンキング・ストラテジー（VTS）という手法による作品鑑賞はその具体例であり、これはアメリア・アレナス氏（元ニューヨーク近代美術館学芸員）によるユニークかつ巧みなギャラリートークとして我が国に紹介され、彼女の翻訳書やビデオの内容は非常に大きな反響を呼んだ。このアメリア・アレナス氏による美術鑑賞の提案などがベースとなった「対話型鑑賞」が、現在広まりを見せている。

鑑賞対象を前にした比較的自由な形での学習者相互の対話の中で、授業者は個々の発言を関係づけ、結びつけ、知的に跡づけていく役割を担うことになる。児童生徒は、お互いに発言をよく聞き合うことが求められ、それぞれの観察の特徴や連想する内容の違い、注目する事柄の違いなどに気づくことが求められる。その違いを相互に認め合い、影響し合う体験が「対話型鑑賞」の中核であり、児童生徒が交流・交渉しながら学び合っていく協働・協調的学習とみることもできる。

「対話型鑑賞」においても、対象に迫っていくための手がかりとしての観点を与える形が取られる。ただ、先の「批評学習」とは異なり、段階をきっちりと踏みながら進めていくというわけではないので、作品に関わる発言もより多様な形で飛び交うことになる。自由闊達な空気の中での授業展開は「対話型鑑賞」の大きな魅力であり、一人ひとりの個性的な見方

1）E.D.フェルドマン…1960年代アメリカにおいて美術批評モデルを提唱した。

2）批判学習の展開

まずは導入として、 鑑賞対象の作品と出会い、第一印象を発表する。

❶記述段階

あらためて対象作品とじっくり向き合う時間をとり、作品から読み取れる内容（何が見つかるか）についてすべて挙げていく。授業者はキーワードを適宜板書していく。

この段階は、造形美術に対する好き嫌いや巧拙がまったく関係しないので、児童全体が学習に積極的に参加するための雰囲気をつくる重要なものである。加えて、作品の隅々まで目を凝らして見つけていく中で、結果的に「よく見る」ということが生まれる。自分では気づけなかった内容について、他者の意見ではっとすることもあるであろう。

❷分析段階

作品の造形要素（色彩、形態、構図・構成、材質感など）について挙げていき、授業者は適宜板書していく。「何で作られているのか」「どんな技法で作られているのか」といった意見も出てくる可能性がある。デザインや工芸の鑑賞対象であった場合には、「どうやって使うのか」という機能性の観点について授業者が発問することもあってよいであろう。「分析段階」では、「どのようなところからそのように思ったのか」というふうに理由や根拠についても尋ねたり、話し合ったりさせることで分析がより深まると思われる。異なる意見が出て、自然に議論のような場面が生まれることもあり得る。

なお、「記述段階」「分析段階」までは、主観的な想像の意見は出させず、あくまで対象作品から直接読み取れる内容について発言するようにさせる。これにより、対象作品からの読み取りが拡散することなく進行し

ていく。また、ワークシートへの記述（メモ）をもとに発言させると意見の出方がばらばらになり、他者の意見への付け加えや反論による活発な意見交換が展開しにくくなるので、メモを取らせないほうがかえってよいようである。

❸「解釈段階」

前段階までの内容を踏まえ、いよいよ作品の主題へ迫っていく段階である。「どのような人の手によるものなのか」「どのような思いや願いが込められているのか」「作品中の内容は何を意味しているのか」などについて意見を出していき、授業者は板書していく。

「どのような場所に置かれるのがふさわしいか」などの発問を行い、日常生活との関連や社会的な価値について思考をさらに展開させることもあり得る。

❹「評価段階」

作品についての好き嫌いや価値（どのようなところがよい作品であると思うか）について尋ねる。最後に対象作品についての情報（作者名、タイトル、サイズ、素材、制作年代、制作された経緯など）について、授業者が簡潔に解説する。ワークシートへの感想の記入などをこの段階で設定してもよいであろう。

この最終段階にあっても、授業者は対象作品の主題や価値についての見解を押しつけるようなことがないように留意する。段階を踏みながら児童・生徒が自分たちの力でたどりついた考えを尊重してもらいたい。

この批評学習の発展的な形態として、解釈段階を終えたところで実際に作者自身にゲストティーチャーとして登場してもらい、あらためて対象作品について様々なことを質問したり、作品の素材・技法や主題について語ってもらったりする、というような学習が考えられる。この場合、参考例として別の作品を持ち込んでもらうことで、さらに児童生徒の理解が深まったり広がったりする可能性がある。作者自身の言葉というものはやはり独特の説得力があり、作品世界について、さらには造形美術の世界そのものについての児童の理解や共感が変化するきっかけとなることが期待できるのである。

や考え方が豊かに反映され満足感を得られるという点で高い評価ができるであろう。その一方で、いわゆるファシリテーターとしての役割が授業者に求められるわけであるが、児童生徒の様々な言葉を的確に関係づけながら対象作品の核心へと迫るように導くことは、決して簡単とはいえない面もある。授業場面での児童生徒の対話が拡散に陥らないようにするために、有効な手立ての開発が必要といえそうである。

図1. アートカードを使った鑑賞学習

3. 筆者の鑑賞学習実践例

筆者は先行研究を参考に、大学生を対象とした次のような実践を試みている。

❶対象作品（絵画）のカラーコピーを複数種類用意し、ワークシートと一緒に封筒に入れて封印する。これを人数分準備する。

❷学生を「美術について何でも知っていて、いろいろ語れる鑑賞名人である」と設定しておき、封筒の中の作品についてぜひ教えてほしいと投げかける（実際には、これらの設定内容はラベル印刷して封筒表面にも貼っている）。

❸学生は、各自選んだ封筒を開け、ワークシート中の観点（「いつの時代に制作されたものか」「作者はどこの国のどのような人物か」「この作品にはどのような意味内容がこめられているのか」などをできるだけ具体的に考えて書くように指示している）について、他者と相談せずに記述する。

❹作品ごとにグループに分かれて、作品からの読み取りをもとに記述したワークシートの内容について発表し合い、どのような読み取りが対象作品にもっともふさわしいかを話し合わせる。

❺各グループの代表に❹の内容について発表してもらう。その際、スクリーンや電子黒板に作品画像を投影し、別グループの学生にも当該作品がどういったものか、読み取りが説得力をもつか、といった点を考えて、意見を出し合う。

❻一連の鑑賞体験を終えて感じたことなどを記述する。

封筒に何が入っているのかわからないので、学生は一様に興味をもって臨むことになる。また、同じ作品であってもいろいろな着眼や読み取りがあることに気づき、新鮮に受けとめる様子が見て取れる。

本実践は、作品の種類をどの程度にするのか等の課題点を残しているが、参考となれば幸いである。

［栗山裕至］

5.「みる」から「つくる」へ—日常体験の気づきから価値を創発する

子どもたちが日常生活で使っている「もの」を持ち寄り、その「もの」を見ながら、その用途や日常生活での利用シーンを友達と話し合うことで、「もの」の価値を知り、さらにそこから日常生活で使う「もの」を自ら作り、その作品の価値を友達と話し合うことで、自分らしい「もの」をつくった背後に潜む日常にあふれた色や形、そして価値を発見、創発する協働的な学びのワークショップを実践する。

1. 実践のねらい

❶日常生活で使っている「もの」を意識的に「観る」ことを通して、日常にある色や形、大きさ、質感等に気づく。

❷色や形を意識して自分なりにつくった「もの」のできや使い方を友達と協働的に「観る」ことで、「もの」の機能、体験価値を知る。

2. 準備するもの

- 皿等、家庭で使用しているものを２種類持参する。
- 模造紙、マジック、ホワイトボード（チョーク）
- 粘土、ヘラ、たたら板等粘土作成用具

3. 育成したい資質・能力の整理

⑴友達と語り合い、言語化する

子どもたちは、なぜこの皿を自分の家から持ってきたのか、家庭ではどのように使われているのか、といったことを語り、日常生活において、この皿がどのような機能をもち、体験を運び、自身にとって価値をもつかを言語化する。ここでは些細(ささい)なことでも何でも言語化して、皿に関する記憶やイメージを十分に膨らませる。具体的には、皿の色や形、大きさ、質感、日常生活でどのように使われているかという機能的な要素、誰が使っているか、どのようなものが皿に乗っていたかという用途、どのような場面で使われているか等、皿にまつわるエピソードを友達と話し合う中で、「もの」の色や形、大きさ、質感、機能、体験等から価値を見いだしていく。

⑵分類する

すべての子どもの語りが終わったら、言語化された皿について分類させる（ここでグループを２つ以上につくるのが好ましい）。分類については１軸とグループ軸の分類方法を設定した用紙を渡し、そこに各々の皿を置いて相対的な皿のデザインの位置づけを行う（図１～３）。分類のための軸は「色」「形」「大きさ」「質感」「利用者」「利用場所」など、子どもたちの話

図１. 教師の言葉かけで分類する。

図２. 子どもたちの言葉で分類する（１軸）。

図３. キーワードを整理し、分類する（グループ軸）。

し合いの言葉や様子から教師が取り上げる（図２）。ここでは、語り合いであふれた子どもたちの言葉を教師が取捨選択し、整理統合し分類することで、子どもが皿同士の関係性を発見し、皿にどのような特性があるかを分析することができるような環境を用意したい（図３）。

⑶分析する

グループが２つ以上ある際は、分類した結果を全体で眺め、その分類の違いを比較し、さらに両グループの皿を分類する。ここでは、分類にはたくさんの視点があり、それは決して１つに確定されるものではない。多くの視点から比較、分析、分類することで、皿の特性が実に多様で、観る人によっていかに異なった分類がなされるかということを認識することができる。子どもに「観る」ことが相対的であるからこそ、多様な価値の発見が可能であることを学ばせたい。

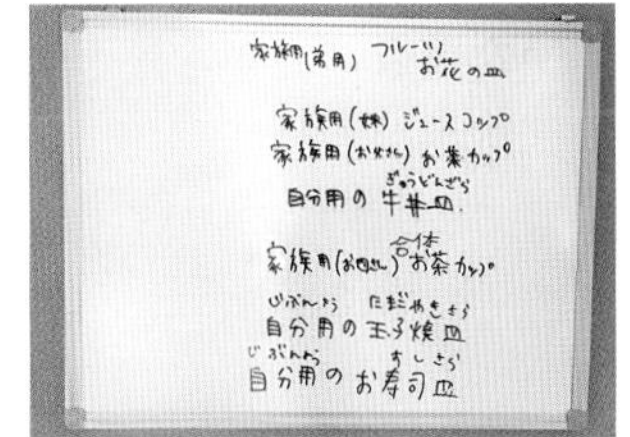

図４. 書き出したつくりたい皿の特性

⑷位置をつかむ

比較分析によって、様々な皿の特性が理解されると、自分が持参した皿が全体の皿の中でどのような位置づけにあるかがわかる。位置づけによって自分の皿と他の皿との関連性が明確になり、自分の皿はどのような価値をもつのかが発見される。こうして、個人によって語られた皿は協働的な分類と比較を通して「観る」ことで、皿の感想から皿の価値へと変化し、子どもたちに理解、共有されることになる。

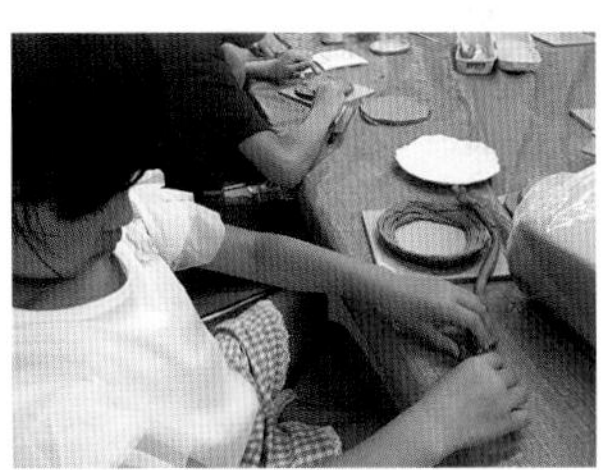
図５. 粘土で皿をつくる。

⑸ストーリーを語る

分析を生かして、つくる皿はどのような想いでつくるのか、それは自分の家庭ではどのように使われるのか、そこでの利用場面など、皿と自身のストーリーについて語らせる（図４）。皿が自分の日常にどのように利用されるかを語ることで、皿の表面的な色や形だけではなく、それと紐(ひも)づいた日常での体験や価値が子どもたちの中で言語化、発見、意識化される。

図６. 分類した皿からインスピレーションを受ける（どんぶり）。

⑹つくる

つくる過程に進む。前述の分類とストーリー工程での発見を生かしたオリジナルな皿をつくる（図５～７）。

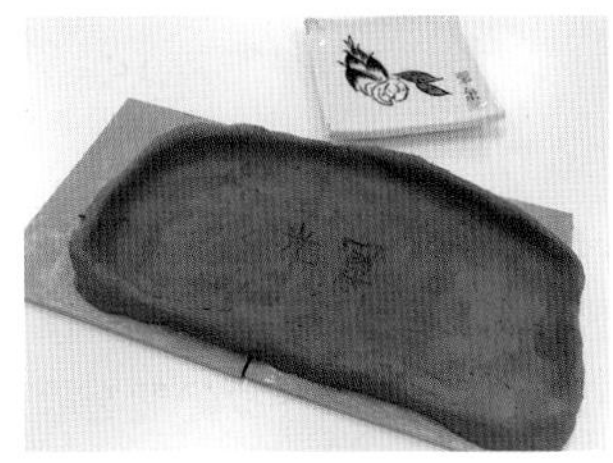
図７. 分類した皿からインスピレーションを受ける（平皿）。

⑺作品を比較する

最後に友達の作品を鑑賞する。友達の皿と異なる部分、共通する部分から自身の皿の特性を探す。そうすることで、自身の皿のオリジナリティだけでなく、背後にある共通の機能、特性を発見することができ、皿の本質や価値に気づくことができる（図８）。

4. まとめ

一連の鑑賞活動を通して、日常生活に溶け込み、見えづらく、捉えづらい価値をあらわにすることができた。同時に子どもたちは、その日常での価値体験が、創作活動におけるクリエイティビティ（独創性、創造性）に通底することも認識することができた。

図８. 友達の作品と比較をする。

この教材の示すように、子どもたちの日常生活から瑞々しく図画工作教科で学ぶ要素(色、形、大きさ、素材、機能、体験、価値等)が隠されていることに気づき、自ら創発できる活動の支援を教師は実践していきたい。

［岡本真由子］

6. 体験的な鑑賞—模写的な制作を通して

絵画を鑑賞するには、制作者を取り巻く時代背景や造形的な観点等を解説して、生徒に作品を理解させる場合が多い。

ここでは、模写的な実技を取り入れることで、制作者の立場から描くことの喜びや表現したかったことを実感できるようにしたい。

1. 実践のねらい

❶印象派の彩色方法を知る。

❷色の三原色や補色といった基礎的な知識を身につける。

❸色鉛筆の使い方を学ぶ。

2. 準備するもの

- 画用紙
- 色鉛筆
- 印象派の絵画のコピー
- マンセルの色相環[1)]資料

1）マンセル色相環
青や赤などの代表的な色を円環状にして並べた表で、向かい合った位置にある色が補色の関係となる。アメリカの画家マンセルが創案した。

3. 実践の流れ

⑴題材にする印象派の絵画について

印象派の絵画とそれ以前の絵画では、陰影表現が大きく違う。それ以前は、白色にほかの色を重ねることや、褐色や黒色で形体に陰影をつけた。しかし印象派は、色彩の対比でそれを表現しようとした。

印象派とは、歴史や宗教などの伝統的な主題にとらわれず、日常的な主題を自分たちの目で見て、感じる通りに描いた画家たちである。自然光の移ろいゆく美しさを描いたモネ（Claude Monet、1840～1926）、身近な人々に愛情を込めて描いたルノワール（Pierre-Auguste Renoir、1841～1919）などがいる。これらの画家たちは、描く対象に陰影をつける時、補色の同時対比よる効果を利用して鮮やかな世界を創出した。

ここでは、ルノワール制作の「アニエールのセーヌ川」を題材にしてその効果を体験したい。これは、1879年頃の作品で、青い素面に反射する光の揺らぎを黄色や橙色といった補色を使用することで、昼下がりの長閑な風景を描いている。

⑵転写する準備

模写しようとする絵の白黒のコピーの裏に鉛筆を刷り込み、その面を裏にして画用紙の上にテープで仮止めする(図1～3)。鉛筆の濃さは4B～6B。

図1. 絵画のコピーの裏面を鉛筆で塗りつぶす。

図2. 裏面全体が黒くなるようにする。

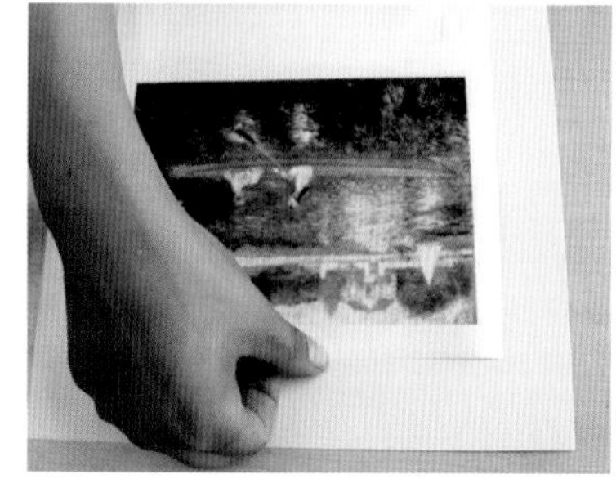
図3. 裏返して画用紙に仮止めする。

図4．赤のボールペンで輪郭をなぞる。

2）マンセル表色系の色相環（図5〜7写真内）
川添泰宏、『色彩の基礎』美術出版社、1996、p25

⑶転写の方法

仮止めしたコピーの絵の上から赤いボールペンでなぞって転写する。特に、ボートや水面と陸の境など構図の上で重要な部分がわかるようにする。その上からボールペンでなぞって転写する（図4）。

⑷彩色する

白黒のコピーを見て、色彩をイメージしながら彩色する。制作中はカラーの図版は見ないようにして、資料の色相環を参考にして補色の関係にある色を探し、それらの同時対比を利用する（図5、6）。

図5．色鉛筆で彩色する。

図6．資料を参考に描く。

⑸比較する

でき上がった作品とカラーの原画を比較して、その違いを確認する。明暗を描く時に、どのような色彩を使っているかなどを互いに話し合うことで印象派の絵画の特徴がより明確になる（図7）。

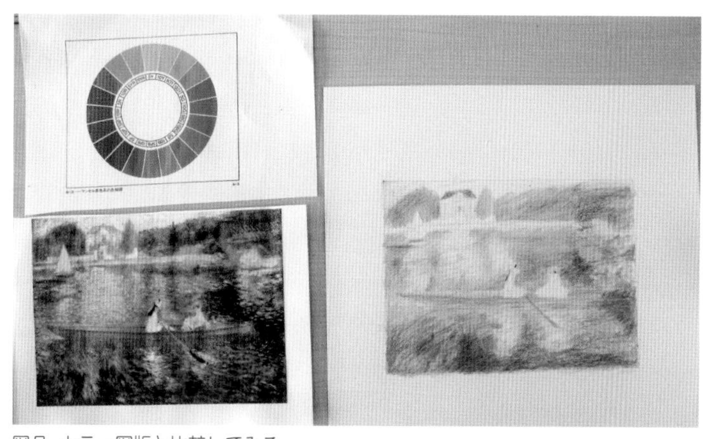

図7．カラー図版と比較してみる。

4. 実践の振り返り

- 色彩の豊かさをイメージできたか。
- 補色の同時対比の効果を理解できたか。
- カラー図版と比較して自分の作品との違いを発見できたか。

5. まとめ

今回は、画用紙に色鉛筆を使用して模写をしたわけだが、他の画家の模写にも取り組むのもよいし、原画と同じ描画材料で時間をかけて描くことでより深く作品の魅力を知ることができる。

［佐藤昌宏］

制作協力
・大森美瑠
（おおもり　みる）
・佐合智美
（さごう　ともみ）

7. 手で触れることによって—美術作品の触覚的な鑑賞体験

作品を鑑賞することにおいては、本来視覚的な要素に頼ることが大きい。けれども、視覚以外の感覚にも意識を働きかけながら鑑賞体験を行うことで、鑑賞活動の幅を広げることが可能になる。そのため、図画工作・美術科では、作品に触れながら鑑賞するような取り組みも行われている。

1. 美術館等での約束事

子どもたちを引率して美術館で作品鑑賞をする場合、引率者は入場前に子どもたちと約束事をすることが多い。その約束事の種類は人によってそれぞれあるが、“騒がない、走らない、触らない”という三つはどんなときも必要ではないかと思う。基本的に美術館という場所は静かに作品を観ることがお決まりである。騒がないことは、他の鑑賞者の鑑賞を妨げないための配慮である。また、美術館では、美術作品を様々な配慮のもとで展示、収蔵を行っている。展示の際には、ガラスケースや柵を設けて、鑑賞者と物理的な距離をとる作品も少なくない。走って作品にぶつかってしまうと簡単に破損してしまう。さらに美術館では、作品に触れるだけでも破損や劣化の原因になるため、通常は、作品に触れることができない。

2. 手で触れる鑑賞の取り組み

現在、芸術祭やトリエンナーレなど展覧会の形式も様々であり、その場合の作品も五感を使いながら体験型の鑑賞を行う作品も多く存在する。けれども、美術館で行われる展覧会では、鑑賞者は作品に手を触れない場合が一般的である。その中でも、作品に直に触れる鑑賞プログラムを積極的に行ってきた美術館もあり、ここではその実践を紹介したい。

広島市にある泉美術館では、2012年上半期に収蔵作品による彫刻展を行い、同時に「彫刻に触れる」という鑑賞プログラムを行った。来館者には手で彫刻に触れて鑑賞する機会を設け、作品を触ることに特化した鑑賞活動を積極的に行った。また、会期中には聾(ろう)学校の生徒を美術館へ招待し、作品に触れて鑑賞する機会を設けた。

泉美術館が彫刻に触れる鑑賞を行うまでには、ギャラリーTOMの存在がある。ギャラリーTOMとは、視覚障害者が彫刻に触れて鑑賞のできる私立美術館である。障害があるないに関わらず、皆が同じように作品を鑑賞し、美術体験のできる場として先駆的な鑑賞プログラムを開発してきた。ギャラリーTOMの考えや手法に共感し、泉美術館では、2002年より「彫刻に手で触れる鑑賞」を行ってきた。このような実践が、障害のあるなしに関わらず、多くの人が感覚や感動を共有するための鑑賞活動となってきた。

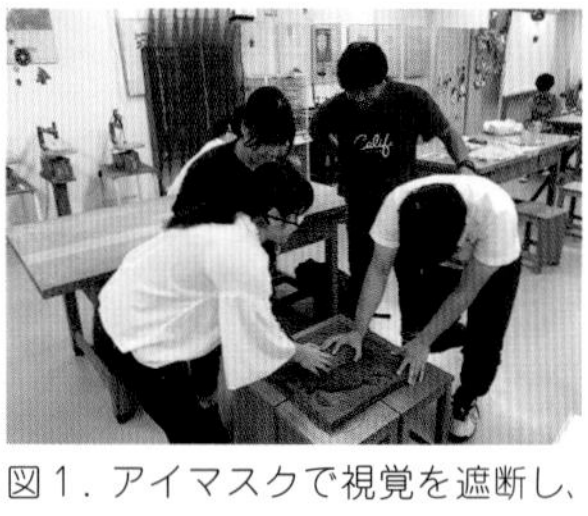

3. 触覚に頼った鑑賞体験を行うために

先述のとおり、作品に触って鑑賞体験を行うことはあまりない。そこで、視覚を遮り、触覚に頼る鑑賞体験の実践を行った。

(1)実践のねらい

- 視覚を遮り、触覚に頼った鑑賞体験を考え、理解する。

図1. アイマスクで視覚を遮断し、触感で作品を鑑賞する。

図2．感覚を頼りにわかった作品のことについてワークシートに記述する。

図3．A、Bそれぞれのグループに分かれて話し合いをする。

図4．Aグループがアイマスクをつけ、作品について質問する。

図5．Bグループがアイマスクをつけ、作品について質問する。

図6．アイマスクを外し、視覚と触覚で作品の鑑賞をする。

- 鑑賞を補助する立場の役割について考え、理解する。

⑵準備するもの

- 彫刻などの立体作品　• アイマスク　• ワークシート

⑶実践の流れ

❶視覚を遮り、触覚に頼った鑑賞体験に際して、５つの約束事を伝える。

- 鑑賞者は、鑑賞の最中に感想をその場で口にしないこと。
- 鑑賞者は、触覚だけを頼りに作品について考えること。
- 補助者は、作品の形がわかるような発言は絶対にしないこと。
- 補助者は、鑑賞者と作品の安全に十分気をつけること。
- 互いに話し合いを行うまで他の人と作品の情報を共有しないこと。

❷鑑賞する順番やグループを決める。

まず、二人一組になり、どちらかがA、どちらかがBというグループに分かれる。Aグループが鑑賞を行う際は、Bグループの人が補助者となり、Bグループが鑑賞を行う際は、Aグループの人が補助者となるようにする。

❸Aグループが鑑賞を行う（Bグループが補助者、図1）。

❹Bグループが鑑賞を行う（Aグループが補助者）。

❺作品についてのことをワークシートに記述する（図2）。

❻互いのグループにそれぞれ分かれて、作品について話し合う（図3）。

作品がどういうものかを決めるような着地点のある話し合いではなく、互いが思った感想を発表し合い、互いの思うことを理解する。

❼Aグループは作品を前にアイマスクをもう一度つけ、質問を行う（図4）。

他人と意見を共有しても理解できなかったことや気になったがあれば、自分の補助者に口頭で質問を行い、補助者は自分の主観で質問に答える。

❽Bグループは作品を前にアイマスクをもう一度つけ、質問を行う（図5）。

❼と同様のことを行う。

❾触って鑑賞した作品を観て鑑賞する（図6）。

4. 実践の振り返り

- 視覚を遮り、作品の色や素材を判断することができなくなった場合、どのように鑑賞体験を行えばよいのかを考えることができたか。
- 補助者の意見がどのように鑑賞者の鑑賞体験に影響するかについて考えることができたか。

5. まとめ

今回は、触覚以外の感覚に制限を加えて鑑賞活動を行った。聴覚、嗅覚などの感覚の制限を行うには不十分であったが、約束などを設けて触覚だけの感覚に頼って鑑賞活動を行うことはできたと考える。普段行う、視覚に頼った鑑賞体験の他に、触覚を頼りに行う鑑賞体験があることを知ることができた。さらには、補助者としての立場も経験することで、鑑賞中にどのような声かけをすればよいのかについても、それぞれの学生が、考えることができた。

［山本辰典］

column 7 みる活動のすすめ

芸術作品の鑑賞をする場合に「みる活動」を邪魔するものがある。芸術への先入観と自分の感じ方に対する自信のなさである。

例えば、芸術は高尚なものであるという思い込みから、美学や美術史の知識がなければならない、高尚な作品に相応しい感じ方があるはず、批評家の難しい解説を理解しなければ、等々がある。専門知識の不足から、美術館には敷居が高くて気楽に入れないという小学校の教員も多い。美術教育を学ぶ大学生の作品鑑賞活動時にも、自分が間違えなく答えるために作品解説から読む学生も多く、とにかく正解を知りたがる傾向が強いようだ。自分の感覚に対する自信が少々足りないのかもしれない。

鑑賞活動は、美術作品を見て、「感じること」「考えること」「話すこと」につながっていくが、そのプロセスの中で基本となるのは、自分が感じたことを大切にする姿勢である。最初は作品を素直にみて、全体的な印象や自分が受け取った感情・感覚を意識して確かめる時間をもつとよいだろう。その後で作品に戻り、改めて気づいたこと—たとえば、全体がどのように構成され、細部がどのように描かれ、どの色が自分にそのような感覚をもたらしたのか、などの具体的な鑑賞活動へ進めていく。次のプロセスは、自分の感じたことを言葉にして話すことである。自分の感覚や思いを他者に伝えるためには、自分の中だけで感覚的に存在しているものを改めて意識し、言葉に置き換えていくことが必要になる。

わたしたちは、自分がどのように感じ、考えたのかを話すこと自体に恐怖感をもつこともあるが、その要因は、先にあげたように、自分の感じ方への自信のなさにあると思われる。表現された作品は、様々なテーマ、各々のメッセージ、個々の感性で描かれており、ひとつとして同じものがない。それに自分で気づくことが、美術教育の大切な学びであると思う。自分と他者は違うということを知り、異なっても大丈夫なのだという安心感を得ることで、オリジナルの自分が受け入れられた体験となる。そこから世界への信頼感や興味が生まれ、「個」であることと「社会に生きる」ことのつながりが生まれ、自己肯定感の基礎となるのである。まずは、美術教育に携わるわたしたちが、そのような感覚を養わなければならない。

また美術作品は、古来より画家等が生きた時代や環境の中で、気づき、考え、追求し、視覚的に表現したものである。作品からは美しさや喜びだけでなく、苦しみや悲しみなどの辛く悲しい感情を受け取ることもある。鑑賞活動では個人の体験に基づいたイメージの想起がなされるので、現在では、家族や母子像などの本来なら温かいテーマの作品であっても、受け取る側にネガティブな感情が引き出されてしまうこともある。学校での鑑賞活動では、作品の選び方だけでなく、教師と子どもたちとの信頼感や安心感のある雰囲気も大切な要素になるだろう。ネガティブな感情がすべて悪いわけではなく、人間が辛い現状と向き合い、作品テーマとして昇華することで乗り越えていく、それも芸術なのだと知ること、また、同じ人間としての視点から、そのような作品にわたしたちが感動するのだという気づきも大切な学びである。

芸術作品は偉大な歴史上の天才が創ったものではなく、社会や時代からの気づきを模索しながら表現していく活動である。現在の美術教育では、美術家とのワークショップやアーティスト・イン・スクールなど、表現者として生きている芸術家と関わる機会も増えており、これらは表現活動と共に鑑賞活動としても大変有効である。「図画工作」「美術」の優れた教育的な特徴として、感覚と共に、自己肯定感を育むことは、子どもたちの生きる力の主要な部分になると思っている。

［三橋純予］

第8章

社会への広がり

美術の表現や鑑賞の活動は、図画工作や美術といった学校での授業だけに留まるものではなく、地域学習や生涯学習として展開し発展することが望まれている。それらの活動の場は、美術館・公民館・生涯学習センターの他、人々が集う様々な場所へと広がりをみせている。また活動そのものは、一人で行うものだけでなく、多くの人々が集まってみんなで協力し交流し合って進める社会的な役割も担っている。例えば表現や鑑賞の活動が、これまでの大きな自然災害の後に人々の心を癒やしたり、過疎化の進む村等で人々の心を結びつけたりして、人々に力と頑張っていこうとする希望を与えた。また、持続可能な世界、自然環境の保全、平和や人権等に関する社会的なメッセージを含んでいる作品も多い。様々な年齢や国の人々が、いろいろな場所や機会で、生涯を通して美術を楽しむことができるように、地域学習や生涯学習の環境や内容を充実させていくことが大切である。

I.美術館の活用①—鑑賞教育

鑑賞教育の方法論はかなり多岐にわたっており、今では学校現場を越えて、社会の中で行われる鑑賞教育の実践も注目を集めている。平成29年改訂の小学校学習指導要領「図画工作」の目標では、「表現及び鑑賞の活動を通して、造形的な見方・考え方を働かせ、生活や社会の中の形や色などと豊かに関わる資質・能力を育成すること」が新しく示された[1]。その具体的な方法のひとつとして、第3指導計画の作成と内容の取扱い、2ー(8)において「児童や学校の実態に応じて、地域の美術館などを利用したり、連携を図ったりすること。」と、美術館の活用が明記されている。美術館でも社会教育施設として、積極的に教育プログラムに取り組む館が増えている。特にオリジナル作品が展示される美術館では、鑑賞教育に必要なプログラムが各種用意されており、学校現場でも学芸員や美術館スタッフと連携した多くの鑑賞体験をすることが可能となっている。

1.美術館を活用した鑑賞教育の普及への取り組み

近年、美術館では、鑑賞教育活動への取り組みや学校との連携活動が熱心に行われている。それにより、教員、大学生、小学生、家族というように、対象別、目的別で関わることができる。

たとえば、学校の夏休み・冬休みなど主に参加しやすい長期休み期間などには、学校や家族で楽しむことを目的とした展覧会企画や、展示作品を見ながら作品について学芸員やボランティアが解説をするギャラリーツアー[2]、美術館のコレクション作品や企画展示に合わせて作成された鑑賞の手引きとして質問や解説の書かれているワークシート形式の鑑賞教材、子どもたちが自分で鑑賞体験を進める手助けとなるセルフガイド（ワークシート形式やリーフレット等）、などが用意されている。また、学校と連携した様々な試みもなされており、学校向けに用意された美術館で行うスクールプログラムや学校への貸し出し用教材キット[3]、学校との連携活動や移動美術館等で多く見られる学芸員の学校への出前授業のプラン、学校の教師を対象とした鑑賞等教材である教師用ガイドなども各美術館の特徴やコレクションに合わせて作成されている。

また、国内外ミュージアムのHP[4]では、子どもを対象としたweb上で遊びながら学べる教材も多く、それらは授業での直接の使用も可能であり、鑑賞教育の指導上、デザインやアプローチなどが参考になることも多いであろう。加えて、美術館でも教員のための博物館の日の開催や研修などを積極的に実施して、美術館の活用方法を周知することも多くなってきた（図1）。この取り組みは、前回の平成20年改訂の小・中学校の学習指導要領で博物館等の施設との連携や協力が明文化され、学校教育の中で博物館等を積極的に活用されるよう指針が出されるものの、実際の学校現場での活用が少ない現状を受けて、学校の教員に「博物館の学習資源を知ってもらうこと」や「博物館に親しみを持ってもらうこと」を目的に、国立科学博物館主催で、2008年より毎年各地で開催されているものである。教員や教育関係者は無料参加できるなど配慮されており、機会があれば是非参加して体験するとよいだろう。

1）文部科学省『小学校学習指導要領解説 図画工作編』日本文教出版、平成30年、p.9

2）各美術館は、コレクションや展示企画に合わせて、色々な方法を実践している。

3）美術館から学校等で活用するための貸し出しを目的とした教材キット。主に美術館やコレクション等の特徴に合わせたプログラムや教材が考案・制作されている。

4）海外ではジュニア・ポンピドーセンター国立美術文化センター（フランス）、ナショナル・ギャラリー（イギリス）等が先進的な教材を作成している。

図1. 教員のための博物館の日（事例発表）

5）キュレーション
展覧会を企画すること。作品単体の鑑賞ではなく、テーマを決めて作品をコーディネートする。

図2．キュレーションによる鑑賞教育

図3．美術館と大学連携のワークショップ

図4．北海道教育大学の学生による附属小学校4年生の鑑賞授業の実施

図5．プレゼンテーション風景

授業協力：北海道立近代美術館

芸術系や教育系学部の大学生は、美術館実習やボランティアとして美術館教育活動にスタッフ参加する機会も増えている。子どもたちへの対応や教育プログラムを美術館で体験する良い機会であり、自らが教員になった時に美術館を利用することに生かせるだろう。最近は、美術館と大学との連携でワークショップや展覧会企画も行われることもあり、学校現場でも「キュレーション[5)]」を鑑賞教育に取り入れている事例もある（図2）。「キュレーション」を取り入れることで、個人として作品鑑賞をする体験の応用として、作品を見せるための展示企画をすること自体も、他者を意識して自分の感性や考えを表現する手段となるだろう。

2．美術館に関わる教育経験の大切さ

芸術系や教育学部の大学生は、美術館や博物館への実習生やボランティアとして、ワークショップやギャラリートークなどの美術館教育活動にスタッフとして参加する機会も増えている（図3）。

学校現場への教育実習だけでなく、子どもたちへの教育実践を体験する大変によい機会である（図4）。自らが教員になり図画工作や美術の授業を行う時にも、美術館の活用や学芸員との協力体制も行いやすくなる。

また、近年の新たな試みとして、大学や学校現場で近隣の美術館との連携プログラムとして、キュレーション手法を授業に導入する事例も多くなっている（図5）。作品単体の鑑賞教育と異なり、学生や子どもたちが主体的にそれらの作品を展覧会としてどのように他者に見せるかまでをプロセスとする「アートマネージメント手法」は、見る、考えるに加え、調べる、書く、企画する、協力する、ディスカッションをする、プレゼンテーションをする、評価を受けるなどの基本的な能力の育成にもつながっているため、美術作品を活用した社会性をも育てる総合的な教育活動である。

3．美術館での鑑賞教育を通して

美術館を鑑賞教育の場とする意義や目的は、オリジナルの芸術作品に触れること、そして美術館の役割や学芸員の仕事を体験的に理解することである。鑑賞教育活動としては、展覧会鑑賞や学芸員のギャラリートークを体験しながら、美術作品の造形美や表現の多様性を実感できる。また美術作品を保管・公開して後世に伝える「美術文化の継承」を担う美術館の役割を知ることも重要である。今後も学校現場に美術館の活用は求められることから、美術館における鑑賞教育などの授業や体験がますます必要になると思われる。美術館と学校が協力しながら新たな鑑賞活動や創作活動を教員自らが生み出すことが、美術教育の能力育成と多様性につながっていくだろう。　［三橋純予］

図6．美術館と大学連携の企画で学生がギャラリートークをしているところ

2. 美術館の活用②

社会教育施設として、美術館には資料を収集、保管、展示、調査研究する他に、それらの成果等を生かし、教育的配慮のもとに人々の利用に供する活動（普及事業）を行う使命がある。美術館と学校教育とが一体化し行う小学生向けの普及事業といえば、ほとんどの場合、ワークシートを用いた展覧会の鑑賞活動が中心となり（図１、２）、それ以外の活動、たとえば造形活動等は一般化していないのが現実である。この背景には様々な要因がある。しかし、美術館の豊かな物的、人的資源等を生かした造形活動等は、子どもたちにとって貴重な美術体験となることが期待できる。では、どのようにすれば学校が美術館をはじめ社会教育施設と協力し、造形活動等を実施することができるのか、その方策を考えてみよう。

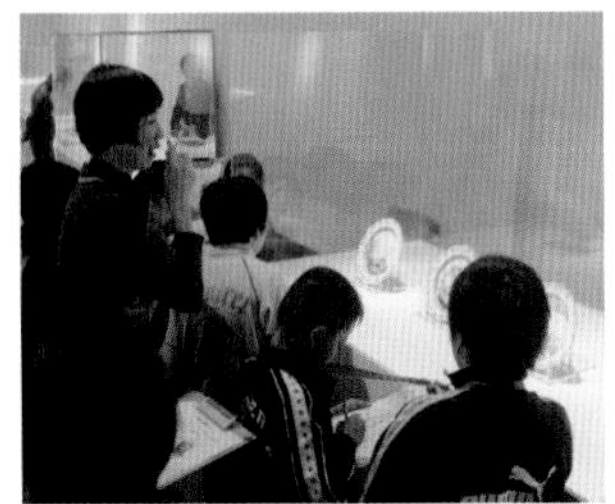
図１. ワークシートを使っての鑑賞

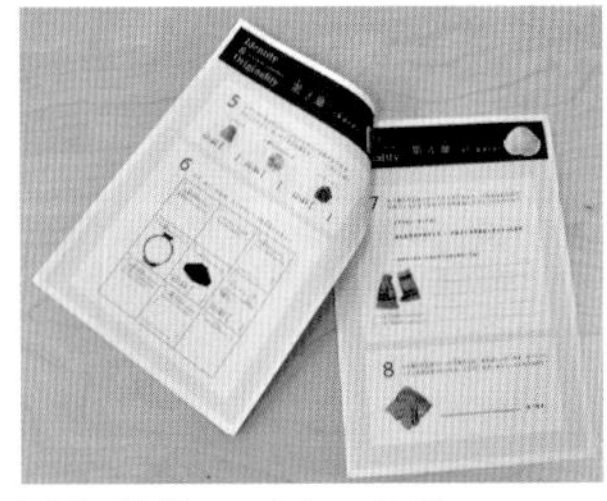
図２. 鑑賞ワークシート例

1. 美術館活用のメリット

学校教育サイドが教科の教育、あるいは課外活動で造形活動等を美術館で行う利点はなんだろう。その一番は、専門の知識を有したスタッフの指導のもとに充実した設備、道具等を利用し、学校ではなかなかできない高度な内容の活動が可能なことである。また、そのことは単なる造形活動の枠に留まらず、普段接することがない専門家や本格的な設備、道具といった本物に触れる貴重な体験ともなる。

一方、美術館にとっての利点はなんであろう。美術館にとって普及事業で造形活動を行うメリットは、まず子どもたちに活動を契機として施設自体を知ってもらうこと、そして、将来にわたる施設や美術ファンの養成につなげるということになる。しかし、このようなことは展示の鑑賞活動を通じても期待できる。多くの美術館側が手間のかかる学校向けの造形活動事業の実施になかなか積極的になれないのは、このようなところにも要因があると考えられる。

2. 美術館活用のハードル

学校教育が美術館のワークショップや造形講座を活用する際のハードルにはどのようなものがあるだろうか。学校サイドとしては移動等の物理的な問題も無論大きいが、それ以上に現場の教諭からは、何となく美術館は敷居が高く、なかなか利用のきっかけをつかみ難いという声を聞く。一方、美術館サイドの問題としてはまず、こうした教育普及事業に対する重要性への認識の低さ、さらに予算や人員、あるいはノウハウの不足、または学校教育側とのコネクション不足等、多くのことが考えられる。こうした状況を踏まえ、次に学校教育側の立場で美術館を活用し造形活動を行いたいと思った時、どのように美術館側にアプローチすれば実践的可能なのか、その方法を提示したい。

3. 活用方法

⑴あらかじめ用意されたプログラムを利用（初級編）

普及事業に対して熱心な取り組みを見せる美術館では、専門のスタッフを配置し、学校教育向けの様々なプログラムをメニューとしてあらかじめ用意しているところがある（図３）。こうした館は、地方自治体が財政的に厳しい昨今、収集や展示活動が十分に行えない中、館の存在意義を社会

図3. 美術館のアトリエでの制作

図4. 美術館の学校向け資料

的に示す必要もあり増えつつある。まずはこうした受け入れ態勢を整えた館を活用する手がある。詳しい利用方法等は多くの場合、館のホームページで知ることができる。また、利用の手引き等のリーフレット類も用意されている（図4）。

⑵展覧会の関連事業の講座をセミオーダーで活用（中級編）

身近な美術館が学校向けの造形活動を伴う普及事業を行っていない場合、どうすればよいだろうか。美術館では年数回行われる企画展の関連事業として、専門家による講演会等のほかに一般向けに展覧会の内容に合わせた次のようなワークショップ等を行うことが多い。

（例１）染色作家の作品展の関連事業として染色体験
（例２）映像作品の展覧会の関連事業としてアニメーション作品作りのワ—クショップ

その内容が子どもたちにとって魅力的であるなら、展覧会の開催時期、同じような内容の講座について学校向けの開催を依頼してみる手がある。美術館としてはノウハウが手元にあるので、負担が少なく実施ができる。また、美術館と学校教育の連携事業は新聞や広報誌等で取り上げられることも多いので、館としては開催中の展覧会のPRにつながるといったメリットもある。こうしたことから実現性が高い活用方法といえる。

⑶オーダーメイドのプログラムを学校と美術館が共同で作る（上級編）

学校の教員と美術館員がつながりをもっている場合、あるいは⑴、⑵のように活動等を実施し良い関係が構築できたら、学校と館とでオリジナルのプログラムを作成し、実施することも可能となる。無論その場合、館のミッションや収集や研究方針に即した内容となることが実現のためのポイントとなる。学校教育サイドとしては子どもたちにとってより充実した造形体験、たとえば、鑑賞と表現とが密接にリンクした活動等を行うことができる。美術館側もその活動が財産となり、そこから一般向け、あるいは学校向けの新たなプログラムやメニューの開発につなげることができる。

4. まとめ

多くの美術館がアトリエ等、造形活動を行うスペースをもっているが、専門のスタッフを専従させているところは多くない。以前より指摘されているところだが、美術館の普及事業は、熱心な職員が在籍している内は活発だが、その職員が異動すると途端に低調となる。残念ながら、まだ学校教育が美術館を利用するためのシステム等は整っているとはいえない。しかし、当然ながら学校教育サイドもサービスを享受するといった待ちの姿勢ではことは進まない。子どもたちにより充実した造形活動の機会を与えるために、美術館側が用意したプログラムに求めているようなものがなかったら、学校側で提案する、働きかけるといった姿勢が望まれる。学校教育と美術館等の社会教育施設の連携や融合といった活動は両者が互いにアイデアや力を出しつつ働きかけながら、これからつくられていく教育方法だといえる。

［淺海真弓］

3. ものづくり教室—陶芸教室等の実践例

地域の公民館活動等の社会教育事業として、あるいは催し物等のイベントの一つとして、子どもたち向けの様々なものづくりに関する講座、教室が数多く開催されている。学校教育と社会教育は互いに補完、協力しながら、子どもたちを育んでいくことが望まれる。ここでは社会の中で実施されているいくつかの造形に関する教室の実践例を紹介し、その教育的な役割と可能性を探り、また、実際に実施するにあたっての留意点などを考えていきたい。

I. 実践例

(1)夏休みの子ども陶芸教室「貯金箱を作ろう」

〈参加人数〉 30人（小学生低学年は保護者同伴）　**〈指導〉** 内部講師

〈会場・主催〉 社会教育施設　**〈時間〉** 1日（2時間）　**〈参加費〉** 有

〈内容〉 夏休みを利用した2時間の陶芸教室（図1）。作るものは貯金箱。これは用途性を帯びながら比較的自由な造形ができること、また夏休みの自由研究にもなり得ることから選ばれた。

〈特徴〉 このような短時間の教室の場合、その場は楽しいが、作品作りがおざなりとなり、一つの作品を作り上げたという満足感や達成感を味わいにくい傾向にある。また、子どもによっては初めて扱う素材を前に戸惑いもあり、何を作ってよいのか考えることに時間を取ってしまい、時間が無くなり、満足いく作品作りとならないことがよくある。このようなことを避けるため、この講座ではあらかじめ完成予想図を作ってくるという課題が設けられ、これにより参加者のほとんどがスムーズに制作に入ることができた。無論、完成した作品が予想図とは違ったものになってしまうこともあるが、そのようなことは作品制作上においてはよくあることなので、あえてその通りの制作の強要等はなされなかった。

図1．制作中

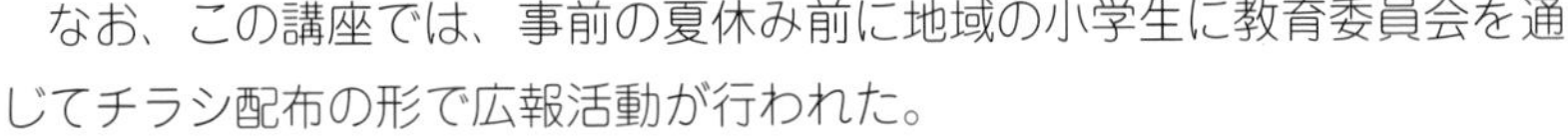

なお、この講座では、事前の夏休み前に地域の小学生に教育委員会を通じてチラシ配布の形で広報活動が行われた。

(2)陶灯（とうろう）づくり

〈参加人数〉 小、中、高校生22人、大学生6人　**〈指導〉** 大学生

〈会場・主催〉 社会教育施設　**〈時間〉** 3日間　**〈参加費〉** 有

〈内容〉 教室は全行程、3日間で行われ、小学生から高校生までが大学生の指導の下にグループに分かれ、作品作りに取り組んだ。1日目はアイスブレーキングゲーム等でまず受講者が互いに打ち解けた後、陶灯（やきもの製の灯籠）の個人の作品制作に取り組んだ。2日目はグループごとに大きな作品を協同制作した。しばらく期間が空き、3日目に焼成を終え完成した作品の講評会、灯を入れての鑑賞会を行った。協同制作作品は会場となった社会教育施設に恒久展示されることとなった。

〈特徴〉 この教室の一番の特徴は、受講者が小、中、高の学校の枠を越え募られ、集まったことにある。特に2日目の協同制作では、グループのメンバーで年齢の差を越え、制作の方向性について意見が交わされ、大学生の力を借りて内容がまとまり、それぞれの得意分野を生かして制作を進め

図２．陶灯（協同制作作品）

ていく様子が見られた。なお、作陶の材料には教室開催地の地元の素材が用いられ、地域性の生かされた教室ともなった（図２）。

(3)真夏の百鬼夜行「仮面を作ろう」

〈参加人数〉 15人（小学生低学年は保護者同伴）　**〈指導〉** 外部講師

〈会場・主催〉 社会教育施設　**〈時間〉** １日（２時間）　**〈参加費〉** 無

〈内容〉 めずらしい民族楽器等の楽器が多数用意されてあり、まずその中から気になるものを一つ選ぶ。その楽器が出す音を声としてもつ妖怪を想像し、段ボール箱、色紙、カラー不織布、モール等を使い、かぶり面やコスチュームを作る。完成したら面、コスチュームを付け、楽器を鳴らし（声を発しながら）全員でパレードする。

〈特徴〉「自由に作る」という課題はとても不自由で難しい課題である。一方、当たり前のテーマ設定では変化に乏しい作品となってしまう可能性が高い。この実践は、音からビジュアルイメージを膨らませるという設定がされており、参加者の創造の意欲を高めることに成功した。また、作品が完成後、自ら装着し、パレードすることで、仮面のもつ特殊な力を実感することにもつながった。

2. ものづくり教室、陶芸教室を開催、実施する際のポイント

(1)企画—内容と参加者の目的は合っているか

ものづくり教室に参加する受講者は、ほとんどの場合、自らの意志でその場に集っている。しかし、そのモチベーションの種類も度合いもまちまちである。主催者側、あるいは指導者は講座内容等を明確に示し、その内容に応じた目的をもつ参加者を募る必要がある。そのためには企画の段階で、講座を実施する目的と想定する参加者のタイプをきっちりと見定める必要がある。

講座を企画する場合は、まずは既に地域の中で開催されている教室等と内容がバッティングしない内容であることに留意し、続いて学校の授業の中では味わえないものとするよう心がけることが肝要である。

(2)目的と参加者が持ち帰るもの

学校の図画工作の授業と社会の中で開催されるものづくり教室等の大きな違いは、受講者に対しての「評価」が行われない（「評価」しなくてもよい）という点にある。それゆえ、特に小学生向けの教室とあれば、技術の伸長ではなく、ものを表現する、作り出す楽しさの体験の機会であるとし、美術好きの子どもを養成することを目的に置くべきだと考えられる。その際、学校の授業の中では評価されにくいような良い面をできるだけ見いだし、褒める、励ますことが重要となる[1)]。

(3)受講者を集める

講座、教室に受講者が集まらない原因は、魅力的な内容ではない、あるいは欲している人に情報が伝わっていないかどちらかが要因だと考えられる。内容に関してはマーケティング等も必要である。広報に関しては潜在的なニーズを掘り起こすため、打ち出し方、たとえばチラシ等に用いるキャッチコピー等に工夫を凝らす必要がある。

［淺海真弓］

1）そのほかに重要なこととして、ものづくり教室等においては、多くの場合、参加者は、少なくとも受益者負担額相当の受講料を支払っている。その分それに見合った、それ以上の「満足」、「充実感」を期待していることを忘れてはいけない。

4. アートによる交流—地域との連携、作家とのコラボレーション

地域において市民参加で行うプロジェクト形式の芸術活動が盛んになっている。地域ゆかりの芸術家とのコラボレーションでは、地域の中で共同制作やワークショップ、地域の特色をテーマとしたアートプロジェクトなどを行うことが多い。参加者は芸術家本人と直接交流し、美術や他分野も含めた豊かな芸術活動の体験を得られるため、社会の中で育む新たな美術教育ということもできるだろう。

子どもたちは、アートプロジェクトに参加することで、美術家の制作に対する情熱や制作過程を知ることができるとともに、プロジェクトに関わる様々な年代や職業の人々と交流しながら、地域の特性や伝統文化を自然に理解していく。アートプロジェクトの特徴である構想から制作までのプロセス全体を重視した共同作業の中で、社会における美術文化の意味を実感する鑑賞体験を得ることができる。

また、教員志望の学生にとっては、地域の市民や子どもたちと触れ合うことで、人間的に成長する機会となることも多く、自らが教員となった時に企画手法やそのプロセスを授業に応用する基礎となる。

I. アートプロジェクトの授業導入事例

(1)「北海道インプログレス[1]：三笠プロジェクト」の概要

北海道空知（そらち）地方の旧炭鉱町である三笠市は、夕張市に隣接する炭鉱で栄えた町であるが、1970年代に炭鉱が閉山し、現在は過疎化が急速に進んでいる地域で、2011年度には４つの小学校が三笠小学校として統合されるなど、少子化も進んでいる。

「三笠プロジェクト」は、地元出身の美術家である川俣正[2]が中心となり、参加者や地域の人々とこれからのアートのあり方を考えることを目的としたアートプロジェクトである。2012年から廃校となった旧美園小学校の体育館を再活用し（図１）、「かつての炭鉱町の風景をモチーフとした巨大インスタレーション（縦30m 横18m 高さ６m）」を地域の市民や大学生らと共同制作している[3]。このプロジェクトは、趣旨に賛同する近隣の大学、北海道の文化施設、教育委員会、地域住民、支援団体等の協力で進められている。

1）北海道インプログレス
川俣正が中心になって北海道で展開するアートプロジェクト。出身地の三笠市で拠点作りプロジェクトとして公開制作をはじめ、３年目の2014年に完成した。

2）川俣正（かわまた　ただし）
川俣正は、世界中でアートプロジェクトを行っている現代美術家であり、東京藝術大学の先端芸術表現科の主任教授を経て、現在はパリ国立高等芸術学院教授である。

図１. 旧美園小学校

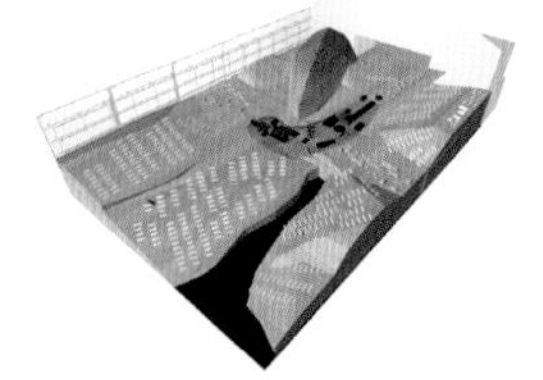

図２. インスタレーションイメージ（CG制作：菊地拓児）

図３. インスタレーション外観

図４. 夜の炭鉱町のインスタレーション（内部）[4]

(2)地域の小学校との連携授業

三笠プロジェクトに関連して、三笠小学校の４年生と５年生（約100人）を対象に、小学校で事前授業、制作現場でワークショップを実施した。

❶授業担当：三橋純予（北海道教育大学教授）

事前授業は、各学年に分けて２回行った。授業内容は、三笠市の炭鉱町としての歴史、世界中で制作活動を行っている川俣正の芸術活動を中

3）旧美園小学校の体育館でインスタレーション制作を行い、職員室でワークショップを実施した。

4）制作：コールマイン研究室

図5．三笠小学校での事前授業

5）マケット
段ボール紙を組み立てて制作する、かつての炭鉱住宅の100分の１サイズの模型。ワークショップ以外にも、学生や市民たちが約3000個を作成して設置してある。

図７．炭鉱町の巨大インスタレーションができるまでと、見学の様子

写真撮影：露口啓二（図１、３、４）、北海道教育大学（図５～８）

本文写真提供・制作協力：川俣正、菊地拓児、三笠ふれんず、三笠小学校

心に45分間で行った（図５）。

初めに担任教員から北海道教育大学の紹介が簡単にあったが、複数の子どもたちから「教授を初めて見た」という発言が出て一斉に笑い声が起こり、リラックスした雰囲気で授業を行うことができた。最初に授業者が「近くにある炭鉱遺産を見たことがありますか？」と聞くと多くの子どもたちが手を上げた。川俣正の活動は知らない子どもが多かったが、実際に芸術家と会ったことがないので、どういう人なのかに興味をもったようだ。

最後に大学生から三笠プロジェクトの話をし、翌週に制作現場に行き、炭鉱住宅のマケット作成のワークショップを行うことを伝えると、子どもたちも実際に芸術家の川俣正に会えるという期待をもったようだ。

❷授業担当：教育大学学生（芸術文化コース２～３年生７人）

旧美園小学校内の職員室をワークショップ会場とし、子どもたちは学生の指導のもとで炭鉱住宅マケット[5)]を制作した（図６）。子どもたちはマケットを組み立てた後、内部に自分の名前や絵を描くことに夢中になった。その後、川俣正と共に体育館で三笠プロジェクトの「かつての炭鉱町の風景をモチーフとした巨大インスタレーション」を見学し（図７）、その一角に炭鉱住宅マケットを並べて自分たちの学校を中心にした町を設置した。

図６．炭鉱住宅マケット制作

旧美園小学校に通っていた教員や子どもは、教室や廊下に置いてある廃校記念の手形パネルなどを懐かしそうに眺め、自分の手形を見つけ手を重ねて、２年前より手が大きくなったことを子どもたちが語っていた。また、各教室の黒板には「美園小学校ありがとう。また来るね！」などと書かれたものが残っていたが、子どもたちは自分が書いたその言葉の下に「また来たよ！」と書き足していたのが印象的であった。

廃校がない地域においても商店街や公共スペースを活用して行う芸術家と子どもたちの現代アート活動は可能である。地域の特色や歴史を生かすことで、アートによる地域への愛着心も育まれ、美術文化を体験的に理解することができる。

2. 交流の振り返りと今後の展望

子どもたちが住む町の伝統や歴史を芸術空間の中で体感することは効果的であるが、さらに地域との交流がその体験を深めることができる。小学校の授業の延長として、このようなアートスペースや大学との連携などが今後も増えていき、地域活動の一環として重視されていくと思われる。

図８．展示公開の準備

［三橋純予］

5. 地域の特色を生かす—地域の文化、伝統、自然、人材の活用

昨今、「地域」「伝統」「文化」に対する尊重と理解が学校教育の中で重視される傾向にある。2006年（平成18年）に改正された教育基本法では教育の目標として、「伝統と文化を尊重し、それらを育んできたわが国と郷土を愛する」（第二条5一部抜粋）と、心の育成が明記され、2017年（平成29年）に改訂された小学校学習指導要領においても、伝統や文化を尊重し、（略）、個性豊かな文化の創造を図る」（第1章総則第1－2－(2)）ことが目標として掲げられた。では具体的に造形教育においては、地域の伝統や文化、あるいは自然を活用することにより、どのような力を養うことができるのだろうか。また、その効果的な展開方法を、ここでは地域に根づく伝統的なものづくりを生かすことを中心に考えてみたい。

1. 地域性を生かした造形活動が子どもたちにもたらすもの

(1)自らの文化的背景を知る

わが国は「ものづくり大国」である。国家の経済を支えるような大がかりなものづくりはもとより、地域ごとに有名無名の数多くの伝統的なものづくりが豊かに根付いている。それらは密接にその地の文化、伝統、自然と結びついており、その土地ならではの特色＝地域性を帯びている。私たち人間もまた、それぞれの地域に属し、地域により育まれている存在である。地域の伝統、文化を知ることは、自分自身を見つめ直すことにつながる。

(2)他者、他文化への尊重と理解を進める

有名な伝統工芸の産地のお膝元のような地域では、幼い頃からその工芸品等に親しむ機会が多い。たとえば、やきものであれば世界中で多種多様な素材や技法で様々なものがあるが、やきものの産地に育った子どもは、「やきもの＝その産地の製品」となる傾向にある。

このことを知識の偏重につながりかねないと危惧する声もあるが、これはぜいたくな悩みである。なぜならそうした子どもたちは将来、他のやきものと出会った際、既に形成されているやきもの観があるので、新しく出会ったやきものにも深い鑑賞と理解が可能となるからである。

他文化の理解は己の中に文化についての規範が無いとできないものである。また、自分の属する文化に対して尊重する気持ちが無ければ、他文化に対しても同様に尊重することができない。以前より、国際感覚を身につけるためには、まず自国の文化について知ることが重要であるといわれてきた。海外から帰国し、あらためて日本の文化について学び直す人は多い。自分の中に語るべき文化的背景があること、また、それをよりどころにした規範の形成や文化を敬う心情の醸成は、国際化が進む社会の中、これからますます必要とされていくと思われる。

2. 地域性を生かした学習を行うにあたって

(1)情報の収集

地域の特色を生かした造形活動を行う場合、子どもたち自身が、まず自分たちの地域にどのような特色があるか、どのような伝統的なものづくりが根付いているのかを調べることから始めるのが望ましい。たとえばもの

1）伝統的工芸品
「伝統的工芸品」は昭和49年に公布された「伝統的工芸品産業の振興に関する法律」によって定められた。
なお、「伝統的工芸品」として指定されるためには次の５つの要件が必要となる。
1.主として日常生活の用に供されるものであること。
2.その製造過程の主要部分が手工業であること。
3.伝統的な技術又は技法により製造されるものであること。
4.伝統的に使用されてきた原材料が主たる原材料として用いられ、製造されるものであること。
5.一定の地域において少なくない数の者がその製造を行い、又はその製造に従事しているものであること。

「窯元修行プログラム」

（目的）

- 陶器づくりや窯元の仕事を体験することから、伝統工芸を身近なものとして感じる。
- 陶器を作ってきた人々の工夫や苦労を調べ、伝統工芸の良さを考える。

（内容）

1日目　窯元修行「準備編」

〈場所〉学校

〈講師〉窯元、産地関係者

〈時間〉50分

- やきものについての基礎（ゲーム等を通してのやきものについてのレクチャー）
- 産地のやきものについて紹介（映像、画像資料等を用いた説明）
- 産地特有の技法等の説明（実際に素材や道具を用いてのデモンストレーション）
- 産地のやきものを使ってみる（湯のみを使って実際にお茶を飲む）

資料1．事前の学習

2日目　窯元修行「本番編」

〈場所〉産地の窯元（約30軒）

〈講師〉窯元、その他

〈時間〉約4時間

- オリエンテーション
- 窯元修行（施設見学、仕事体験、作品づくり）

資料2．産地での学習

図1．参考実践例

づくりでは、経済産業大臣が指定する伝統的工芸品[1]は全国で200以上、さらに各都道府県でも独自に指定されている。学校の所在地やその周辺で高い確立で伝統的なものづくりを探し出すことができる。一方、指導者側の情報収集方法としては、まず各地域の教育委員会の文化財関係のセクションへの問い合わせより始めるのがよいだろう。外部講師を依頼するための人材を含め、文化的な観点より地域のものづくりについて詳細な情報を把握している場合が多い。また、伝統工芸の場合は現在においても「産業」として成立しているため、行政機関の産業振興関係の部署も情報をもっている。さらに事業規模がそこそこの大きさだと同業者組合や協会を組織している場合が多い。直接個々に依頼するより、まずはこうした機関の窓口に相談することで、適切な外部講師にふさわしい人材の紹介を受けたり授業展開のヒントを得たりする方法が効率的である。

人材に関してはそれを生業としているプロだけではなく、趣味や余暇の範囲で技の継承や、表現活動に取り組んできたセミプロや「名人」の数も多い。人材の活用を検討する際、在学している児童の保護者、卒業生や卒業生の保護者の中からそうした担い手を探す手もある。いずれにしても多くの伝統文化は後継者、愛好者不足から存続の危機に面している。次世代を担う地域の子どもたちへのPR活動につながる活動等には大概の場合、大変協力的である。

⑵学習の上の留意点

伝統文化の継承とは、決して失われつつある古いものの保護ではない。伝統文化は古くから続くものではあるが、今、この瞬間には最先端の技術、表現の結晶であるといえる。それらは常に人々の厳しい目にさらされ、ニーズに合わなくなった、人々の気持ちに添えなくなったものは次代に伝わることなく消えていった。また、ものづくりでいえば、自然環境への目配りを怠った産地は安定した材料供給等が難しくなり途絶えていった。常に時代に合わせて敏感に柔軟に変化し、また、持続可能のため環境に配慮されてきたもののみが伝統と成り得る。子どもたちが学ぶべきものは、単なる伝統文化の表面的なスタイルや技術ではない。伝統的なものづくりを行ってきた先人の創意、工夫、知恵であり、生きる力である。この点に留意し、活動では単なる体験に留まらず、先人の気概を追体験できるような活動、伝統文化の技術やスタイルを用い、新しい表現等の発展を模索する展開を心がけよう。

3. 実践例「窯元修行プログラム」(図1)

小学校4年生対象に行われた実践を紹介する。この授業は100人以上の児童を対象に、産地の窯業組合の全面的な協力の下、行われたものである。通常、なかなか立ち入ることができない、窯元の工房に入り、仕事を実体験し、さらに作品作りを行うという盛りだくさんの内容となっている。授業が始まった頃は窯元修行「本番編」のみであったが、後に事前プログラムとなる「準備編」が付け加えられ、より充実した活動となった。少し緊張しながらも事前学習の内容を互いに確認しながら真剣に取り組む子どもたちの様子が見られた。

［淺海真弓］

6. 地域にひろがる創造の種

地域性を活かした表現活動は従来から行われているものの、子どもたちからすると大人から与えられた造形文化を受け身的に追体験するといったケースが多い。もちろん、そのような活動も地域の個性・伝統に触れる素晴らしい活動ではある。しかし、子どもたち自らが、わが街の多様な素顔に好奇心をもって発見・探索していく機会も必要ではないだろうか。地域ガイドで紹介されているオフィシャルなものだけでなく、子ども目線で見つけたローカルな魅力、街でたまたま遭遇したイレギュラーな出会いが、地域を再発見していく創造の種になることもある。そんな、地域にひろがる創造の種を見つけながら、遊びと表現が小気味よく同居するアート・ワークショップを見てみよう。

1.「思わずニヤリ！島専用の標識をつくろう」(沖縄県座間味村)

～島の素顔をユニークな標識で笑撃アピール～

図1. 島に存在する謎の看板

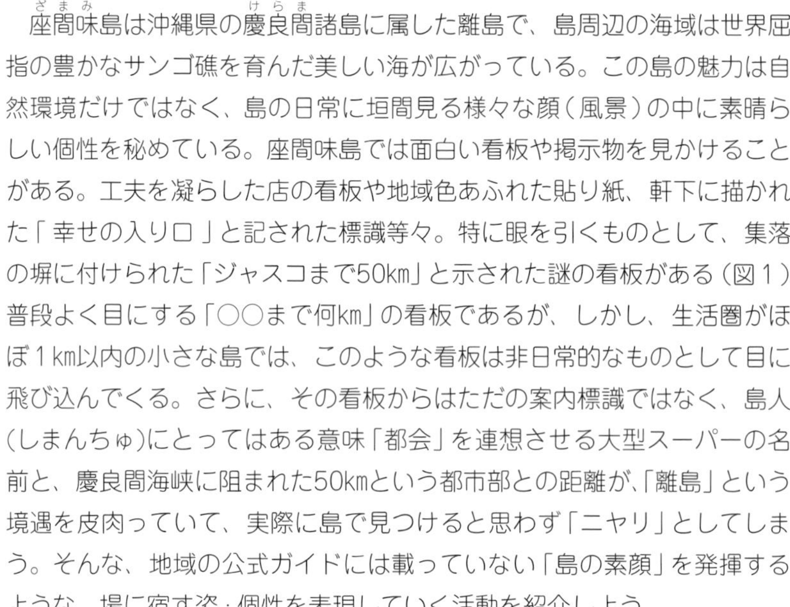

座間味(ざまみ)島は沖縄県の慶良間(けらま)諸島に属した離島で、島周辺の海域は世界屈指の豊かなサンゴ礁を育んだ美しい海が広がっている。この島の魅力は自然環境だけではなく、島の日常に垣間見る様々な顔（風景）の中に素晴らしい個性を秘めている。座間味島では面白い看板や掲示物を見かけることがある。工夫を凝らした店の看板や地域色あふれた貼り紙、軒下に描かれた「幸せの入り口」と記された標識等々。特に眼を引くものとして、集落の塀に付けられた「ジャスコまで50km」と示された謎の看板がある（図1）。普段よく目にする「○○まで何km」の看板であるが、しかし、生活圏がほぼ1km以内の小さな島では、このような看板は非日常的なものとして目に飛び込んでくる。さらに、その看板からはただの案内標識ではなく、島人(しまんちゅ)にとってはある意味「都会」を連想させる大型スーパーの名前と、慶良間海峡に阻まれた50kmという都市部との距離が、「離島」という境遇を皮肉っていて、実際に島で見つけると思わず「ニヤリ」としてしまう。そんな、地域の公式ガイドには載っていない「島の素顔」を発揮するような、場に宿す姿・個性を表現していく活動を紹介しよう。

図2. アルミ板にデザインしたシートを貼っていく。

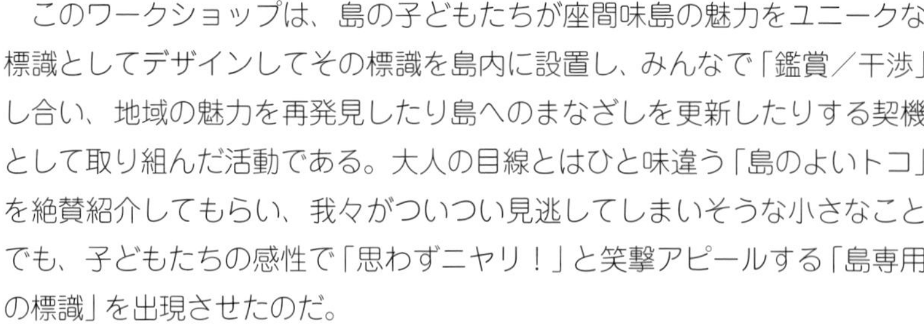

このワークショップは、島の子どもたちが座間味島の魅力をユニークな標識としてデザインしてその標識を島内に設置し、みんなで「鑑賞／干渉」し合い、地域の魅力を再発見したり島へのまなざしを更新したりする契機として取り組んだ活動である。大人の目線とはひと味違う「島のよいトコ」を絶賛紹介してもらい、我々がついつい見逃してしまいそうな小さなことでも、子どもたちの感性で「思わずニヤリ！」と笑撃アピールする「島専用の標識」を出現させたのだ。

図3. 完成作品
左上「元かつお節工場だよ」
右上「ウミガメはさわらないで」
左下「ヤドカリが通ります」
右下「カラスに注意」

まずは、島の集落内を散策し、どの場所にどのような標識看板があると楽しくなるか、どこを島の魅力として取り上げ、何を伝えたいのかを探し求めることから始めた。地域の大人たちも巻き込んで、それまで当たり前すぎて特に注目しなかった「モノ・コト」までも好奇心の対象へとひろがっていく。その後、アイデア・シートを用いて座間味らしさをどのようにデザインに活かすか構想を練りながら、アルミ板やカッティング・シートを材料に制作していくのだ（図2）。生まれた作品には、「流れ星がみえま

図4.「ねこ専用」標識が設置された小さな路地

すよ」「元かつお節工場だよ」「ねこ専用道路です」などのユニークなものばかりで、でき上がった標識は、島内のあちこちに設置し、鑑賞ツアーも行った(図3、4)。この活動を通して、子どもたちは身近な環境にまなざしを向け、自らの想いや願いをカタチにすること、モノづくりやデザインの楽しさを味わった。そして、島民や観光客がそれらと遭遇することを想像して「ニヤリ!」としていた。

2.「わが街の名物めしを作ろう」(沖縄県那覇市安里地区)

〜地域の人との出会いを隠し味にして、巻き寿司でつながろう〜

那覇の国際通りの一端に安里(あさと)地区[1)]がある。そこは迷路のように入り組んだ昔ながらの路地が今も存在する地域である。ここで紹介するワークショップは、かつて港町であった地域で、海とのつながりを感じ「食」と「アート」を織り交ぜながら地域の人々と交流していく取り組みである。子どもたちが「太巻き寿司」をつくるために、近隣のお宅を訪問し食材を提供してもらいながら、「街」「ヒト」「モノ」に出会い、“視る”ことを通して創造的なクッキングに挑戦した活動である。巻き寿司は一説によると「網を巻き、錨(いかり)を巻き揚げ、釣り糸を巻いてきた」という周囲を海に囲まれた海洋文化の暮らしから生まれたものとされている。

1)琉球王国時代から首里と那覇を結ぶ交通の要地でもあり、かつては一帯が安里川の河口部で、すぐ近くまで内海となっていた。

子どもたちがアポなしで地域のお宅に訪問し、冷蔵庫の残り物や食卓の余り物をもらうのだが、さすがにタダで頂戴するのは厚かましい。そこで、サンゴで手作りしたアクセサリーや小物と換えっこしてもらう。その際に、わが街にまつわる話やわが家の食文化について聞かせてもらうなど、ご近所と縁結ぶコミュニケーション・チャンスにつなげるのである(図5)。この地域は、古くからのご近所付き合いが今なお残る地域でもあるが、一方で新たに移住された家庭も多く、住民の交流に偏りが生まれているという実情がある。それはどこの地域でも聞きかじる地域事情であるが、子どもたちの怖いもの知らずのフットワークと、とらわれのない眼で新たな縁を生み出し、わが街を創造の場に変えていくのである。

図5.アポなし訪問で、魚肉ソーセージをいただきました。

提供してもらった食材は様々で、野菜各種や缶詰類、卵やソーセージ、昨晩のシチューの残りなどバラエティに富んだ材料が集まった。巻き寿司の具材として頭を抱える食材もあったが、美味しく作るために世話役である大学生のアドバイスを受けながら調理に奮闘する子どもたちの姿が見られた(図6、7)。地域の人との出会いを隠し味にし、自分で創作したカタチも楽しみながら食べた巻き寿司は腹も心も満腹にしてくれ、見慣れたわが街を新鮮なまなざしで“視る”(鑑賞)ことにもつながったはずである。

図6.巻き寿司作りに奮闘中

3.まとめ

紹介したワークショップは沖縄での実践であるが、どの地域にも創造活動につながるお宝は存分に眠っているはずである。そのお宝を活かして、地域の良さや魅力を自らの眼で発見する機会が必要となる。子どもの好奇心が新たな価値を生み出す「学び」へと縁結んでいくために、我々自身が柔軟な発想で地域をまなざす「眼」をもたねばならないだろう。

[吉田悦治]

図7.切った断面に模様が出る飾り巻き寿司も登場しました。

column 8 アートフェスは、人・街の気づき装置

刈谷市で大学生が取り組んだアートフェス

21世紀になっても、日本は少子高齢化やデフレ経済の流れにあって、多くの市町村は元気がなく、かつての経済成長神話に憧れながら、失われた20年[1)]の中でもがいている。その中で、起死回生？の刺激剤としてか、ビエンナーレやトリエンナーレといった期間で、地域に活性化をもたらそうとする『アートのお祭り（後掲：アートフェス）』への期待が高まっているようだ。越後妻有（えちごつまり）、横浜、神戸、愛知、瀬戸内と、現在では、大規模なイベントから小さいものまで数えきれないほどのアートフェスが年間各地で行われている。

確かに、アートがもつ不思議な魔力があって、地域活性化に貢献するパワーが潜んでいるように思う。普段は人通りもまばらな街にアーティストや垣根のない人々、学生たちが出入りしながら、地元の市民や企業を巻き込み、街の旦那衆だけでなく、子どもから彼らのママ、女子高生など女性まで楽しくワイワイと参加することで、いつもの街とはまったく異質な風景が立ち上がってくる。その期間、街と人は輝いて見えてくる。

アートフェスの「成功」とは何だろうか。その期間の輝きだけでも、その街と人々にとっては貴重な経験で、その風景にはかつての輝きに似た活気があり、昔は良かったね、という思い出と記憶を呼び起こしてくれることで、アートフェスには十分な価値があるといえるかもしれない。しかし、それだけではない。

イベント期間の瞬時の歓喜よりも、イベント前の協働的な計画や作業、イベント後の営為はさらに魅力的だ。アートフェスには、綿密な計画と準備が必要で、アーティストは地元の声を聞きながら作品制作やワークショップに励む。

アーティストに習い、学生も様々な作業を子どもや女子たちと一緒になって行っている。学生にとっては、学校で教科として技術を学ぶ図画工作としてだけでなく、アーティストや街の人々といった先生が複数いる環境下で協働的に作業するという新鮮な体験であり、学校で学んだ技術を自分の意思で活用でき、様々な人に鑑賞もしてもらえるというメリットがある。そして、ここには自分が暮らしている社会を実感し、自身の力で作用することができる幸運がある。「学校の図画工作（美術）」から「社会でのアート」へと、自然に社会性拡張が彼らに訪れる。このような経験は学生がこれから街で活躍していく上で、彼らにとっても、街にとっても貴重な創造のきっかけや財産になるだろう。

イベント後は、「終わりではなく次の始まりである」という人・街の『持続性』への強い意識が不可欠ではないだろうか。その意識はイベント後、街のアート作品が撤去され、昔の姿に戻った時に「どのように」「何が」認識されるか、によって生まれる。昔の姿に戻ったけど、昔のままではないという認識、つまりアートの衝撃によって、今まで気づくことのできず無視されていた街の日常性の社会的価値が創発される世界へと変貌した、という新しい視点が街を舞台として人々に形成される時、アートのイベントを持続する根拠が正当化され、次の「始まり」への強い意識が沸き立つのである。イベントに関与した多くの市民が地元の新しい社会的価値に目覚めたことで、自分たちが暮らす街は愛着ある豊かな自分の地域社会へと変貌する。

アートは、そこで暮らす人とその人々の集まりである街に、新しい気づきを与える社会的な文化装置である。だからこそ、その装置の基礎的起点である学校での図画工作は単なる教科の枠を超えて、新しい人・街を創造する密かな起爆剤として大きな地域貢献を果たしているのではないだろうか。

［岡本真由子］

1）失われた20年
1990年代初頭のバブル経済崩壊後に長く続いた経済や株式市場の停滞した時期のこと。

【参考文献】

1章　造形教育の目的と内容

- H．リード 著 Education Through Art、宮脇 理・岩崎 清・直江俊雄 訳『芸術による教育』フィルムアート社、2001 年
- Ｊ．Ｓ．ブルーナー 著、鈴木祥蔵・佐藤三郎 訳『教育の過程』岩波書店、1986 年
- V．ローウェンフェルド 著 Creative and Mental Groth、竹内 清・他 訳『美術による人間形成』黎明書房、1963 年
- W．ヴィオラ 著 Child Art、久保貞二郎・深田尚彦 訳『チィゼックの美術教育』黎明書房、1976 年
- 甲斐睦朗・髙木まさき ほか 40 名『国語六　創造』、光村図書、平成 26 年（検定済年）
- 工藤麻耶・石上靖芳・髙橋智子『図画工作科・国語科における有機的教科連携カリキュラムの開発に関する研究』静岡大学教育実践総合センター紀要 28、2018 年、pp.250-266
- 工藤麻耶『社会や生活とのつながりを意識した有機的カリキュラムの開発に関する研究ー図画工作科・国語科の教科連携を対象としてー』静岡大学大学院教育学研究科教育実践高度化専攻　教育実践高度化専攻成果報告書抄録集 8、2018 年、pp.43-48
- 佐伯胖『考えることの教育』国土社、1990 年
- 佐々木達行・藤澤英昭・柴田和豊・小鴨成夫ほか 19 名『図画工作5・6下　ゆめを広げて』、開隆堂、平成 26 年（検定済年）
- ヨハン・ホイジンガ 著、高橋英夫 訳『ホモ・ルーデンス　人類文化と遊戯』中央公論社、1971 年

2章　絵画

- B．エドワーズ 著、北村孝一 訳『改訂新版　脳の右側で描け』エルテ出版、1994 年
- 大阪教育大学公開講座「ベテラン教師に学ぶ図画工作の時間を楽しくするコツ⑷」 資料、2012 年
- 視覚デザイン研究所 編『みみずくアートシリーズ 表現技法エッセンス』視覚デザイン研究所、1984 年
- 末永照和 監修『カラー図版　２０世紀の美術』美術出版社、2000 年
- 『図画工作 学習指導書 1～6上下 指導・評価編「用具・材料編」』開隆堂、2012 年
- 谷川 渥 監修、小澤基弘・渡邊晃一 編著『絵画の教科書』日本文教出版、2001 年
- 中原祐介 編著『ヒトはなぜ絵を描くのか』フィルムアート社、2001 年
- 萩原博光 解説『南方熊楠菌類図譜』ワタリウム美術館、新潮社、2007 年
- 松原龍夫『新技法シリーズ　はじめての水彩画』美術出版社、1977 年
- 丸山圭三郎 『文化のフェティシズム』勁草書房、1984 年

3章　版画

- 伊藤弥四夫『はんがの本－技法と実践』サクラクレパス出版部、1982 年
- 伊藤弥四夫『続はんがの本－木版画を中心とした技法と実践』サクラクレパス出版部、1988 年
- 太田耕士・関野順一郎 監修『造形教育大系　版画　１紙版画　２木版画　３金属・石版画』開隆堂、1975 年
- 佐野登志子 『七宝焼　手づくりのアクセサリー』主婦と生活社、1974 年

4章　彫刻

- A．ザイデンバーグ 著、上 昭二 訳『彫刻の技法－粘土・金属・石膏・石・木－』ダヴィッド社、1978 年
- H．リード 著、宇佐見英治 訳『彫刻とはなにか－物質と限界』日貿出版社、1995 年
- 伊藤 釣 著『実践造形教育大系 15　彫刻表現』開隆堂、1982 年
- 今村輝久『カラーブックス　彫刻入門』保育社、1975 年
- 岩野勇三『彫塑－制作と技法の実際』日貿出版社、1982 年
- 工藤 健 監修「等身大Ｆ．Ｒ．Ｐ貼り込み」『「塑像への誘い全集」－ＤＶＤによる塑像関連技法書 共同研究報告書 解説書』多摩美術大学、2007 年
- 佐賀大学教育学部 美術・工芸教室『造形教育・実践と展望－図画工作・美術・工芸－』佐賀新聞社、1989 年
- 柴田善二・池松一隆「彫刻の制作」『図画工作・美術科教育 制作編』葦書房、1985 年
- 大学美術・造形教育研究会 編『美術・造形の基礎』産業図書、1987 年
- 建畠覚造 他『新技法シリーズ　彫刻をつくる』美術出版社、1965 年
- 辻 弘 著『発達段階における彫塑表現の技法』明治図書、1966 年
- 中原佑介『中原佑介美術批評選集 第6巻 現代彫刻論－物質文明との対峙』現代企画室、2012 年
- 乗松 巌『彫刻と技法』近藤出版社、1970 年
- 本郷 新『彫刻の美』中央公論美術出版、1980 年
- 吉住磨子 他『美のからくり　美術・工芸の舞台裏』佐賀大学文化教育学部、2011 年

5章　デザイン・映像メディア表現

・青木直子 他『デザインを学ぶ1－グラフィックデザイン基礎』エムディエヌコーポレーション、2013年
・稲垣達彌『画材の使い方 いかし方』学研プラス、1997年
・白石和也『錯視の造形　メノトリックス』ダヴィッド社、1978年
・高山 正喜久『立体構成の基礎』美術出版社、1982年
・富山典子・岩本克子『絵画遊び技法百科』ひかりのくに、2001年
・真鍋一男『造形の基本と実習』美術出版社、1982年

6章　工作・工芸

・D.G.シンガー・J.L.シンガー 著、高橋たまき、戸田須恵子、無藤隆、新谷和代 訳『遊びがひらく想像力　―創造的人間への道筋』新曜社、1997年
・E.R.レイスウェイト・M.W.ティーリング、喜安善一・永井忠男 訳『発明への招待』みすず書房、1981年
・N.ウィーナー 著、鎮目恭夫 訳『発明 アイデアをいかに育てるか』みすず書房、1994年
・秋岡芳夫『木工（道具の仕立）－手づくりの原点をさぐる』美術出版社、1976年
・小黒三郎『小黒三郎　組み木の世界』創和出版、2006年
・越智健三「金属工芸技術の教材への応用(1) －打込み象嵌による加飾法について－」東京学芸大学紀要 5部門 芸術・体育 第25集、1973年
・佐善 圭『造形のじかん』愛智出版、2013年
・視覚デザイン研究所 編『みみずくクラフトシリーズ 陶芸ノート』視覚デザイン研究所、1988年
・高山正喜久・坪内千秋 監修『造形教育大系 工作工芸 1紙　2木　3土　4金属　5プラスチック』開隆堂、1971年
・辻 政博『図工のきほん 大図鑑 －材料・道具から表現方法まで』PHP研究所、2013年
・樋口一成 他『造形教材』愛知教育大学出版会、2008年
・田中敏隆 監修 樋口一成 他『幼稚園・保育所の保育内容 －理論と実践－保育表現II（造形）』田研出版、1994年
・宮脇 理 監修『ベーシック造形技法』建帛社、2006年
・矢部良明『日本陶磁の一万二千年 －渡来の技独創の美』平凡社、1994年

7章　鑑賞

・P.ヤノウィン　京都造形芸術大学アート・コミュニケーション研究センター訳　『学力をのばす美術鑑賞 －ヴィジュアル・シンキング・ストラテジーズ』淡交社、2015年
・B.ウイルソン 他、花篤 實 他 訳『美術からの描画指導－アメリカDBAEの新しい指導法－』日本文教出版、1998年
・上野行一『風神雷神はなぜ笑っているのか（対話による鑑賞完全講座）』光村図書出版、2014年
・苅宿俊史 他『ワークショップと学び2 場づくりとしてのまなび』東京大学出版会、2012年
・齋 正弘『大きな羊のみつけかた －「使える」美術の話』メディアデザイン、2011年
・四宮敏行『学校が美術館－発想から実現までの記録－』美術出版社、2002年
・ふじえみつる『アート de ゲーム』日本文教出版、2017年
・藤江 充「『鑑賞』学習の指導」『図画工作科指導法』日本文教出版、1999年
・山木朝彦 他『美術鑑賞宣言 学校＋美術館』日本文教出版、2003年

8章　社会への広がり

・今井良朗『ワークショップのはなしをしよう －芸術文化がつくる地域社会』武蔵野美術大学出版局、2016年
・磯部錦司『自然・子ども・アート －いのちとの会話』フレーベル館、2007年
・伊藤留美『アートセラピーの贈り物 －感性をはぐくむ美術の力』学事出版、2016年
・大月ヒロ子『新・わくわくミュージアム －子どもの創造力を育む世界の126館』SSコミュニケーションズ、2003年
・小野京子『表現アートセラピー入門 －絵画・粘土・音楽・ドラマ・ダンスなどを通して』誠信書房、2005年
・関口怜子『子どものためのワークショップ』ブロンズ新社、1999年
・高橋陽一 編『造形ワークショップの広がり』武蔵野美術大学出版会、2011年
・山中康裕 他『コラージュ療法入門』創元社、1993年
・吉田エリ『はじめてのアートセラピー』河出書房新社、2005年

全章共通

・文部科学省『小学校学習指導要領解説 図画工作編』2018年、日本文教出版
・文部科学省『小学校学習指導要領解説 総則編』2018年、東洋館出版

執筆者紹介

編著者

樋口 一成（ひぐち かずなり）

現在、愛知教育大学 幼児教育講座 教授。1964年大阪府生まれ。1990年大阪教育大学大学院教育学研究科修士課程美術教育専攻デザイン講座修了。1987年よりGRAVIMORPH（グラビモルフ：重力によって動く造形）をテーマとする立体造形作品を制作するとともに、地域の市町村・美術館・企業等と連携して、子どもたちを対象としたものづくりワークショップを企画・実践。1988～1994年１～７回全国ウッドクラフト公募展にて奨励賞・優秀賞・最優秀賞・大賞・特別賞等を受賞。1997年Neaf Spiele AG（スイス）とデザイン使用権契約締結「Motus」「Ellip」。2010年飛鳥工房（佐賀県）・タカスガクデザイン（福岡県）と共同開発した玩具「Donguri」が2011年「グッドトイ」に選定、2012年グッドデザイン賞受賞。2017年長野県下伊那郡根羽村・根羽村森林組合と連携して木のおもちゃブランド「ne iro」を立ち上げ、webサイト「ねばのもり」（http://neba-no-mori.jp/）開設。2018年とよた子育て総合支援センター“あいあい”（愛知県）のリノベーションに携わる。2019年新潟県の企業と商品化したGRAVIMORPHシリーズ「SPINDLE」「WOBBLY」がJacob K. Javits Convention Center（アメリカ ニューヨーク市）で開催されたNY NOW summer 2019展にて「destination : new」賞を受賞、webサイト「GRAVIMORPH」（https://ja.gravimorph.com/）開設。2019年安城市民ギャラリー（愛知県安城市）・浜田市世界こども美術館（島根県浜田市）・わらべ館（鳥取県鳥取市）にて個展開催。著書に『幼稚園・保育所の保育内容－理論と実践－保育表現Ⅱ（造形）』（共著：田研出版）、『素材＞学年＞時間＞動詞で検索する造形教材』（監修：愛知教育大学出版会）、『改訂 美術科教育の基礎知識』（共著：建帛社）、『造形教育の教材と授業づくり』（共著：日本文教出版）、『幼児造形の基礎－乳幼児の造形表現と造形教材』（編著：萌文書林）等がある。これまでに、大阪教育大学、長崎大学、長崎大学大学院等の非常勤講師を務める。

執筆者　＊50音順　所属等は令和元年12月現在

淺海真弓　兵庫教育大学 学校教育学部 准教授
石井宏一　秋田大学 教育文化学部 准教授
石崎誠和　金沢美術工芸大学 美術工芸学部 准教授
江村和彦　日本福祉大学 子ども発達学部 准教授
小江和樹　鹿児島大学 教育学部 教授
岡田博明　三重大学 教育学部 教授
岡本真由子　株式会社MilKLab共同代表 / 慶應義塾大学 SFC研究所クリエイティブ・ラーニング・ラボ所属
奥田真澄　三重大学 教育学部 准教授
奥村高明　日本体育大学 児童スポーツ教育学部 教授
桶田洋明　鹿児島大学 教育学部 教授
角地佳子　大阪国際大学 短期大学部幼児保育学科 准教授
河西栄二　岐阜大学 教育学部 教授
加藤克俊　豊橋創造大学 短期大学部 幼児教育・保育科 准教授
加藤可奈衛　大阪教育大学 教育学部 教授
菅野弘之　長崎大学 人文社会科学領域（教育学系）教授
栗山裕至　佐賀大学 教育学部 教授
佐藤昌宏　岐阜大学 教育学部 教授
杉林英彦　愛知教育大学 美術教育講座 准教授
鈴木安由美　愛知みずほ短期大学 現代幼児教育学科 助教
関　俊一　三重大学 教育学部 教授
髙橋智子　静岡大学 教育学部 准教授
谷　誉志雄　前岐阜大学 教育学部 教授
德安和博　佐賀大学 芸術地域デザイン学部 教授
永江智尚　愛知教育大学 美術教育講座 准教授
新實広記　愛知東邦大学 教育学部 准教授
西尾正寛　畿央大学 教育学部 教授
西園政史　聖徳大学 児童学部 准教授
西村志磨　至学館大学 健康科学部 准教授
隼瀬大輔　岐阜大学 教育学部 准教授
古瀬政弘　東京学芸大学 教育学部 教授
本田郁子　名古屋経営短期大学 こども学科 講師
松﨑としよ　大和大学 教育学部 教授
三橋純予　北海道教育大学 教育学部 教授
山本辰典　名古屋短期大学 非常勤講師
山本政幸　岐阜大学 教育学部 准教授
吉田悦治　琉球大学 教育学部 教授
渡邉美香　大阪教育大学 教育学部 准教授

小学校図画工作の基礎

造形的な見方や考え方を働かせる学び

デザイン　山本政幸
DTP 制作　㈱ユニックス

2020 年 1 月 24 日初版第一刷発行

編 著 者　樋口一成
発 行 者　服部直人
発 行 所　㈱萌文書林
〒 113-0021　東京都文京区本駒込 6-25-6
Tel：03-3943-0576　Fax：03-3943-0567
E-mail：info@houbun.com
ホームページ：https://www.houbun.com

〈検印省略〉

ＩＳＢＮ 978-4-89347-312-7　C3037

印刷・製本　シナノ印刷株式会社

第10章

1）東京都文京区「文京子育てガイド2019」2019
2）千葉県浦安市「広報うらやす」No.1057（9月1日発行），2016

第11章

1）内閣府・文部科学省・厚生労働省「子ども・子育て関連3法について」2013
2）厚生労働省「地域子育て支援拠点事業の充実について」2013
3）厚生労働省「地域子育て支援拠点事業の概要①②」2014
4）子育てセンター実践研究会編『2007 子育て支援センター実践記録No.10』2007，pp.68-72
5）子育てセンター実践研究会編『2008 子育て支援センター実践記録No.11』2008，pp.65-68
6）子育てセンター実践研究会編『2006 子育て支援センター実践記録No.9』2006，pp.110-113
7）子育てセンター実践研究会編『2004 子育て支援センター実践記録No.7』2004，pp.122-130
8）子育てセンター実践研究会編『2005 子育て支援センター実践記録No.8』2005，pp.88-92
9）前掲6）
10）渡辺顕一郎「地域子育て支援拠点事業における活動の指標『ガイドライン』」こども未来財団，2010
11）「（仮称）さいたま市子ども総合センター基本計画」http://www.city.saitama.jp/003/001/0014/002/p021044.html（アクセス：2015.8.14）

第12章

1）国連・子どもの権利委員会「一般的意見7号：乳幼児期における子どもの権利の実施」2005
2）阿部和子・前原寛・久富陽子『新保育内容総編―保育の構造と実践の探求』萌文書林，2010, p.31
3）厚生労働省「保育所保育指針」，総則，2017

〈参考文献（五十音順）〉

・浅井春夫『児童養護論論争』あいわ出版，1991
・浅井春夫・丸山美和子編著『保育の理論と実践講座第3巻―子ども・家族の実態と子育て支援 保育ニーズをどう捉えるか』新日本出版社，2009
・阿部和子『子どもの心の育ち―0歳から3歳』萌文書林，1999
・阿部和子『続 子どもの心の育ち―3歳から5歳』萌文書林，2001
・阿部和子『保育者のための家族援助論』萌文書林，2003
・Ph.アリエス／杉山光信・杉山恵美子訳『〈子供〉の誕生』みすず書房，1980
・有地亨『家族は変わったか』有斐閣，1993
・石川実編『現代家族の社会学―脱制度化時代のファミリー・スタディーズ』有斐閣，1997
・岩上真珠ほか『いま、この日本の家族―絆のゆくえ』弘文堂，2010
・内山節『共同体の基礎理論―自然と人間の基層から』農山漁村文化協会，2010
・浦安市「広報うらやすNo.1057（9月1日発行），2016
・大倉得史『育てる者への発達心理学―関係発達論入門』ナカニシヤ出版，2011

・岡田敬司『人間形成にとって共同体とは何か—自律を育む他律の条件』ミネルヴァ書房，2009
・尾崎新『ケースワークの臨床技法—「援助関係」と「逆転移」の活用』誠信書房，1994
・落合恵美子『21 世紀家族へ—家族の戦後体制の見かた・超えかた』有斐閣，1994
・柏木惠子『子どもが育つ条件—家族心理学から考える』岩波書店，2008
・家庭的保育研究会編『家庭的保育の基本と実践 改訂版』福村出版，2011
・加茂陽編『日常性とソーシャルワーク』世界思想社，2003
・河嶋静代『ベビーホテルと児童家庭問題— 1970 年代～ 1990 年代の新宿区の状況』法政出版，2000
・木内恵美「文京区版ネウボラ事業における包括的母子支援—文京区の取り組み（特集 母子の包括的支援：子育て世代包括支援センターの全国展開を前に）」『保健師ジャーナル』73（4），医学書院，2017
・S.クーンツ／岡村ひとみ訳『家族に何が起きているのか』筑摩書房，2003
・鯨岡峻『保育・主体として育てる営み』ミネルヴァ書房，2009
・厚生労働省「子ども虐待対応の手引き」2007
・厚生労働省「社会的養育の推進に向けて」2019　https://www.mhlw.go.jp/content/000503210.pdf（アクセス 2020.1.15）
・厚生労働省「ひとり親家庭支援施策の実態に関する事例集」2017
・厚生労働省「ひとり親家庭等の支援について」2019
・子育てセンター実践研究会編『子育て支援の原点—保育園における子育て支援の歩みと実践事例から学ぶ働き』2014
・子どもと保育総合研究所編『子どもを「人間としてみる」ということ』ミネルヴァ書房，2013
・小堀哲郎『社会のなかの子どもと保育者』創成社，2011
・斎藤嘉孝『親になれない親たち—子ども時代の原体験と、親発達の準備教育』新曜社，2009
・坂本純子 研究代表「地域子育て支援拠点の質的向上と発展に資する実践と多機能化に関する調査研究」『平成 29 年度子ども・子育て支援推進調査研究事業』NPO 法人子育てひろば全国連絡協議会
・白井千晶・岡野晶子編著『子育て支援　制度と現場—よりよい支援への社会学的考察』新泉社，2009
・新澤誠治『みずべにはじまった子育てひろば』トロル出版部，2014
・菅野幸恵『あたりまえの親子関係に気づくエピソード 65』新曜社，2012
・鈴木浩二編『こころの科学』85, 日本評論社，1999
・鈴木政夫『ベビーホテル—その実態と問題点』ささら書房，1981
・スペース新社保育研究室『保育と実践の研究 VOL.18, No.4 —子育て支援』2014
・全国夜間保育園連盟監修，櫻井慶一編『夜間保育と子どもたち— 30 年のあゆみ』北大路書房，2014
・高橋重宏『子どもの家庭福祉論—子どもと親のウェルビーイングの促進』放送大学教育振興会，1998
・高橋重宏監 児童福祉法制 60 周年記念全国子ども家庭福祉会議実行委員会編『日本の子ども家庭福祉—児童福祉法制定 60 年の歩み』明石書店，2007
・千葉県『千葉県子ども虐待対応マニュアル』2014
・塚田みちる『乳幼児の自己調整の発達過程と親子関係の歴史』風間書房，2009
・東京都福祉局「東京都子供・子育て支援総合計画」2015

・堂本暁子『ベビーホテルに関する総合調査報告』晩声社，1981
・徳永俊明『「生活」とは何か—豊かさへの視点、そして幸福への道すじ』合同フォレスト，2014
・内閣府「子ども子育て会議 第5回 資料1－1子ども・子育て支援法に基づく基本指針（案）」2013
・内閣府「教育・保育及び地域子ども・子育て支援事業の提供体制の整備並びに子ども・子育て支援給付及び地域子ども・子育て支援事業の円滑な実施を確保するための基本的な指針」2014
・内閣府「平成30年度少子化の状況及び少子化への対処施策の概況」『令和元年版少子化社会対策白書』2019
・中村正『家族のゆくえ—新しい家族社会学』人文書院，1998
・日本家政学会家政教育部会編『家庭生活の支援—理論と実践』建帛社，2014
・野々山久也・袖井孝子・篠崎正美編著『いま家族に何が起こっているか—家族社会学のパラダイム転換をめぐって』ミネルヴァ書房，1996
・F.P. バイステック／尾崎新ほか訳『ケースワークの原則』誠信書房，2006
・橋本真紀・山縣文治編『よくわかる家庭支援論』ミネルヴァ書房，2011
・蓮實重彦ほか『東京大学公開講座66 家族』東京大学出版会，1998
・畠中宗一編『現代のエスプリ—家庭的保育のすすめ』至文堂，2000
・浜田寿美男『子ども学序説—変わる子ども、変わらぬ子ども』岩波書店，2009
・広井多鶴子・小玉亮子『文献選集 現代の親子問題—なぜ親と子が「問題」なのか』日本図書センター，2010
・広田照幸『日本人のしつけは衰退したか』講談社，1999
・福島富士子 研究代表「産前・産後を支えるソーシャル・キャピタル—個から家族そして地域へ 平成26年厚生労働省科学研究補助金（政策科学推進研究事業）健康な街づくりのためのソーシャル・キャピタル形成手法を活用した介入実証と評価に関する研究」2016 https://www.lab.toho-u.ac.jp/nurs/family/education/tjoimi0000002d59-att/tjoimi0000002d7i.pdf（アクセス2020.1.15）
・藤崎宏子「ケア政策が前提とする家族モデル—1970年代以降の子育て・高齢者介護」『社会学評論』64（4），pp.604-624, 日本社会学会，2013
・S. ブレデキャップ・C. コップル編，米乳幼児教育協会編／DAP研究会訳『乳幼児の発達にふさわしい教育実践—21世紀の乳幼児教育プログラムへの挑戦』東洋館出版社，2000
・文京区「文京区子育てガイド2019」2019
・文京区「文京区子ども・子育て支援事業計画 平成27年度から平成31年度（平成28年3月改定版）」2016
・保坂渉・池谷孝司『ルポ 子どもの貧困連鎖—教育現場のSOSを追って』光文社，2012
・O.F. ボルノウ／大塚恵一ほか訳『人間と空間』せりか書房，1978
・増子勝義『21世紀の家族さがし』学文社，2010
・松本園子ほか『実践家庭支援論』ななみ書房，2011
・目黒依子・渡辺秀樹編『講座社会学2 家族』東京大学出版会，1999
・山田昌弘『家族というリスク』勁草書房，2001
・吉川悟ほか編『家族はこんなふうに変わる—新日本家族十景』昭和堂，2002
・吉田正幸編著『次世代の保育のかたち』フレーベル館，2010
・李敏子「家族の変容と支援」『椙山臨床心理研究』（18），pp.3-7, 椙山女学園大学臨床心理相談室，2018
・渡辺久子『子育て支援と世代間伝達—母子相互作用と心のケア』金剛出版，2008

著　者

阿部和子　あべ かずこ

日本女子大学大学院修士課程修了（児童学専攻）。聖徳大学短期大学部教授、大妻女子大学教授を経て、現在、大阪総合保育大学大学院特任教授、大妻女子大学名誉教授。厚生労働省社会福祉審議会保育専門委員会委員・同ワーキンググループ委員、内閣府幼保連携型認定こども園教育・保育要領の改訂に関する検討会委員として保育所保育指針、幼保連携型認定こども園教育･保育要領（2017 年告示）の改定（改訂）、また、保育士養成課程等検討会委員として 2019 年度施行の保育士養成課程の改定に携わる。日本保育学会関東ブロック評議員、保育学研究編集委員、国際幼児教育学会（IAECE）常任理事、全国保育士養成協議会常任理事、関東ブロック会長、柏市健康福祉審議会児童健康福祉専門分科会会長、千葉県子ども・子育て会議副委員長、柏市子ども・子育て会議副委員長などを務める。

主書　『子どもの心の育ち―０歳から３歳』（著､萌文書林）､『続　子どもの心の育ち―３歳から５歳』（著、萌文書林）、『乳幼児の「心の教育」を考える』（著、フレーベル館、2001）、『保育者のための家族援助論』（著､萌文書林）､『家庭支援論』（萌文書林）､『乳児保育―子どもの豊かな育ちを求めて』（編著､萌文書林）､『演習　乳児保育の基本』（編著、萌文書林）、『保育士等キャリアアップ研修テキスト　乳児保育』（編著、中央法規出版）、『改訂　保育内容総論』（共著、萌文書林）、『演習保育内容総論』（共著、建帛社）、『保育者論』（共著、萌文書林）他多数

執筆・取材協力（五十音順、敬称略）

東京都足立区
東京都江東区大島こども家庭支援センターみずべ
学校法人松山学園松山認定こども園 星岡
埼玉県さいたま市
社会福祉法人雲柱社 神愛保育園
社会福祉法人木更津大正会 木更津社会館保育園
社会福祉法人教信精舎 荒川区立小台橋保育園・夕やけこやけ保育園
社会福祉法人コスモス いづみ保育園
社会福祉法人四季の会 どろんこ保育園・第２どろんこ夜間保育園
社会福祉法人徹信会 後藤保育所
特定非営利活動法人 SOS 子どもの村 JAPAN
特定非営利活動法人社会的養護の当事者参加推進団体 日向ぼっこ

デザイン・イラスト　大村はるき
組　版　RUHIA

子ども家庭支援論

子どもが子どもの生活をするために

2020年4月24日　初版第1刷発行
著　者　阿部和子
発行者　服部直人
発行所　株式会社萌文書林
〒113-0021 東京都文京区本駒込6-25-6
TEL 03-3943-0576　FAX 03-3943-0567
http://www.houbun.com
info@houbun.com
印刷・製本　モリモト印刷株式会社

ISBN 978-4-89347-364-6　C3037

本書は2015年11月に刊行した阿部和子著『家庭支援論―子どもが子どもの生活をするために』の改訂版です。

定価はカバーに表示してあります。
落丁・乱丁本は送料弊社負担でお取替えいたします。